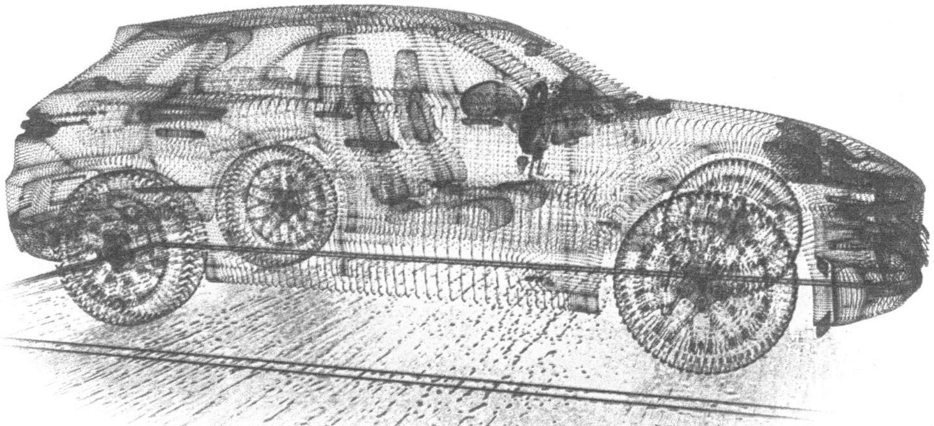

# 智能汽车设计与实践基础

李 敏◎编 著

重庆大学出版社

## 内容提要

本书以全国大学生智能汽车竞赛为背景，从智能汽车机械结构装调设计、硬件电路设计、软件系统设计等角度出发，全面阐述智能汽车设计与制作的方法和过程。主要内容包括车模常用装调工具介绍、车模机械结构装调方法、常用控制单路设计制作、软件设计基础知识以及智能汽车设计与制作开发实例。

本书全方位阐述了智能汽车设计与制作的技术要点和相关基础知识，以实例的方式介绍了智能汽车开发过程，不仅适用于参加全国大学生智能汽车竞赛的学生，还可作为嵌入式系统与自动控制相关专业课程教材或学生参考用书。

**图书在版编目(CIP)数据**

智能汽车设计与实践基础 / 李敏编著. -- 重庆 : 重庆大学出版社, 2020.8(2024.1 重印)

ISBN 978-7-5689-2394-1

Ⅰ. ①智… Ⅱ. ①李… Ⅲ. ①智能控制—汽车—设计 Ⅳ. ①U46

中国版本图书馆 CIP 数据核字(2020)第 155530 号

**智能汽车设计与实践基础**

李 敏 编 著

策划编辑：杨粮菊

责任编辑：范 琪 荀荟羽 版式设计：杨粮菊

责任校对：王 倩 责任印制：张 策

*

重庆大学出版社出版发行

出版人：陈晓阳

社址：重庆市沙坪坝区大学城西路 21 号

邮编：401331

电话：(023) 88617190 88617185(中小学)

传真：(023) 88617186 88617166

网址：http://www.cqup.com.cn

邮箱：fxk@cqup.com.cn (营销中心)

全国新华书店经销

POD：重庆新生代彩印技术有限公司

*

开本：787mm×1092mm 1/16 印张：20.5 字数：528 千

2020 年 8 月第 1 版 2024 年 1 月第 3 次印刷

ISBN 978-7-5689-2394-1 定价：59.00 元

# 前言

智能汽车是一个集环境感知、路径规划、自动导航等功能于一体的综合系统，是典型的高新技术综合体，本书所涉及的智能汽车知识主要基于全国大学生智能汽车竞赛。全国大学生智能汽车竞赛以“立足培养，重在参与，鼓励探索，追求卓越”为指导思想，旨在促进高等学校素质教育，培养大学生的综合知识运用能力、基本工程实践能力和创新意识。智能汽车竞赛涉及自动控制、模糊识别、传感技术、电子、电气、计算机、机械与汽车等多个学科，为大学生提供了一个充分展示想象力和创造力的舞台，吸引着越来越多来自不同专业的大学生参与其中，激发了大学生的创新思维，对于其实践、创新能力和团队精神的培养具有十分重要的价值。本竞赛过程包括理论设计、实际制作、整车调试、现场比赛等环节，要求学生组成团队，协同工作，初步体会一个工程性的研究开发项目从设计到实现的全过程。

自 2006 年第一届全国大学生智能汽车竞赛举办以来，每一届比赛重庆大学都积极组织学生参与，特别是近年来，在学校教务处和光电工程学院的支持下，成立了重庆大学本科生智能汽车创新团队，建立了重庆大学智能汽车创新实验室，组建了两个校级学生科技社团，开展了多种校内外电子信息类科技竞赛活动，形成了有梯度的学生科技创新创业团队。团队针对知识传授、能力培养和价值塑造，依托软硬件创新创业实践平台，不断完善培养体系，取得了显著的成绩，在大学生科技竞赛中获得全国一等奖 18 项、二等奖 13 项，赛区/市级一等奖 50 余项。实验室在组织培训学生参加竞赛过程中，积累了丰富的知识和参赛经验，为能更好地实现经验和技术传承，结合第十四届全国大学生智能汽车竞赛内容，经过近一年的努力，编著了《智能汽车设计与实践基础》。

全书共分为11章，第1章介绍了全国大学生智能汽车竞赛的基本情况和第十四届全国大学生智能汽车竞赛各组别的规则；第2章介绍了智能汽车常用传感器；第3章介绍了智能汽车机械结构装调常用工具、设计软件和各组别车模的机械结构装调方法；第4章介绍了智能汽车控制电路设计，包括常用电路设计软件，常用仪器使用，PCB焊接知识，单片机模块、电源电路模块以及电机驱动电路模块的设计与制作；第5章是智能汽车软件设计基础，主要介绍了C语言相关知识，程序编写规范，上位机基本知识，K60库函数基础知识，通用程序设计，PID控制算法以及常用滤波算法；第6—11章是智能汽车开发实例，包括基础四轮、变形金刚三轮、双车会车、信标对抗、节能以及室内棋盘对弈6个组别，分别从智能汽车总体设计方案、控制电路、车模安装与调试、控制策略和针对指定赛道的运行实例作了介绍。

本书在编写过程中，参考了大量的国内外相关著作和资料，第十三、十四届全国大学生智能汽车竞赛参赛学生：付凯文、杨仁斌、张跃文、王东钰、陈禹杭、王兰萍、郭朋非、郭宗伟、李俊男、王梓熠、刘洋、李习银、刘焕双、王瀚翔、孙艺崇、韦民祥、刘柳、胡驸龙、邵雨坤、孙海朋、张浩、王旭、聂波、陈占栋、王冰涛、黄俊伟、李书浩、吴均明、苏国栩、曾迪、张效民、罗海魁、郭帆、姚家豪、李佳桐、邬俊俊、叶伟杰、唐维伟、何昱锋、姚永明、毛飞辉为本书的编著做了大量工作，在此表示衷心感谢。同时，在编写过程中，本书引用了清华大学卓晴老师微信公众号的资源，在此感谢卓晴老师对本书的支持。

由于作者水平有限，书中不足和错误之处在所难免，恳请广大读者提出宝贵意见，以便今后改进。

李　敏

2020年2月

# 目录

# 第 1 章
# 绪　言

## 1.1　全国大学生智能汽车竞赛基本情况介绍

为了加强大学生创新实践能力和团队协作精神的培养，教育部在已举办全国数学建模、电子设计、机械设计、结构设计等专业竞赛的基础上，委托教育部高等学校自动化专业教学指导分委员会主办每年一度的全国大学生智能汽车竞赛。竞赛始终贯彻“以育人为本”的战略思想，提出了“立足培养、重在参与、鼓励探索、追求卓越 ”的工作指导方针。“立足培养 ”明确了竞赛的目的与宗旨，即参赛学校与指导教师以培养学生的工程能力和素质为最终目标。竞赛作为实践教学的一个重要环节，与课内教学紧密结合，综合和强化课内知识，为工程能力和素质的培养开辟空间，既强调普遍的带动作用，又强调优秀人才的脱颖而出。“重在参与”要求参赛学生发扬奥林匹克精神，不要过重看待比赛结果，以提高自身工程能力和素质为出发点，亲自动手，主动实践，享受学习的过程。“鼓励探索、追求卓越”就是鼓励大学生积极探索，追求卓越，培养对科学技术和工程实践的兴趣和探索精神，培养责任感和卓越意识，为把我国建设成为创新型国家进行人才储备。总之，竞赛的宗旨是促进高等学校素质教育，培养大学生的综合知识运用能力、基本工程实践能力和创新意识，激发大学生从事科学研究与探索的兴趣和潜能，倡导理论联系实际、求真务实的学风和团队协作的人文精神，为优秀人才的脱颖而出创造条件。

全国大学生智能汽车竞赛从 2006 年首届举办以来，已经成功举办了 14 届，参赛学生规模超过 33 万人次，学生的收获和竞赛声誉保持高位。竞赛由竞赛秘书处设计、规范标准硬软件技术平台，竞赛过程包括理论设计、实际制作、整车调试、现场比赛等环节，要求学生组成团队，协同工作，初步体验一个工程性的研究开发项目从设计到实现的全过程。该竞赛融科学性、趣味性和观赏性为一体，是以迅猛发展、前景广阔的汽车电子为背景，涵盖自动控制、模式识别、传感技术、电子、电气、计算机、机械与汽车等多学科专业的创意性比赛。赛题由最初的光电、电磁组发展到光电、电磁、信标自动导航以及使用激光雷达自主导航等多种多样的竞赛组别。人工智能技术引入了智能汽车竞赛，比如第十五届的电磁 AI 组和百度深度学习组，比赛的趣味性和综合难度都有所增加，学生参与的积极性更大，参赛人数逐年上升。

全国大学生智能汽车竞赛一般每年10月公布竞赛题目和组织方式,并开始接受报名,次年3月进行相关技术培训,7月进行分赛区竞赛,8月进行全国总决赛。竞赛分为分赛区选拔赛和全国总决赛,分赛区设置有东北、华北、华东、华南、西部、安徽、山东和浙江8个赛区。竞赛根据所使用的车模、传感器以及比赛任务不同分为不同的竞速组别,参赛队伍使用指定微控制器系列作为核心控制模块,通过增加道路传感器、电机驱动电路以及编写相应软件,制作一部能够自主识别目标的模型汽车,按照规定路线或者任务进行,以完成综合时间最短者为优胜。

## 1.2 第十四届全国大学生智能汽车竞赛规则介绍

因本书是参考第十四届竞赛规则来组织编写的,第十四届的竞赛规则如下:竞赛分为6个组别:小白四轮组、变形金刚三轮组、断桥相会双车组、飞毛腿节能组、横冲直撞信标组、室外越野电磁组,另外还设有两个创意组,分别是室外光电组和室内对弈组。

**(1)比赛器材**

1)车模的种类

本届比赛指定采用八种标准车模,分别用于六个竞速组和两个创意组。6种车模中包括2种四轮车模和2种自立车模。具体车模信息如表1.1所示。

**表1.1 智能汽车竞赛车模介绍**

| 编 号 | 车模外观 | 赛题组 |
| --- | --- | --- |
| B型车模 |  | 小白四轮组<br>断桥相会双车组 |
| C型车模 |  | 小白四轮组<br>断桥相会双车组 |
| D型车模 |  | 断桥相会双车组<br>变形金刚三轮组 |
| E型车模 | 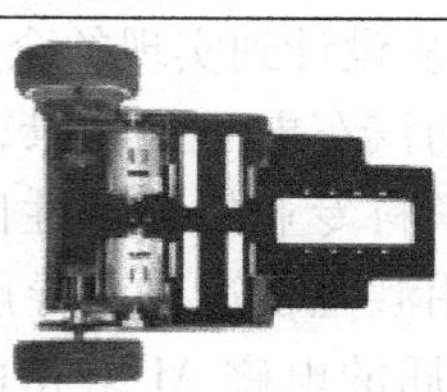 | 断桥相会双车组<br>变形金刚三轮组 |

续表

| 编 号 | 车模外观 | 赛题组 |
|---|---|---|
| F型车模 | 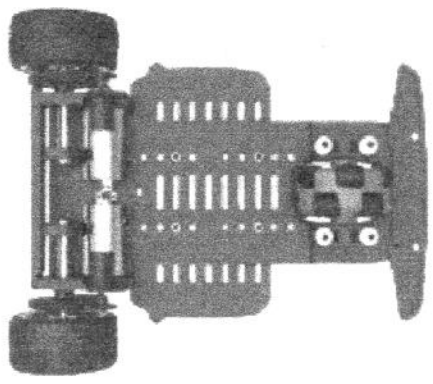 | 断桥相会双车组<br>变形金刚三轮组 |
| H型车模 |  | 横冲直撞信标组 |
| L型车模 |  | 室外越野电磁组 |

D、E型两轮车模可以通过增加第三个万向轮，改装成三轮车，参加变形金刚三轮组的比赛。飞毛腿节能组可以购买任何商用车模进行改装或自制。六种车模作为比赛中的四轮组、三轮组、双车组和信标组的统一平台，对于车模的机械调整与修改有着严格的要求，车模改装要求如下：

①禁止不同型号车模之间互换电机、舵机和轮胎。

②禁止改动车底盘结构、轮距、轮径及轮胎；如有必要可以对于车模中的零部件进行适当删减。

③禁止采用其他型号的驱动电机，禁止改动驱动电机的传动比。

④禁止改造车模运动传动结构。

⑤禁止改动舵机模块本身，但对于舵机的安装方式，输出轴的连接件没有任何限制。

⑥禁止改动驱动电机以及电池，车模前进动力必须来源于车模本身直流电机及电池。

⑦禁止增加车模地面支撑装置。在车模静止、动态运行过程中，只允许车模原有四个车轮对车模起到支撑作用。对于变形金刚三轮组，在比赛过程中，车模直立行走时，只允许原有车模两个后轮对车模起到支撑作用。

⑧为了安装电路、传感器等，允许在底盘上打孔或安装辅助支架等。

⑨参赛车模的车轮需要是原车模配置的车轮和轮胎，不允许更改使用其他种类的车轮和轮胎，不允许增加车轮防滑胶套。如果车轮损坏，则需要购买原车模提供商出售的车轮轮胎。允许对于车轮轮胎做适当打磨，但要求原车轮轮胎花纹痕迹依然能够分辨。不允许对车轮胎进行花纹雕刻。

2）电子元器件

①微控制器

采用恩智浦公司的8位、16位、32位系列微控制器作为车模中唯一可编程控制器件。使用微控制器的数量没有限制。如果所选用的传感器或其他电子部件中也包含有微处理器，对此微处理器的种类和数量不作限制，但其不得参与赛道信息识别和处理、不参与车模运动决策与控制。

②传感器

传感器的种类需要根据不同竞赛组别而进行选用。传感器的种类和数量由参赛队伍自行确定，不作限制。传感器型号限制：

a. 如果单独选用加速度器，则必须选择恩智浦公司的系列加速度器产品。

b. 如果选用陀螺仪传感器，对于型号没有限制。

c. 如果选用加速度、陀螺仪一体化的传感器，对于型号没有限制。

③伺服电机

车模上的伺服电机是指除了车模原有驱动车轮的电机之外的电机，还包括舵机、步进电机以及其他种类的电机，车模上的伺服电机如图1.1所示。

（a）舵机　　（b）直流电机　　（c）步进电机

**图1.1　车模上的伺服电机**

对增加伺服电机有如下要求：

a. 数量限制

车模上的伺服电机数量不能超过三个，其中包括转向控制舵机。转向控制舵机只允许使用原车配的舵机型号，而且只允许使用一个舵机。

b. 功能限制

车模上额外增加的伺服电机只能用于控制车模上传感器的方位，或者改变车模底盘姿态。不允许直接或间接控制车模的转向，改变车模车轮速度。

④电路板

除单片机最小系统的核心子板、加速度计和陀螺仪集成电路板、摄像头、舵机自身内置电路外，所有电路均要求自行设计制作，禁止购买现成的功能模块。购买的单片机最小核心板上，只允许带有单片机、时钟、电源以及单片机调试接口。自制的PCB板包括但不限于传感器及信号调理、电源管理、电机驱动、主控电路、调试电路等。如果自制电路采用工厂加工的PCB印制电路板，必须在铜层（Top Layer或Bottom Layer）醒目位置放置本参赛队伍所在学校名称、队伍名称、参赛年份，对于非常小的电路板可以使用名称缩写，名称在车模技术检查时直接可见。(如果电路板的面积小于 1 $cm^2$，可以不用带队伍特有信息。)

**(2)赛道**

1)赛道材质

室内赛道采用 PVC 耐磨塑胶地板制作，基本形状如图 1.2 所示。

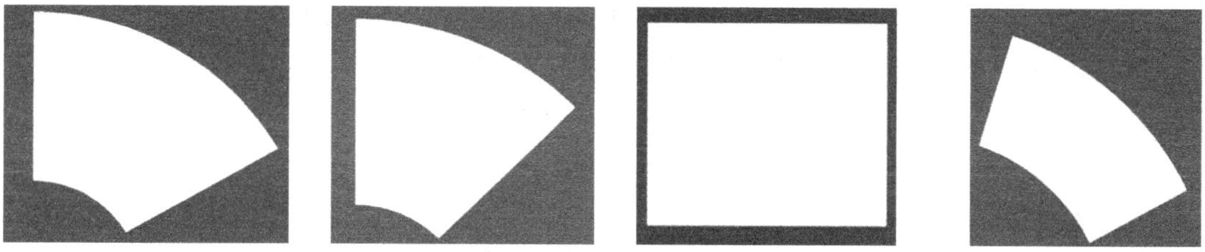

(a)赛道元素 R50-60°　(b)赛道元素 R50-45°　(c)赛道元素 L100　(d)赛道元素 R100-45°

**图 1.2 赛道基本形状**

2)赛道尺寸、形状、间距

赛道宽度不小于 45 cm。预赛阶段的赛场形状为约 5 m×7 m 长方形，决赛阶段的赛场约为预赛阶段的两倍。两条相邻赛道中心线之间的间距不小于 60 cm。赛道中存在着直线、曲线、十字交叉路口等。曲线的曲率半径不小于 50 cm，如图 1.3 所示。

3)赛道引导方式

除了信标组、室外越野组，其余的室内组别赛道上都具有边界线和电磁导引线。信标组使用信标导引，室外电磁组只有电磁导引线。

赛道边界线：赛道两侧铺设有黑色边界线用于赛道引导，边界线的宽度为(25±5) mm，如图 1.4 所示。

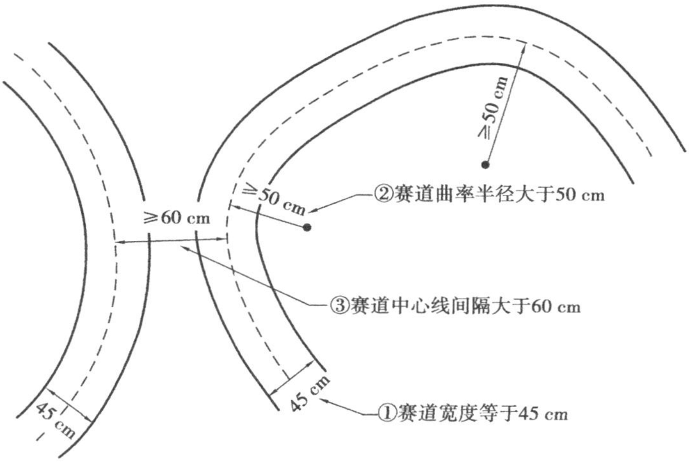


**图 1.3 赛道基本尺寸**

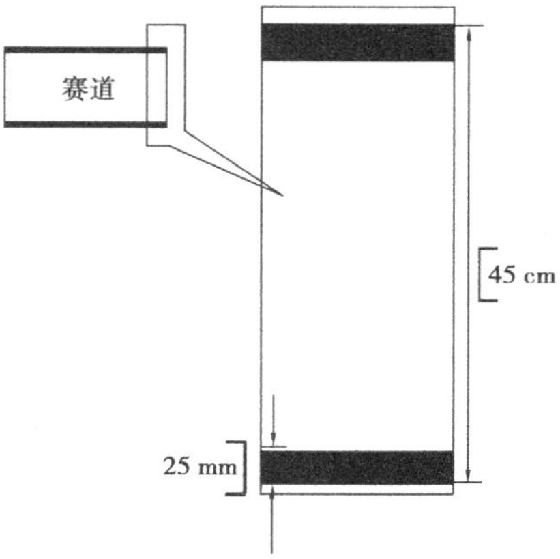


**图 1.4 赛道基本尺寸**

赛道电磁导引线：赛道铺设有中心电磁导引线。导引线为一条铺设在赛道中心线上，直径为 0.1～1.0 mm 的漆包线，其中通有 20 kHz、100 mA 的交变电流。频率范围(20±1) kHz，电流范围(100±20) mA。根据竞赛使用的 20 kHz 交变电流源的输出等效电路,可以使用竞赛组委会推荐的测量电路测量赛道电流。如果参赛队伍所使用的电流源输出电流的波形接近方波,则可以使用普通数字万用表的交流电流挡测量电流源输出的电流值。电磁线内嵌在赛道中心,上面使用白色胶带固定。

比赛中的电磁线信号源,参赛队伍可以使用自行制作的信号源。信号源通过单通道耳机插头直接插入现场信号源的插座中,即可替代缺省的信号源,为场地内的电磁导引线提供激励信号。参赛队伍自带信号源所使用的信号频率、波形和幅度没有任何限制,只要能够满足当前铺设的电缆和插座中允许的最大电压、电流和频率范围即可。

4)赛道元素

赛道元素如表 1.2 所示。

**表 1.2　赛道元素示意表**

| 赛道元素 | 图　例 | 说　明 |
|---|---|---|
| 直道元素 | 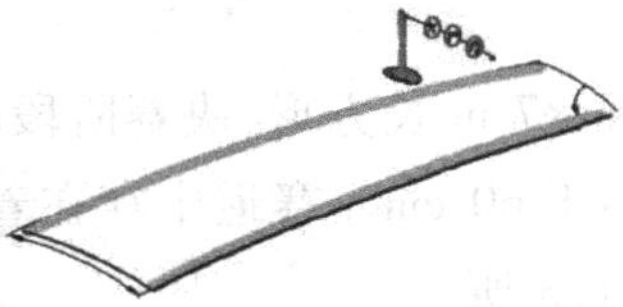 | 赛道基本形式 |
| 曲线弯道 | 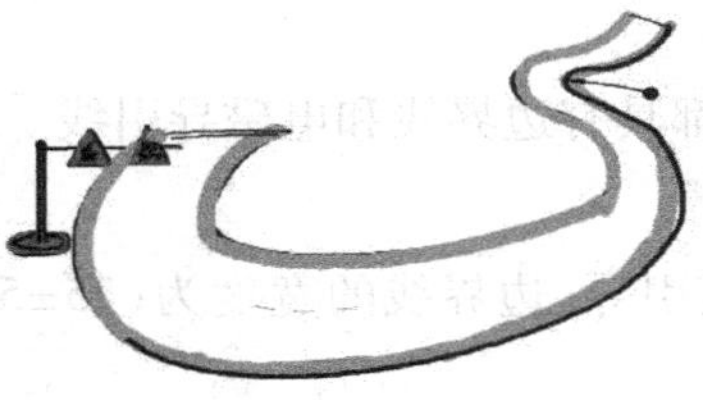 | 赛道中具有多段曲线弯道。这些弯道可以形成圆形环路、圆形拐角、S 形赛道等。赛道中心线的曲率半径大于 50 cm |
| 十字交叉路口 | 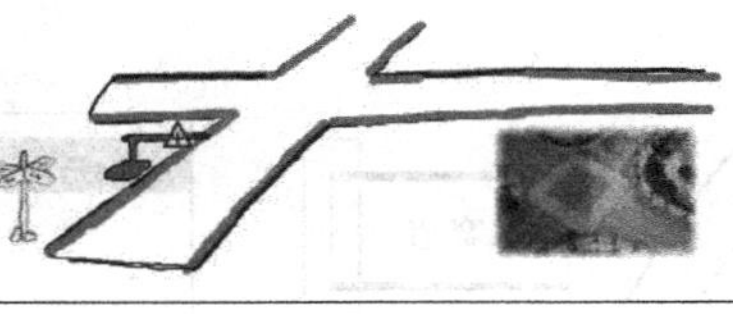 | 车辆通过十字交叉路口需要直行,不允许左转、右转 |
| 坡道 | 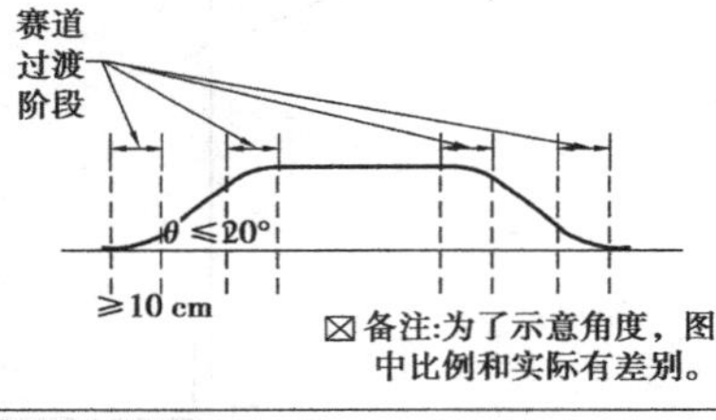 | 坡道的坡度不超过 20°,坡道可以不是对称的。坡道的过渡弧长大于 10 cm。坡道的长度、高度没有限制。一般情况下坡道的总长度会在 1.5 m 左右。电磁组的导引线铺设在坡道的表面 |
| 环岛 | 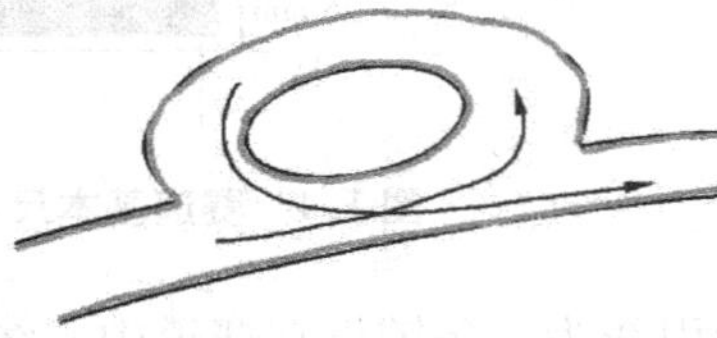 | 赛车经过环岛时需要进入环岛绕行一周后继续前行。环岛中心线半径不小于 50 cm。电磁导引线也是在环岛绕行一周 |

续表

| 赛道元素 | 图 例 | 说 明 |
|---|---|---|
| 横断路障 | 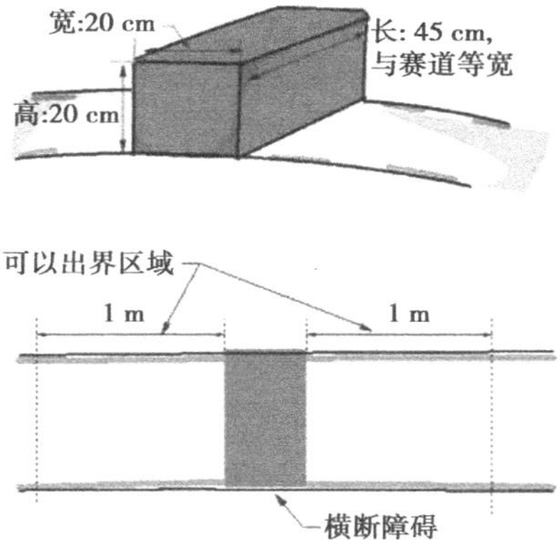 | 横断路障是宽高为20 cm,长度与赛道等宽的立方体,颜色为红色。由纸板、木板或泡沫塑料做成<br>车模遇到横断路障可以在距离其前1 m的范围内驶出赛道,绕过横断路障后在距离路障1 m之内返回赛道<br>在横断障碍前后1 m的区域内,赛道上没有路肩,相邻赛道边缘距离不小于25 cm |
| 断路赛道 | 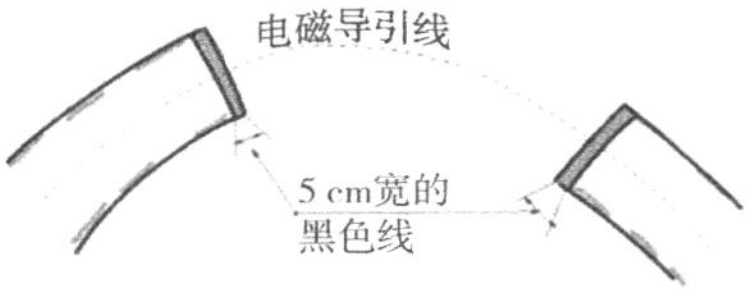 | 赛道中会存在若干段中断赛道,只有电磁导引线存在。赛道端口使用宽度为5 cm的黑色条带作为标记<br>车模从赛道断路口驶离赛道,再进入另外赛道端口,中间使用电磁导引线导引。在此过程中,不允许车模横穿赛道<br>断路赛道之间的长度不限,断路赛道元素个数根据不同组别个数不同 |

根据以上要求,本书实例开发部分除横冲直撞信标组和室内对弈组外的其他组别都是基于如图1.5所示的赛道开发的。

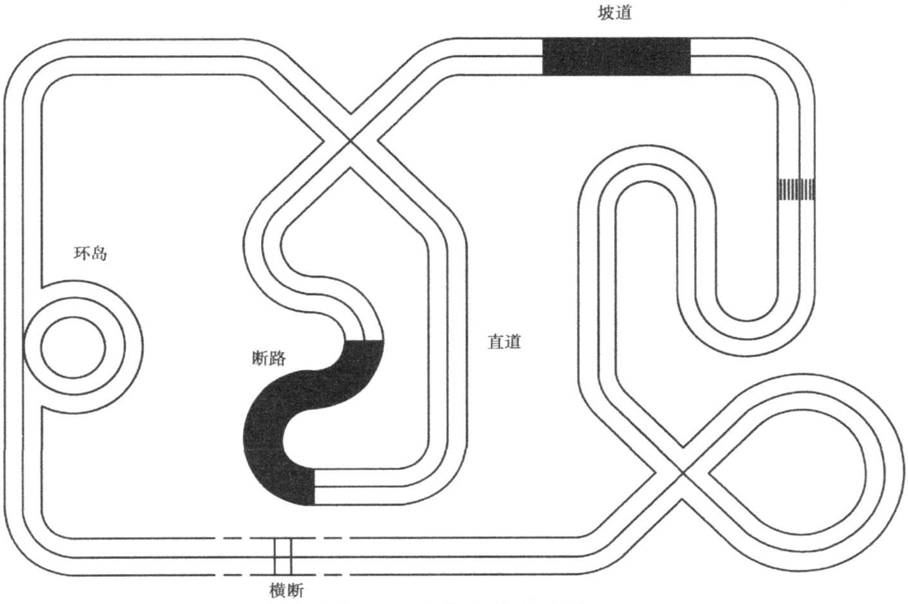


图1.5 开发实例赛道图

# 第2章 智能汽车常用传感器

传感器是能以一定精度把某种被测量(主要为各种非电的物理量、化学量、生物量等)按照一定的规律转化为便于人们应用、处理的另一参量(通常为电参量)的器件或测量装置,通常由敏感器件和转换器件组合而成。根据智能汽车的功能需求,常用的传感器有通用循迹传感器、特殊元素处理传感器、测速传感器等。

## 2.1 通用循迹传感器

通用循迹传感器主要用于普通赛道元素(直道、弯道、圆环等)循迹,根据赛道提供的循迹标识,可以选用图像传感器和电磁传感器。

### 2.1.1 图像传感器

图像传感器是利用光电器件的光电转换功能将感光面上的光像转换为与光像成相应比例关系的电信号。与光敏二极管、光敏三极管等"点"光源的光敏元件相比,图像传感器是将感光面上的光像分成许多小单元,将其转换成可用的电信号的一种功能器件。图像传感器分为光导摄像管和固态图像传感器。与光导摄像管相比,固态图像传感器具有体积小、质量轻、集成度高、分辨率高、功耗低、寿命长、价格低等特点,因此在各个行业得到了广泛应用。

图像传感器主要分为CCD(Charge Coupled Device,电荷耦合器件)和CMOS(Complementary Meta Oxide Semiconductor,互补金属氧化物半导体)两种。CCD特有的工艺,具有低照度效果好、信噪比高、通透感强、色彩还原能力佳等优点,在交通、医疗等高端领域中广泛应用。CMOS传感器采用一般半导体电路最常用的CMOS工艺,具有集成度高、功耗小、速度快、成本低等特点,最近几年在宽动态、低照度方面发展迅速。

**(1)CCD图像传感器**

1)原理介绍

CCD图像传感器从功能上可分为线阵CCD和面阵CCD两大类,线阵CCD通常将CCD内部电极分成数组,每组称为一相,并施加同样的时钟脉冲。线阵CCD有单沟道和双沟道之分,其光敏区是MOS电容或光敏二极管结构,由光敏区阵列与移位寄存器扫描电路组成,特点是处理信息速度快，外围电路简单，易实现实时控制，但获取信息量小，不能处理复杂图像。面阵 CCD 结构复杂，它由很多光敏区排列成一个方阵，并以一定的形式连接成一个器件，获取信息量大，能处理复杂的图像。考虑到价格因素和实际应用需要，智能汽车上的 CCD 图像传感器选用的是线阵 CCD。线阵 CCD 的核心是由一行光电二极管（每个光电二极管都有各自的积分电路，此电路统称为像素）组成的感光阵列，阵列后面有一排积分电容，光电二极管在光能量冲击下产生光电流，构成有源积分电路，那么积分电容就是用来存储光能转化后的电荷。积分电容存储的电荷越多，说明前方对应的感光二极管采集的光强越大，当光强接近饱和时，像素点灰度趋近于全白，呈白电平。由此可知线阵 CCD 提取信号是被动接受反射回的光线，因此采集的信号易受外界环境的影响。下面以 TSL1401CL 为例简单介绍线阵 CCD 的工作原理。

TSL1401CL 线性传感器阵列由一个 128×1 的光电二极管阵列，相关的电荷放大器电路和一个内部的像素数据保持功能电路组成，它提供了同时集成起始和停止时间的所有像素。该阵列有 128 个像素，其中每一个像素具有光敏面积 3 524.3 $\mu m^2$。像素之间的间隔是 8 $\mu m$，内部逻辑控制简单，只需要用串行输入信号（SI）和时钟信号（CLK）就可以实现。TSL1401CL 的引脚功能如表 2.1 所示，工作时序波形如图 2.1 所示，操作波形如图 2.2 所示。

**表 2.1　TSL1401CL 引脚功能**

| 名　称 | 序　号 | 描　述 |
|---|---|---|
| AO | 3 | 模拟输出 |
| CLK | 2 | 时钟。时钟控制的电荷转移，像素输出和复位 |
| GND | 6、7 | 接地（基板）。所有电压都参考到基板上 |
| NC | 5、8 | 无内部连接 |
| SI | 1 | 串行输入。SI 定义数据输出序列的开始 |
| VDD | 4 | 电源电压。模拟和数字电路的电源电压 |

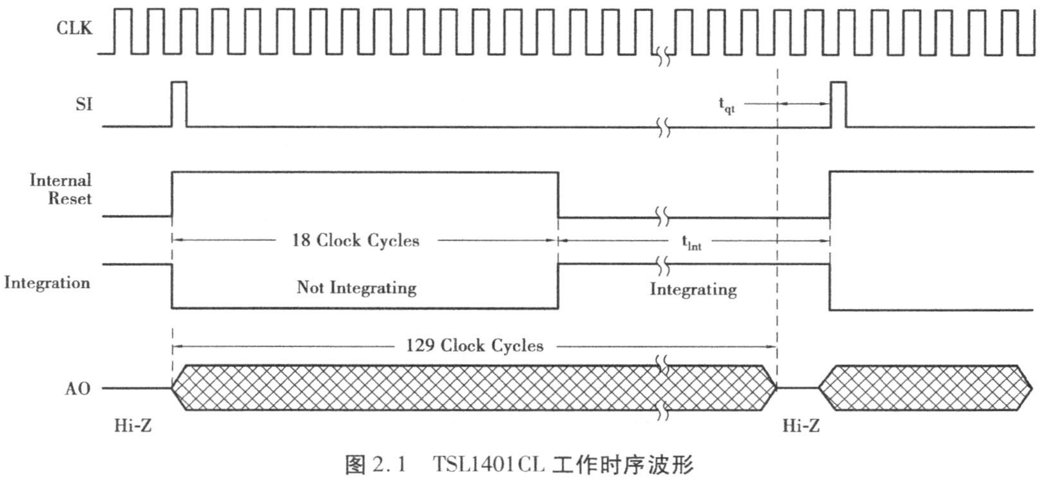


**图 2.1　TSL1401CL 工作时序波形**

在图 2.1 中，SI 信号变为高电平后，可在每个 CLK 信号上升沿到来后进行数据的 AD 采样，即相应的 AO 引脚开始不断对外输出电压信号，一直连续输出了 128 个时钟周期，第 129

个周期用于结束本次采集。每个 SI 信号之后采集到的像素均是在 SI 信号之前曝光所得到的数据。前 18 个时钟周期是复位时间，不进行积分（曝光），这是因为电容在使用时已被充满，需要将其内部电荷全部释放。第 19 个 CLK 信号到下一个 SI 信号开始的这段时间（SI 正脉冲和 HOLD 正脉冲之间的时间减去 18 个时钟周期）就是 CCD 的积分时间，即曝光时间。时序中需要注意以下几点：

①前 18 个时钟周期是像素复位时间，不进行积分（曝光），但是此时仍然可以进行采集。在每个 SI 信号之后采集到的像素均是这个 SI 信号之前曝光所得到的图像。

②每个像素的值可以在 CLK 信号的下降沿时从 AO 采集。

③单个像素点的采样时长为 500 ns ~ 0.2 ms，那么 128 个像素点全部采样时间为 64 μs ~ 24.6 ms。

④在采集了 128 个像素后，还必须生成第 129 个 CLK 信号以结束本次采集。

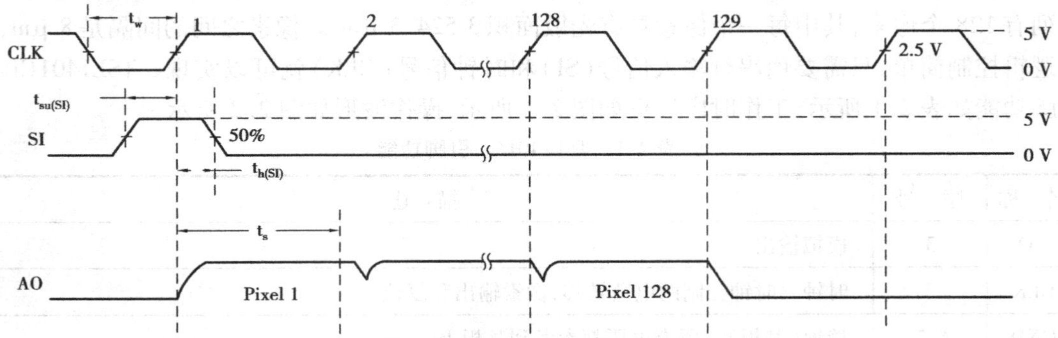


图 2.2　TSL1401CL 操作波形

TSL1401CL 曝光时间（积分时间）定义为第 19 个 CKL 信号到下一个 SI 信号开始的这段时间，器件具有最大曝光时间，设置曝光时间超过最大曝光时间是没有意义的做法。积分时间可被改变，光线越强，积分时间应越短，因此在不同的比赛场地应注意对积分时间的调试。增加曝光时间，则图像采集周期变长，系统反应能力变弱；相反的，减少曝光时间，图像可能变得模糊，不利于图像处理。即便如此，由于比赛的原因，线阵 CCD 需采集变化较快的图像，因此应尽量减少曝光时间。

如果竞赛环境各个方向的光线均匀一致，则可以在赛车出发前根据环境光线调节一个合理的曝光时间，以得到合理的输出，这样赛车就能采用一个固定的曝光时间跑完全程。不过由于赛道上方的灯光等光源影响，投射在赛道上的光线也并不均匀一致，因此需要动态调整曝光参数。自适应策略如图 2.3 所示。曝光量调节器用 $K_p$ 乘以 $e$（设定的曝光量减去实际曝光量）再加上上次的曝光时间作为新的曝光时间进行曝光。实际曝光量应该是一段时间和一定像素点强度的函数，一种简单的做法为取一次采集到的 128 个像素点电压的平均值作为曝光当量，设定的曝光量也就是设定的 128 像素点平均电压。

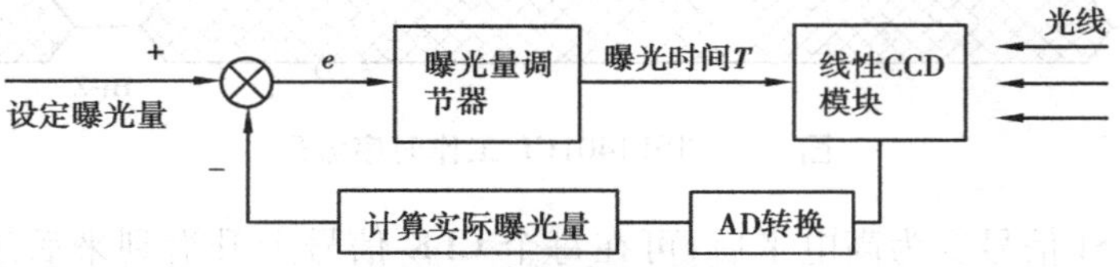


图 2.3　自适应曝光控制

2)线性 CCD 赛道识别

线性 CCD 如果扫到白线 AD 值为一个较高的电压值(接近 3 V),扫到黑线即为一个较低的电压值。为了准确判断黑线的位置以及减弱赛道上噪点的干扰,需将 CCD 采集的图像进行二值化处理,把模拟信号转换成 0 和 1 的二值信号,便于后期的数据处理。处于黑线上像素点的模拟量(灰度值)远远小于处于白线上像素点的模拟量,故选取处于黑线和白线两个模拟量之间的一个值作为阈值,灰度值大于该阈值为 1,反之为 0。虽然说二值化是为了呈现黑白图像,而赛道刚好就是黑白的,但考虑到现场光线的影响,黑线也可能因为反光识别成白线,因此对于阈值的确定还是要有所注意的;同理,若采用了动态曝光时间,也建议采用动态阈值。

①直道识别

赛道引导线处于赛道两边,在进行边缘检测时(即扫描像素二值化之后 0 和 1 的跳变沿),可通过从中心向两边扫描的方式实现(图 2.4),从左右两边同时寻找从 1 跳变到 0 的像素点位置,具体过程为第 64 个像素点向第 1 个像素点扫描,得到左边引导线的位置 L,第 65 个像素点向第 128 个像素点扫描,得到右边引导线的位置 $R$,$L$ 和 $R$ 符号相反。从中心到两边分别取值为 64 ~ 1 和 −64 ~ −1,赛道偏差 $E=L+R$。由于线性 CCD 采回的数据在左右两个边沿不准确,所以左右各略去 4 个点,使用 120 个点的数据,此时 60 即为期望的中心值。当小车处于期望的赛道中心位置时,$E=0$;当赛车位置与期望中心出现偏差时,$E$ 可为正也可为负,通过一个方向 PD 算法就可以得到需要的转向值,来控制舵机转向。

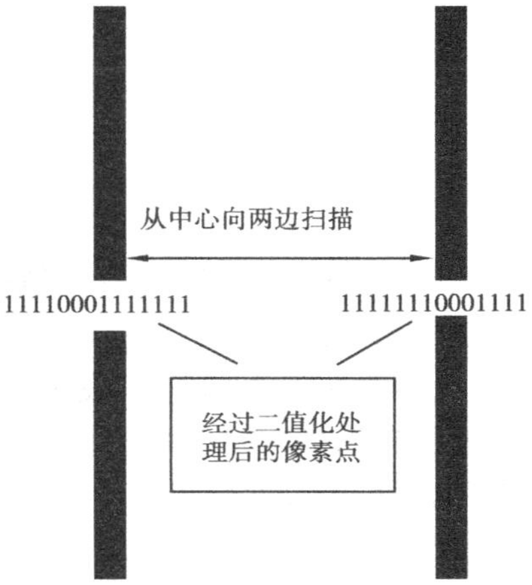


图 2.4　直道识别

②弯道识别

弯道识别与直道识别原理一样,当小车处于弯道时,$L$ 和 $R$ 绝对值不同,两个值求和之后就可以计算出赛道偏差。由于小车驱动电机的反应具有滞后性,高速行驶于弯道时容易出现第 64 个像素点与第 65 个像素点同时落在黑线上的情况,如图 2.5 所示,此时从中心到两边像素点都没有从 1 到 0 的跳变,$E$ 就为 0,从而出现丢线的情况。

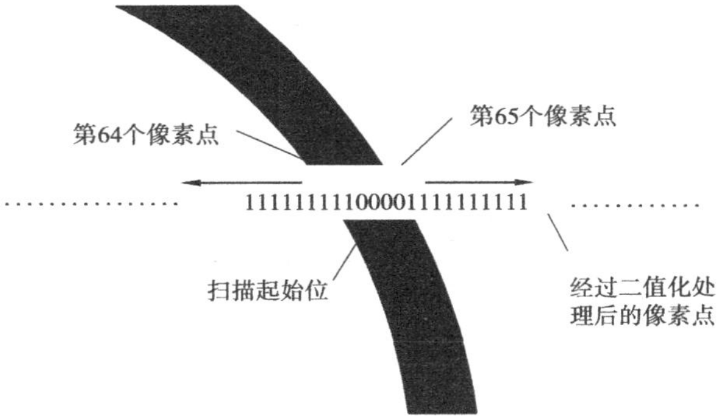


图 2.5　固定扫描中心丢线情况

为了避免这种情况的发生,采用浮动中心点的方法,即扫描并不是固定的从第 64、65 个像素点向两边进行,而是根据上一次的赛道偏差计算出本次扫描的起始位置。如图 2.6 所示,当小车处于左转弯时扫描起始位置向左移动，反之向右移动，这样可以很好地避免了因扫描中心点落在黑线上而导致的丢线。

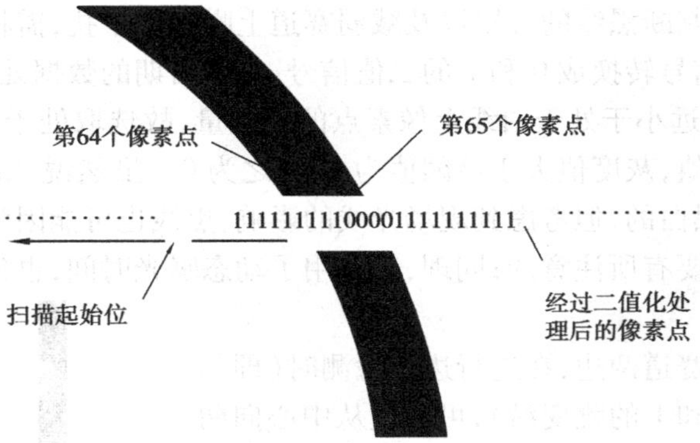


图 2.6　浮动扫描中心

(2) CMOS 图像传感器(摄像头)

1) 原理介绍

外界光照射像素阵列，发生光电效应，在像素单元内产生相应的电荷。行选择逻辑单元根据需要，选用相应的行像素单元，行像素单元内的图像信号通过各自所在列的信号总线传输到对应的模拟信号处理单元以及 A/D 转换器，转换成数字图像信号输出。其中的行选择逻辑单元可以对像素阵列逐行扫描也可隔行扫描。行选择逻辑单元与列选择逻辑单元配合使用可以实现图像的窗口提取功能。模拟信号处理单元的主要功能是对信号进行放大处理，并且提高信噪比。另外，为保证摄像头质量，芯片中必须包含各种控制电路，如曝光时间控制、自动增益控制等。为了使芯片中各部分电路按规定的节拍动作，还要求芯片能输出一些时序信号，如同步信号、行起始信号、场起始信号等。下面以 OV7725 为例介绍摄像头工作原理。

OV7725 数字摄像头输出图像时，一般都是从左到右、由上到下逐个输出(部分芯片可配置输出顺序)，如图 2.7 所示。有些摄像头有奇偶场，是采用隔行扫描方法，把一帧图像分为奇数场和偶数场两场(OV7725 没有奇偶场之分)。图 2.8 是行中断时序图，图 2.9 是场中断时序图。

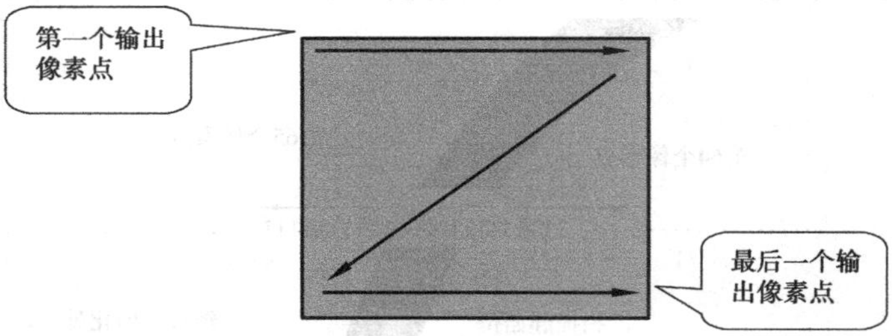


图 2.7　OV7725 摄像头输出图像顺序

2) 图像采集

摄像头图像采集主要有以下四种方法：

①使用 for 循环延时采集

需要采集图像时,开场中断,场中断信号有效时就开启行中断,关闭场中断;行中断里用 for 循环延时采集像素,可以在行中断里添加标志位,部分行不采集,即可跨行采集。行中断次数等于需要采集的图像行数时即可关闭行中断,标志图像采集完毕。这种方法最简单,也最常用,但也是采集图像最不稳定的方法,经常出现消隐区等问题。

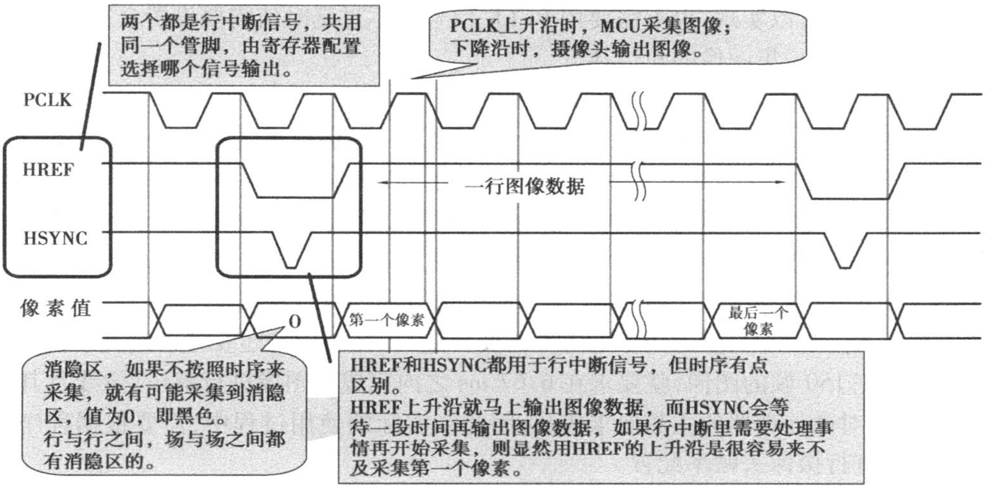


图 2.8　行中断时序图

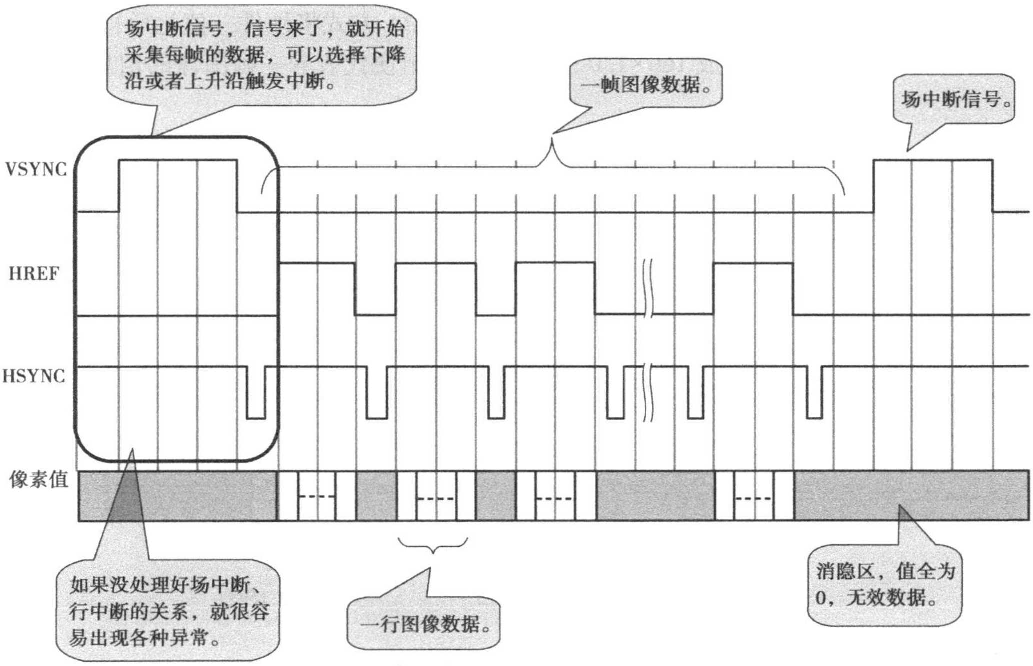


图 2.9　场中断时序

②使用场中断、行中断和 DMA 传输

需要采集图像时,开场中断,场中断信号有效时,开启行中断和初始化 DMA 传输;行中断信号有效时就设置 DMA 地址，启动 DMA 传输；如果需要过滤部分行不采集，则设置一个控制变量，每次行中断信号有效时，控制变量加 1，根据控制变量值来选择采集或不采集某些行。每个 PCLK 信号上升沿有效时都触发 DMA 传输，把摄像头输出的值读取到内存数组里，当触发 $n$ 次（$n$=图像列数目）后就停止 DMA 传输。行中断次数等于一幅图像的行数，或者下一个场中断有效时就结束图像采集，关闭行中断和场中断。该方法如果不用 DMA 传输，直接用 for 循环延时来采集也可以实现，也不需要用 PCLK 信号。不过延时值需要设置合适，否则不是采集到消隐区，就是只采集图像的左边部分。

③使用场中断，DMA 传输

需要采集图像时，开场中断，场中断信号有效时，初始化 DMA 传输，并启动 DMA 传输；每个 PCLK 信号上升沿有效时都触发 DMA 传输，把摄像头输出的值读取到内存数组里。当触发 $n$ 次（$n$=图像像素数目）后就停止 DMA 传输。DMA 停止传输时触发中断，中断里关闭场中断，图像采集完毕。或者等待下一个场中断有效时才关闭场中断，标记图像采集完毕。

OV7725 的最高帧率为 150 帧，理论上摄像头的帧率越高越好，但在实际的使用过程中，并不会使用到那么高的帧率，因为图像的解压需要一定的时间，同时还要考虑到其余代码的运行时间。如果取完 150 帧的图像，就要求在 6.67 ms 之内完成对图像进行解压、循线及其他一些程序的运行，这对微处理器的主频要求较高，因此在实际的使用过程中，需要根据程序运行时间和需求合理进行摄像头帧率配置。

3）摄像头图像处理

单片机采集到的原始图像信息并不都是有用信息，需要通过软件处理，滤除干扰信息，提取主要的赛道信息。以 OV7725 为例，图像采集采用 DMA 方式将硬件二值化后得到的整幅图像数据存入单片机，然后解压成 160×120 的数组，该数组便代表着一帧图像的信息，如图 2.10 所示。

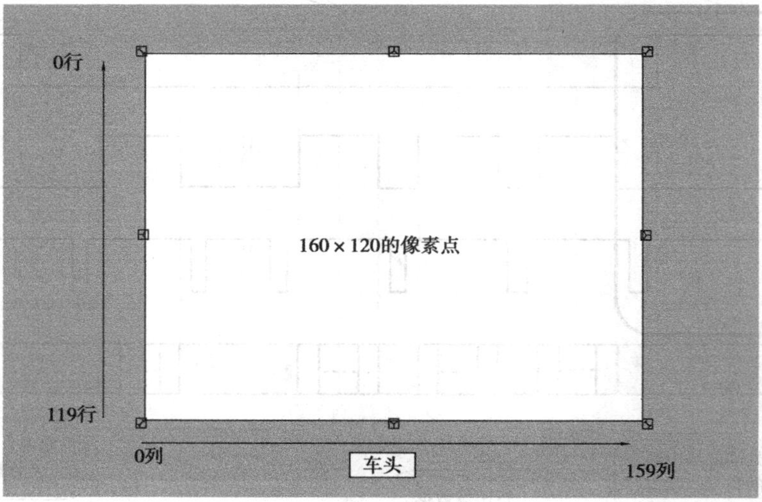


**图 2.10　摄像头一帧图像图示**

在图像信号处理中需要提取的赛道信息主要包括：赛道两侧边界位置、赛道中心点位置以及不同赛道类型的判断。采集到赛道图像后，采用循线算法进行处理，确定出赛道两侧边界位置，并计算出对应的赛道中心线位置，从而引导舵机转向和电机的加减速。循线算法的基本思想如下：

①循线首先从离车头最近的第 119 行开始，找到每一行的左右边界，至第 21 行结束，第 20 行到 0 行的图像畸变过大，不作为循线依据。

②左边界是从上一行中心的列（119 行从 80 列开始）开始，向左边逐列搜索，直至找到最近的由白点跳变到黑点的列（硬件二值化处理后，像素点只有黑点和白点），该列即为该行的左边界。如果该行找不到左边界，则认为该行左边界值为 0。

③右边界是从上一行中心的列（119 行从 80 列开始）开始，向右边逐列搜索，直至找到最近的由白点跳变到黑点的列，该列即为该行的右边界。如果该行找不到右边界，则认为该行右边界值为 159。

④对于每一行的中心点，该行中心点为该行左右边界值的平均值。

4）摄像头选型

循迹传感器是智能汽车进行路径识别的关键检测元件，选择一款好的循迹传感器有助于提高车模运行的整体性能，对于摄像头的选择，主要考虑 7 个参数：芯片大小、自动增益、分辨率、最小照度、信噪比、标准功率、扫描方式。市面上的摄像头主要分为模拟和数字两种，模拟摄像头主要有 OV5116、BF3003、MT9V136 等，数字摄像头主要有 OV7620、OV7670、OV7725 等。大多数摄像头都支持 SCCB 通信，可以很好地实现单片机与摄像头之间相互通信。

全国大学生智能汽车竞赛比赛环境干扰较小，对图像的分辨率要求并不高，但是对动态特性要求非常高，特别是车模在高速行驶入弯或者出弯的时候，图像变化较大，这就对摄像头的自动增益有较高的要求。一般来说，在图像发生突变时，感光芯片本身会有一段适应时间，这段时间要求越小越好。

综合前 14 届比赛情况，常用的摄像头类型有以鹰眼为代表的硬件二值化摄像头 OV7725，以及以总钻风摄像头 MT9V032 和数字摄像头 OV7620 为代表的灰度摄像头，还有少部分的队伍使用了模拟摄像头 OV5116。其中，有超过一半的队伍使用了鹰眼摄像头（OV7725），其次是总钻风摄像头（MT9V032），还有一小部分的队伍使用了数字摄像头（OV7620）和线阵 CCD（TSL1401）及模拟摄像头 OV5116，使用其余型号摄像头的队伍数量基本可以忽略不计了。

在第十四届全国大学生智能汽车竞赛规则中，对比赛场地光线要求放宽，不再要求遮光，导致赛道干扰因素增加，因此在第十四届竞赛中大部分队伍使用的是灰度摄像头，但灰度摄像头对图像的处理算法以及单片机的主频都要求较高，需要压缩赛道元素处理时间。虽然 OV7725 在光线分布不均匀或强光斑时处理赛道元素存在较大的缺陷，但其对于场地光线分布均匀，无论是均匀暗光还是均匀强光，其处理效果和速度都比较好。目前大部分比赛场地为体育馆，场地光线一般不会出现大面积光斑直射赛道情况，OV7725 信噪比高、速度快、稳定性好、微光灵敏度更高，因此 OV7725 仍然是较好的选择。竞赛中，摄像头的帧率是十分重要的，因为车模运行速度达到一定值后，图像变化很快，帧率低会导致道路实时性差，不能及时刷新赛道信息，会影响车模提速。OV7725 的最高帧率可以设置为 150 帧，完全满足竞赛要求。同时，硬件自动进行全局域二值化，不占单片机处理资源，节约 MCU 运算时间。当然，硬件二值化会丢失部分信息，导致在复杂场景可能无法进行正常判断与识别。

（3）MT9V032 灰度摄像头

MT9V032 灰度摄像头在信标组用得比较多，下面介绍其工作原理。MT9V032 的有源像素阵列是 752 H×480 V，它在芯片上集成了先进的相机功能，例如 2×2 和 4×4 像素着色功能，提高在较小分辨率下工作时的灵敏度以及开窗、列和行镜像。这项功能可以通过简单的双线串口编程实现。MT9V032 可以在其默认模式下运行,也可以针对帧大小、曝光、增益设置和其他参数进行编程,默认模式以每秒 60 帧(fps)的速度输出 VGA 大小的宽图像。片上模数转换器(ADC)为每个像素提供 10 bit 分辨率,用户也可通过使能设置为 12 bit 分辨率,来为图像较暗区域提供更精准的数字化。除了传统的并行逻辑输出外,MT9V032 还具有串行低压差分信号(LVDS)输出。MT9V032 结构框图见图 2.11。

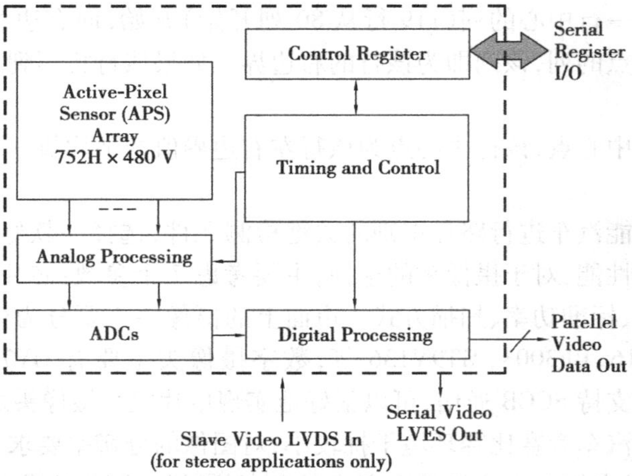

图 2.11 MT9V032 结构框图

MT9V032 的像素阵列配置成 782 列乘 492 行,如图 2.12(a)所示。左侧的 26 列和上方的 8 行像素为光学黑色,用来监测传感器的黑色等级。黑色行数据在内部用于自动黑电平调整。但是,通过将传感器设置为原始数据输出模式,也可以读取中间的四个黑色行。有 753 列乘 481 行的光学有源像素。有源像素被光学透明的虚拟行和列包围,以提高有源区内的图像均匀性。像素颜色图案调节如图 2.12(b)所示。

MT9V032 的图像数据可以按照逐行扫描或者隔行扫描方式输出。有效的图像数据被水平和竖直的空白行包围,如图 2.13 所示。水平和竖直方向的空白行数可以通过改写寄存器 0x05H 和 0x06H 来设置。当输出图中阴影部分时,芯片输出的 LINE_VALID 信号为高电平。

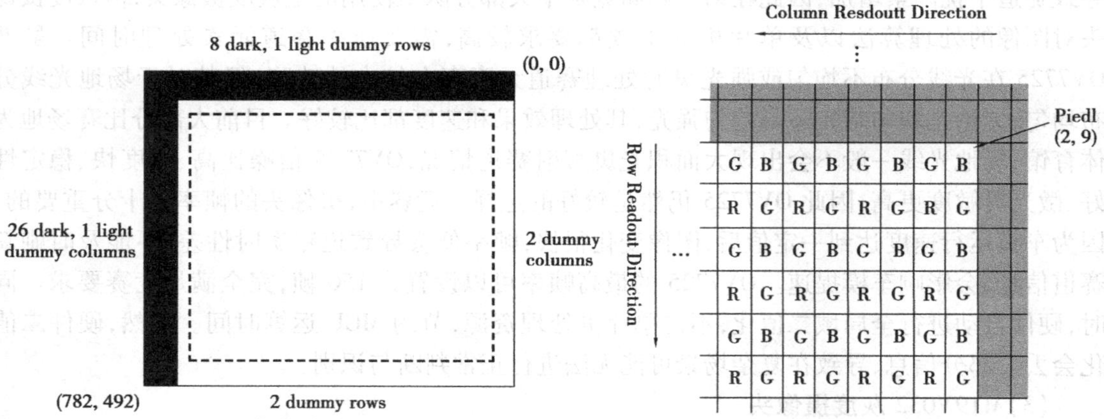

(a)像素阵列结构　　(b)像素颜色图案细节

图 2.12 MT9V032 像素阵列描述图

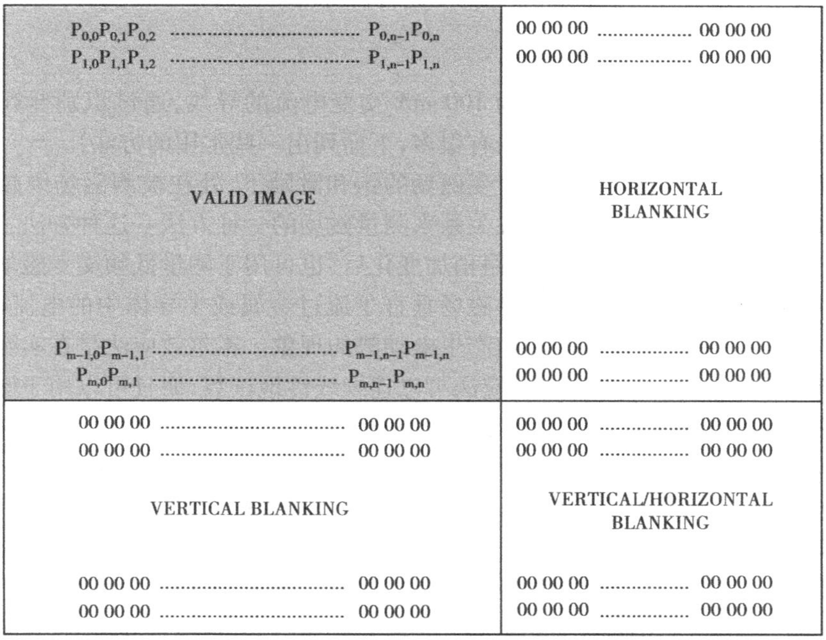


图 2.13　图像读出的空间展示

MT9V032 的像素信息时序如图 2.14 所示，MT9V032 的数据输出和 PIXCLK 信号输出同步，当 LINE_VALID 信号为高电平时，每个 PIXCLK 周期有一个 10 bit 的像素数据输出。PIXCLK 信号通常是时钟信号(SYSCLK)的翻转，PIXCLK 可以用作锁住数据的时钟。当数据分箱功能启用时，每一个(column bin 为 2 时)或两个(column bin 为 4 时)主时钟周期，PIXCLK 才翻转一次。PIXCLK 信号是连续的，即使是在空白数据期间(blanking period)，设置寄存器 0x74 的第四位为 1，也可以翻转 PIXCLK 信号。行和帧的时序关系如图 2.15 所示，其中，A 为活动数据时间，Q 为水平消隐时间，$P_1$ 为帧开始消隐时间，$P_2$ 为结束消隐时间。

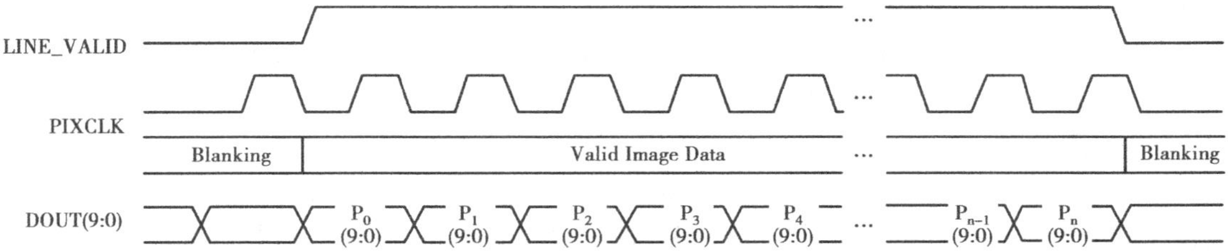


图 2.14　像素信息时序

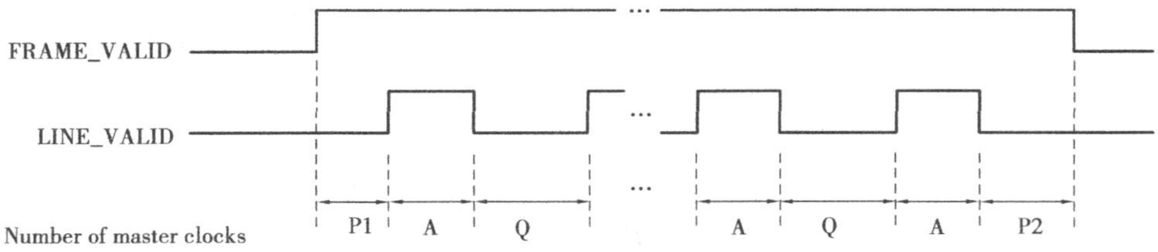


图 2.15　行有效和帧有效的时序关系

### 2.1.2 电磁传感器

竞赛赛道中心线位置铺设有一条通 100 mA 交变电流的导线,通过识别导线产生的电磁场可以实现路径检测。测量磁场的方法有很多,下面列出一些常用的方法:

①磁通门法。磁通门法是利用在交变磁场的饱和激励下,处在被测磁场中磁芯的磁感应强度与被测磁场的磁场强度间的非线性关系来测量磁场的一种方法。这种方法主要用于测量恒定的或缓慢变化的弱磁场,在测量电路稍加变化后,也可用于测量低频交变磁场。

②霍尔效应法。霍尔效应是指当外磁场垂直于流过金属或半导体中的电流时,会在金属或半导体中垂直于电流和外磁场的方向产生电动势的现象。霍尔效应法是在实际应用中比较成熟的一种磁场测量方法,利用霍尔效应法可以连续线性地读数,而且可以用于测量小间隙磁场,还可以使用多探头实现自动化测量和数据处理。

③磁阻效应法。磁阻效应是指某些金属或半导体的电阻值随外加磁场变化而变化的现象。磁阻效应广泛应用于磁传感、磁力计、电子罗盘、位置和角度传感器、车辆探测、仪器仪表、磁存储(磁卡、硬盘)等领域。

④磁共振法。磁共振法是利用物质量子状态变化而测量磁场的一种方法,一般可用来测量均匀的恒定磁场。用磁共振原理测量的方法主要有核磁共振、顺磁共振、光泵磁共振等。

⑤超导效应法。超导效应法是利用弱耦合超导体中约瑟夫森效应的原理测量磁场的一种方法,它可以测量 0.1 T 以下的恒定磁场和交变磁场。

⑥磁光效应法。磁光效应法是利用磁场对光和介质的相互作用而产生的磁光效应来测量磁场的一种方法。当偏振光通过磁场作用下的某些各向异性介质时,会造成介质电磁特性的变化,并使光的偏振面(电场振动面)发生旋转,这种现象被称为磁光效应。磁光效应法测量磁场具有耐高压、耐腐蚀、耐绝缘的优点。

以上各种磁场测量方法所依据的原理各不相同,测量的磁场精度和范围相差也很大,对用于智能汽车竞赛的电磁传感器来说,除了考虑检测磁场的精度之外,还需要对检测磁场的传感器的频率响应、尺寸、价格、功耗以及实现的难易程度进行综合考虑。从近 14 届全国大学生智能汽车竞赛来看,参赛队伍几乎都是采用竞赛组委会推荐的方案,选用最为传统的电磁感应线圈方案,它具有原理简单、价格便宜、体积小、频率响应快、电路实现简单等特点。

**(1)检测原理**

通电导线周围的磁场是一个矢量场,场的分布如图 2.16 所示。如果在通电直导线旁边竖直放置两个轴线相互垂直并位于与导线相垂直平面内的线圈,则可以获得感应磁场向量的两个垂直分量,进而可以获得磁场的强度和方向。

导线中的电流按一定规律变化时,导线周围的磁场也将发生变化,则线圈中将感应出一定的电动势。根据法拉第定律,线圈磁场传感器的内部感应电压 $E$ 与磁场 $B(t)$、电磁线圈的圈数 $N$、截面积 $A$ 的关系有

$$E = (NA) \times (\mu_0\mu_r) \frac{\mathrm{d}B(t)}{\mathrm{d}t} = -\frac{\mathrm{d}\phi(t)}{\mathrm{d}t} \tag{2.1}$$

感应电动势的方向可以用楞次定律来确定。由于本设计中导线中通过的电流频率较低,为 20 kHz,且线圈较小,令线圈中心到导线的距离为 $\bar{r}$,认为小范围内磁场分布是均匀的。再根据如图 2.16 所示的导线周围磁场分布规律,则线圈中感应电动势可近似为

$$E = -\frac{d\phi(t)}{dt} = \frac{k}{r}\frac{dI}{dt} = \frac{K}{r} \tag{2.2}$$

即线圈中感应电动势的大小正比于电流的变化率,反比于线圈中心到导线的距离。其中常量 $K$ 为与线圈摆放方法、线圈面积和一些物理常量有关的一个量,具体的感应电动势常量需实际测定来确定。

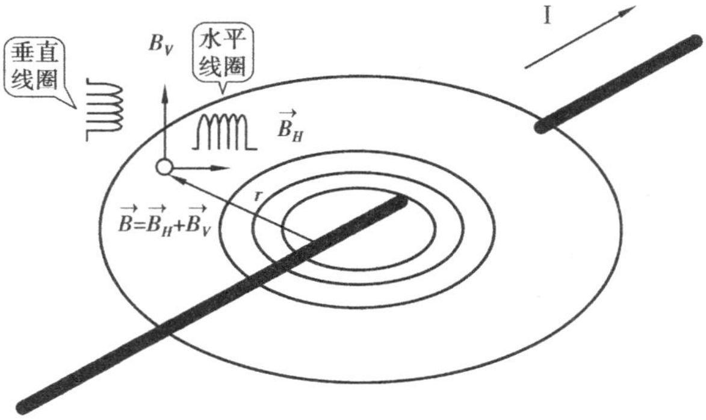


图 2.16　导线周围的感应电磁场

不同的线圈轴线摆放方向,可以感应不同的磁场分量。这里讨论一种最简单的线圈设置方案:双水平线圈检测方案。在车模前上方水平方向固定两个相距 $L$ 的线圈,两个线圈的轴线为水平,高度为 $h$,如图 2.17 所示。

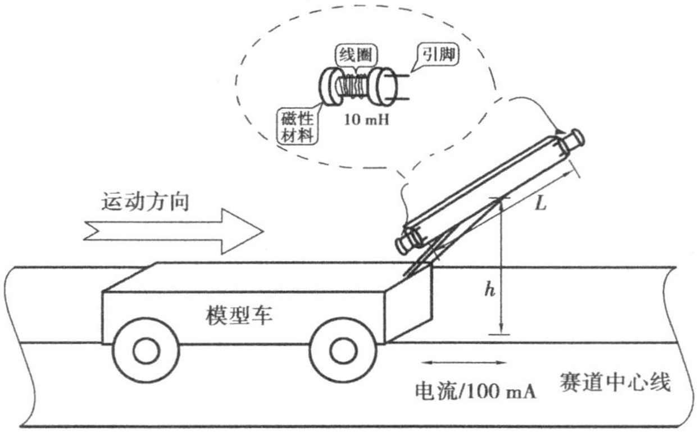


图 2.17　双水平线圈检测方案

为方便原理分析,在赛道上建立如图 2.18 所示的坐标系,假设沿着赛道前进的方向为 $z$ 轴,垂直赛道往上为 $y$ 轴,在赛道平面内垂直于赛道中心线为 $x$ 轴。$xyz$ 轴满足右手定则。假设在车模前方安装两个水平的线圈,这两个线圈的间隔为 $L$,线圈的高度为 $h$。左边线圈的坐标为$(x,h,z)$,右边的线圈的位置$(x-L,h,z)$。由于磁场分布是以 $z$ 轴为中心的同心圆,所以在计算磁场强度时仅仅考虑坐标$(x,y)$。由于线圈的轴线是水平的,所以感应电动势反映了磁场的水平分量。根据式(2.2)可以知道感应电动势的大小与$\frac{h}{x^2+h^2}$成正比。

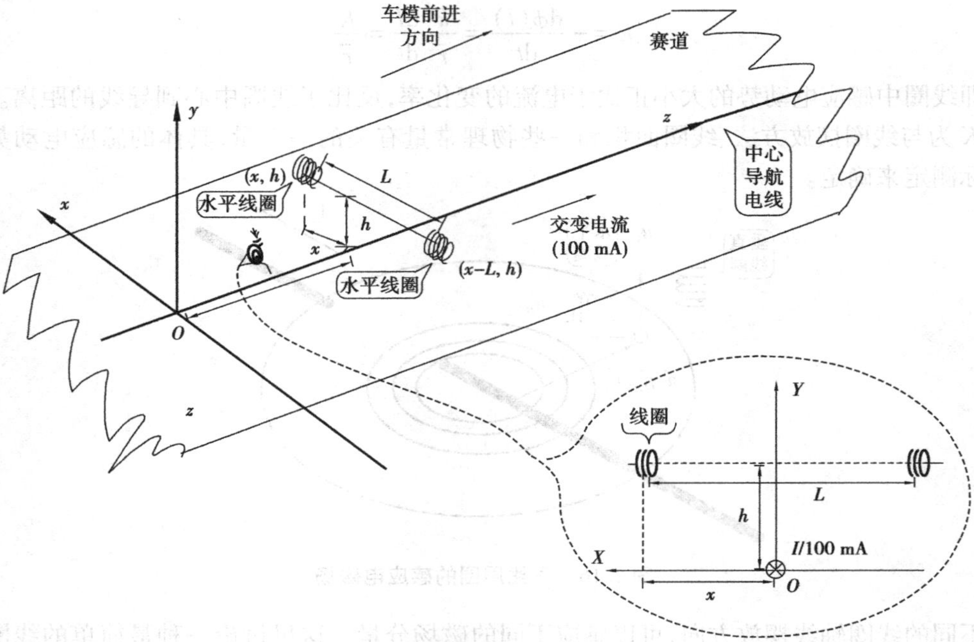


图 2.18　感应线圈布置方案

假设 $h=5$ cm，$x\in(-15,+15)$，$k=1$，计算感应电动势 $E=\frac{Kh}{h^2+x^2}$ 随着线圈水平位置 $x$ 的变化取值，如图 2.19 所示。如果只使用一个线圈，感应电动势 $E$ 是位置 $x$ 的偶函数，只能够反映水平位置的绝对值 $|x|$ 的大小，无法分辨左右。为此，需要使用相距长度为 $L$ 的两个感应线圈，计算两个线圈感应电动势的差值：

$$E_{\mathrm{d}}=E_1-E_2=\frac{Kh}{h^2+x^2}-\frac{Kh}{h^2+(x-L)^2} \tag{2.3}$$

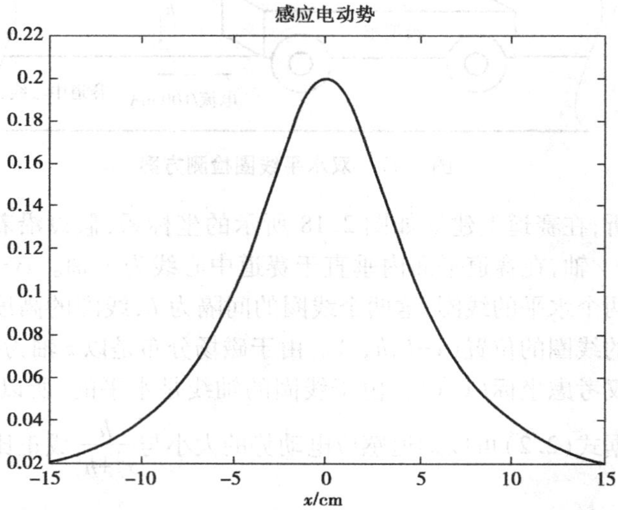

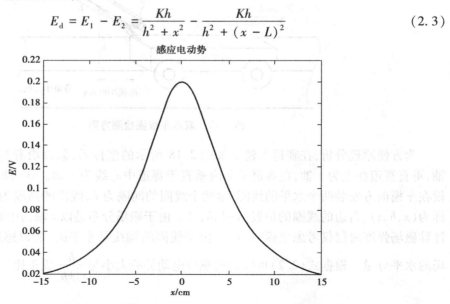

图 2.19　线圈中感应电动势与它距导线水平位置 $x$ 的函数

下面假设 $L=30$ cm，$K=1$，计算两个线圈电动势差值(图 2.20)。从图 2.20 中可以看出，当左边线圈的位置 $x=15$ cm 的时候，此时两个线圈的中心恰好处于赛道中央，感应电动势差值 $E_d$ 为 0，当线圈往左偏移，$x\in(15,30)$ 时，感应电动势差值小于零，反之，当线圈往右偏移，$x\in(0,15)$ 时，感应电动势大于零。因此在位移 0 ~ 30 cm，电动势差值 $E_d$ 与位移 $x$ 是一个单调函数。可以使用这个量对车模转向进行负反馈控制，从而保证两个线圈的中心位置跟踪赛道的中心线。通过改变线圈高度 $h$，线圈之间距离 $L$，可以调整位置检测范围以及感应电动势的大小。

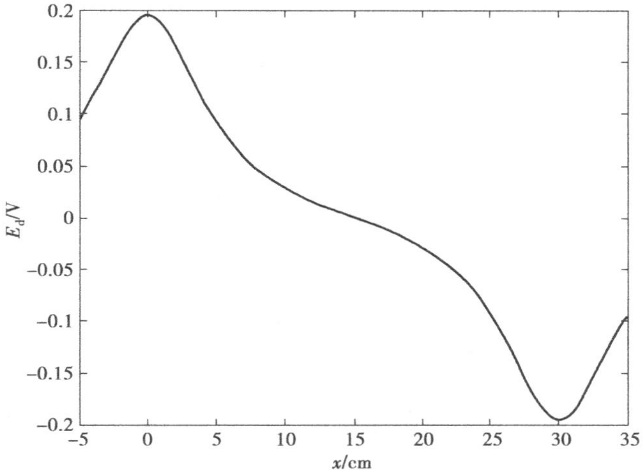


**图 2.20　感应电动势差值 $E_d$ 与距离 $x$ 之间的函数**

**(2)磁感应线圈信号处理电路**

1)磁感应线圈

磁感应线圈可以自行绕制，也可以直接使用 10 mH 工字电感，实物如图 2.21 所示。

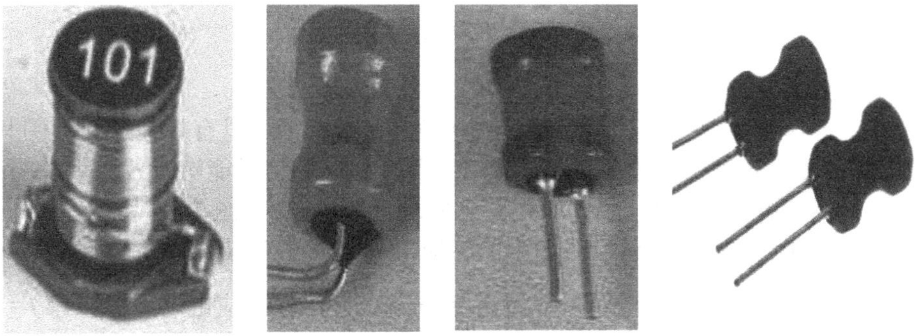


**图 2.21　工字电感**

这类电感体积小，$Q$ 值高，具有开放的磁芯，可以感应周围交变的磁场，如图 2.22 所示。

使用电感线圈可以对其周围的交变磁场感应出响应感应电动势。这个感应电动势信号具有以下特点：

①信号弱：感应电压只有几十毫伏，在检测幅值之前必须进行有效的放大，放大倍数一般要大于 100 倍。

②噪声大：一般环境下，周围存在着不同来源、不同变化频率的磁场。

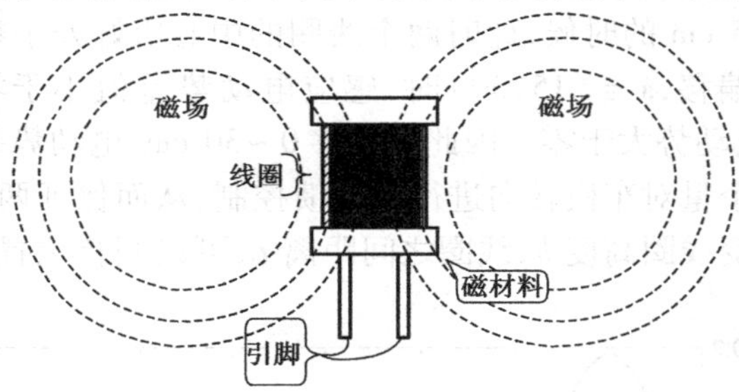


图 2.22 工字磁材电感

所以必须对信号进行放大、滤波等处理后再输入单片机进行 A/D 转换，信号处理流程如图 2.23 所示。

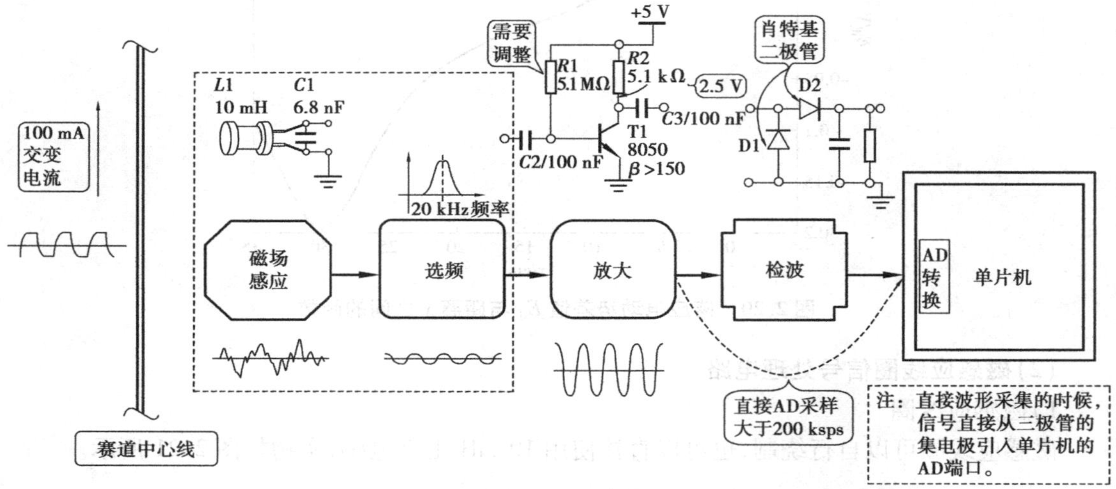


图 2.23 信号处理流程

2）信号选频放大

赛道选择 20 kHz 的交变磁场作为路径导航信号，在频谱上可以有效地避开周围其他磁场的干扰，因此信号处理的第一级选用选频放大，使得 20 kHz 的信号能够有效放大，并且去除其他干扰信号的影响。可以使用 LC 串并联电路来实现选频电路，如图 2.24 所示。

如图 2.24 所示电路中，$E$ 是感应线圈中的感应电动势，$L$ 是感应线圈的电感量，$R_0$ 是电感的内阻，$C$ 是并联谐振电容，电路谐振频率为：$f_0=\dfrac{1}{2\pi\sqrt{LC}}$。已知感应电动势的频率 $f=20$ kHz，感应线圈电感为 $L=10$ mH，可以计算出谐振电容的容量为

$$C=\frac{1}{(2\pi f_0)^2L}=\frac{1}{(2\pi\times20\times10^3)^2\times10\times10^{-3}}=6.33\times10^{-9}(\mathrm{F})$$

3）信号二级放大

经过选频放大后的信号幅值较小，随着电感离赛道的距离变化而衰减较快，必须进一步放大后，单片机才能更加准确地采集信号，如果单片机 A/D 转换的参考电压为 3.3 V，一般将电压峰值放大到 2 V 左右。信号放大最简单的电路就是用三极管进行放大，但是三极管放大电

路温度漂移较大,实际应用时稳定性不好,从参赛队伍的技术报告看都是选用运算放大器来实现。

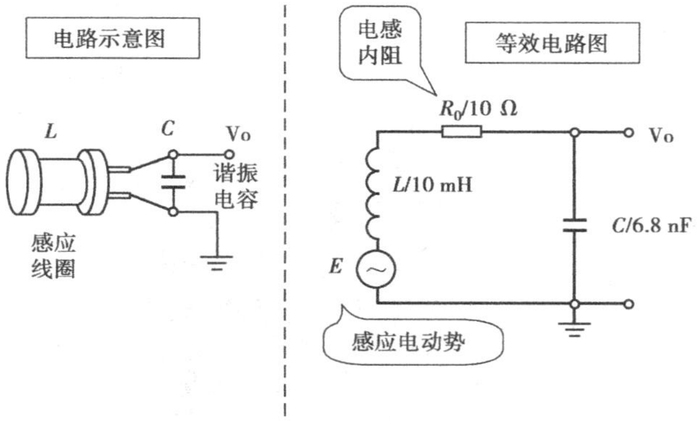


图2.24　RLC 并联谐振电路

4)信号检波

经过二级放大后的信号幅值测量有多种方法,可以直接接入单片机的 A/D 端口,使用单片机直接采样交变电压信号,只要保证单片机的 A/D 采集速率大于 20 kHz 的 8 ~ 10 倍。最简单的方法是就是使用二极管检波电路将交变的电压信号检波形成直流信号,然后通过单片机的 AD 采集获得正比于感应电压幅值的数值。电磁信号放大和检波电路设计在第4章有详细介绍。

**(3)电感电容匹配方法**

谐振电容理论计算值为 $6.33\times10^{-9}$(F),通过查阅电容标准容值表得知,6.2 nF 不是标准容值。为了利用标称电容串联或并联,尽可能地构造出 6.2 nF 的电容,选用的 5.6 nF 和 560 pF 的电容并联得到接近于 6.2 nF 的电容,因电感和电容都存在制造误差,若所选的电容值和电感值不匹配,会导致谐振频率与 20 kHz 存在较大的差异,则电感和电容构成的谐振电路不满足完全互换性。在匹配过程中,应先测量电感,再进行电容匹配。电感值确定后,计算与之谐振后频率在 19.8 ~ 20.2 kHz 的电容值范围,然后选取并联后电容值在此范围内的电容组。

将焊接完成的谐振电路接入示波器,并利用标准信号源进行测试。如图 2.25 所示,将谐振的两路输出端接至示波器,将工字电感靠近电磁线,电感尽量保持与电磁线垂直,且距离尽可能小,以便观察输出波形。为了使示波器测量更加精准,调节纵向刻度,使得波形占据屏幕区域 2/3 以上且不超出屏幕,同时保证屏幕内存在波形 2 ~ 3 个周期的图像。调节后纵向刻度为 500 mV/div,横向刻度为 10 μs/div,输出波形如图 2.26 所示。

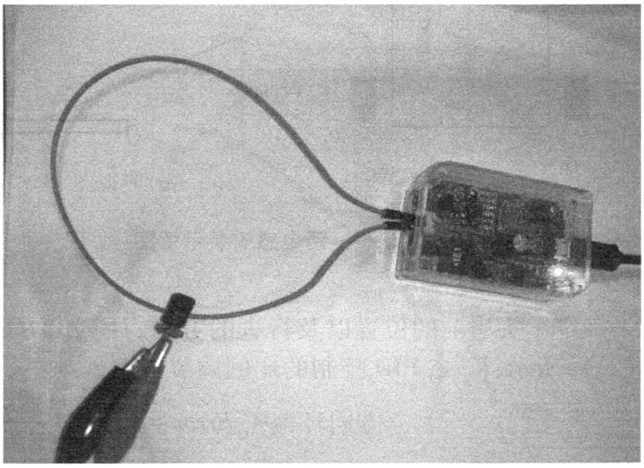

图2.25　谐振电路的测试

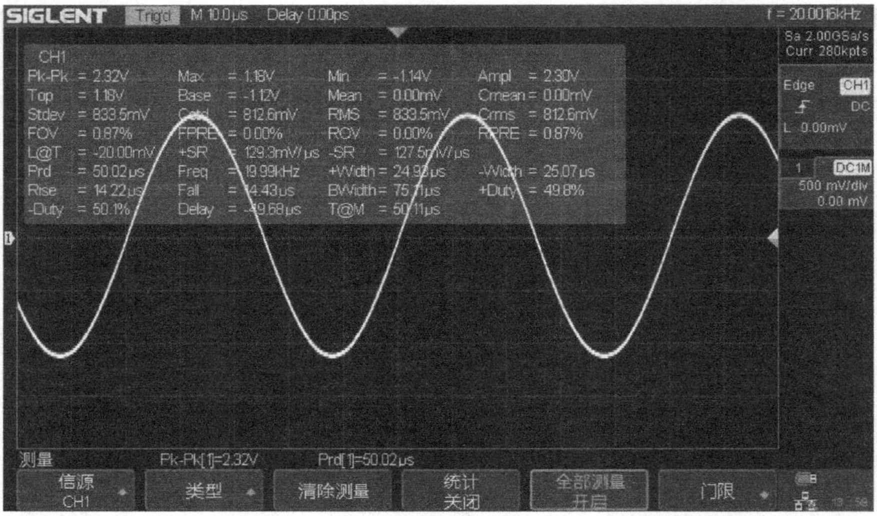


图 2.26 谐振电路的输出波形

电路输出为标准正弦波，谐振频率为 19.992 kHz，误差为 0.4‰，输出信号峰峰值为 2.32 V。通过改变电感与电磁线的位置，可以改变幅值，当角度不变时，距离越近，幅值越大；当距离不变时，电感与电磁线的夹角越大，幅值越大。实际匹配时，若输出信号峰峰值大于 2 V，即可满足使用要求。

**(4)电感个数与布局方法分析**

电磁循线中最核心的部分是电感的个数与布局，常见电感个数为 2 ~ 6 个，少数组别会采用更多电感。以下仅介绍常见的两电感至六电感循线以及布局分析。

1)两电感循线算法

两电感安装效果如图 2.27 所示。横电感用于检测赛道磁场信息，计算转向环，要尽量安装于支撑横杆的外侧，但同时要满足比赛规定宽度不超过 25 cm 的限制。电感安装高度也要注意，太高会造成电感值过小，太低会造成电感值过大，需要根据车模实际运行情况来调整电感高度。电感值越靠近赛道中心线的时候越大，所以可以根据两个电感的值来确定车头当前的位置以及行进的方向，计算出方向环的偏差，两电感循线的偏差计算如式(2.4)所示，$K_p$ 是 PID 控制的比例调节系数。

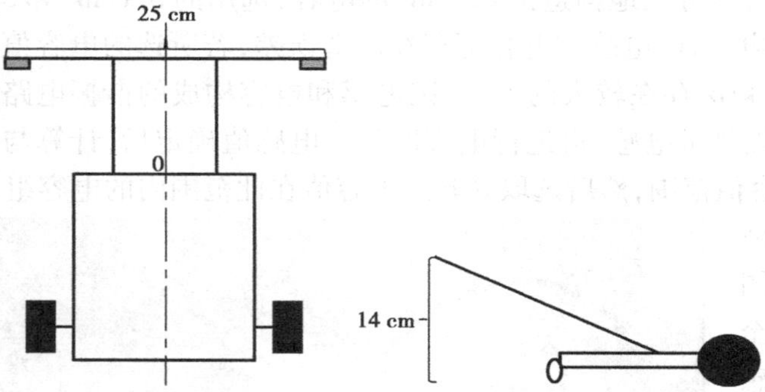


(a)俯视图 (b)侧视图

图 2.27 两电感安装示意图

$$方向环偏差\ Error = K_p \times \frac{左横电感值 - 右横电感值}{左横电感值 + 右横电感值} \tag{2.4}$$

计算方法采用两个横电感的差比和，如果单纯只计算两个横电感的差值，在某些时候会出现车头偏转越多，偏差反而越小的情况。例如，在急弯处，车头会伸出赛道外，所以两个电感的值都会偏小，此时直接作差得到的偏差会很小，不符合实际情况，而差比和的方式可以有效解决这个问题。

两电感循线适用于初学者入门，如果参数调校适当，车模运行速度也可以很快，但是对于某些特殊赛道，双电感循线存在一定的缺陷。

2）三电感循线算法

在两个横电感循线的基础上，加入第三个电感，用于识别特殊赛道元素，以及优化行驶路径。电感安装效果如图2.28所示。

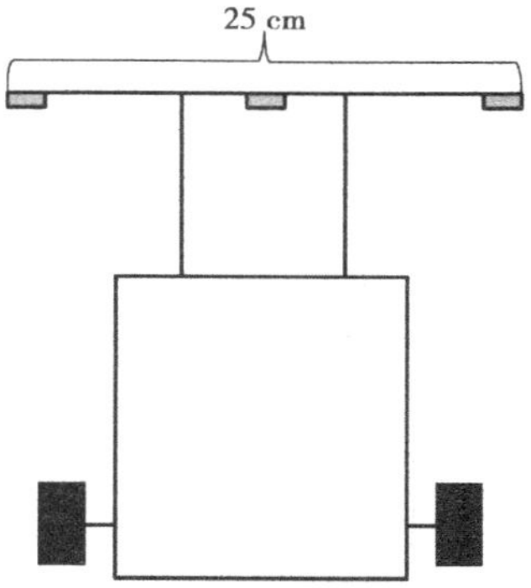


图2.28　三电感安装示意图

左右两侧的横电感安装方式与两电感的安装方式相同，中间位置横电感保证绝对居中，同时要注意中间横电感的放大倍数要比两侧横电感的放大倍数小，因为在赛道某些特殊元素位置，中间电感输出信号比其在普通元素位置大很多，例如在环岛元素的交叉位置，电感输出信号比普通元素位置大三倍以上。三电感循线的偏差计算方法如式(2.5)所示。

$$\text{方向环偏差 } Error = K_p \times \frac{\text{左横电感值} - \text{右横电感值}}{\text{左横电感值} + \text{中间电感值} + \text{右横电感值}} \tag{2.5}$$

在三电感的循线策略中，将中间电感加入差比和的分母中去，可以有效地优化行驶路径。在正常直道时，中间电感的值接近最大值，这样可以计算得到一个较小的偏差，以减少车模的抖动，而在进入弯道时，中间电感的值会迅速减小。不同于两个电感作差比和所计算出的偏差与车头偏离赛道中心线距离的一次线性关系，三电感循线计算方法得到的近似于二次方的关系，可以使车模过弯的时候更好地切内道，从而达到优化行驶路径的效果。同时，中间电感也可以用于判断特殊赛道元素，比如坡道、十字、环岛等。以环岛元素为例，在环岛附近中间电感值会远超在其他赛道元素的值，如图2.29所示（其中的03:0263即为中间横电感的归一化数值）。

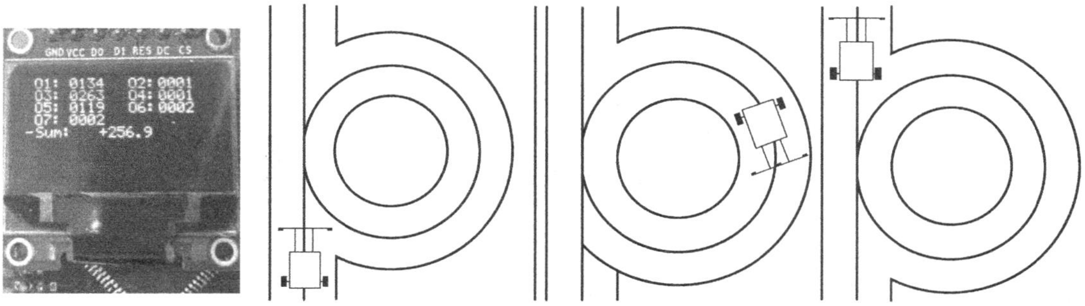


（a）环岛附近电感数值　（b）小车入环　（c）小车环中循线　（d）小车出环

图2.29　车模经过环岛元素过程

相比于两个横电感循线，三个横电感能更好地适应多变的赛道元素，获得更佳的行驶效果。当然，除了将中间横电感的归一化数值加在分母上之外，还有其他的处理方式。例如，将其归一化数值当作一个变量型参数，作为除数直接与两个横电感的差比和做商等，如式(2.6)所示。

$$\text{方向环偏差 } Error = K_p \times \frac{(\text{左横电感值} - \text{右横电感值})/(\text{左横电感值} + \text{右横电感值})}{\text{中间电感值的归一化值}} \tag{2.6}$$

3）四电感循线算法

四电感循线方式与前两种方式不同的地方在于它引入了竖电感安装方式。竖电感主要用于赛道的辅助循线以优化路径、特殊赛道元素的识别以及特殊赛道内的循线（这部分内容在环岛循线中介绍）。四个电感主要包括两个横电感与两个竖电感，具体安装方式如图 2.30 所示。

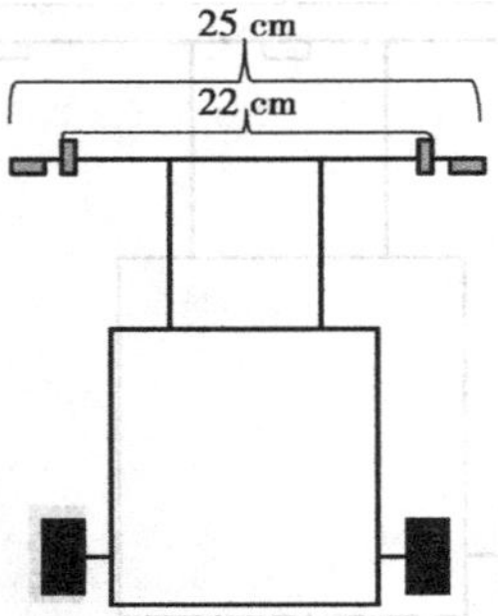


**图 2.30　四电感安装示意图**

在四个电感的安装中，横电感安装位置及方式同两电感的安装方式，竖电感也要尽量靠近外侧，以获得更多的赛道有效信息。但要注意，横电感与竖电感距离过近时会发生谐振现象，直道上竖电感与通电导线平行，理论上竖电感是没有值的，但如果发生谐振现象，竖电感也会有较大的值，会严重影响正常的偏差计算。四电感循线的偏差计算方式见式（2.7）。

$$\text{方向环偏差 } Error = K_{p1} \times \frac{\text{左横电感值} - \text{右横电感值}}{\text{左横电感值} + \text{右横电感值}} + K_{p2} \times \frac{\text{左竖电感值} - \text{右竖电感值}}{\text{左竖电感值} + \text{右竖电感值}} \tag{2.7}$$

四电感循线在横电感循线的基础上加上了竖电感的差比和的值。因为竖电感在直道上基本没有值，但是在接近弯道时，会与通电导线形成夹角，竖电感的值会迅速增大，即竖电感对于弯道的灵敏度会远大于横电感，可以使车模过弯时更好地切内道。需要注意的是，要提前限定电感归一化数值乘以 100 之后的值不能小于 1，因为这个值是一个 int 型的整型变量，如果采到的值都很小，尤其是在直道上的竖电感的值，若不加限制会出现 0/0 的情况，造成程序 BUG，出现不可预料的后果。同时，竖电感也可以用于特殊赛道的循线，例如环岛循线就主要依靠竖电感来进行。

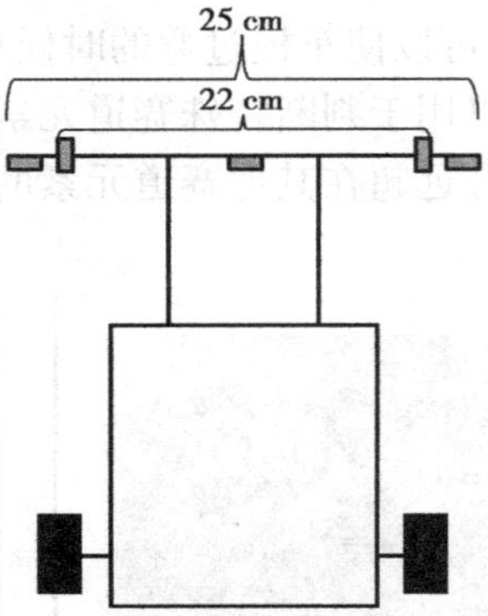


**图 2.31　五电感安装示意图**

4）五电感循线算法

五电感的循线方式是利用三个横电感和两个竖电感来计算方向环的偏差。相当于融合了三电感循线和四电感循线的优点，这也增大了参数调试方面的难度。具体的电感安装方式如图 2.31 所示。

五电感的循线思路在于用中间横电感加上两个竖电感来辅助循线，优化路径。具体的方向环偏差计算方法如式（2.8）所示。

$$\begin{aligned}\text{方向环偏差 } Error = & K_{p1} \times \frac{\text{左横电感值} - \text{右横电感值}}{\text{左横电感值} + \text{中间电感值} + \text{右横电感值}} + \\ & K_{p2} \times \frac{\text{左竖电感值} - \text{右竖电感值}}{\text{左竖电感值} + \text{右竖电感值}}\end{aligned} \tag{2.8}$$

利用五电感循线可以更加稳定的识别赛道元素，如坡道、环岛、十字路口等，可以更及时地作出相应处理，从而提升速度。

5）六电感循线算法

六电感循线是利用两个对称放置的横电感来代替中间的横电感，用以辅助循线和识别特殊赛道元素。六电感的具体安装方式如图 2.32 所示。

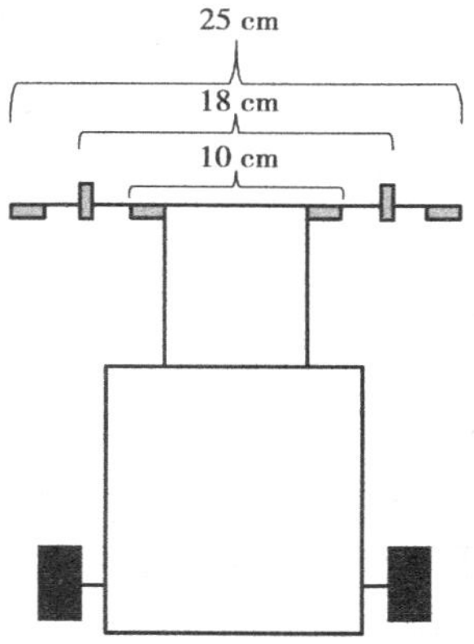


图 2.32　六电感安装示意图

利用中间两个横电感辅助循线，可以使普通赛道元素不再单纯依靠左右两侧的横电感，具体的方向环偏差计算如式（2.9）所示。

$$\begin{aligned}\text{方向环偏差 } Error = {} & K_{\mathrm{p1}} \times \frac{\text{左外横电感值} - \text{右外横电感值}}{\text{左外横电感值} + \text{右外横电感值}} + \\ & K_{\mathrm{p2}} \times \frac{\text{左内横电感值} - \text{右内横电感值}}{\text{左内横电感值} + \text{右内横电感值}} + \\ & K_{\mathrm{p3}} \times \frac{\text{左竖电感值} - \text{右竖电感值}}{\text{左竖电感值} + \text{右竖电感值}}\end{aligned} \tag{2.9}$$

以上介绍了五种常见的循线策略，需要注意的是，电感数量越多，获得的赛道信息越多，从而增加结果的可靠性。但是，过多的数据也会增加处理难度，同时电感数量增加会造成安装位置过近，导致互相谐振，影响数据准确性。

## 2.2　常用测速传感器

车模行驶过程中的速度控制一般都采用闭环控制，闭环控制需要实时检测车模的行驶速度，常用的测速传感器有光电编码盘和编码器，实物如图 2.33 所示。光电编码盘价格便宜，但是安装麻烦且容易受外部光线和灰尘的影响，测量精度不高。编码器测量原理与光电编码盘相同，但精度高、稳定性好，当然价格上也贵很多。从竞赛车模来看，绝大多数都选择光电编码器作为测速传感器。

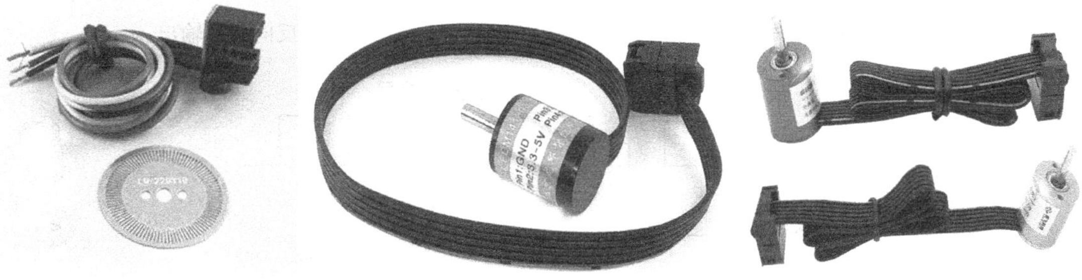

（a）光电编码盘　（b）编码器（龙丘科技）　（c）编码器（逐飞科技）

图 2.33　智能汽车常用测速传感器

按照工作原理，编码器可以分为增量式和绝对式两类。增量式编码器是将位移转换为周期性的电信号，再把这个电信号转换为可计数的脉冲信号，用脉冲的个数表示位移的大小。绝对式编码器的每一个位置对应一个确定的数字码,因此它的示值只与测量的起始和终止位置有关,而与测量的中间过程无关,智能汽车竞赛一般都选用增量式编码器。

AB 相增量式编码器内部结构如图 2.34 所示,编码盘结构如图 2.35 所示,在输出方式上分为电压输出和集电极开路输出两种方式,其中集电极开路输出在采集脉冲时需要加一个上拉电阻,同时编码器还有一个 Z 相信号,即编码器机械零位信号,每当编码器转到机械零位,Z 相输出一个脉冲,可用于矫正脉冲长时间的积分误差。AB 项增量式正交编码器输出分为两种,一种是 AB 项都输出脉冲信号。如果正转,A 相输出超前 B 相 90°,如果反转,A 相滞后 B 相 90°,如图 2.36 所示;另一种是 A 项输出脉冲信号,B 项输出方向信号,如图 2.37 所示。对于 AB 项脉冲输出来说,如果只是采集 A 相或 B 相的脉冲数,只能测量转速的大小,而不能判断旋转的方向。正交解码则能解决这个问题。

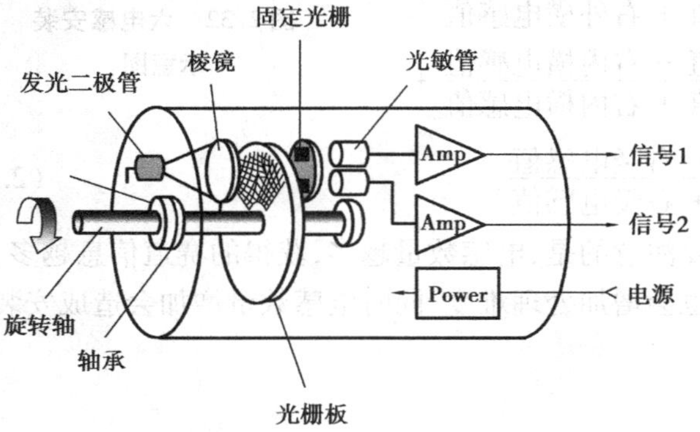


图 2.34　光电编码器内部结构

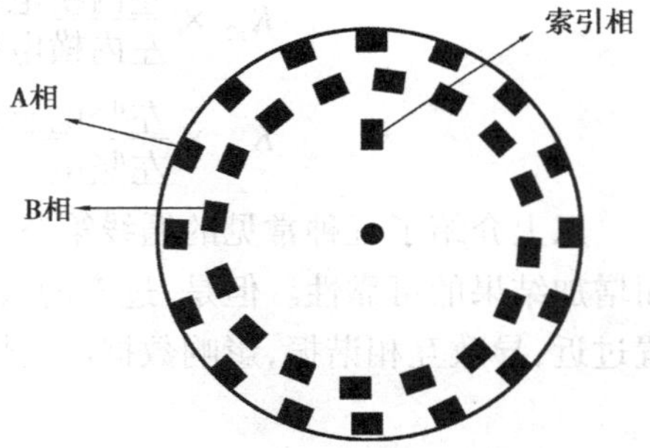


图 2.35　增量式正交编码盘示意图

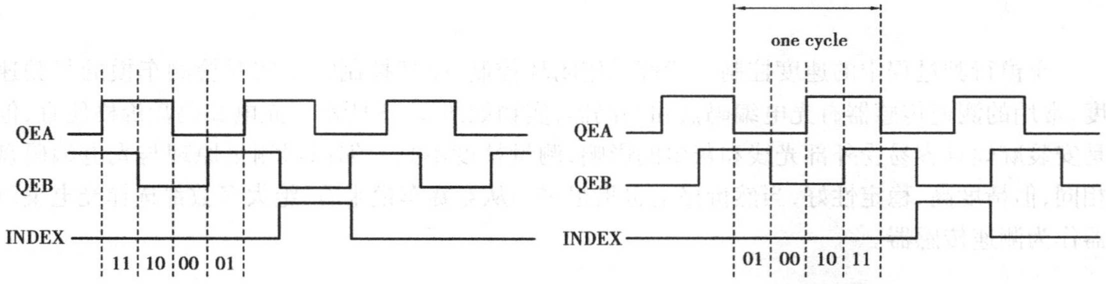


(a)正向旋转输出　　(b)反向旋转输出

图 2.36　AB 项输出脉冲信号

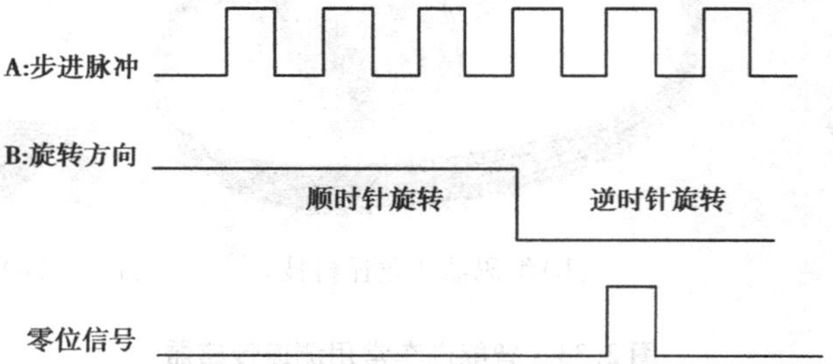


图 2.37　A 项输出脉冲、B 项输出方向

## 2.3　常用赛道元素传感器

### 2.3.1　陀螺仪

陀螺仪通常用于检测随刚体转动产生的角位移或角速度，具有动态响应快、动态性能好以及带宽范围大的特点。陀螺仪的输出值是相对敏感轴的角速度，对时间积分即可得到围绕敏感轴方向上所旋转过的角度。

陀螺仪用于测量车模的行进姿态，不同车模安装方式不同。对于两轮平衡车模而言，陀螺仪是必不可少的。如图2.38和图2.39所示分别是MPU6050陀螺仪和IC20602陀螺仪，MPU6050陀螺仪采用$I^2C$协议进行通信，ICM20602陀螺仪既可以采用$I^2C$协议，也可以采用SPI协议进行通信，两者通过程序处理后均可以得到$x$、$y$、$z$轴三个方向的加速度和角速度。MPU6050陀螺仪价格稍微便宜，但容易使程序跑飞，而ICM20602陀螺仪传感器采用SPI协议通信就稳定得多。

图2.38　MPU6050陀螺仪传感器

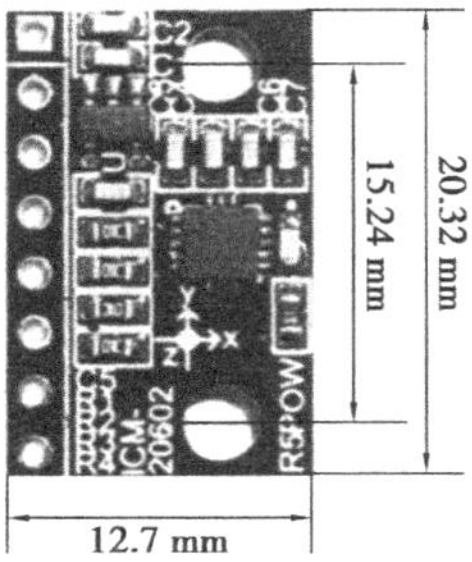


图2.39　ICM20602陀螺仪传感器

### 2.3.2　避障传感器

第十四届全国大学生智能汽车竞赛赛道元素中存在横断，需要进行避障处理，因此需要用到测距传感器对横断进行判断。下面介绍3种常见的测距传感器。

**（1）超声波测距传感器**

超声波测距传感器如图2.40所示，其测量原理是超声波发射器发射一定频率的超声波，借助空气媒质传播，到达测量目标或障碍物后反射回来，超声波接收器接收反射回的超声波信号，超声波往返时间与其传播的路程远近有关，测试传输时间可以得出距离。但是这种传感器的最小测量距离较大，用于测量较短距离时精度不高，所以不推荐采用。

**（2）激光测距传感器**

激光传感器工作时，先由激光二极管对准目标发射激光脉冲，经目标反射后，激光向各方向散射，部分散射光返回到传感器接收器，被光学系统接收后成像到雪崩光电二极管上。雪崩光电二极管是一种内部具有放大功能的光学传感器，因此它能检测极其微弱的光信号，记录并处理从激光脉冲发出到返回被接收所经历的时间，即可测定目标距离。激光测距传感器精度高，稳定性好，唯一的缺点是价格较贵，如图2.41所示是一种激光测距传感器。

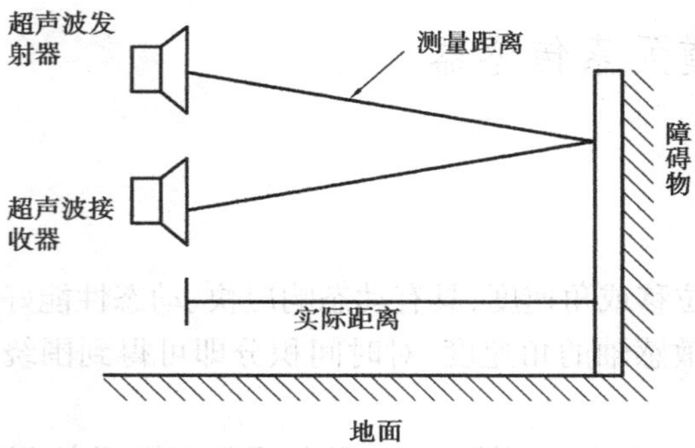

(a)测量原理

(b)实物

图 2.40 超声波测距传感器

图 2.41 激光测距传感器

图 2.42 红外测距传感器

**(3)红外测距传感器**

红外测距传感器利用红外信号遇到障碍物距离不同其反射强度也不同的原理,进行障碍物远近的检测。红外测距传感器有一对红外信号发射与接收二极管,发射管发射特定频率的红外信号,接收管接收这种频率的红外信号,当红外发射信号遇到障碍物时,反射回来被接收管接收,经过处理之后,即可得到测量的距离。如图 2.42 所示是实验室用红外测距传感器,型号为 GP2Y0A02YK0F,在量程内,该传感器输出电压大小和测量距离成正相关,通过 A/D 采集和程序计算处理,即可得到测量的距离。

### 2.3.3 起跑线检测传感器

竞赛要求车模在比赛完成后,能够自动停止在停车区域。起跑线的标志有两种形式:一种是斑马线起跑线,如图 2.43(a)所示,计时起始处有一个宽度为 10 cm 黑色斑马线,斑马线使用与赛道黑色边线一样的材料制作。另一种是永久磁铁,在赛道中间安装有永久磁铁,磁场参数:直径 7.5 ~ 15 mm,高度 1 ~ 3 mm,表面磁场强度 0.3 ~ 0.5 T,起跑线附近永久磁铁在赛道中心两边对称分布,具体位置如图 2.43(b)所示。两种停车标志都可以使用,相对于需要图像处理的斑马线停车标志,永久磁铁标志处理简单可靠,所以在没有特殊要求的条件下,都选用选择传感器检测永久磁铁。

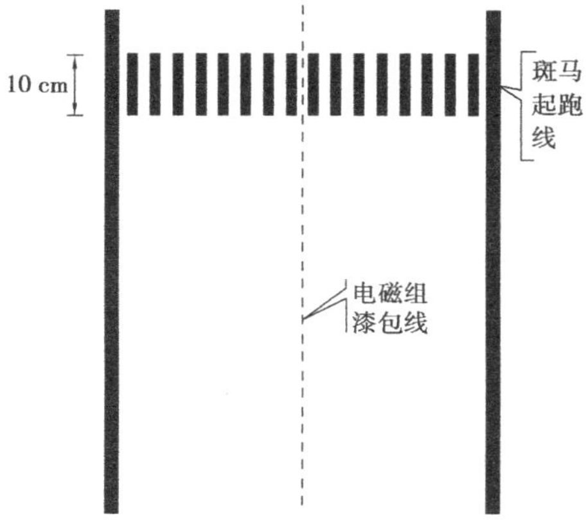


（a）斑马线起跑线标志

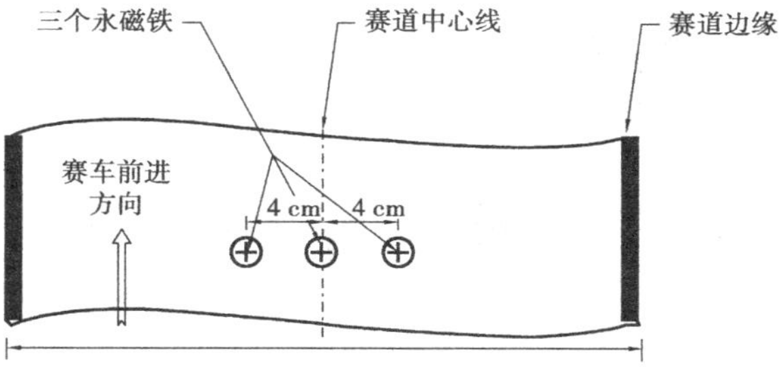


（b）永磁铁起跑线标志

**图 2.43　起跑线标志**

检测永久磁铁最简单的方法就是用干簧管，它是一种通过施加磁场动作的电开关。干簧管是由两片磁簧片（通常由铁和镍这两种金属所组成）密封在玻璃管内，两片磁簧片呈重叠状，但中间有小空隙。簧片的作用相当于一个磁通导体，在尚未操作时，两片簧片并未接触；在通过永久磁铁或电磁线圈产生磁场时，外加的磁场使两片簧片端点位置附近产生不同的极性；当磁力超过簧片本身的弹力时，这两片簧片会吸合导通电路。使用时，将干簧管一端上拉或下拉，另一端接单片机 IO 口，通过检测 IO 口的电平信号即可判断干簧管的通断情况，从而检测到起跑线位置而停车。

# 第3章 智能汽车机械结构设计

## 3.1 机械结构对智能汽车性能影响

机械结构是智能汽车系统的基础，组成智能汽车系统所有硬件功能要素均由机械结构支撑，机械结构和控制算法之间有着相辅相成的关系，两者之间相互配合的程度决定了智能汽车性能的高低。可以说，机械结构决定智能汽车性能的上限，因此对智能汽车机械结构的了解和设计不容忽视。

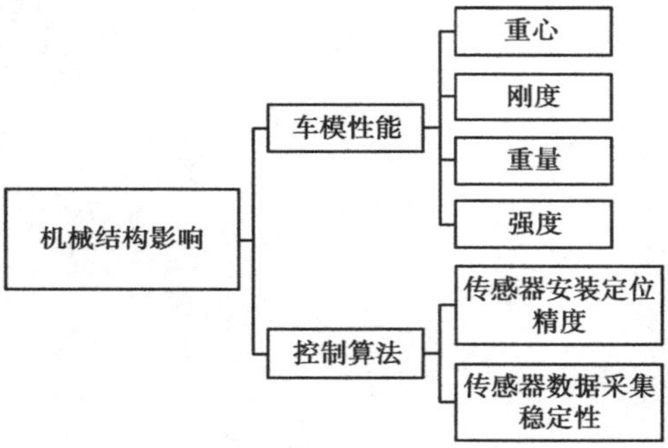


图3.1 机械结构对智能汽车的影响

在全国大学生智能汽车竞赛中，机械结构设计的着眼点在于如何在现有结构、材料、性能基础上改进设计，满足减小质量、缩小体积、提高精度、提高刚度及改善性能的要求。机械结构对智能汽车的影响主要体现在车模性能和控制算法两方面，如图3.1所示。

①对车模性能的影响。车模重心位置是机械结构设计考虑的重点，合适的重心位置能使车模具有更好的稳定性，对车模速度和转弯性能有很大的提升效果；同时，整车零部件采用轻质、高强度、足够刚度的结构材料也有助于提升车模的防冲击性能和持续的可靠性。

②对控制算法影响。为完成特定的比赛任务，不同的车模有不同的机械结构，在一些组别如创意组中，更需要有特定功能的机械结构。机械结构的好坏直接影响算法控制的效果，同时简单稳定的机械结构可以大大减小控制算法需求。例如，对于固定传感器的支撑结构，支撑结构的安装精度和稳定性直接影响到传感器采取数据的准确性，从而影响控制算法处理的难易程度。

## 3.2　常用机械装调工具

无论是购买的车模，还是自主设计制作的车模，都需要安装传感器、控制电路板以及各种固定件等，在车模组装过程中需要使用各种不同的装调工具。

### 3.2.1　简单机械装调工具

**(1) 螺丝刀套装**

螺丝刀套装如图 3.2 所示，配有各种不同尺寸的螺丝刀头，有一字形、三角形、梅花形、内六角形等，适用于不同的螺钉、螺栓等，能够满足装车的需求。

**(2) 热熔胶枪**

热熔胶枪是一种热熔冷固工具，如图 3.3 所示。热熔胶枪常应用于非完全紧固连接，其使用方法十分简单，首先将合适大小的胶棒插入胶枪的尾部，检查电源线是否处于正常状态再通电，待胶棒融化即可滴在需要连接的地方。

图 3.2　螺丝刀套装

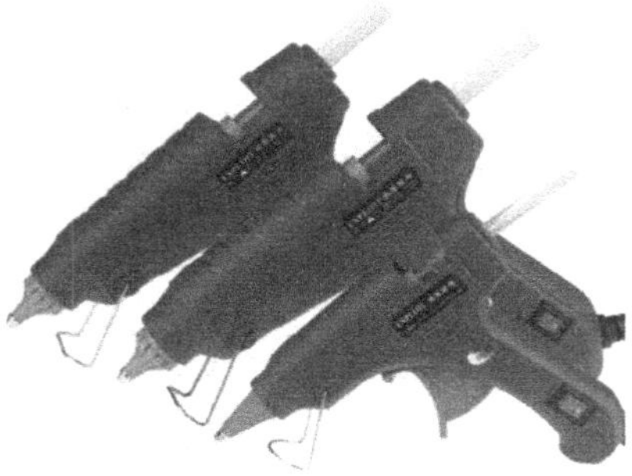

图 3.3　热熔胶枪

**(3) 内六角十字套筒、内六角扳手**

在装车过程中，需要使用铜柱或者胶柱支撑电路板或其他零部件，铜柱边缘一般是正六边形结构，使用十字套筒和螺丝刀结合，可以使得套筒和螺栓配合更加牢固，内六角套筒结构如图 3.4 所示。内六角扳手与内六角十字套筒在使用时的工况相似，内六角扳手由于一边比较长，因此，在使用这一边作为扭动边时，比较省力一些，内六角扳手如图 3.5 所示。

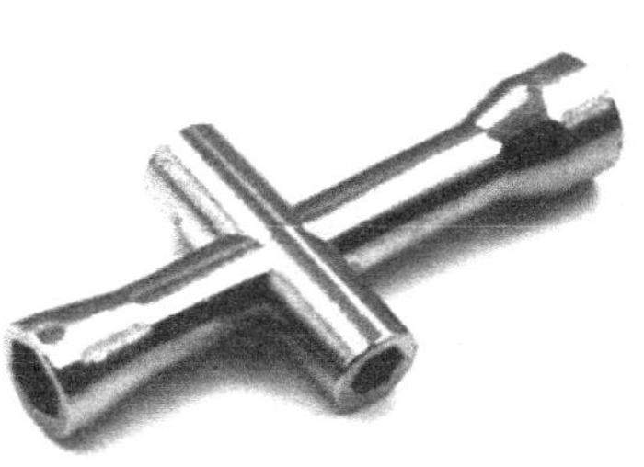

图 3.4　内六角十字套筒

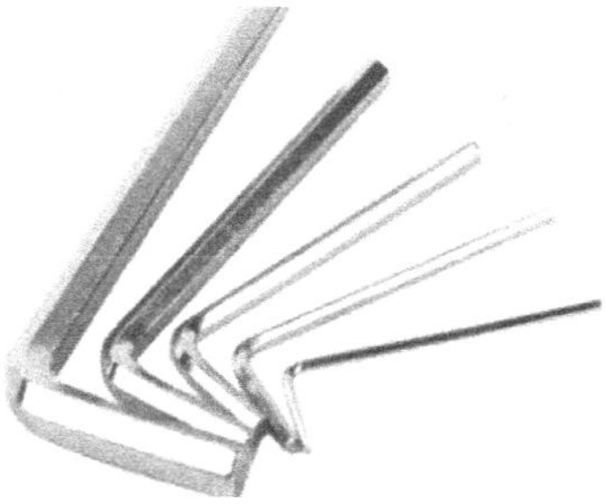

图 3.5　内六角扳手

图 3.6　热缩管

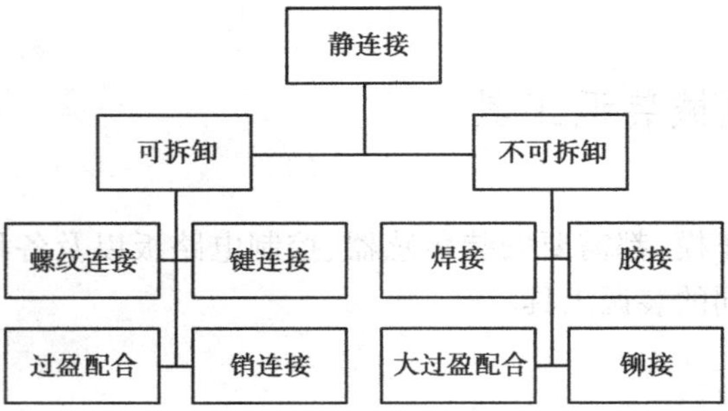


图 3.7　静连接方式

(4) 热缩管

热缩管是一种特制的聚烯烃材质热收缩套管，如图 3.6 所示，采用优质柔软的交联聚烯烃材料及热熔胶复合加工而成，外层材料具有绝缘、防蚀、耐磨等特点，内层材料有低熔点、防水密封和高黏接性等优点。热缩管是一种受热就会收缩的材料，利用热缩管的这一特质，可以将其应用于两根导线连接处，防止连接处焊点和铜线裸露。使用时，选用合适直径的热缩管，套入导线连接处，用大约 100 ℃的热风吹几秒钟即可。

(5) 连接方法及工具

车模零部件在装配时需要用到连接紧固件，常用连接方式如图 3.7 所示。其中，使用最多的是螺纹连接，可以使用垫片、螺母、螺钉套装紧固各个部件，如图 3.8 所示。同时垫片的使用可以起到防松作用。

(a) 可拆卸螺纹垫片套装　　(b) 不可拆卸螺纹胶水

图 3.8　静连接工具

### 3.2.2　机械加工装调及工具

(1) 定位孔加工

在车模装配之前，需要设计并且加工定位孔。针对定位孔加工，常见的工具有钻床[图 3.9(a)]和电钻[图 3.9(b)]。针对定位精度要求不高的定位孔，可以使用电钻进行打孔加工。针对有高定位精度的定位孔，需要使用相应的定位夹具，利用钻床进行打孔加工。

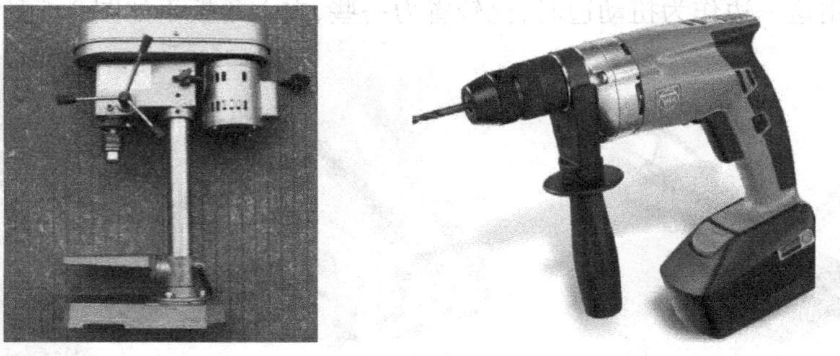

(a) 钻床　　(b) 电钻

图 3.9　打孔工具

**(2)车模形状轮廓加工**

不同组别的车模不同,有时需要自主设计车模,因此需要利用切割加工工具对车模形状轮廓进行加工。针对形状轮廓精度要求不高的车模,可以使用型材切割机[图 3.10(b)]进行加工,针对有高形状轮廓精度的车模,可以编写相应程序,利用激光切割机[图 3.10(a)]进行加工。激光切割机的使用在 3.2 节有详细介绍。

(a)激光切割机　　(b)型材切割机

**图 3.10　车模形状轮廓加工工具**

### 3.2.3　增材加工——3D 打印机

3D 打印(3DP)是快速成型技术的一种,又称增材制造,是一种以数字模型文件为基础,运用粉末状金属或塑料等可黏合材料,通过逐层打印的方式来构造物体的技术。3D 打印通常采用数字技术材料打印机来实现。3D 打印的简单技术路线如图 3.11 所示。

智能汽车的结构设计中有时需要用到非标准件,方便快捷的方式就是利用实验室的 3D 打印机实现非标准件加工,3D 打印机和打印零件见图 3.12。

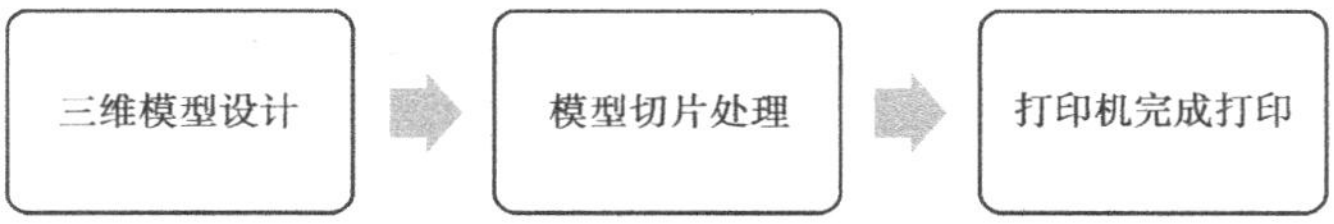


**图 3.11　3D 打印技术路线**

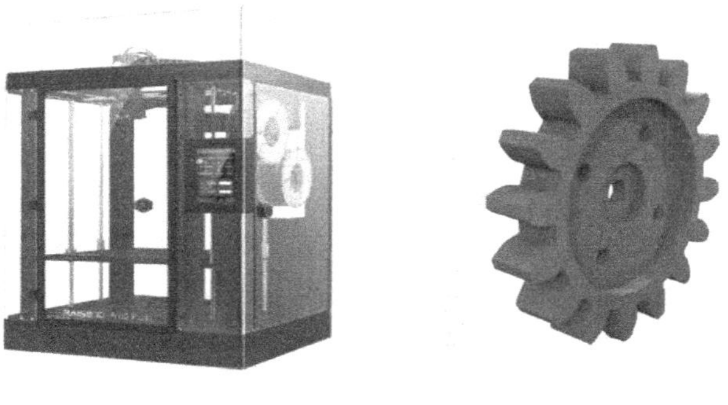

(a)3D 打印机　　(b)3D 打印齿轮

**图 3.12　3D 打印机和打印零件**

## 3.3 常用软件介绍

### 3.3.1 Solidworks 软件介绍

Solidworks 提供了基于特征的实体建模功能,通过拉伸、旋转、薄壁特征、高级抽壳、特征阵列以及打孔等操作来实现产品的设计。利用 Solidworks 软件,可以设计智能汽车车模模型,分析车模的质量和重心。除了整车设计和分析外,还可以利用该软件自行设计车模零件。

如图 3.13 所示为用 Solidworks 软件设计的车模 3D 模型,如图 3.13(a)所示是组装好的 C 型车模 3D 模型,图 3.13(b)所示是创意组自主设计的车模 3D 模型。

(a)C 车模 3D 模型　(b)创意组车模 3D 模型

**图 3.13　Solidworks 软件设计的车模 3D 模型**

Solidworks 建模过程如下:

①打开软件,选择“文件”→“新建”,选择零件图如图 3.14 所示。

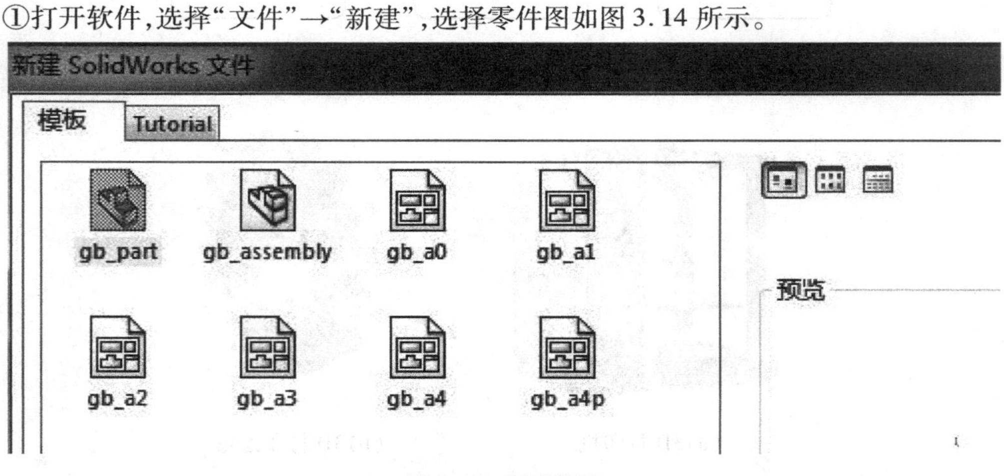


**图 3.14　新建零件**

②以拉伸工具为例介绍简单的建模过程。单击“拉伸凸台/基体”→选择一个基准面。如图 3.15 所示。

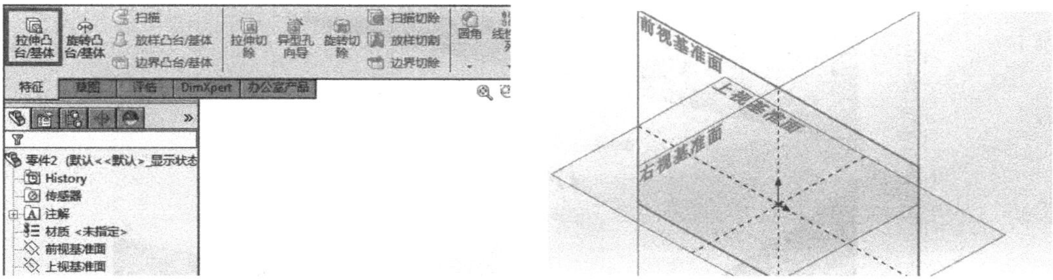


图 3.15　**拉伸及基准面选择**

③绘制一个圆,标注尺寸至所有线为黑色(所有线为黑色才是完全定义),共绘制两个圆,单击右上方的“确定”,如图 3.16 所示。

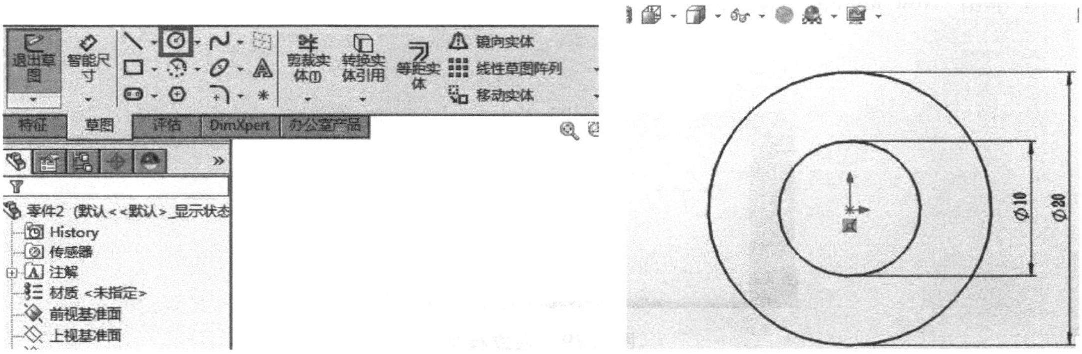


图 3.16　**绘制**

④设置圆柱体高度为 10 mm,再单击右上方的“确定”,得到一个内空的圆柱体,如图 3.17 所示。

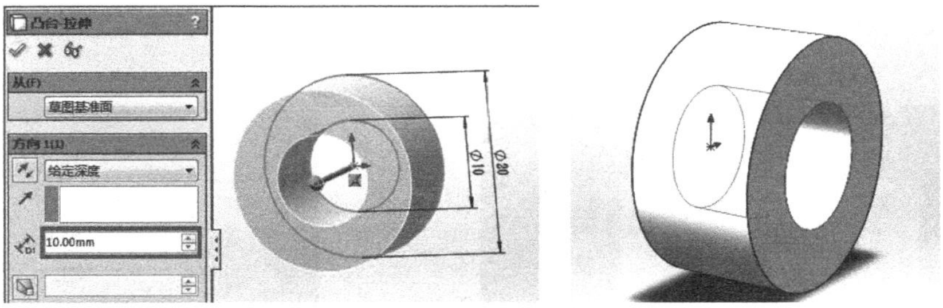


图 3.17　**拉伸实体**

### 3.3.2　ADAMS

ADAMS 是机械系统动力学自动分析软件,可以对虚拟机械系统进行静力学、运动学和动力学分析,设计特定功能的机械结构可以使用该软件。ADAMS 软件使用交互式图形环境和零件库、约束库、力库,创建完全参数化的机械系统几何模型。其求解器采用多刚体系统动力学理论中的拉格朗日方程方法,建立系统动力学方程,对虚拟机械系统进行静力学、运动学和动力学分析,输出位移、速度、加速度和反作用力曲线。ADAMS 软件的仿真可用于预测机械系统的性能、运动范围、碰撞检测、峰值载荷以及计算有限元的输入载荷等。图 3.18 是用 ADAMS 实现六足机器人步态仿真分析图。

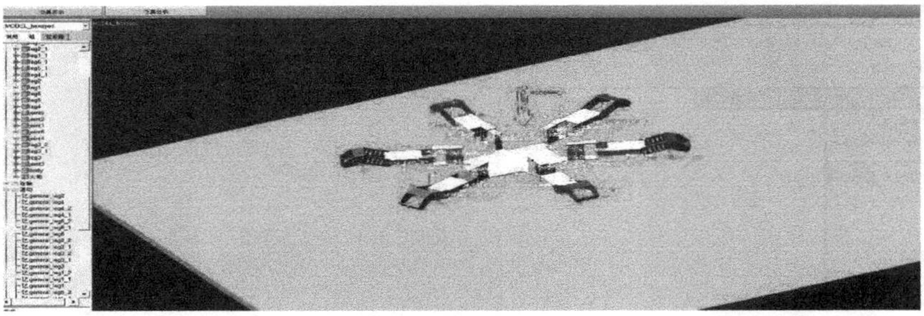

图 3.18　ADAMS 六足机器人步态仿真

ADMAS 建模过程如下：

①单击“New Model”，新建模型，如图 3.19 所示。

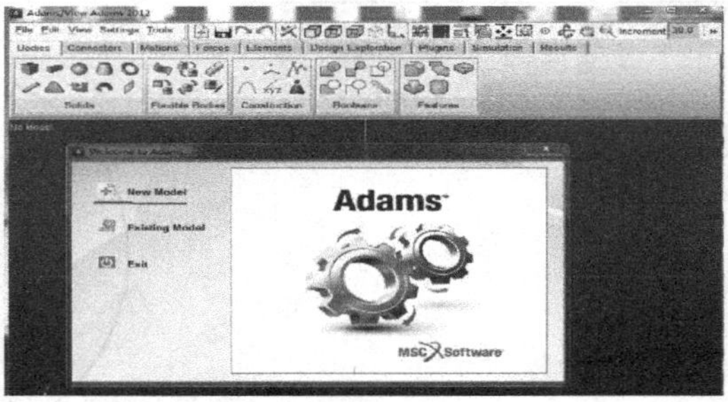


图 3.19　建立模型

②弹出“Create New Model”窗口，设置模型名称“Model Name”、重力加速度“Gravity”、单位制“Units”、保存路径“Working Directory”，设置完成单击“OK”按钮，如图 3.20(a)所示。

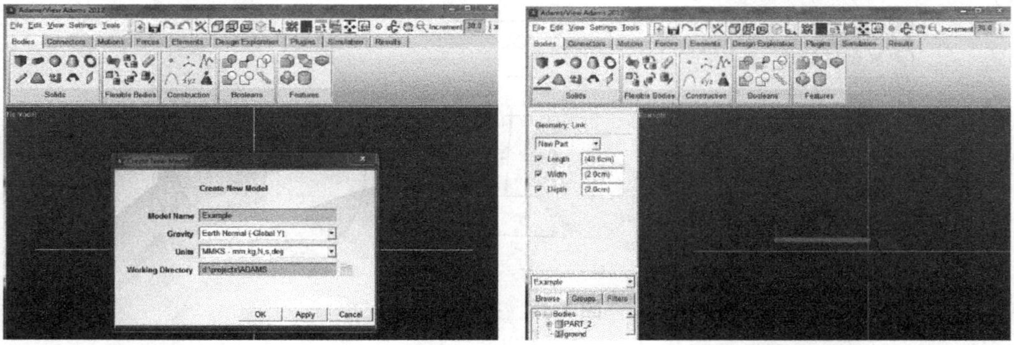


(a)重力设计　　(b)杆件绘制

图 3.20　模型搭建

③新建连杆 Link1：选择连杆“Link”，设置自己想要的长“Length”、宽“Width”、厚“Depth”的值，如图 3.20(b)所示。

④同样的方法，新建连杆 Link2、连杆 Link3、连杆 Link4，添加运动副 joints1：单击“Connectors”中的转动副，选择机构的两个连杆和一个连接点即可。同样的方法，建立 joints2，joints3，joints4。建立驱动 Motions：选择“Motions”中的旋转，弹出“Rotational Joint Motion”并设置速度“Speed”，如图 3.21 所示。

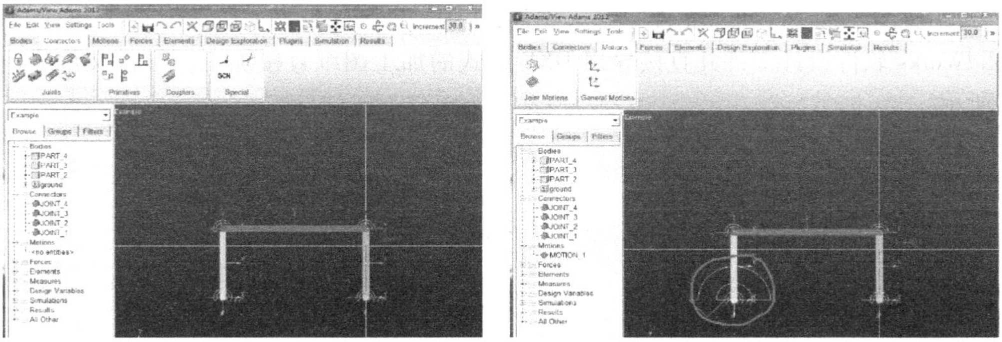

(a)连接设置　　　　(b)驱动力设置

图 3.21　机构搭建和驱外力设置

⑤仿真:选择"Simulation",弹出"Simulation Control"对话框,设置仿真时间"End Time"和步数"Steps",单击解决方案>>运行,如图 3.22 所示。

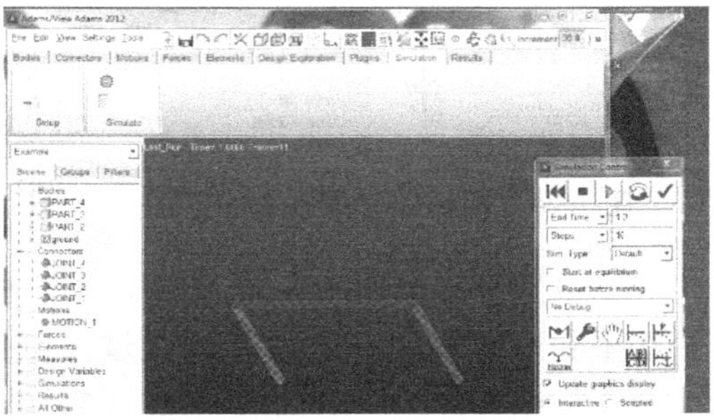

图 3.22　仿真查看结果

### 3.3.3　LaserCAD

LaserCAD 是激光切割软件,可以操控激光切割机加工所需零件。激光切割机是将从激光器发射出的激光,经光路系统,聚焦成高功率密度的激光束。激光束照射到工件表面,使工件达到熔点或沸点,同时与光束同轴的高压气体将熔化或气化金属吹走。随着光束与工件相对位置的移动,最终使材料形成切缝,从而达到切割的目的。

激光切割加工是用不可见的激光光束代替了传统的机械刀,具有精度高、切割快速、不局限于切割图案限制、自动排版节省材料、切口平滑和加工成本低等特点,激光切割机在智能车车模的底板加工、车模改造、简单零件加工中有广泛应用。由于 LaserCAD 是专用软件,本小节以亚克力底板切割为例,介绍 LaserCAD 软件的使用方法:

①电脑连接切割机,安装 LaserCAD 软件并安装驱动,打开操作界面如图 3.23 所示。

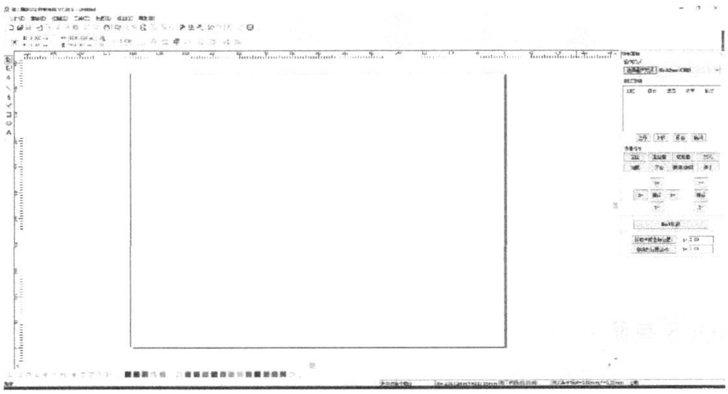

图 3.23　LaserCAD 软件操作界面

②选中右上键菜单栏的“文件”,导入文件,切割零件的图纸格式应该为 DXF 格式,可以利用 SolidWorks 软件设计零件并直接导出 DXF 格式的加工图纸直接加工。导入文件界面如图 3.24 所示。

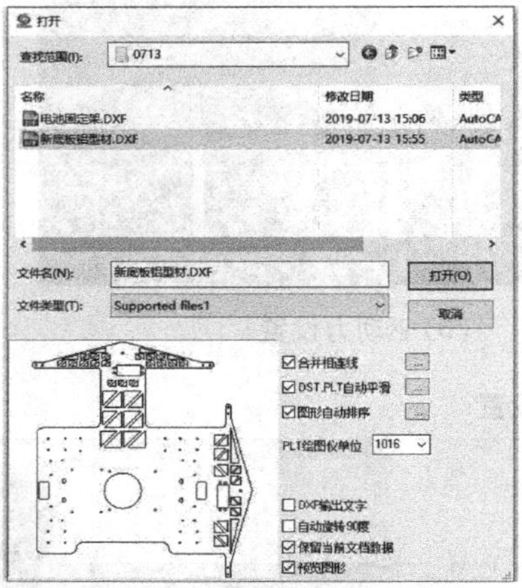


图 3.24　LaserCAD 导入文件界面

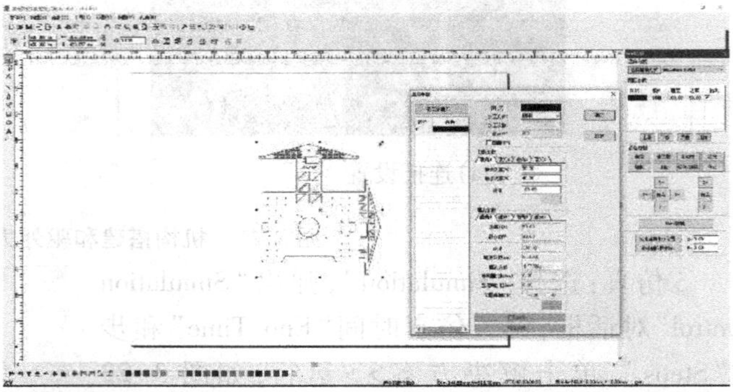

图 3.25　LaserCAD 参数设置

③设置切割机切割参数,不同的切割材料对应不同的切割参数。主要参数有最大功率、最小功率和速度三个参数,参数设置过程如图 3.25 所示。

④加载文件到切割机系统,加载文件界面如图 3.26 所示。

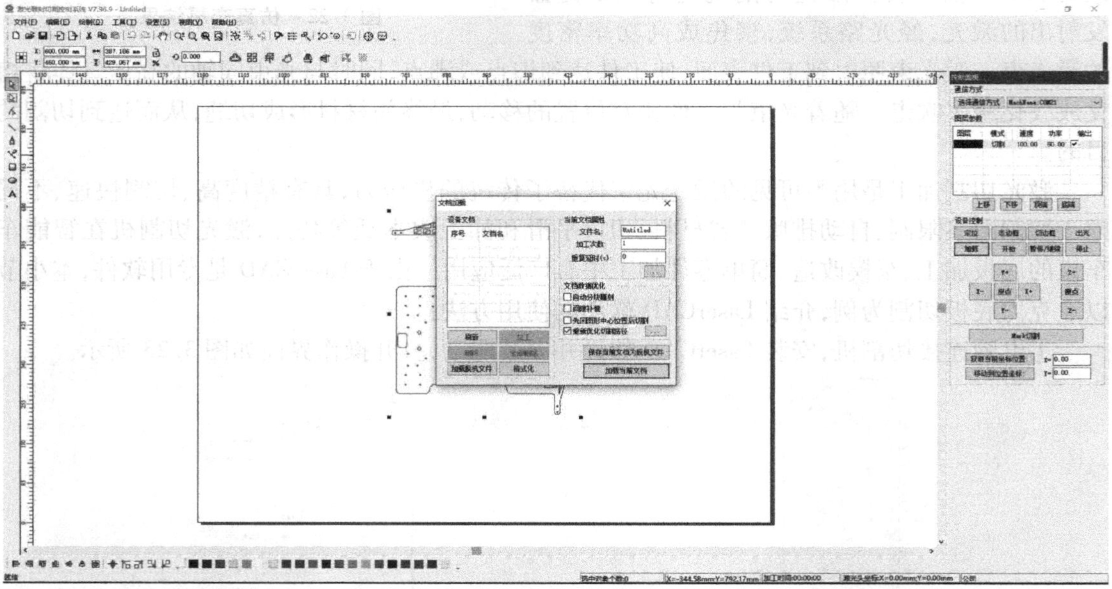

图 3.26　LaserCAD 文件加载

### 3.3.4　ABAQUS 有限元分析

ABAQUS 是一套功能强大的工程模拟的有限元软件,其解决问题的范围涵盖了从相对简单的线性分析到复杂的非线性问题。ABAQUS 包括一个丰富的、可模拟任意几何形状的单元库，并拥有各种类型的材料模型库，可以模拟典型工程材料的性能，其中包括金属、橡胶、高分子材料、复合材料等。作为通用的模拟工具，ABAQUS 可以对智能汽车应力情况进行分析，可以方便设计和选取材料，确保车模强度及车模在运行过程中的稳定性。

车模底盘固定平行板支架受力分析过程如下：

①新建文件，导入底盘平行板支架模型，如图 3.27 所示。

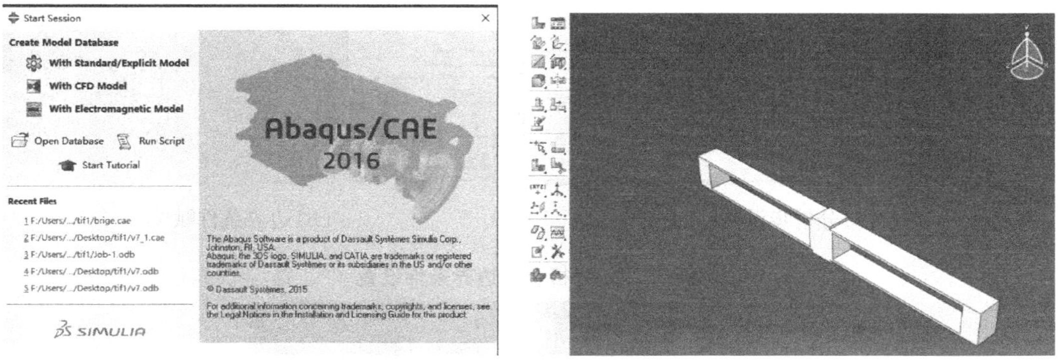


(a)新建文件　　(b)导入模型

**图 3.27　模型创建与导入**

②选择“property”，编辑材料属性，创建截面属性，并赋予模型材料参数，如图 3.28 所示。

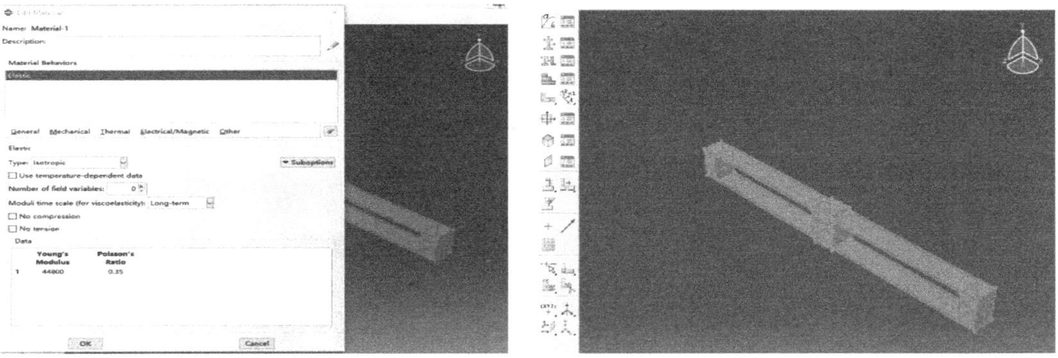


(a)材料创建　　(b)材料属性赋予

**图 3.28　模型材料属性赋予**

③选择“step”，设置分析步，确定输出物理量。创建车模底板支架边界条件，施加载荷，如图 3.29 所示。

④选择“mesh”进行网格划分，所选用网格越小，则计算结果越准确，同时网格划分的类型也会影响计算结果精度，通常三维实体模型以六面体网格或者四面体网格作为网格目标，如图 3.30 所示。

⑤选择“job”进行计算，计算结果如图 3.31 所示。

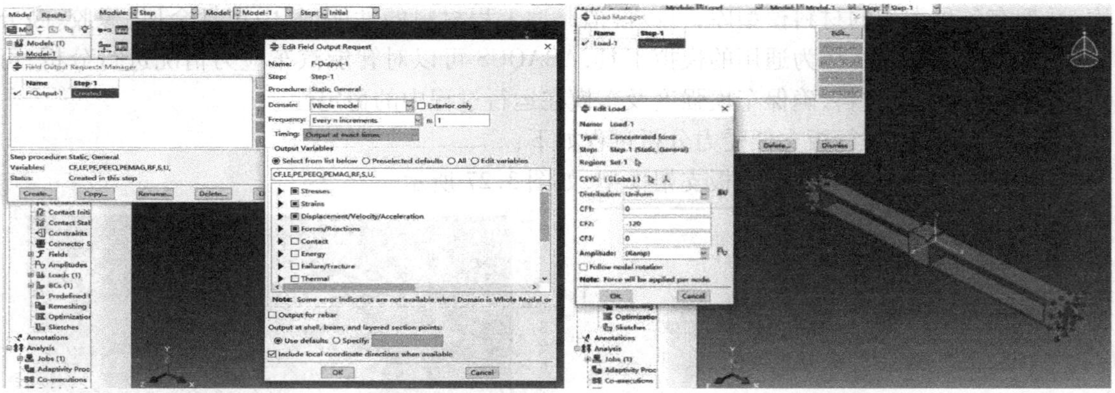

(a)分析步设置　　　　　　　　　　(b)边界条件赋予

**图 3.29　分析步与边界条件设置**

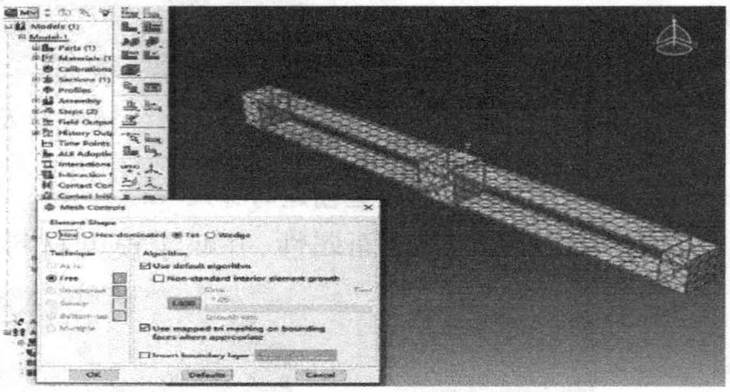

**图 3.30　模型网格划分**

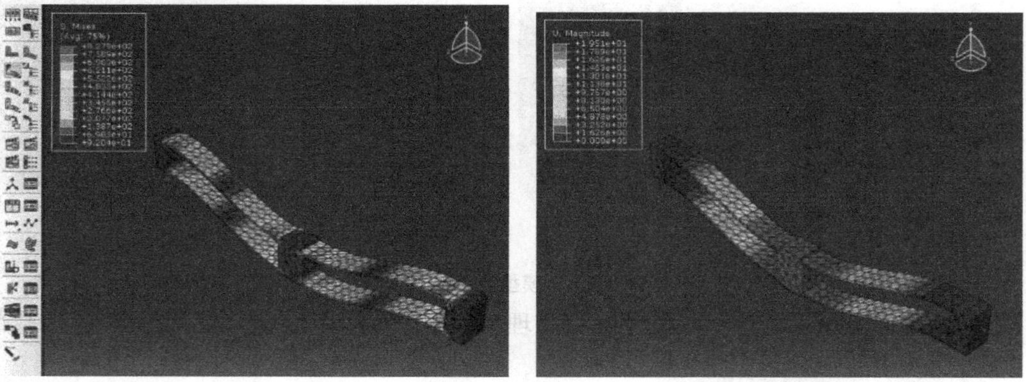

(a)Mises 应力　　　　　　　　　　(b)最大形变

**图 3.31　有限元分析结果**

可以利用有限元分析软件,对车模机械机构进行静力学分析、模态分析等。例如上例,利用软件求得底盘平行板支架的 Mises(冯・米赛斯)应力和最大形变,进而求得支架能承受的最大载荷。该工程数值方法适用于智能汽车结构设计,利用仿真方法对车模进行静、动力学分析,可以提高车模的安全性能。

# 3.4　常用辅助材料

车模装配应该充分考虑装配材料的选择。选择材料的基本原则是在保证材料满足使用性能的前提下,考虑使材料的工艺性能尽可能良好和材料的经济性尽量合理。装配零件的使用价值、安全可靠性和工作寿命主要取决于材料的使用性能,所以选材通常以材料制成零件后是否具有足够的使用性能为基本出发点。本小节主要以智能汽车装配辅助材料为主,介绍常用的装车材料,其分类如图 3.32 所示。

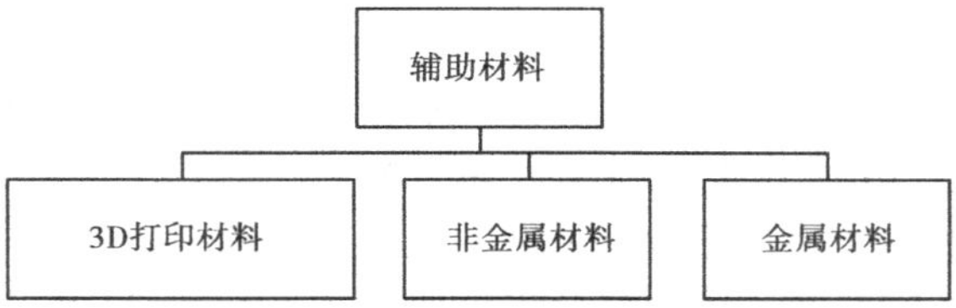


**图 3.32　智能汽车装配辅助材料分类**

## 3.4.1　3D 打印材料

3D 打印技术具有制造复杂物品不增加成本、无须组装、设计空间无限、精确的实体复制等优点。在智能汽车装配中得到广泛的应用。选择合适的 3D 打印材料就必须了解 3D 打印材料的特性,每种 3D 打印材料都有自己的特性,应该根据装配零件的需求以及打印材料特性,有针对性、目的性地选择材料。常见 3D 打印材料的特性和适用范围如表 3.1 所示。

**表 3.1　常见 3D 打印材料**

| 材　料 | 特　点 | 适用范围 |
| --- | --- | --- |
| 光敏树脂(SLA) | 表面很光滑,精度高,韧性好,易上色 | 适用于结构较为复杂,且精度要求高的装车零件 |
| 桌面级 PLA | PLA 塑料是一种新型的生物降解材料,价格低、强度高、耐用且环保,是性价比较高的一种材料 | 适用于打印相对简单,对装车零件精度要求不高的装车零件 |
| 尼龙(SLS) | 尼龙材料强度高,同时有良好的柔韧性和耐热性,外观效果为颗粒磨砂感 | 适用于结构复杂,承载重,有耐热性需求的装车零件 |
| 金属 | 金属激光烧结(SLM)技术快速成型,具有结构均匀、无孔的特点,可以实现非常复杂的结构和热流道设计 | 适用于需要在重载下工作的装车零件 |

## 3.4.2　非金属材料

相对于金属材料,非金属材料具有材质轻的突出特点,其中碳纤维具有各种优良的性能,广泛应用于智能汽车零部件辅助材料。碳纤维具有比重小、耐热性极好、热膨胀系数小、导热系数大、耐腐蚀性和导电性良好等优点，同时，它又具有纤维般的柔曲性，可进行编织加工和缠绕成型。碳纤维最优良的性能是其比强度、比模量超过一般的增强纤维，它和树脂形成的复合材料的比强度、比模量比钢和铝合金还高3倍左右。强度要求高、轻量化的零件可以使用碳纤维作为加工材料，但是需要充分考虑碳纤维导电性对智能汽车主板、电路、电池的影响。

### 3.4.3 金属材料

金属材料具有强度高、易于机加工的特点。在智能汽车机械结构设计制造时需要高强度且结构较为复杂的零部件，可以优先考虑铝型材。铝型材兼具良好功能性和经济性的特点，其主要优点如下：

①制作过程简单：只需设计、切断/钻孔、组合即可完成；而传统材料通常要经过设计、切断/钻孔、焊接、喷沙/表面处理、表面喷涂等复杂过程。

②材料可重复使用：由于使用工业铝型材的机件在全部制作过程中没有热焊接，所以各部件可以很方便地拆卸，所有材料和附件都可重复使用；而传统材料由于切割变形和高额拆解成本等原因实际很少重复使用。

③节省工时：由于制作过程简单，可节省大量工时成本；尤其是在因制作错误而返工时，比使用传统材料可节省几倍的工时。

④制作精度高：由于制作过程没有经历热焊接，材料无变形，所以装配精度高；而使用热焊接的传统材料则不可避免地会出现变形，从而影响最终装配精度。

⑤外观华丽：使用的设备外观更具现代感，其特有的阳极氧化镀膜比现有的各种涂装方法更加牢固稳定。

另外，智能汽车装配用得最多的连接方式是螺栓连接。由于车模在运动过程中存在振动，振动对机械结构有一定程度的破坏，对整车机械的紧固件连接有较大的影响，易使连接件松动甚至脱落而降低整车结构的稳定性，所以，在整车装配时需要利用螺栓机械防松的方法降低振动带来的危害。

机械中螺纹防松方法有以下以种：

①骑缝螺丝；②双螺母；③弹簧垫圈；④自锁螺母；⑤开口销及槽形螺母；⑥止动垫圈；⑦串联钢丝；⑧端铆（把螺栓的末端铆死）；⑨冲点（破坏螺牙）。

## 3.5 四轮车模机械结构装调方法

### 3.5.1 B型车模机械结构介绍

B型车模如图3.33所示，前轮采用舵机转向，舵机的原装型号是SD-5，规则不允许使用除原装舵机以外的其他舵机。与舵机相连的两根连杆直接连至前轮，舵机默认的安装方法是立式安装，可根据具体情况做相应的修改，其修改将在后面介绍。电机的位置是固定的，但可根据齿轮的啮合情况进行细微的调节，两个后轮通过一个垫片式差速器连接。

### 3.5.2　C 型车模机械结介绍

C 型车模如图 3.34 所示，C 型车模是从第六届竞赛开始出现的，因为和 A 型车模出自同一生产商，因此有良好的口碑，也继承了 A 型车模的优点，只是在驱动部分从 A 型车模的单电机变成了双电机。C 型车模出现的第一年，用于摄像头组别，由于当时技术和电机性能的限制，速度和 A 型车模还有一定差距。后来，生产商对 C 型车模的尺寸、电机和轮胎进行了改进，其性能提升明显，尤其在双电机的差速控制方面，给编程带来了新内容。

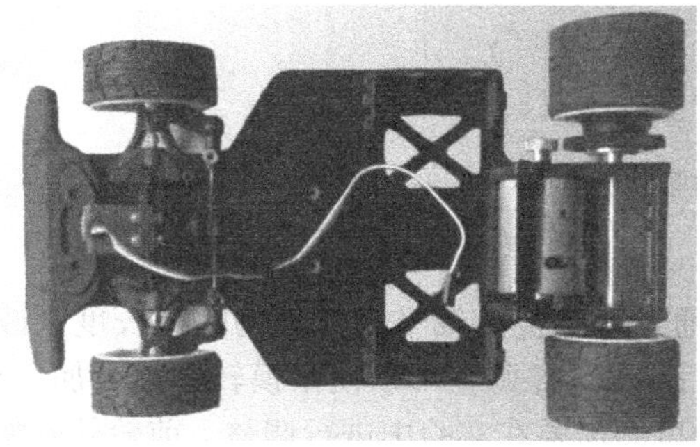

图 3.33　B 型车模示意图

图 3.34　双电机 C 型车模示意图

### 3.5.3　四轮车模前轮安装方法介绍

若要使车模直线稳定运行，转向灵敏，转向后自动回正能力强，在转向轮、转向节和前轴之间需形成一定的相对安装位置，叫作车轮定位。若要改变车模与地面的接触方式，调试出利于转向、直线运行的四轮定位，由于车模本身的一些限制，只能通过调整前轮倾角各定位参数来实现。各个定位参数主要包括主销内倾角、主销后倾角、前轮外倾角和前轮前束。

**(1)主销内倾角**

主销内倾角是指在横向平面内主销轴线与地面垂直线之间的夹角，它的作用是使前轮自动回正。角度越大前轮自动回正的作用就越强，但转向时也就越费力，轮胎磨损增大；反之，角度越小前轮自动回正的作用就越弱。通常汽车的主销内倾角不大于 8°。通过调整前桥的螺杆长度可以改变主销内倾角的大小，由于过大的内倾角也会增大转向阻力，增加轮胎磨损，所以在调整时可以近似调整为 0° ~3°，不宜太大。主销内倾角如图 3.35 所示。

**(2)主销后倾角**

主销后倾角是指在纵向平面内主销轴线与地面垂直线之间的夹角。它在车模转弯时会产生与车轮偏转方向相反的回正力矩，使车轮自动恢复到原来的中间位置。所以，主销后倾角越大，车速越高，前轮自动回正的能力就越强，但是过大的回正力矩会使车模转向沉重。车模的主销后倾角可以设置为 0°、2° ~3°、4° ~6°，可以通过改变上横臂轴上的黄色垫片来调整，一共有四个垫片，前二后二时为 0°，前一后三时为 2° ~3°，四个全装后面时为 4° ~6°。由于主销后倾角过大时会引起转向沉重，所用舵机特性偏软，所以不宜采用 4° ~6°的主销后倾角，2° ~3°已足够。

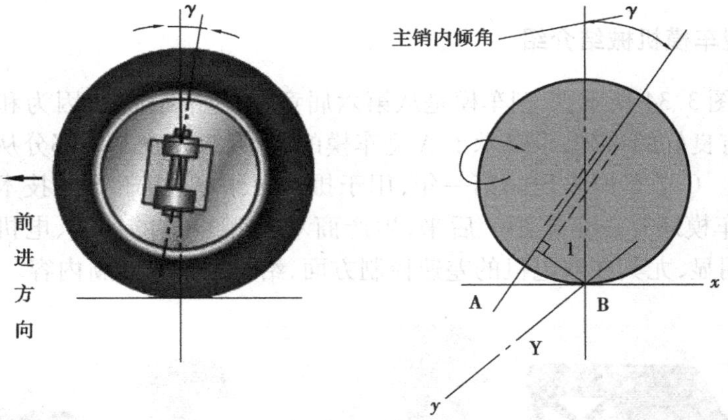


图 3.35　主销内倾角示意图

(3)前轮外倾角

前轮外倾角的调整主要影响弯道性能,可以通过调整前轮轴平面上方的螺丝长度来改变前轮外倾角。实际调整中,车模的前轮调成“八”字形,这样调整可以使车模转向时更加平稳,但是会增加舵机负载而引起转向迟滞。具体的长度则需要在实验中进行调整。前轮外倾如图 3.36 所示。

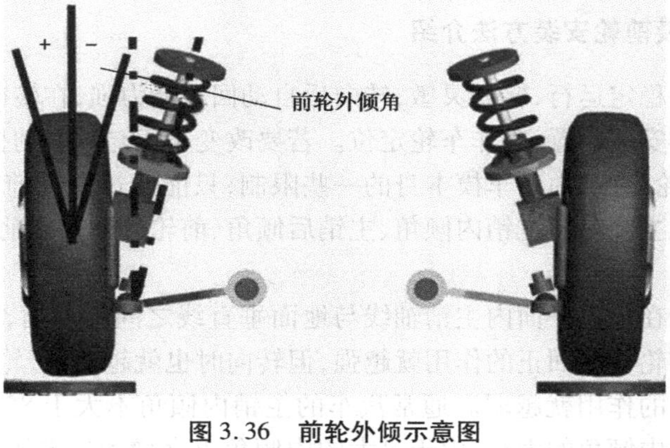


图 3.36　前轮外倾示意图

(4)前轮前束

前轮前束调整能够影响车模过弯,提高车模减速性能。但是过大的前轮前束会造成驱动电机阻力增大,影响直道加速性能。可以通过调整舵机与前轮连杆长度进行调整。实际调整中,使车模前轮呈现“外八字”形状。具体的调整也需要通过实验进行。

在对前轮结构进行调整时,需要注意的是,车模的轮距、轮宽是不能随意改变的,轮胎的胎皮也需要使用原装的胎皮。这里给出 B 车模前轮定位参数的几个调节位置,如图 3.37 所示,C 车模的前轮调节与 B 车模大同小异,就不再叙述。

图3.37　前轮定位参数调节

### 3.5.4　舵机安装

舵机用于控制智能汽车的转向，在车模高速行进时，舵机的灵敏度和稳定性对车模运行速度和稳定性起到决定性作用，所以对舵机的安装要非常重视，一般需要经过反复实验才能确定舵机的安装位置和安装角度。舵机的安装方式主要分为三大类：立式、卧式、横式。

**（1）立式安装**

舵机立式安装方式使用最多，也是默认的安装方式，但是在安装过程中一般不会使用原装的零件，普遍认为原装零件的使用效果不太好，各大智能汽车配件提供商提出了各自的安装方案，如图3.38所示是其中一种方案。在实际的安装过程中，舵机会与底盘分开一定的距离，看似将重心往上移了，但其实舵机的位置与地面的高度基本上没有变化，这种改变仅仅是把底盘降低了。很多参赛队伍会在舵机支架下面再加铜柱，目的是增加连接片的长度，增加舵机的有效力臂长度，进而提高舵机的灵敏性和响应速度。实际应用中，这种方法非常有效，但是如果要采用这种方法，就要根据所加铜柱的高度，自制一个合适的连接片。直立式的优点是安装简单，力矩长，响应速度快，但由于重心较高，转弯容易侧翻。

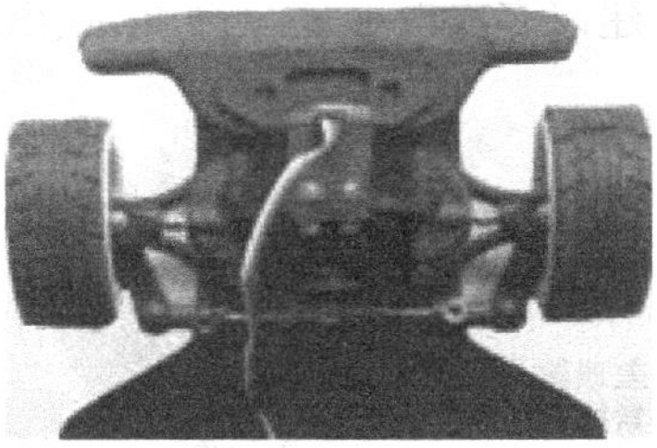

图3.38　立式安装

关于拉杆的问题，有两种情况，一种是当舵机处于中值时，把拉杆调整到水平位置，尽量使拉杆在此时保持最大力矩。另一种是当舵机处于中值时，把拉杆调整为“V”形或者倒“V”形，在舵机能达到的最大角，把拉杆调整成水平位置，这样在舵机转到最大角度时，力矩最大，能很快地使舵机恢复姿态，提高灵敏性和响应速度。需要注意的是，在打孔固定铜柱的时候千万要注意，不能左右偏得太严重，尽量保持在对称的位置，这样才能满足重心的要求。

**（2）卧式安装**

卧式安装如图3.39所示，卧式安装方案要比直立式安装方案重心低，这是卧式安装方案最大的优点。然而，卧式舵机支架力臂和车轮转向臂在一个面上，舵机的力大部分用作车轮响应，力分散小，转向有效力大，有利于转向，但是力矩要比直立式小很多，手动转动略沉。重心确实下降很多，但是力矩很难调大，安装也较费劲。

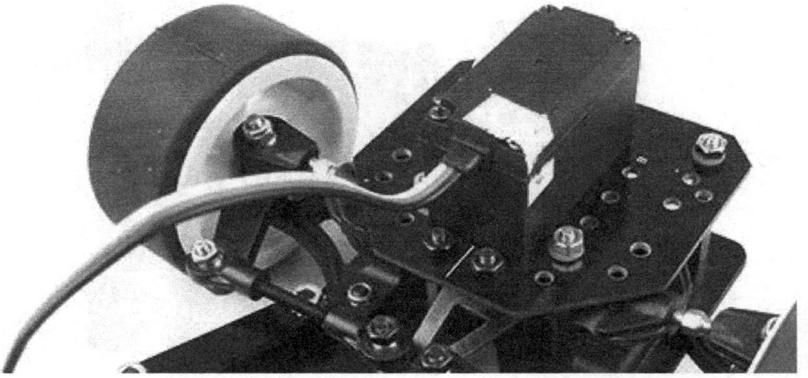

图 3.39　卧式安装

### 3.5.5　车模后轮安装方法介绍及 B 型车模差速器的调整

由于比赛规则的限制，无法改变后轮的轮距，因此，四轮车模后轮位置与前轮相对位置基本是固定的，只能通过改变后轮轴承的安装位置来改变底盘的高度。不过，考虑到赛道上颠簸路面的存在，底盘如果太低，容易导致车身偏移，使小车直接冲出赛道。在实际的调车过程中，建议多次改变底盘高度，找出最优的高度。

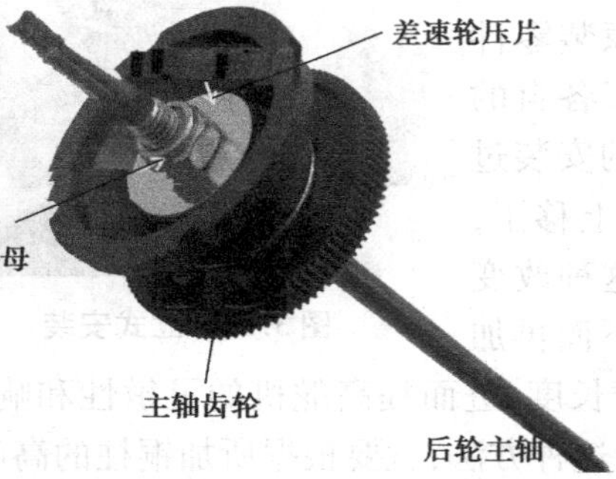


图 3.40　后轮主轴及差速器

C 型车模有两个电机，可以从程序上控制实现差速，所以后轮机械上不需要进行太多的调整，需要注意的是各个齿轮之间的啮合，后文将会介绍啮合方法。与 C 型车模不同，B 型车模只有一个电机，所以其后轮还有一个特别重要的零件——机械差速器，如图 3.40 所示。B 型车模差速器的调整对提高入弯时的速度非常有利，其紧固螺母的松紧程度一般是靠经验感知出来的，不同速度下松紧程度都会有所差异，同时根据差速器本身的差异，有些差速器在车模行进的过程中其紧固螺母随着时间推移会有所松动，因此，车模运行一段时间就需要对差速器进行重新调整。

差速器调整如图 3.41 所示，用平口钳夹住夹紧端，注意不要夹坏端部的螺纹，用另一把钳子反向松或紧夹紧螺母；然后用一只手握住右边的主轴，另一只手轻轻转动主齿轮，当感到左边（短）的主轴反向转动，再用手指压住左边的主轴，转动主齿，感觉松紧合适即可。松紧度与车模的质量有直接的关系，需要反复调整。

任何机械零部件在使用一段时间之后总会有些磨损，差速器也不例外，因此，要注意对差速器进行保养，主要的保养方法是给其涂上差速油，太脏的差速器可以使用酒精清洗一遍，然后再涂差速油。

图3.41　差速器调整示意图

### 3.5.6　四轮车模重心位置控制

四轮车模的重心位置，一般来说越低越好。重心越低，车模过弯道时侧翻的概率越小，同时，直道提速更快。降低重心最简单的方法就是降低底盘高度，这可以在相应位置添加垫片或者其他零部件来实现。

除了降低重心外，还需要考虑重心在车模前后左右的位置，具体来说，要保持左右两个轮子所受的压力基本相同。也就是说，保持重心在车模的中心线上，这仅仅是确定了左右重心位置，重心前后位置根据实际情况调整，重心靠前可能会影响转向性能，太靠后又会降低转向摩擦，一般的经验是，如果车模比较重，可以把重心的位置尽量往后移，反之可以把重心往前移。车模的质量不要过轻，也不要太重，太重了，高速过弯的时候容易翻车；太轻了，过弯时很容易滑出去。因此，重心前后位置的问题，可以结合车模实际情况做相应的调整。

### 3.5.7　四轮车模底盘高度与底盘刚度调整

B型车模有两种，在第十三届智能汽车竞赛中，新B型车模首次用于竞赛。两种车模从整体上来说结构基本一致，最大的区别就是底板，旧B型车模的底板相对于新B型车模刚度会小一些，因此，在装车的过程中需要对其进行加固，通常用来加固的材料是玻璃纤维板，可以在画好CAD文件后由专门的厂家进行加工，也可以自己手动加工。对于新B型车模和C型车模，底板刚度足够，不需要再进行加固。

车模的底盘越低车模运行会更流畅，但考虑赛道元素（坡道和颠簸路面）的存在，也不能太低，合适即可。可以使用垫片或者其他材料将螺栓连接处垫高，从而达到降低底盘的目的。

### 3.5.8　齿轮啮合

啮合是指两机械零件间的一种传动关系，称为啮合传动。齿轮传动是最典型的啮合传动，也是应用最广泛的一种传动形式。根据传动原理的不同，分为直齿齿轮啮合传动和斜齿齿轮啮合传动，这里介绍直齿齿轮啮合传动。电机上齿轮作为主动轮，后轮和编码器上的齿轮作为从动轮，理论上的啮合方法是主动轮和从动轮的分度圆相切，但实际上精确找到分度圆位置十分困难，所以采用经验法安装。每次啮合好后，转动轮胎，观察其是否流畅来确定啮合是否合适。

轮胎轴上的齿轮一般不能调节，所以先将电机上的螺钉拧松后，微调电机的位置，确定电机上的齿轮与轮轴上的齿轮的位置，转动轮轴观察其是否流畅。然后拧松编码器上的螺钉，微调编码器的位置，确定其齿轮与轮轴上的齿轮的位置，同样转动轮轴观察其是否流畅。

齿轮啮合好后需要注意维护，要及时清除齿轮啮合工作面的污染物，保持齿轮清洁并正确选用齿轮润滑油，定期换油，保持齿轮工作在正常的润滑状态。此外，还需要经常检查齿轮传动的啮合状况,保证齿轮处于正常的传动状态。

### 3.5.9 车模日常保养

车模调试过程中,车模的零件会受到不同程度的磨损,通过车模保养可以减缓其磨损速度。因此,每次车模调试完毕,需要对其进行保养。

车模保养最重要的是加装合适的防撞条,虽然厂家提供了B型车模的防撞条,在一定程度上可以减缓B型车模受到的冲击力,但其长度不太合适,如图3.42所示,部分前轮没有被防撞条挡住。车模高速运行时,如果撞到前轮,前轮通过舵机连杆直接影响到舵机内部的齿轮,因为SD-5舵机内部的齿轮是塑料齿轮,在较强的冲击力下很容易发生折断,所以需要设计加装防撞条,使其能够保护前轮,防撞条需要有较大的缓冲力,C型车也同样需要加装防撞条。

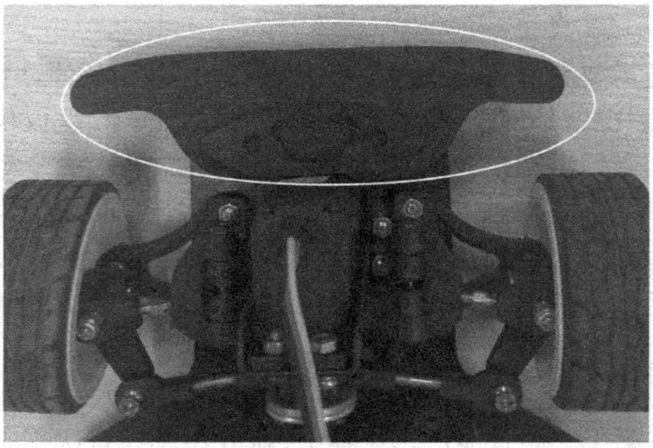

图3.42 B型车模默认防撞条

B型车模轮胎很硬,在PVC耐磨塑胶地板材料上使用这种轮胎摩擦力很小,因此,对B型车模轮胎进行处理也是很有必要的。处理轮胎通常通过对其进行软化来实现,可以涂上轮胎软化剂,甚至用软化剂对轮胎进行一段时间的浸泡。同样,C型车模轮胎也可以进行软化处理,软化处理后用保鲜膜密封,如图3.43所示。

图3.43 C型车模轮胎保养示意图

有时候实验室环境下会有静电,需要注意静电所带来的危害,比如静电可能会使单片机复位,可以使用锡箔纸把车的底板等位置覆盖,然后用导线与电路板上的GND连在一起。

最后需要注意的是齿轮和差速器的润滑,齿轮润滑最主要的就是后轮的三个齿轮连接处,可以尝试使用各种润滑剂,但建议使用脂类润滑剂,不用润滑油,特别是在夏天,每1~2天就需要涂一次。

## 3.6　直立车模机械结构装调方法

### 3.6.1　直立车模机械结构介绍

对直立车模而言,机械结构直接决定车模的速度上限与稳定程度,结构不稳定,必然会导致车模运行不稳定。直立车模目前允许使用的型号为 D、E 型车模。两种车模均为两轮驱动车模,依靠后轮提供驱动力,供车模完成直立与循线任务。E 型车模和 D 型车模分别由不同厂商供应,相比较而言,D 型车模性能更好,绝大多数参赛队伍都选择 D 型车模。下面介绍这两种车模的机械结构装调方法。

### 3.6.2　E 型车模机械结构介绍

如图 3.44 所示为 E 型车模实物。E 型车模电机为一对 RS380 电机,电池的默认安装位置在电机上部,有专门的电池槽位固定电池,两车轮轮距较宽。需要注意,E 型车模的电机齿轮齿数较多且密,若没有调整好电机齿轮与车轮连轴齿轮的啮合,那么在实际调试车模过程中易出现打齿现象。

图 3.44　E 型车模实物图

图 3.45　D 型车模实物图

### 3.6.3　D 型车模机械结构介绍

如图 3.45 所示为 D 车模实物,车模电机同样为一对 RS380 电机。D 型车模不存在专用的电池槽位,需要参赛选手自行搭建固定电池的槽位。D 型车模的车轮连轴齿轮的齿数相对较少,轮距比 E 型车模窄一些,车模的转动能力也相对差一些。此外,D 型车模的车模底板较硬,不容易发生弯折与震动。

### 3.6.4　直立车模重心的位置调整

车模重心的高低直接影响车模的转向能力,车模重心的高低主要影响车模高速运行时的性能。一般情况下，车模在高速运行时，重心越高，车模越容易发生侧翻，在高速过弯时越容易发生侧滑。因而车模在安装时，电池的高度应该尽可能地贴近地面，电路板安装位置也应该尽可能低。

下面给出直立车模装车过程中可以选择的机械结构安装方案。

如图 3.46 所示为摄像头直立车模的机械结构安装方案。对摄像头车模而言，通常会选取电池在前，即与运行方向一致的结构搭建方案，这样搭建的车模其速度控制较为容易，转动惯量小，重心低，适合高速行驶，车模的运行速度上限更高。

如图 3.47 所示为电磁直立车模的机械结构安装方案。对电磁车而言，车模机械结构搭建方案有三种，第一种是电池与车模运行方向相反，第二种是电池与车模运行方向一致，第三种是车模底板垂直于地面，电池直接固定于底板上。第一种方案的车模重心靠前，加速度大，转动惯量小，车模行驶速度上限高，但过坡稳定性不高，速度可控性差。第二种方案车模速度控制较为容易，车模转动惯量大，过坡稳定性高，整体较为稳定。第三种方案车模转动惯量最小，但车模过坡稳定性较差。

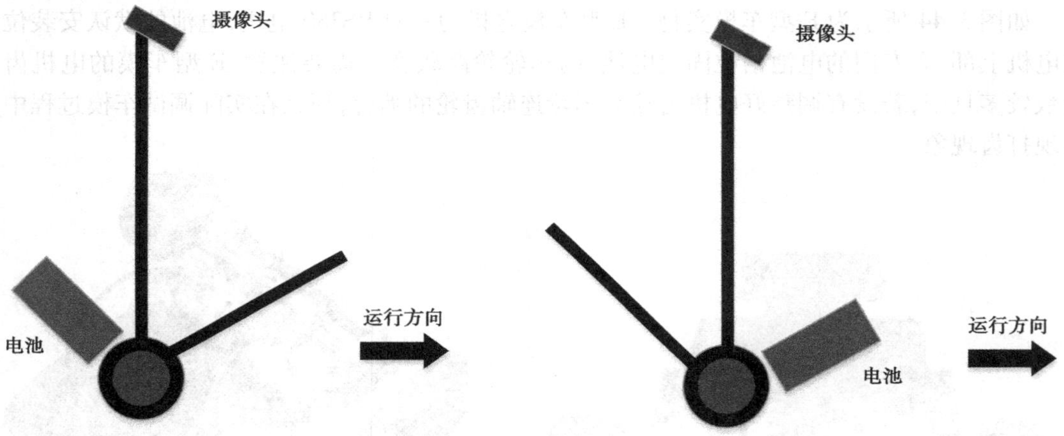


图 3.46　摄像头直立车模机械结构安装示意图

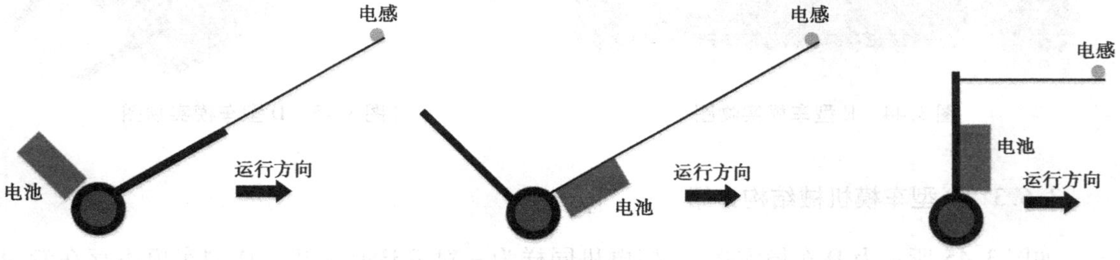


图 3.47　电磁直立车模机械结构安装示意图

不同安装方案中，电池摆放位置不同，对于直立车模而言，电池的质量在 200 g 左右，占车模总质量的 1/4 左右，电池位置直接决定了车模的重心位置，进而影响车模的运行性能。重心的位置直接影响车模的转向能力，对于直立车模这种仅仅依靠两个后轮驱动的车模而言，最理想的车模结构应该是重心位置在两车轮轴心上，即将电池摆放尽可能地贴近于车模两车轮轴心，这样车模的转向性能是最好的，更能顺畅地通过弯道。安装电路板时也应该遵循这个原则,尽可能地将电路板安装于两车轮轴心上。

如图 3.48 所示为车模电路板与电池的安装摆放示意图。安装规则遵循前面所述,电池尽可能地贴近两车轮轴心,电路板直接摆放在两车轮轴心上方。

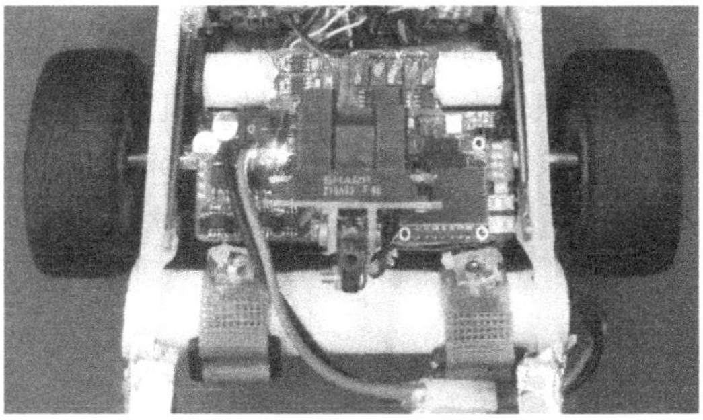

图 3.48　电池与电路板安装示意图

### 3.6.5　直立车模日常保养

**(1)齿轮啮合**

齿轮的啮合直接影响到电机的工作,啮合太紧,电机的输出转矩将无法顺利传动到轮胎上,绝大部分都损耗在了齿轮上。除此之外,还会直接导致电机发热,加快电机的损耗。而齿轮啮合太松,对齿轮的损伤特别大,当车模高速运行时,轮胎的转动速度也特别快,如果啮合得太松,可能会出现打齿的现象,直接损坏齿轮。

用力转动轮胎,轮胎通常能够顺滑地转动 2 ~ 3 圈,并且不发出任何异样的阻塞的声音,这种情况表示齿轮啮合较好。此外,在齿轮啮合调整好后,还需要在齿轮上涂抹润滑油,保持齿轮间的润滑。

**(2)轮胎处理**

在车模行驶速度较高时,轮胎对车模运行的影响非常大,要想车模行驶速度快、稳定性高,一副好的轮胎、一套合适的控制算法和一套合理的装车方案是缺一不可的。关于轮胎处理,现在有很多的争议,有人极力要求限制,但是在规则允许范围内,轮胎肯定要进行处理。

关于 D 型车模的轮胎处理,首先是轮胎内海绵要宽且厚,D 型车模原装轮胎海绵不太合适,需要更换性能更好的海绵。其次是粘接轮胎内圈、外圈,用胶水粘接胎皮与轮毂相接触的地方,其目的一是防止轮胎与轮毂产生相对位移,二是防止车模转弯时胎皮外翻。上述步骤只是为了防止轮胎出现非正常情况,重要的处理步骤是后续的打磨轮胎和保养轮胎。对于新轮胎,可以先将轮胎连同其轴卡在台钻上用砂纸打磨,直到冒烟或者发烫,再涂抹轮胎水,用保鲜膜密封,过 3 ~4 个小时就可以用了。关于轮胎的保养,只要车模没有调试就最好给轮胎涂抹轮胎水,这样处理以后车模跑两个星期基本就可以磨出一副摩擦力较好的轮胎。

而对于 E 型车模的轮胎处理,其材质与 D 型车模的不太一样,不需要专门进行打磨处理。仅仅只需要使用 704 或者 706 胶水对轮胎进行密封处理,车模经常在赛道上行驶,通过自然行驶打磨,就能获得一副性能较好的轮胎。

## 3.7　F 型车模机械结构装调方法

### 3.7.1　F 型车模重心位置控制

F 型车模采用双电机驱动,依靠后轮差速完成转向,其重心位置应居于轴承中心,且越低越好,因此需要对车模机械结构进行一定的改动。

(1)车模结构调整

模型自带的万向轮体积较大、质量过大,不利于调节重心,因此选用轻巧的牛眼轮代替。牛眼轮体积较小,质量较小,转动阻力小。常见的牛眼轮材料有三类,如图 3.49 所示,依次为全不锈钢滚珠、尼龙滚珠和碳钢滚珠。

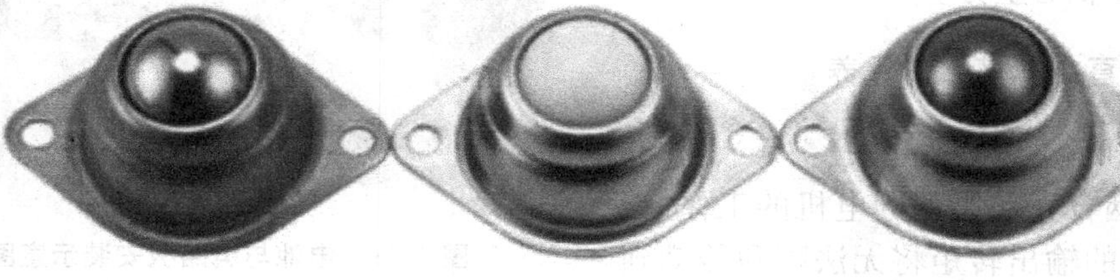

图 3.49　不同材料的牛眼轮

综合考虑(质量和摩擦系数),选择尼龙滚珠。同时为了进一步减小质量,去除万向轮支撑板,改为直接在车模底盘打孔安装牛眼轮。

为了降低车模重心,提升车模运行稳定性,应尽可能将车模底盘降低。在车模底盘后方安装尼龙螺柱,增大车模轮胎与底盘的距离,以此降低底盘的高度,处理方法如图 3.50 所示。

图 3.50　车模底盘调整

(2)电池安装

经测量,整车质量约为 1 060 g,其中电池约为 300 g,约占整车质量的 30%,因此电池的摆放位置对小车重心位置起决定性作用。为了将重心稳定在车模轴承中心,考虑到车模前端装有电磁支架,选择将电池安装到车模后方。为了避免车模重心过高,电池安装位置应尽量低。规则要求三轮车模万向轮不能抬轮,因此电池安装应避免斜放。

(3)电磁杆安装

竞赛规则限定车模长度不超过 30 cm,宽度不超过 25 cm,采用电磁循线。电感固定支架需要稳定可靠,选用碳素纤维杆作为电感固定支架。碳素纤维又称碳纤维(Carbon Fiber, CF),在国际上被誉为"黑色黄金",它是继石材和钢铁等金属后,被国际上称为"第三代材料"。碳纤维是由碳元素组成的一种特种纤维,其含碳量随种类不同而异,一般在 90% 以上。碳纤维具有一般碳素材料的特性,如耐高温、耐摩擦、导电、导热及耐腐蚀等,但与一般碳素材料不同的是其外形有显著的各向异性、柔软、可加工成各种织物,碳纤维比重小,沿纤维轴方向表现出很高的强度。

碳素纤维在零部件装配中起到了至关重要的作用,因其质量轻、韧性好,已成为连接车模与电磁传感器的最优材料。市面上常见的碳素纤维杆有方形和圆形、实心和空心等区分,直径也有诸多不同的选择。在减轻质量的同时,保证碳纤维杆的强度,选用外径 5 mm、内径 3 mm 的空心圆形碳纤维杆,具体理论分析依据见变形金刚三轮组实例分析部分。

为保证安装强度,选用两根主杆、两根支撑杆的方式装配。碳纤维杆连接处利用涤纶纤维线绑定,再利用 401 胶水进行硬化固定。401 胶水粘接牢固、稳定,但是表面会硬化,为了使其更稳定,可在表面涂上热熔胶。

电磁支架安装完成后,再横向固定两根碳纤维杆,前杆作为防撞杆,用来保护传感器,后杆作为电磁传感器安装杆,为了使防撞杆的作用发挥到最大而又不损失过多的前瞻,两杆间距为 10 mm。安装完成后,应当测试车辆机械结构稳定性。设定速度为 2.5 m/s,撞击障碍物十余次,若整车机械结构无任何松动、裂纹,则可认为机械结构合格,交予软件参数调试。

**(4)电路板安装**

电路板的安装对车模的重心也会有影响,所以电路板与底盘的距离越小越好。为了方便电路板在车模上定位,在设计板子的时候需要在相应的位置设计定位孔,这样用螺母、螺柱即可固定,且更加牢固。三轮车模的重心应该调整至车模轴承中心,电路板应紧密贴合电机支座,电路板安装后的效果如图 3.51 所示。为了使贴合更为紧密,绘制 PCB 时应充分考虑安装环境,合理绘制 PCB 机械层。

图 3.51　F 型车模电路板安装

### 3.7.2　F 型车模保养

F 型车模本身自带的防护条在低速时对车模有一定保护作用,但是随着车模行驶速度增加,其防护能力呈断崖式下跌。考虑到对电磁传感器的保护,实际应用时选用一根 25 cm 长的碳素纤维杆固定在传感器前端,用于保护车模。车模防撞杆安装如图 3.52 所示。

图 3.52　F 型车模防撞杆安装

F 型车模轮胎、齿轮保养与 D 型车模一样。

## 3.8　H 型车模机械结构装调方法

### 3.8.1　H 型车模机械结构介绍

图 3.53　H 型车模示意图

H 型车模由北京科宇通博科技有限公司提供，该车模由 4 个麦克纳姆轮、4 个 RS380 电机和底盘构成。其中麦克纳姆轮是 H 型车模有别于其他车模最明显的特征，使得 H 型车模在没有舵机的情况下能实现转弯、平移、旋转等运行控制。如图 3.53 所示，H 型车模中心对称，没有前后之分，可以实现更加灵活的控制。

**(1) 麦克纳姆轮介绍**

H 型车模的麦克纳姆轮是在大轮轮缘上斜向分布 10 个小滚子而形成的新型轮胎，小滚子轴线方向与主轮轴线成 45°夹角，当车模前后方向有驱动力时，由于力的分解作用，会有纵向和横向的分力，故轮子可以横向滑移。由于小滚子的母线很特殊，当轮子绕着固定的轮心轴转动时，各个小滚子的包络线为圆柱面，所以该轮能够连续向前平滑滚动而不发生抖动。麦克纳姆轮结构紧凑、运动灵活，是一种性能较好的全向轮。

H 型车模依靠 4 个轮胎方向和速度的有机配合，能在所要求的方向上产生一个合力矢量，使得车模能在该方向自由移动而不需要改变车体的方向。H 型车模可以实现前行、横移、斜行、旋转及其组合等运动方式，大大提高了车模运行的灵活性。麦克纳姆轮旋转运动原理如图 3.54 所示。

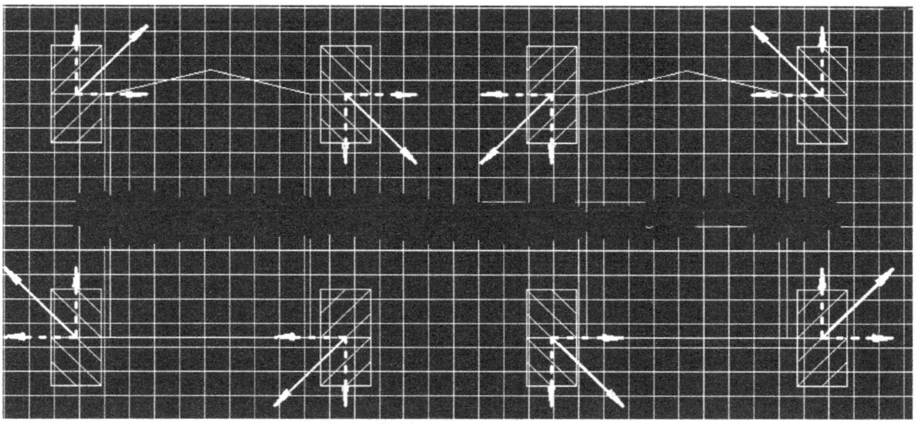

图 3.54　麦克纳姆轮旋转运动示意图

(2) RS380 电机介绍

H 型车模驱动电机采用直流伺服电机（型号 RS-380SH），直流伺服电机在驱动荷载方面具有以下优点：

①具有较大的转矩，以克服传动装置的摩擦转矩和负载转矩。

②调速范围宽，精度高，机械特性及调节特性线性好，运行速度平稳。

③具有快速响应能力，可以适应复杂的速度变化。

④电机的负载特性硬，有较大的过载能力，确保运行速度不受负载冲击的影响。

⑤可以长时间地处于停转状态而不会烧毁电机，一般电机不能长时间处于停转状态。电机长时间停转时，稳定温升在不超过允许值的条件下，输出的最大堵转转矩称为连续堵转转矩，相应的电枢电流为连续堵转电流。

考虑到横冲直撞信标组的特殊性，车模本身有可能撞到信标灯或围挡而导致电机堵转，所以 RS380 电机的堵转电流就对电池提出了更高的要求。这一点在锂电池的过压过流保护方面尤其要注意。如表 3.2 所示，RS380 电机堵转电流高达 16.72 A，因此锂电池的限流值要远大于 16.72 A。

表 3.2　RS380-ST/3545 技术指标

| 无负载 | | 最大效率(64.6%) | | | 最大功率(26.68 W) | | | 停　止 | |
|---|---|---|---|---|---|---|---|---|---|
| 电流/A | 转速/rpm | 电流/A | 转速/rpm | 扭矩/(g·cm) | 电流/A | 转速/rpm | 扭矩/(g·cm) | 电流/A | 扭矩/(g·cm) |
| 0.49 | 15 300 | 2.85 | 13 100 | 99 | 8.61 | 7 650 | 340 | 16.72 | 680 |

### 3.8.2　车模日常保养

(1) 防撞

横冲直撞信标组在车模调试过程中，车模很容易撞灯。因此做好防撞措施尤为重要，一方面是对灯的保护，另一方面是对车模的保护。

为了避免车模被撞,可用激光切割机切割一定形状的亚克力板或玻璃纤维板,安装在车模的前后两侧,并在亚克力板或玻璃纤维板上固定海绵条进行缓冲。当然最重要的是做好软件上的防撞措施。

由于麦克纳姆轮上小轮子容易受到轴向力而卡死,信标车模又经常和信标灯碰撞,所以对轮胎的保护也要考虑,可以在轮毂外周贴一层防撞泡沫加以保护。

**(2)防滑**

H 型车模使用的是45°倾斜的麦克纳姆轮,接地面积极小,因此极易打滑,目前除了经常擦拭轮胎和赛道还没有更好的解决办法。

**(3)防静电**

如果室内比较干燥,车模在调试的过程中容易产生静电,损坏电路板,因此做好防静电措施是极其重要的。常用的方法是在车模底盘上贴满锡箔纸,尤其是有螺栓的位置,接一根导线到电源地,形成回路,起到屏蔽和消除静电的作用。

**(4)润滑**

车模在调试时由于要给定较大的加速度,电机转速要求很高且瞬间提速较大,为了保护齿轮不受损害,及时添加润滑油尤为重要。一般使用黄油,但用量不宜过多,因为在电机高速旋转时,容易将多余的润滑油甩到车模上,只需稍微涂一点,手动转动车轮几周即可将润滑油涂抹均匀。

**(5)电机散热**

由于四个电机同时工作,有时候为了获取更大的抓地力,电机的瞬间加速度比较大,运行一段时间就会严重发热。为了保护电机,增长使用寿命,可以在电机上分别安装4个鱼鳞状的散热片,同时在每次跑完车后及时喷洒浓度为95%的无水乙醇以尽快散热,如果条件合适,可以选择直接用吹风机吹,降温效果尤为明显。

**(6)其他日常保养**

①由于麦克纳姆轮的特性导致车辆抖动比较严重,需要经常检查麦轮上小毂轮的固定螺栓以及车模上其他位置的螺栓,避免松动。

②在调试过程中,车模撞击比较严重,因此要时刻检车轮胎是否变形,以及小毂轮是否被锁死。

③每隔一段时间都要测试一下电路板供电是否正常,有无芯片损坏等。

④车模放置时应当用盒子或者其他物体将底盘支撑起来,长时间用轮子着地,电池以及主板等器件会将底盘压弯,H 型车模底盘高度较低,若底盘着地容易引起电机空转。

# 第 4 章

# 智能汽车硬件电路设计

## 4.1　电路设计常用软件介绍

“工欲善其事，必先利其器”，选择实用的工具是高效完成工作的前提。随着电子科技的飞速发展，新型元器件层出不穷，电子电路的功能越来越强大，伴随而来的是电子线路越来越复杂，电路的设计工作已经无法单纯依靠手工来完成，依靠计算机进行电路辅助设计变得尤为重要。在众多的电路辅助设计软件中，每一款软件也有各自的特点，利用各自的特点来满足不同情况下的电路设计。智能汽车硬件电路设计主要用到 Multisim 和 Altium Designer 两款软件。

### 4.1.1　Multisim 软件介绍

Multisim 用软件的方法虚拟电子与电工元器件，虚拟电子与电工仪器、仪表，实现了“软件即元器件”“软件即仪器”，是一个原理电路设计、电路功能测试的虚拟仿真软件。

Multisim 元器件库提供数千种电路元器件供实验选用，同时也可以新建或扩充已有的元器件库，而且建库所需的元器件参数可以从生产厂商的产品使用手册中查到，因此在工程设计中使用也很方便。Multisim 的虚拟测试仪器仪表种类齐全，有一般实验用的通用仪器，如万用表、函数信号发生器、双踪示波器、直流电源；还有一般实验室少有或没有的仪器，如波特图仪、字信号发生器、逻辑分析仪、逻辑转换器、失真仪、频谱分析仪和网络分析仪等。

Multisim 具有较为详细的电路分析功能，可以完成电路的瞬态分析和稳态分析、时域和频域分析、器件的线性和非线性分析、电路的噪声分析和失真分析、离散傅里叶分析、电路零极点分析、交直流灵敏度分析等电路分析方法，以帮助设计人员分析电路的性能。

智能汽车硬件电路设计主要用 Multisim 软件来对设计的电路进行仿真，以验证其功能是否满足要求，满足要求再利用 PCB 绘图软件绘制电路 PCB，否则就需要继续修改原理图，再仿真，直到仿真结果满足设计要求。

### 4.1.2 Altium Designer 介绍

由于竞赛规则要求自制电路板，不允许买成品，所以必须学会使用 PCB 绘图软件。Altium Designer 是 Protel 软件的升级，其汇集了原理图设计、PCB 设计、电路仿真等多项技术，利用 Altium Designer 进行辅助设计是每一个电子专业学生的必备技能之一。

Altium Designer 18 工程包含了四类文件，分别是原理图、PCB、原理图库、PCB 封装库。在原理图界面可以进行原理图绘制，而原理图的设计又需要有相应的元件，这个元件就在原理图库中进行绘制，当然有些常用的元件也可以使用官方所提供的库。另外的两个文件即是与绘制 PCB 相关的，如果不需要绘制 PCB，在工程里可以不用添加进来。

PCB 的设计流程如下：

**(1)原理图库的准备**

在官方所带的集成库里面，有些元器件可能没有，准备一个在原理图绘制过程中需要用到的元件库是必要的。

**(2)原理图绘制**

这个过程就是将所设计的电路在原理图文件里面绘制出来，在原理图设计完成后要进行原理图的编译检查，以免给后续的设计带来麻烦。原理图绘制过程中为了避免电路复杂带来的视觉上的干扰，可以使用网络标号的方式，相同的网络标号表示其具有相同的电势或者信号。

**(3)PCB 封装库的绘制**

PCB 封装库体现了一个元件的封装和焊盘大小以及形状等信息，需要注意的是绘制封装时焊盘的标号要严格与元件的标号相对应。封装库绘制过程中养成良好的习惯，引脚标号逆时针递增，并且封装要考虑到焊接工艺，比如使用手工焊接是否有足够的焊盘能够被加热。

**(4)导入封装**

原理图上的每一个元件都有封装，此时需要在原理图中将封装先导入，这一个步骤就是建立元件和封装的对应关系，然后才能进行 PCB 的导入工作。

**(5)板框设计**

PCB 设计中首先考虑外形尺寸，设计好合适大小、合适形状的 PCB 板框。当然，板框可以在软件中直接绘制，也可以导入 CAD 文件，根据需要自己进行选择。

**(6)PCB 布局**

一个良好的布局将给后续的布线省下很大工作量，建议采用先大后小的原则，即先将大器件布局，再放小器件，滤波电容要靠近管脚放置。

**(7)规则设置**

在布线中有很多的规则限制，包括线宽规则、间距规则、过孔大小等，如图 4.1 所示。

**(8)布线**

在设置好规则后就可以进行布线了，可以进行手动布线，也可以进行自动布线。如果线路比较复杂，软件自动布线很难达到要求，需要进行手工调整。

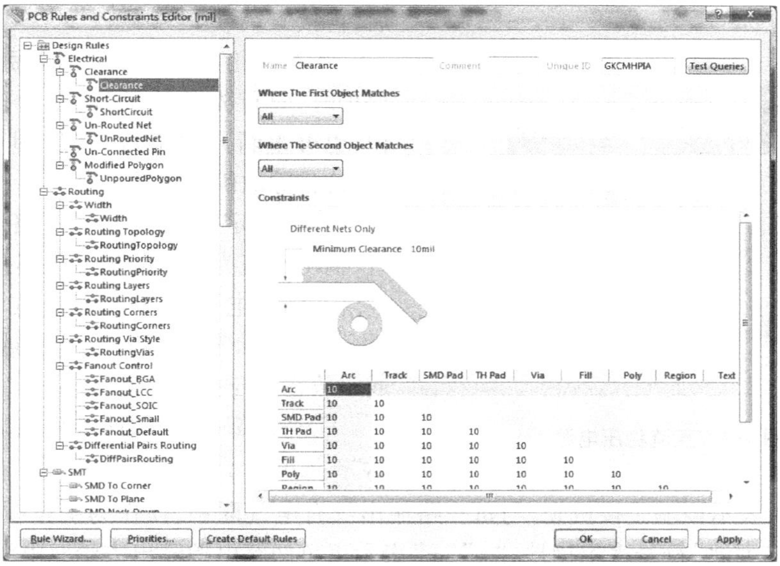


图4.1 规则设置界面

(9)设计规则检查(DRC)

DRC主要检查设计是否满足所设置的规则,一个完整的PCB设计必须经过各项电气规则检查。常见的检查项包括间距、开路以及短路等。如若检查无误,便可将工程或单独的PCB文件发送给制版厂加工。

## 4.2 电路设计制作常用工具介绍

本节将介绍电路设计制作时使用到的工具,包括调试工具和焊接工具。调试工具主要包括直流稳压电源、信号发生器、示波器和万用表。焊接工具主要包括电烙铁、焊锡丝、热风枪和洗板水等。

### 4.2.1 调试工具介绍

(1)直流稳压电源

直流稳压电源是指能为负载提供稳定直流电源的电子装置。它的供电电源是交流电源,当交流供电电源的电压或负载电阻变化时,直流稳压电源的输出电压保持稳定。如图4.2所示是常见的双通道直流稳压电源。

直流稳压电源在使用时,注意以下几点:

①根据所需要的电压,先调整"粗调"旋钮,再逐渐调整"细调"旋钮,要做到正确配合。例如,需要输出12 V电压时,需将"粗调"旋钮置在15 V挡,再调整"细调"旋钮调至12 V挡,而"粗调"旋钮不应置在10 V挡。否则,最大输出电压达不到12 V。

②调整到所需要的电压后,再接入负载。

③在使用过程中,如果需要变换"粗调"挡,应先断开负载,待输出电压调到所需要的值

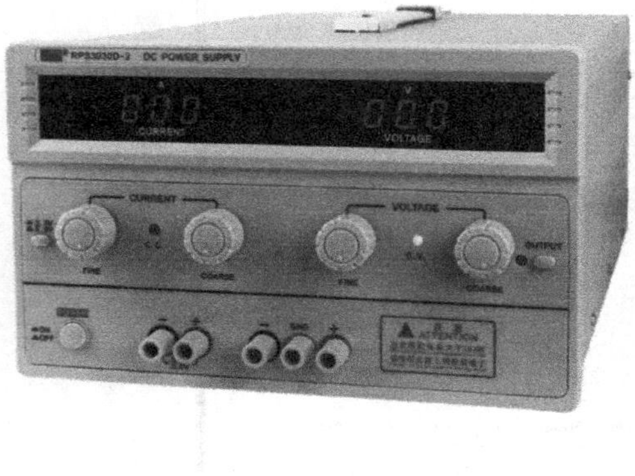


图 4.2 直流稳压电源

后，再接入负载。

④在使用过程中，因负载短路或过载引起保护时，应首先断开负载，然后按动“复原”按钮，也可重新开启电源，电压即可恢复正常工作，待排除故障后再接入负载。

⑤将额定电流不等的各路电源串联使用时，输出电流为其中额定值最小一路的额定值。

⑥每路电源有一个表头，在 A/V 不同状态时，分别指示本路的输出电流或者输出电压。通常放在电压指示状态。

⑦每路都有红、黑两个输出端子，红端子表示“+”，黑端子表示“-”，面板中间带有“大地”符号的黑端子，表示该端子接机壳，与每一路输出没有电气联系，仅作为安全线使用。经常有人错误地认为“大地”符号表示接地，“+”“-”表示正负两路电源输出去给双电源运放供电。

⑧两路电压可以串联使用，一般不允许并联使用。电源是一种供给量仪器，因此不允许输出端长期短路。

**(2)信号发生器**

信号发生器是一种能提供各种频率、波形和输出电平电信号的设备。在测量各种电信系统或电信设备的振幅特性、频率特性、传输特性及其他电参数时，以及测量元器件的特性与参数时，用作测试的信号源或激励源。

信号发生器又称信号源或振荡器，在生产实践和科技领域中有着广泛的应用。各种波形曲线以用三角函数方程式来表示。能够产生多种波形，如三角波、锯齿波、矩形波(含方波)和正弦波的电路被称为函数信号发生器。如图 4.3 所示是常见的信号发生器。

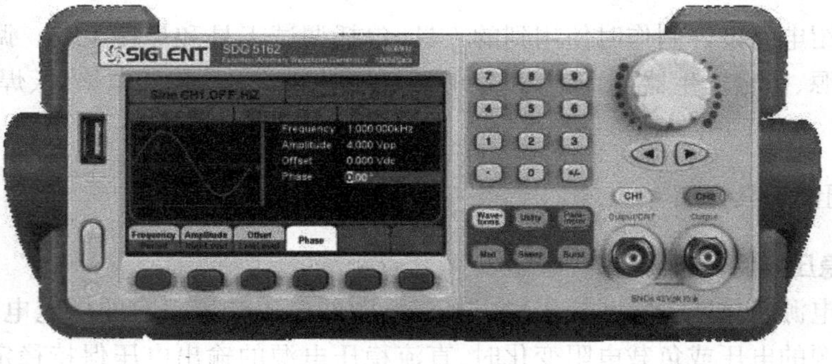


图 4.3 信号发生器

**(3)万用表**

万用表又称为复用表、多用表、三用表、繁用表等，是电力电子等部门不可缺少的测量仪表，一般以测量电压、电流和电阻为主要目的。万用表按显示方式分为指针万用表和数字万用表。是一种多功能、多量程的测量仪表，一般万用表可测量直流电流、直流电压、交流电流、交流电压、电阻和音频电平等，有的还可以测交流电流、电容量、电感量及半导体的一些参数(如 $\beta$)等。如图 4.4 所示是常见的万用表。

(4)示波器

示波器是电子线路检测中必不可少的测试设备,它能将非常抽象的、看不见的周期信号或信号状态的变化过程,在荧光屏上描绘出具体的图像波形,用它可以测量各种电路参数,如电压、电流、频率、相位等电气量。它具有输入阻抗高、频率响应好、灵敏度高等特点。如图4.5所示是常见的示波器。

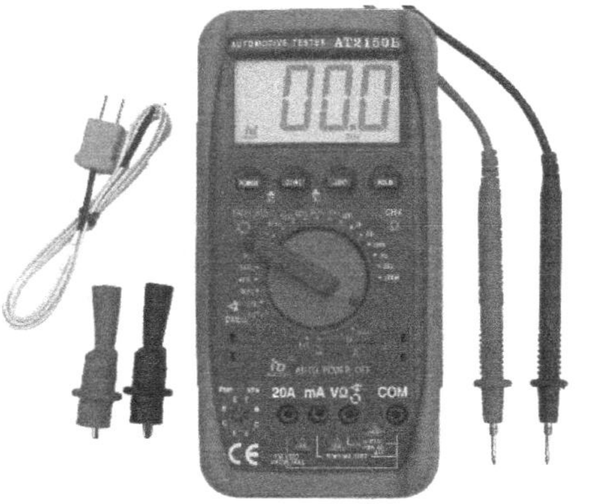

图4.4　常见万用表

### 4.2.2　焊接工具介绍

在印制电路板焊接时,合适的焊接工具会使得焊接变得更加高效,焊接的电路板也会更加稳定。由于智能汽车电路板大多采用贴片封装。本小节将介绍适用于贴片元器件焊接的工具。

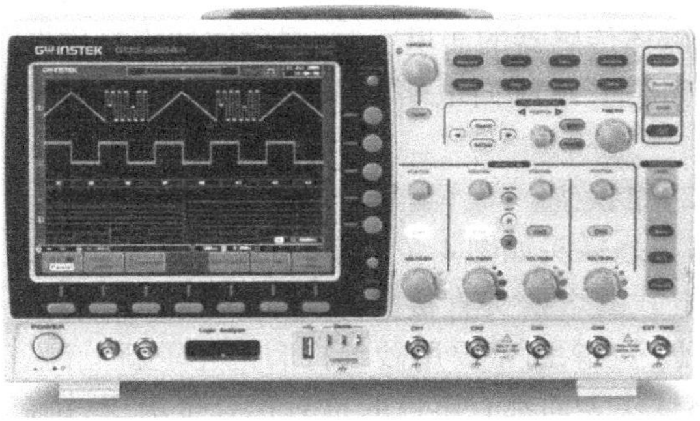

图4.5　常见示波器

(1)电烙铁

电烙铁是电子制作和电器维修的必备工具,主要用途是焊接元件及导线,按机械结构可分为内热式电烙铁和外热式电烙铁,按功能可分为无吸锡电烙铁和吸锡式电烙铁,根据用途不同又分为大功率电烙铁和小功率电烙铁。

外热式电烙铁如图4.6(a)所示,由烙铁头、烙铁芯、外壳、木柄、电源引线、插头等部分组成,由于烙铁头安装在烙铁芯里面,故称为外热式电烙铁。内热式电烙铁如图4.6(b)所示,由手柄、连接杆、弹簧夹、烙铁芯、烙铁头组成。由于烙铁芯安装在烙铁头里面,因而发热快,热利用率高,因此,称为内热式电烙铁。

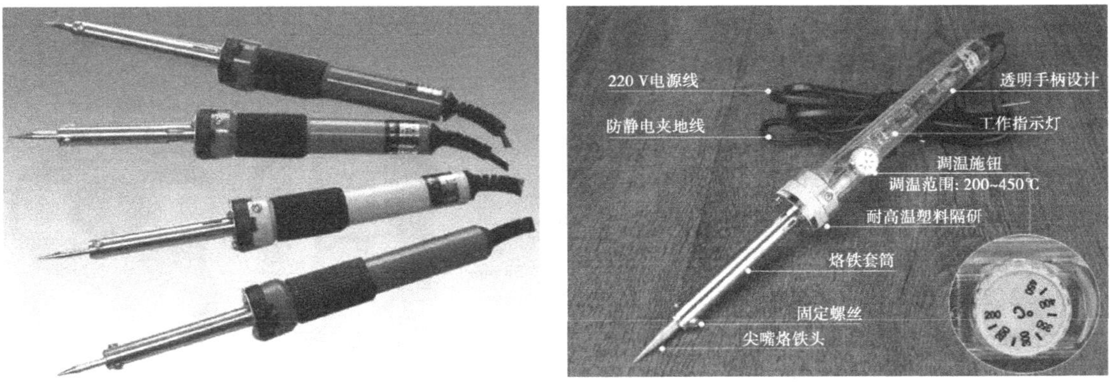


(a) 外热式电烙铁　　(b)内热式电烙铁

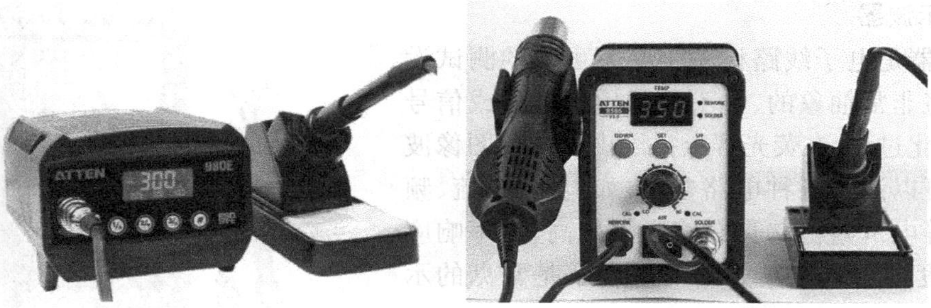


(c)恒温电烙铁　　　　(d)带热风枪恒温电烙铁

**图 4.6　常用电烙铁**

恒温电烙铁如图 4.6(c)和图 4.6(d)所示,其中,图 4.6(d)是带热风枪的恒温电烙铁。由于恒温电烙铁头内,装有带磁铁的温度控制器,通过控制通电时间来控制温度。当给电烙铁通电时,烙铁的温度上升,达到预定的温度时,因强磁体传感器达到了居里点而磁性消失,使磁芯触点断开,停止向电烙铁供电;当温度低于强磁体传感器的居里点时,强磁体便恢复磁性,并吸动磁芯开关中的永久磁铁,使控制开关的触点接通,继续向电烙铁供电。如此循环往复,便能达到控制温度的目的。

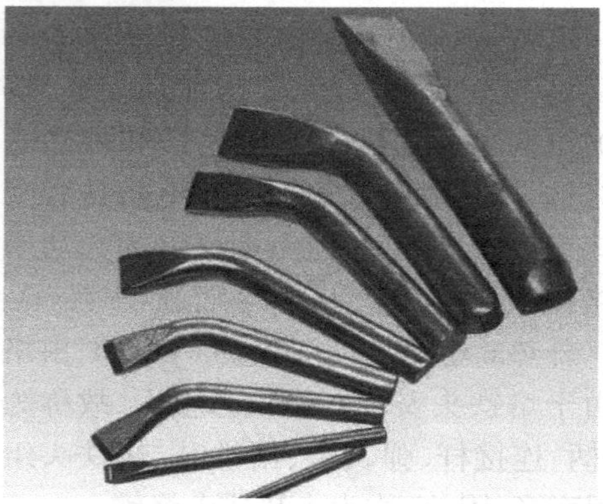

**图 4.7　常用电烙头**

**(2)烙铁头**

常见烙铁头如图 4.7 所示,一般的烙铁头都是紫铜造,老式的烙铁头直接裸露铜表面,容易发生氧化发黑无法上锡,时常要用砂纸打磨抛光重新上锡。新式的烙铁头表面都有银色的抗氧化合金涂层,抗氧化性能好,但是切记不能刀刮砂磨,也不能用力磕碰,以免破坏很薄的镀层。劣质的烙铁头有用铁条冒充铜条的,要注意分辨。烙铁头的基本形状有尖形、马蹄形、扁嘴形、刀口形。每种烙铁头(烙铁嘴、焊嘴)的头部基本相同,区别在于烙铁头身体部分,以便和合适的电烙铁、电焊台配套。焊接普通封装元器件一般选用尖头或者刀头。

**(3)焊锡丝**

在 PCB 元器件焊接中,焊锡丝是必不可少的材料之一,焊锡丝种类很多,根据经验挑选,推荐实验室一直使用的如图 4.8 所示"老 A"牌焊锡丝,含锡量 63%,焊丝直径有 0.5、0.8、1.0、1.2、2.0、1.5 mm 等规格,焊 PCB 一般选用 0.8 mm 直径,如焊洞洞板可以选用粗一点的,比如 1.2 mm 或 2.0 mm 直径。在焊接过程中,焊锡丝出现焊点发黑、不丰满等表象都是由于焊锡丝的质量不合格引起的。

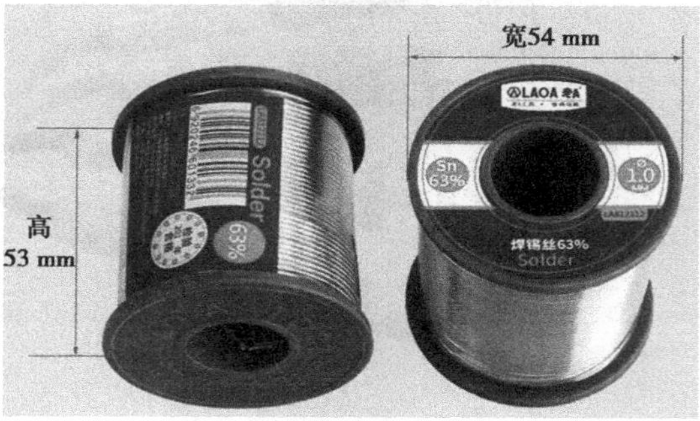


**图 4.8　"老 A"牌焊锡丝**

(4)助焊剂

常用助焊剂有焊锡膏和松香两种,如图4.9所示,图4.9(a)是无酸焊锡膏,口碑较好的品牌有老A、宝工或者固特,金鸡牌的焊锡膏很便宜但是含酸性氯化物,用后必须用酒精清洗干净。传统的松香见图4.9(b),松香长时间加热会留下黑色炭化渣滓,不建议使用。

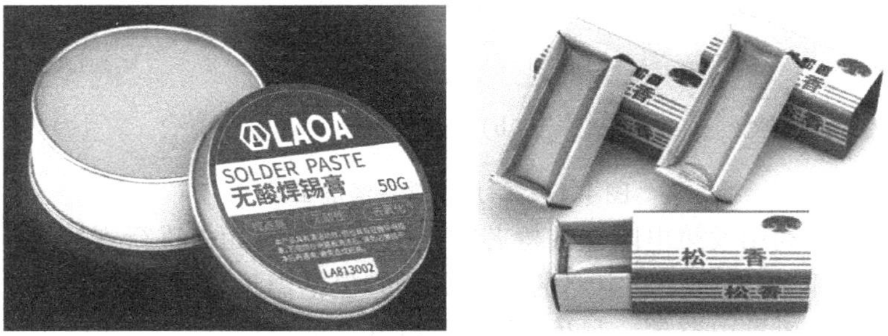


(a) 焊锡膏　　(b)松香

图4.9　常用助焊剂

(5)烙铁头清洗工具

有合金涂层的电烙铁不能硬磨,只能用专用的清洁工具去清洁氧化层。常用的清洁工具有高温海绵[图4.10(a)]和合金棉[图4.10(b)],高温海绵/矿渣棉需要用水湿润以后擦拭烙铁头,切记一定要加水,不然会烧坏。合金棉是特制的低硬度合金制成的钢丝球,用来去除表面的氧化层,同时可以避免伤到合金涂层。好处是清洁以后烙铁头的温度不下降,受到的热冲击也少。

(a) 高温海绵　　(b)合金棉

图4.10　常用烙铁头清洗工具

(6)拆焊工具

电路板在焊接和维修过程中,常常需要拆焊元器件,为了保证元器件拆焊时不损坏焊盘和元器件,拆焊工具和拆焊方法都很重要,常用的拆焊工具有吸锡器[图4.11(a)、图4.11(b)]、热风枪[图4.11(c)]等。

吸锡器是一种维修电路板常用的工具,收集拆卸电子元件时焊盘熔化的焊锡。有手动、电动两种。拆卸电路板需要使用吸锡器,尤其是大规模集成电路,拆不好容易破坏印制电路板,造成不必要的损失。常见的吸锡器主要有吸锡球、手动吸锡器、电热吸锡器、防静电吸锡器、电动吸锡枪以及双用吸锡电烙铁等。

(a) 手动吸锡器　　(b)电热吸锡枪　　(c)热风枪

**图4.11　常用烙铁头清洗工具**

热风枪主要是指利用发热电阻丝的枪芯吹出的热风来对元件进行焊接与拆除的工具。根据热风枪的工作原理,热风枪控制电路的主体部分应包括温度信号放大电路、比较电路、可控硅控制电路、传感器、风控电路等。另外,为了提高电路的整体性能,还应设置一些辅助电路,如温度显示电路、关机延时电路和过零检测电路。

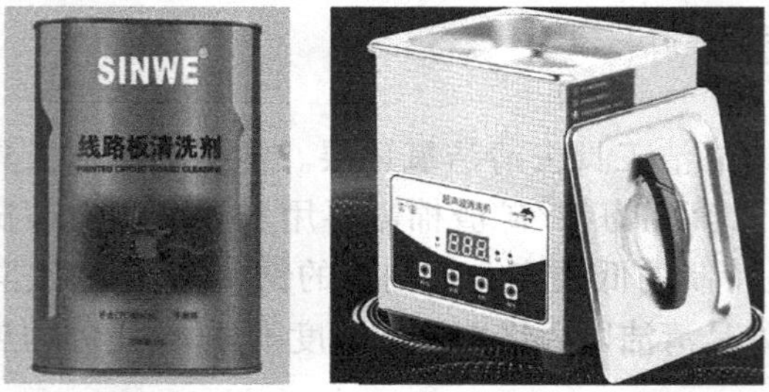


(a)洗板水　　(b)超声波清洗机

**图4.12　常用电路板清洗工具**

**(7)电路板清洗工具**

在PCB焊接过程中会产生污染物,包括焊剂和胶粘剂的残留等焊接过程中产生的粉尘和碎片等污染物。如果PCB不能有效保证清洁表面,则电阻和漏电会导致PCB线路板失效,从而影响产品的使用寿命。所以刚焊接好的电路板和电路板使用过程中都需要做好电路板清洁工作,常用的电路板清洗工具有洗板水和超声波清洗机,如图4.12所示。洗板水是指用于清洗PCB电路板焊接后表面残留的助焊剂及松香等的化学工业清洗剂药水;超声波清洗机利用超高频在液体介质中转化为动能的作用,产生空化效应,形成无数微小气泡,然后撞击物体表面,使表面污垢脱落,从而达到清洗的效果。

## 4.3　电路模块功能介绍

一个完整的闭环控制系统应该包括传感器、控制器、被控对象和执行机构。智能汽车作为一个自动控制系统也不例外。因此在电路设计时应该考虑如何设计传感器电路、控制器电路以及如何让单片机输出的信号能够驱动功率较大的电机。智能汽车的电路模块包括单片机最小系统、电源电路、主板电路、传感器信号采集与处理电路以及电机驱动电路等。

### 4.3.1　单片机最小系统介绍

单片机最小系统由电源、时钟及复位电路等组成。要使芯片能够正常稳定地工作,必须有电源、工作时钟以及复位电路。MK60DN512ZVLQ10单片机提供了在板或在系统写入程序功能,因此,最小系统应该把程序下载器的接口电路也包含在其中。基于以上考虑,MK60DN512ZVLQ10(K60)芯片的最小系统包括电源电路、复位电路、晶振电路及JTAG接口电路。

单片机是整个系统的控制核心,它是沟通传感器和被控对象的桥梁,也是硬件和软件结合的枢纽。其包含丰富的接口,如 GPIO,IIC,SPI,ADC,DAC,UART,FTM 等。通过这些接口可以实现核心板与传感器之间的通信,经过信号处理,将控制信号作用于被控对象。

### 4.3.2 主板介绍

由于智能汽车需要的传感器种类丰富,各个传感器的供电电源要求不一致,因此需要提供不同的电源以满足使用要求。传感器的信号需要输入单片机,单片机输出的控制信号需要与其他模块相连接,主板的主要作用就是电源管理和为单片机的输入输出模块提供接口,电源设计部分在后面有介绍,这里主要介绍一下各种接口。

**(1)ADC 接口**

ADC 即模数转换器,用于将模拟信号转换为数字信号。智能汽车竞赛中的电磁信号就是一种模拟信号,需要经过模数转换后输入单片机。在设计时需要考虑两个问题:一是模拟信号的输入范围,一般充分利用传感器的量程可以提高测量精度,ADC 转换也是一样的。如果单片机的 A/D 转换为 3.3 V,则将输入模拟信号调到 2 V 左右比较合适。如果超过 3.3 V,则无法分辨;二是要查阅芯片手册,使 ADC 接口和单片机 ADC 引脚对应连接。

(2)GPIO

GPIO 即通用输入输出接口,用于捕获输入的电平高低或者输出高低电平。智能汽车竞赛中需要一些辅助调试的手段,如独立按键、蜂鸣器、三色 LED。独立按键就需要使用捕获输入功能,蜂鸣器和三色 LED 都需要 GPIO 输出信号来控制。设计时需要考虑三个问题:一是芯片的引脚是否具有该功能;二是 GPIO 是否具有中断功能,如果需要使用到中断则需要注意;三是需要特别注意不能和 JTAG 引脚复用。

(3)UART

UART 即是通用异步收发传输器,作用在于将要传输的数据在串行通信与并行通信之间加以转换。智能汽车实现在线调试过程中会使用到蓝牙模块,蓝牙模块与单片机之间的通信即为 UART,UART 接口一般有四根线,分别为 RX,TX,VCC,GND。设计时需要考虑的问题:一是查阅芯片手册,需要芯片的引脚具有 UART 功能;二是 RX 与 TX 之间的连接方式为铰接,即主机的 RX 与从机的 TX 相连接。

还有其他一些接口,实现的功能也是通信或者控制。这里不再一一介绍,在使用时切记要查阅芯片手册,按照芯片手册设计。值得一提的是,虽然 MK60DN512ZVLQ10 的硬件资源丰富,但毕竟硬件资源有限,设计时需要合理地分配这些硬件资源。

### 4.3.3 电机驱动模块

在智能汽车运行的过程中,电机转速需要实时调整。电机的控制是通过脉宽调制(PWM)信号实现的。脉宽调制控制通过对一系列脉冲的宽度进行调制来等效地获得所需要的波形,其本质是将脉宽调制信号进行低通滤波后得到调幅信号。单片机的驱动能力是有限的,输出的 PWM 信号没有办法直接驱动电机,需要加一个功率放大的电路,驱动电路就是用来实现信号的功率放大。

## 4.4 单片机最小系统设计与制作(以 K60 为例)

### 4.4.1 K60 芯片介绍

K60 是 Freescale Kinetis 系列 Cortex-M4 内核的微控制器,具备 USB OTG(USB HOST 加 USB DEVICE)、以太网、16 位 ADC、DAC、6 个串口、SPI、I2C、CAN 等多种接口,非常适合系统互联应用。144 脚 LQFP 封装的 K60 的引脚分布如图 4.13 所示,很多引脚都是功能复用引脚,至于引脚选择哪个功能取决于相关寄存器的配置。芯片的硬件资源介绍参阅芯片手册。

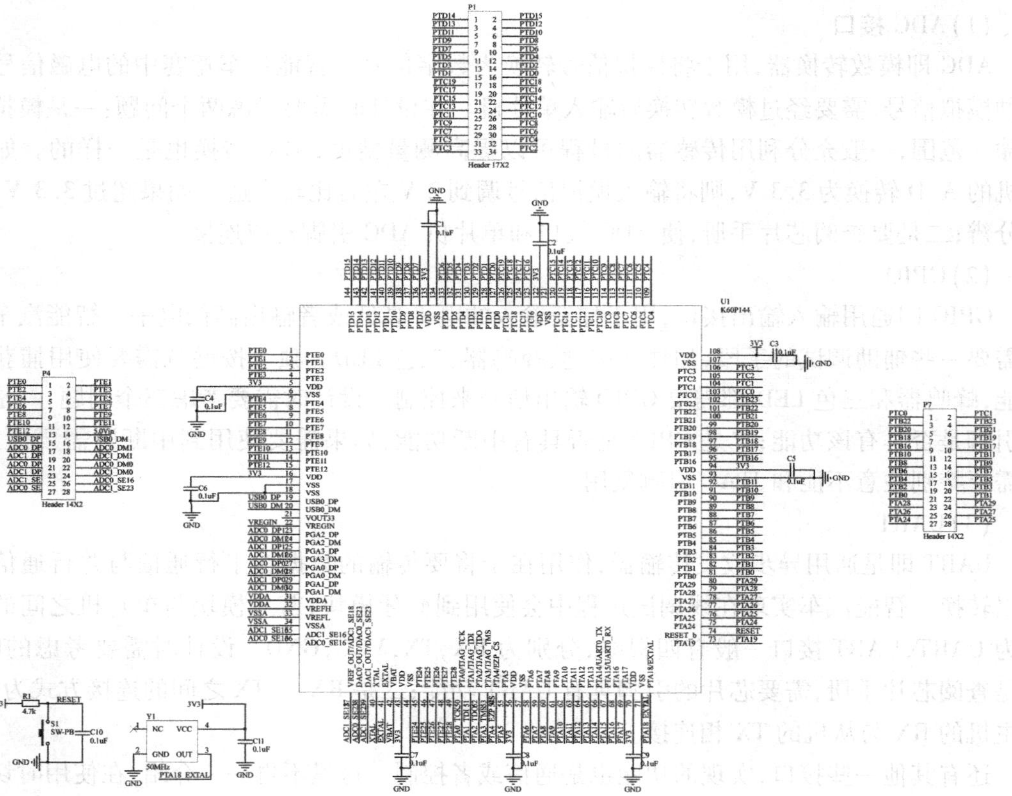

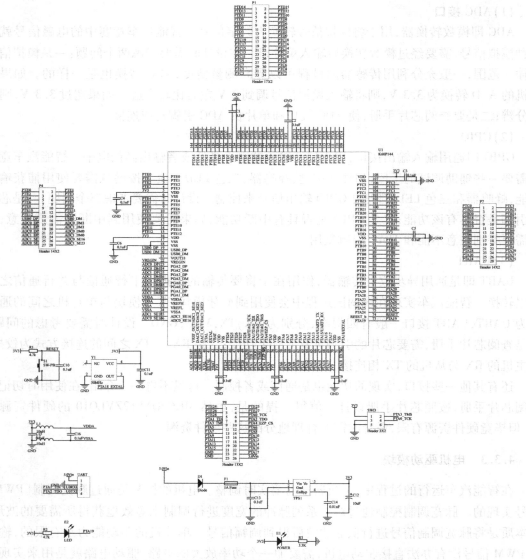

图 4.13 MDK60DN512ZVLQ10 144LQFP 引脚分布图

### 4.4.2　K60 最小系统设计

**(1)电源电路**

K60 的工作电压为 3.3 V,由电池电压通过稳压电路降压得到。芯片有两种电源 VDD 和 VDDA,其中 VDD 是 K60 的电源,VDDA 是模拟电源。在每组 VDD 和 VSS 之间加入滤波电容,以其中一组为例如图 4.14 所示。

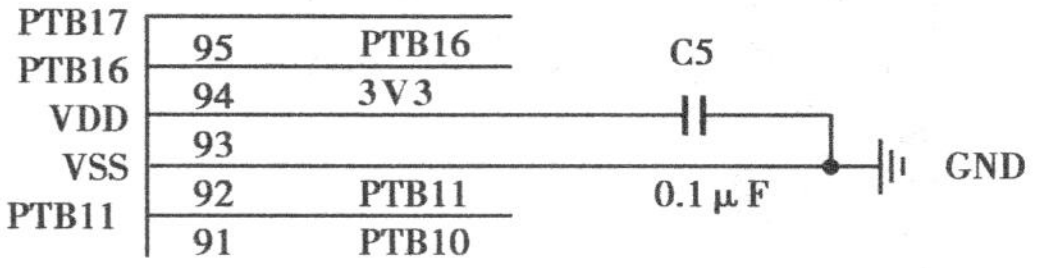


图 4.14　电源滤波设计

将 VDD 经过电感或磁珠之后再给 VDDA 供电,这样可以起到抗干扰作用。通过 K60 的 datasheet(数据手册)可以统计出 K60 的电源引脚总共有 9 个数字电源引脚 VDD,1 个模拟电源引脚 VDDA,另外 VREFH 也与 VDDA 使用同一路电源,而所有的 VSS 和 VSSA 引脚都属于 GND,都接地。

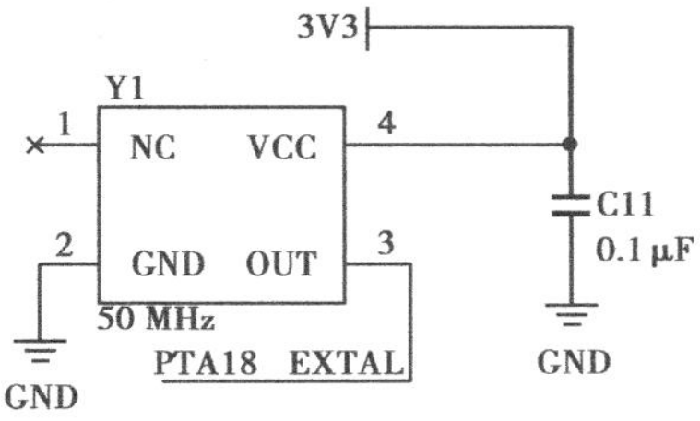


图 4.15　50 MHz 有源晶振时钟电路

**(2)时钟电路**

K60 的时钟电路包括两部分:一个是芯片的主晶振,用于产生芯片和外设所需要的工作时钟;另外一个是实时时钟(RTC)电路,实时时钟提供一套计数器在系统上电和关闭操作时对时间进行测量,RTC 消耗的功率非常低。实验室制作的 K60 最小系统板的主晶振使用的是 50 MHz 的有源晶振,50 MHz 有源晶振时钟电路如图 4.15 所示。

**(3)复位电路**

K60 的复位电路如图 4.16 所示,其中网络标号 RESET 连接芯片的 RESET 复位引脚。复位电路工作原理:默认情况下,复位引脚 RESET 通过一个 4.7 kΩ 的电阻上拉到 3.3 V,处于高电平状态,芯片不会复位,因为该引脚只有在为低电平的时候才开始复位。当按下复位按键 S1 时,RESET 引脚接地,处于低电平,芯片复位。

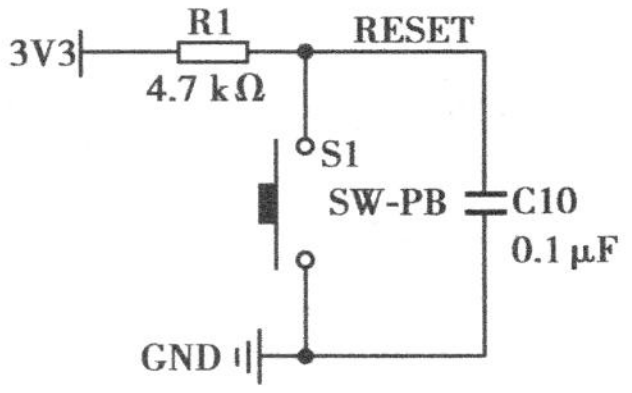


图 4.16　复位电路

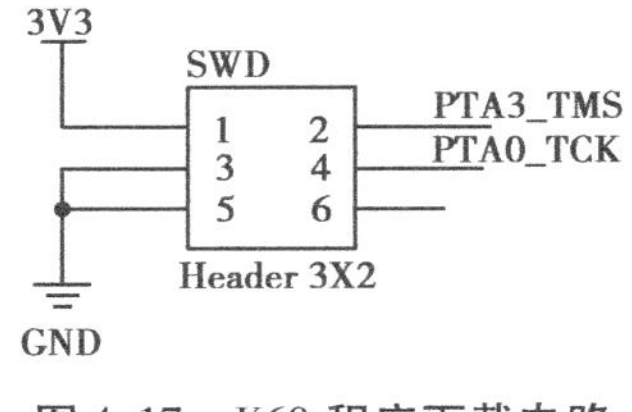


图 4.17　K60 程序下载电路

**(4)K60 程序下载电路**

K60 芯片内部集成了联合测试行为组织 JTAG 接口,通过 JTAG 接口可以实现程序下载和调试功能。由于厂商开发的 JTAG 下载器成本较高,实验室开发了一款简易的程序下载器,其电路如图 4.17 所示。

以上是 K60 单片机最小系统设计。总体来说,任何单片机的最小系统基本都由电源电路、时钟电路、复位电路和程序下载电路组成,只是有的单片机内部带有时钟,在系统要求不高的情况下可以用单片机内部时钟,不需要设计外部时钟电路。

### 4.4.3　PCB 版图设计与绘制

根据绘制好的原理图添加合适的封装,放置元件并布线。复位键、自主设计的 LED 指示灯和单片机放在顶层,其余部分放在底层。单片机的大部分 I/O 端口都通过双排插针引脚引出，其信号定义板上丝印有详细说明。PCB 如图 4.18 所示。

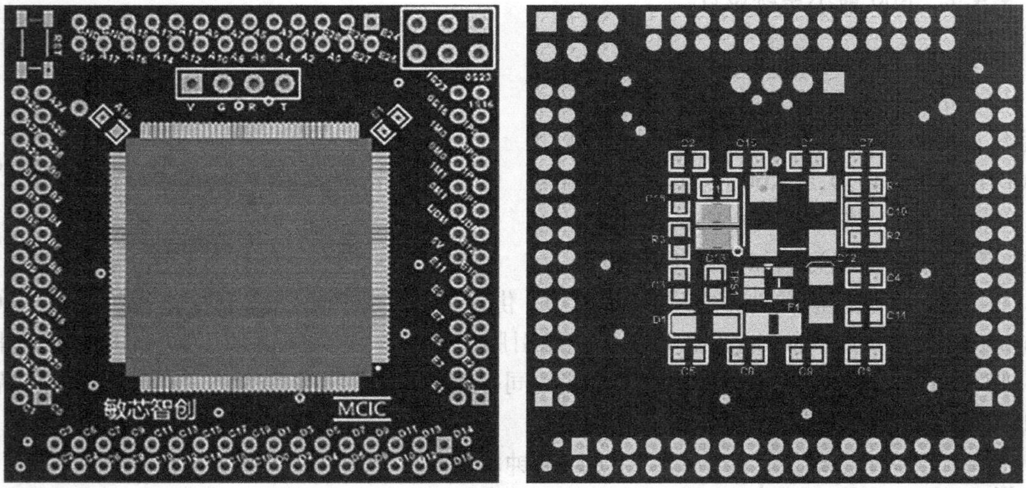


图 4.18　K60 最小系统 PCB

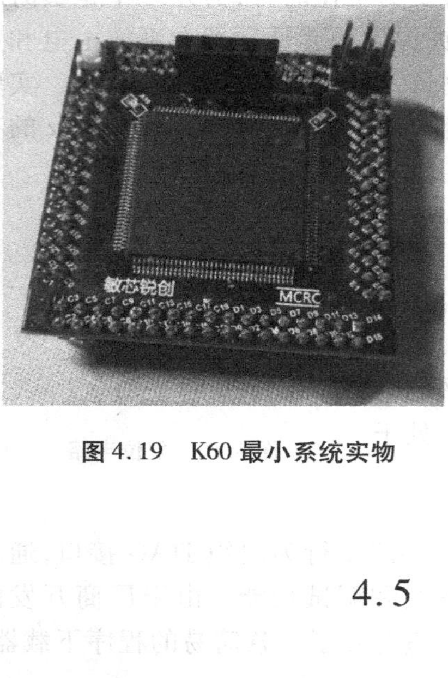


图 4.19　K60 最小系统实物

### 4.4.4　元器件焊接与测试

元器件焊接注意以下问题：排针不能焊反，否则将不能使用，因为取下排针的操作也很复杂，所以操作前需要确认元器件位置是否正确。K60 芯片引脚很密，焊接难度大。可以在芯片引脚上涂抹量多一点的焊锡，再用焊锡膏辅助把相邻引脚间的焊锡清除。不要长时间加热电路板，否则容易导致背面的焊锡受热脱落。电路板焊接完成后，先用洗板水清洗电路板，再用万用表检查是否有短路和断路情况，检查无误后再上电测试。焊接完成的 K60 最小系统如图 4.19 所示。

## 4.5　电源模块设计与制作

### 4.5.1　车模电池

**(1) 车模电池介绍**

电池是智能汽车的心脏，在第十四届智能汽车竞赛以前，对竞赛使用的电池有明确要求，即使用 7.2 V、2 000 mAh 镍铬电池，充满电时电压约为 8.3 V，其本身也具有内阻，当驱动电机转动时，由于电机的内阻比较小，此时将会导致电池的输出电压下降，甚至降到 5 V 以下，尽管在主板以及驱动板上有大容量铝电解电容，但仍然会影响车模的性能。因此一般当电压低于 7.3 V 时建议充电后再使用。电路板上设计一个电池电压测量显示模块，实时监测电池电压。

从第十四届竞赛开始，对电池的要求开始放宽。允许使用两节18650电池，但是必须配有保护板。常用的电池和充电器如图4.20所示。

(a)镍铬电池1

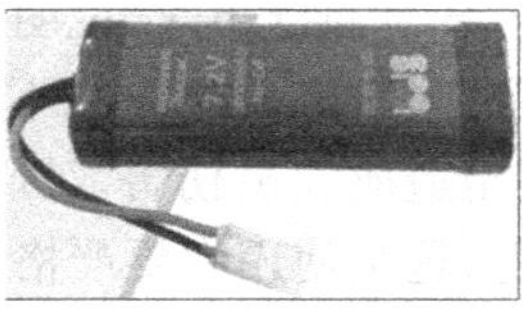

(b)镍铬电池2

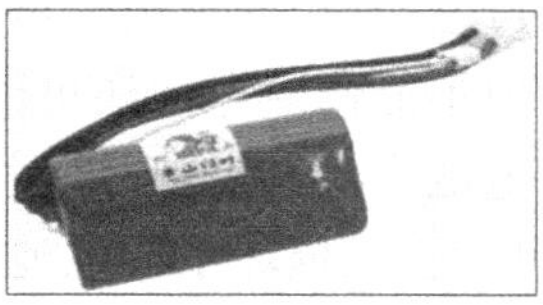

(c)锂电池

(d)充电器1

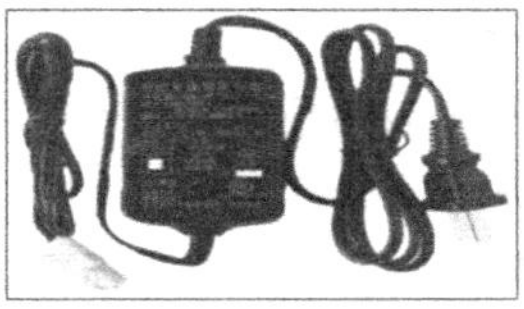

(e)充电器2

(f)充电器3

**图4.20　常用电池和充电器**

**(2)车模电池使用注意事项**

单个镍铬电池只能提供1.2 V的供电电压。竞赛所使用的电池是用6节相同型号的电池串联起来得到7.2 V的电池组，其标称容量为2 000 mAh，该电池组可以在2 A的供电电流下持续供电1 h左右。

对于充电电池而言，电池内部除了发生能量储存、释放的一次反应以外，同时还发生其他一系列的化学反应，称为二次化学反应。二次反应不但会释放出额外的热量，而且随着时间与寿命周期(充电与放电的次数)的增加，还会产生一些固态、液态或是气态的副产品。其中固态杂质会在电池的反应表面上结晶，并且遮住可用来储存电荷的反应位置；热量会使液体电解质中蒸发出质量较轻的成分并产生气体，如果气体的产生速率大于电池零件所能吸收的速率，就会在密封电池的内部产生压力，而未密封的电池则会造成气体外泄的现象，并改变化学物质的组合成分。如果对已经处于满电位的电池继续以较大电流充电，那么二次反应的速度就会大幅加快，这就是所谓的电池过度充电，不仅让电池的蓄电能力降低，还会缩短电池的寿命。此外，过度放电也会造成同样的效果。为了释出内部的压力，电池的密封有可能被这些高压气体冲破，可能造成暂时或永久性的破坏。同时，电池还有一个自放电率，这是指在未供应电流给外部负载的情形下，电池自行泄漏储存电力的速度。当电池完成充电后，仍须进行维护性或浮充电，而且充电速率必须等于电池的自放电率，才能让电池一直保持在满电力的状态。

如果电池充电不满，将直接影响到车模的运行时间，而过充电又会降低电池性能甚至发生危险，那么就需要合理充电，既将电池充满又不让它过充电。因此不能随便使用充电器对电池组充电。推荐使用比赛选配的充电器。该充电器是为玩具电池设计的廉价充电器，内部没有智能充电控制电路，只能采用恒功率充电模式，最大充电电流为700 mA，平均充电电流为300 mA，涓流充电电流小于100 mA，充电时间约为10 h。当然，这种充电方式并不是最好的，参赛者也可自行研制充电器。例如采用 $-\Delta V$ 充满控制方法。即镍铬电池充满电后，电池电压会从最高电压点处开始略微下降，出现 $-\Delta V$。此时浮充电电流为 $-\Delta V$ 值，约为60 mV。

此外，应绝对避免电池外部短路；不得投入火中或水中；绝对禁止加热电池；不得在电池上直接进行焊接;不得拆解电池;电池不得长时间大电流充电或过放电;注意电池正负极不要接反;不同型号、不同制造商的电池,不得混用,新旧电池也不得混用。过度放电会毁坏电池,如果因短路、过度放电,使电池的极间电压远低于6 V,说明电池已经损坏。给已经损坏了的电池充电,不但不能修复电池还可能有危险。电池电压充不上去,会使充电电流很大,有可能损坏充电器,电池本身会过热、爆裂、甚至造成人员伤害。因此,若电池已经因过度放电而损坏,一定不要再给已经损坏了的电池充电,这是使用中要严格注意的。

### 4.5.2 智能汽车常用模块电压需求情况介绍

智能汽车电路系统中,稳定可靠的电源系统是智能汽车正常运行的前提。各个模块的电源要求不尽相同。因此需要为各个模块设计输出电压不同的供电电路。表4.1给出了智能汽车竞赛中需要的电压和常见的供电方案。

**表4.1 常用模块电压需求**

| 模块名称 | 需求电压 | 典型单元 |
| --- | --- | --- |
| 单片机最小系统 | 5 V | TPS76850,AMS1117-5.0 |
| 舵机模块供电 | 6 V | LM2941S,TPS63070 |
| 电磁运算放大器 | 5 V | TPS76850 |
| 电机驱动模块 | 12 V,3.3 V | MC34063,TPS76833,ASM1117-3.3 |

### 4.5.3 稳压电源基本知识介绍

首先了解一下不同稳压电源的特点,电源分为开关稳压电源和线性稳压电源,线性稳压电源的电压反馈电路是工作在线性状态,开关稳压电源是指电压调整管工作在饱和区和截止区,即开关状态。线性稳压电源一般是将输出电压取样,然后与参考电压送入比较电压放大器,此电压放大器的输出作为电压调整管的输入,用以控制调整管使其结电压随输入的变化而变化,从而调整其输出电压,但开关稳压电源是通过改变调整管的开和关的时间即占空比,来改变输出电压的。

线性电源技术很成熟,制作成本较低,可以达到很高的稳定度,纹波也很小,而且没有开关电源具有的干扰与噪声。开关电源效率高、损耗小、可以降压也可以升压,但是交流纹波稍大。

### 4.5.4 单片机供电电路设计

因单片机最小系统设计了5 V转3.3 V的稳压电路,所以单片机最小系统需要供5 V电压。单片机的功耗并不大,不需要大电流稳压,但单片机需要稳定的电压来保持平稳工作,所以单片机供电最好设置为独立供电,避免与其负载并联导致负载变化时对单片机的供电电压产生影响,从而影响单片机的稳定性,导致复位等问题。

下面介绍两种单片机的供电方式。

第一种是利用TI公司的稳压芯片TPS76850,实际使用时也可以用TPS7333替代TPS76850,两者的引脚以及封装完全一致。区别在于TPS76850的电流可以达到1 A,而TPS7333只有500 mA,但能满足给单片机供电。纹波也就是电源噪声对单片机的影响比较大,使用时应该严格控制纹波,TPS76850 在空载时纹波波峰值一般在 50 ~ 80 mV,但是在使用过程中发现,在接入单片机负载后,纹波又可能变大到 100 mV 及以上,这是因为车模在运行过程中突然加速或者减速时,电池电压变化比较大,容易造成单片机复位。虽然单片机的每个电源已经并联了 100 nF 的滤波电容,但是依然无法完全解决这个问题。通过实践发现,在每一个 100 nF 电容旁再并联一个 10 uF 的电容通常可以解决这个问题。TPS76850 构成的 5 V 电路如图 4.21 所示。

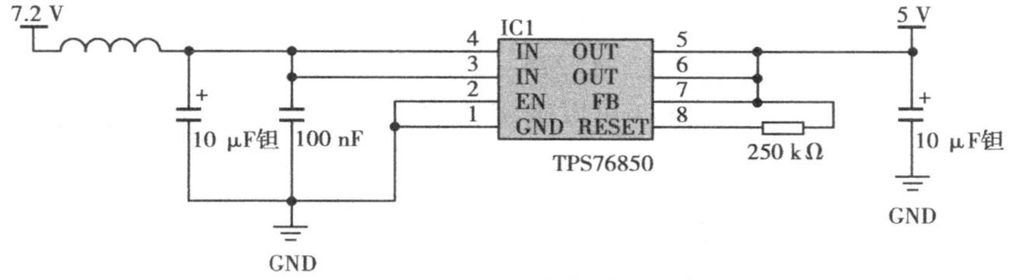


图 4.21　TPS76850 构成的 5 V 电路

第二种是使用 AMS1117-5.0 芯片,它是一种三端稳压芯片,优点是外围电路特别简单,只需要在输入输出端加滤波电容即可。缺点在于当 AMS117-5.0 负载过大或者电路出现其他问题损坏 AMS1117-5.0 时,其输出电压会变成输入电压,可能会烧坏其负载电路芯片。AMS1117-5 构成的 5 V 电路如图 4.22 所示。

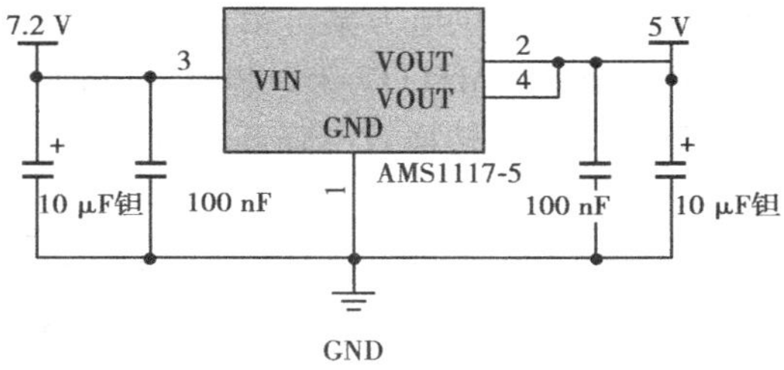


图 4.22　AMS1117-5 构成的 5 V 电路

### 4.5.5　舵机供电电路设计

智能汽车使用的舵机的额定电压为 6.0 V 左右,过低的电压会导致舵机反应不够灵敏,过高的电压又可能损坏舵机。通常使用 6.0 ~ 6.1 V 的供电电压。但是一般的电源芯片输出电压为 1 V,2.5 V,3.3 V,4.8 V,5.0 V,因此设计 6.0 V 的电源一般选用可以调节输出电压的芯片。这里选用 LM2941S 芯片,其电路原理如图 4.23 所示。

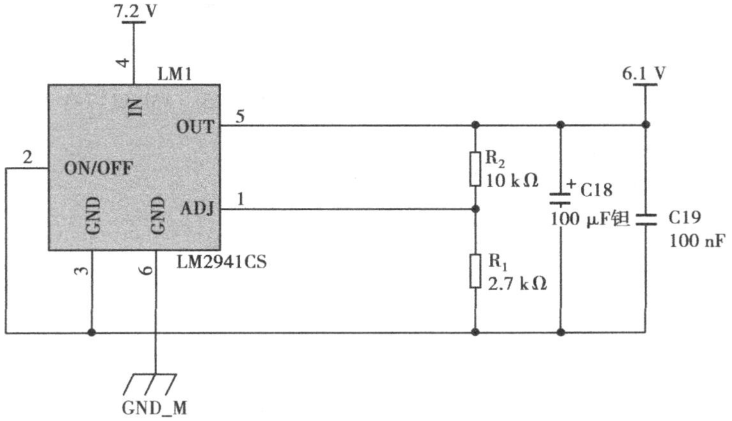


图 4.23　LM2941CS 构成的 6 V 电路

查阅其芯片手册可以知道,其输出电压如式(4.1)所示。

$$V_{OUT} = V_{REF} \times \frac{(R_1 + R_2)}{R_1} \tag{4.1}$$

式中，$V_{REF}$=1.275 V，经过计算得

$$R_2 = R_1(\frac{V_{OUT}}{V_{REF}} - 1) \tag{4.2}$$

当 $V_{OUT}$=6.0 V 时，可以得出

$$\frac{R_2}{R_1} = \frac{6.0}{1.275} - 1 = 3.706 \tag{4.3}$$

查阅电阻的标称阻值，根据式4.3可以确定 $R_1$ 和 $R_2$ 的阻值，这两个电阻阻值不固定，一般在千欧级内选择，满足要求即可。例如，可以选用 $R_2$=10 kΩ，$R_1$=2.7 kΩ。

### 4.5.6 其他模块供电传感器

电路模块的供电电压常为3.3 V和5 V，前面已经介绍了两种5 V电压供电方案，下面将介绍两种3.3 V供电方案。第一种是利用TI公司的稳压芯片TPS76833，电路如图4.24所示，第二种是利用AMS1117-3.3芯片，电路如图4.25所示。需要注意的是，如果输入输出压差过大则可能会导致转换效率降低、芯片发热，因此一般单级压降在3 V左右比较合适。

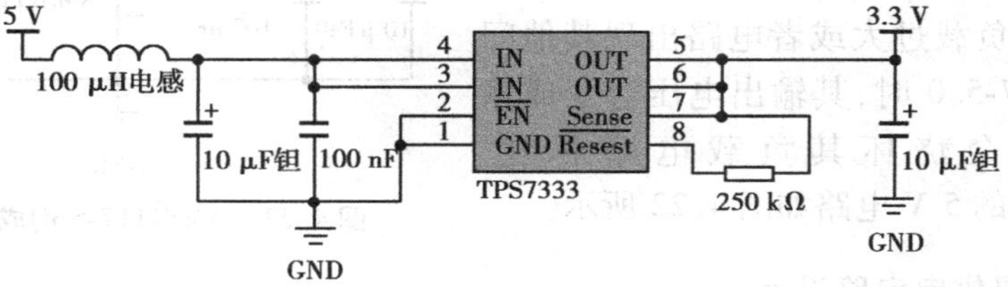


图4.24 TPS76833构成的3.3 V电路

### 4.5.7 IR2104芯片供电

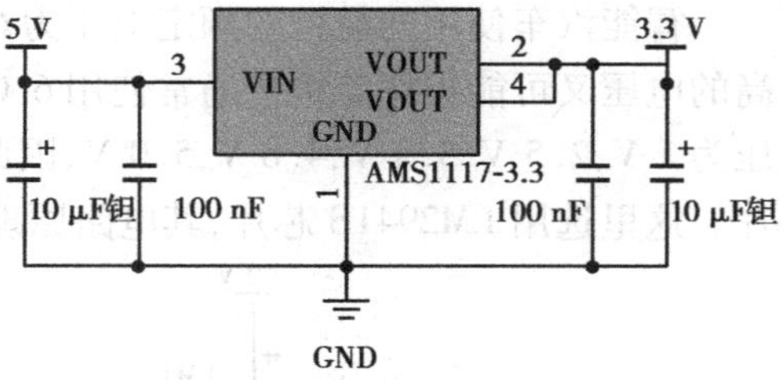


图4.25 AMS1117-3.3构成的3.3 V电路

在电机驱动电路模块中，需要使用IR2104芯片去驱动MOS芯片LR7843。IR2104芯片的供电电压为12 V，电池输出电压为7.2 V，需要设计一个升压电路把7.2 V电压升到12 V。MC34063芯片满足电路要求，其输入电压为2.5~40 V，输出电压为1.25~40 V，输出电流可达1.5 A，工作频率最高可到180 kHz，其电路如图4.26所示。

查阅其芯片手册可知，其输出电压如式(4.4)所示。

$$V_{OUT} = V_{REF} \times \frac{(R_1 + R_2)}{R_1} \tag{4.4}$$

其中 $V_{REF}$=1.25 V，经过计算得

$$R_2 = R_1(\frac{V_{OUT}}{V_{REF}} - 1) \tag{4.5}$$

当 $V_{OUT}$=12 V 时，可得

$$\frac{R_2}{R_1}=\frac{12}{1.25}-1=9 \tag{4.6}$$

同样,可以通过一些辅助软件来选择电阻的标称阻值。例如可以选用 $R_2=9.1\ \text{k}\Omega$,$R_1=1\ \text{k}\Omega$。

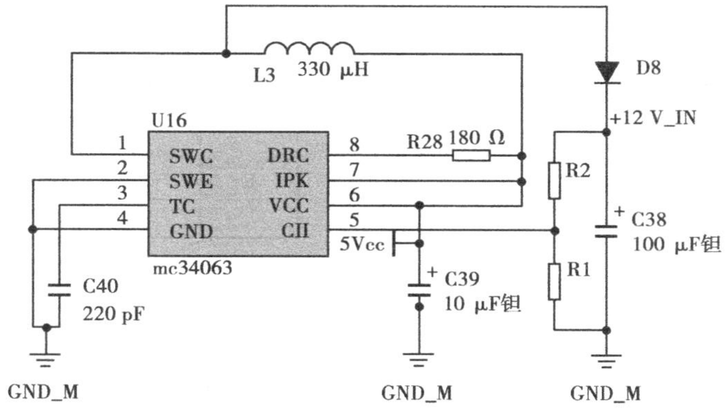


图 4.26　MC34063 构成的 12 V 电路

## 4.6　电机驱动模块设计

### 4.6.1　电机驱动原理介绍

智能汽车竞赛所用车模使用的是直流电机,如果将其与电池两端直接相连,电机将会全速旋转,若将电机两端的导线互换,则可以改变电机的旋转方向。显然,若车模按照这样的方式运行,将会失去平衡,导致控制失稳。为了使车模稳定可控地运行,必须控制电机的转速和转向。控制电机转速,可以使用"开关"控制电机与电池之间的通断,并控制一个周期内的导通时间,即 PWM 占空比调制。最简单的开关控制方案为使用继电器,但是这种方法有两个比较大的问题,即过压问题和开关速度。

开关闭合时,电机与电池形成一个闭合回路,并有电流经过,开关断开时,该闭合回路被迅速切断,由于电机内部存在较大的寄生电感,电路中的电感电流将发生突变,会导致断开点产生过压现象。过电压不仅容易烧毁电路中的敏感元件,还会使普通继电器的触点产生电弧。为了避免电机驱动电路中产生过压现象,可在电机两端反向并联一个二极管,如图 4.27 所示。开关闭合导通时,二极管反向截止,在开关断开时,二极管导通并与电机形成一个闭合回路,电流得以延续,亦将该二极管称为续流二极管。

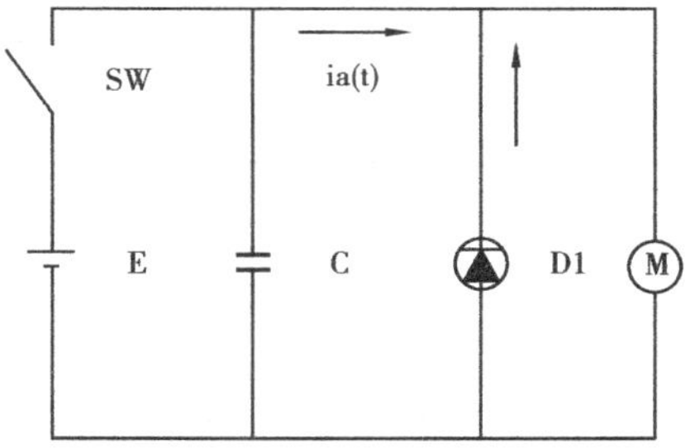


图 4.27　带有续流通道的电机驱动电路

电磁继电器是通过电磁原理吸合或松开机械触点实现通断的,其开关速度非常有限,难以满足控制的实时性要求,因此不适合应用在电机调速电路中。MOSFET(以下简称 MOS 管)是电机驱动常用的功率开关器件,其大部分时间工作在夹断区(截止区)和横流区(导通区),通过调节占空比控制开关通断和输出功率,开关速度可达千赫兹至兆赫兹。以下介绍两种常用的电机驱动结构,即半桥结构和全桥(也成称为H桥)结构。

由MOS管构成的半桥式电机驱动电路如图4.28所示,其控制方式通常是上下两个开关管交替导通,并可通过调节交替导通所占的比例(可通过调节PWM占空比实现)实现电机调速。

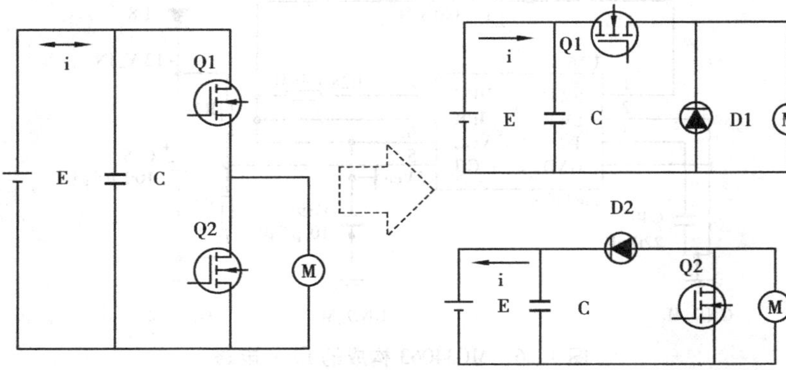


图4.28　半桥结构及其分解图

不难发现,半桥构成的电机驱动电路实际上是一个双向逆变器,它不仅可以驱动电机旋转,还允许在电机处于发电状态时将多余能量反馈,即为电动状态和再生制动状态。可见,半桥结构可以实现电机的单方向旋转和制动功能。但是,在智能汽车竞赛中,虽然车模通常是向前单向行进的,但是半桥结构的再生制动往往无法满足智能车快速、紧急制动的要求,因此有效的紧急制动措施是令电机反转(对电机具有一定的伤害性,如频繁制动会导致发热严重)。此外,智能汽车创意赛中可能会出现倒车行为,平衡车模也需要使用电机反转功能。基于上述原因,通常使用由两个半桥组成的全桥(H桥)结构作为智能汽车的电机驱动拓扑,该拓扑可以使电机运行在四象限。在双电机车模中,往往还需要使用两个全桥分别驱动两个电机。

全桥结构的电机驱动电路如图4.29所示,当斜对角线的开关管同时导通时,可以分别控制电机正转和反转,且允许电机处于再生制动状态,从而实现电动机的双向四象限运行。为了便于理解,可将全桥结构分解为如图4.27右图所示的半桥加开关的形式,即当Q3导通、Q4关断时,电路构成一个与如图4.26所示一致的半桥结构,反之则构成一个可视为电池反接后的半桥结构。

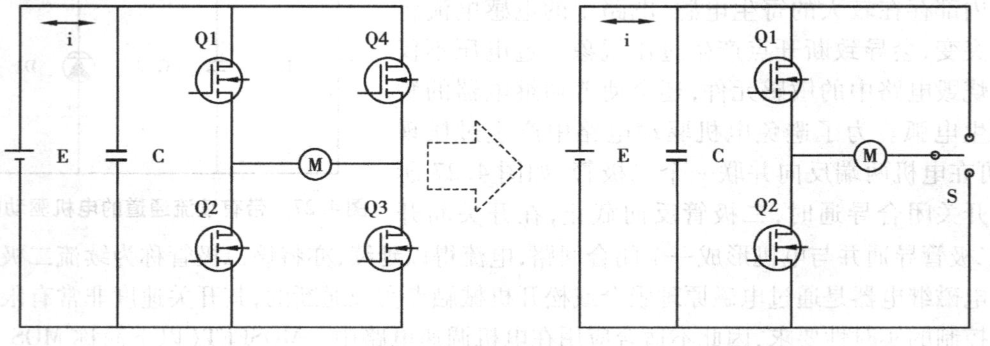


图4.29　全桥驱动电路结构分解图

### 4.6.2　PWM 技术介绍

在智能汽车数字驱动控制系统中,可通过单片机产生的 PWM 信号控制驱动电路中开关管的导通、关断顺序与时间比例,从而实现对电机转速的调节。如今大部分通用型单片机都集成了 PWM 模块,并可通过简单的寄存器配置调取相关库函数轻松实现 PWM 输出功能。PWM 控制技术不仅可应用在电机驱动中,也常常应用在 DC/DC 和 DC/AC 转换器中,以下对 PWM 的背景和原理进行简单介绍。

从物理角度定义 PWM(Pulse Width Modulation)控制就是对脉冲的宽度进行调制的技术,即通过对一系列脉冲的宽度进行调制,等效地获得所需要的波形(含形状和幅值)。它的控制思想源于通信技术,而全控型器件的发展促进了 PWM 控制技术的广泛应用,并使两者紧密结合。面积等效原理是 PWM 控制技术的重要理论基础,它是指冲量相等而形状不同的窄脉冲加在具有惯性的环节上时,其效果基本相同。这里的"冲量"是指窄脉冲的面积,"效果基本相同"是指环节的输出响应波形基本相同。

常见的形状不同而冲量相同的窄脉宽有矩形脉冲、三角脉冲、正弦半波脉冲和单位脉冲函数等。由于单片机产生方波信号更加方便,因此后续提到的 PWM 信号均为方波信号(也可叫作矩形脉冲),其主要指标参数包括两个:PWM 信号的频率 $f$ 与占空比 $d$。其中,PWM 的频率是指每秒钟产生的周期方波信号的循环次数,$f$ 过低时,削弱了上述"窄脉冲"这个要求,从而影响控制效果。具体来讲,此时电机的输出波动将增加,甚至可观察到电机转动的断续情况。$f$ 过高,可能会超越开关电路的承受范围,超出电机的响应,从而导致控制失败。此外,$f$ 增高时,开关电路的开关损耗也将增加。可见,需要综合考虑上述多个因素以及直流电机的实际惯性来确定电机驱动的 PWM 控制频率。在智能汽车竞赛中,通常将 PWM 频率控制在 10 ~ 20 kHz,这也与控制器的性能有关。在单片机计算能力充足的情况下,推荐将 PWM 控制频率定在 16 kHz 左右,这也是一个开关电路和电机都能保持良好工作状态的控制频率。

接下来介绍 PWM 占空比的概念,它是指一个控制周期内,有效控制电平占整个控制周期之比。有效控制电平通常为高电平,即在高电平时,电机得到电池的能量供应,而在低电平时能量供应中断。值得指出的是,一些驱动电路所采用的驱动芯片会将 PWM 产生的信号取反,即低电平时控制相关开关管导通,使有效控制电平更加准确。PWM 占空比的表达公式为式(4.7)。

$$d = \frac{t_{\mathrm{on}}}{t_{\mathrm{on}} + t_{\mathrm{off}}} = \frac{t_{\mathrm{on}}}{T}\left(T = \frac{1}{f}\right) \tag{4.7}$$

式中,$t_{\mathrm{on}}$ 和 $t_{\mathrm{off}}$ 分别为开关管导通、截止时间;$T$ 为 PWM 控制周期,与 PWM 控制频率呈倒数关系。

于此,PWM 控制直流电机转速的原理便显得更容易理解,通过使用不同占空比的 PWM 控制,施加在电机两端的电压可以视为电池电压 $E$ 与占空比 $d$ 的乘积,改变占空比就可以调制出不同的端电压,而端电压又与电机转速呈一定关系,从而得到不同的电机转速。例如,当 $d=0$ 时,电机端电压为 0,电机停转;当 $d=0.5$ 时,电机端电压有效值等效为电池电压的一半,电机以中等速度运行;当 $d=1$ 时,电机端电压等于电池电压,电机全速运行。

### 4.6.3 电机驱动电路方案设计与元器件选择

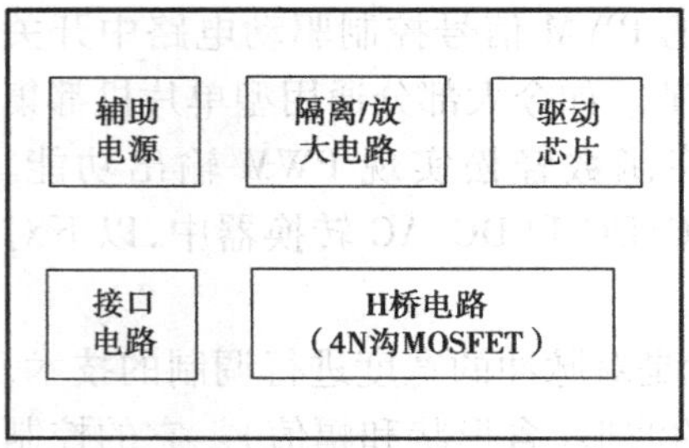


图 4.30 4N 型电机驱动电路结构

N 沟道 MOSFET 制作工艺技术成熟，可选型号与封装非常丰富，且对应的驱动芯片选型也非常多，因此采用 4 个 N 沟道 MOSFET 构成 H 桥时，可搭建不同电压等级和功率的电机驱动电路，这在智能汽车竞赛中得到了广泛应用。典型的 4N 型电机驱动电路结构主要包括五大部分：接口电路用于连接电机、电源和单片机的控制信号等；辅助电源用于提供隔离电路和驱动芯片所需电压；隔离/放大电路起到信号隔离、放大作用，单片机产生的 PWM 控制信号经过隔离放大电路后送至驱动芯片；驱动芯片则将该信号转换为可满足驱动 MOSFET 导通条件的栅极驱动电压，如图 4.30 所示。以下将以 4N 半桥式驱动方案为例进行分析与介绍。

**(1)整体电路设计与分析**

如图 4.31 所示的半桥驱动电路为采用了带有自举电容的半桥型驱动芯片，它专为 N 沟 MOSFET 构成的半桥电路设计，图中 LO 为低侧驱动电压输出，其参考电位为功率地 PGND；HO 为高侧驱动电压输出，其参考电位为浮地端 VS。自举电容 C 可为上管 Q1 的驱动电压提供能量，当下管 Q2 导通时，自举电容通过二极管 D 和下管 Q2 与供电电源组成的回路进行充电（图 4.31 中虚线所示），并在 Q2 断开、Q1 导通时放电。

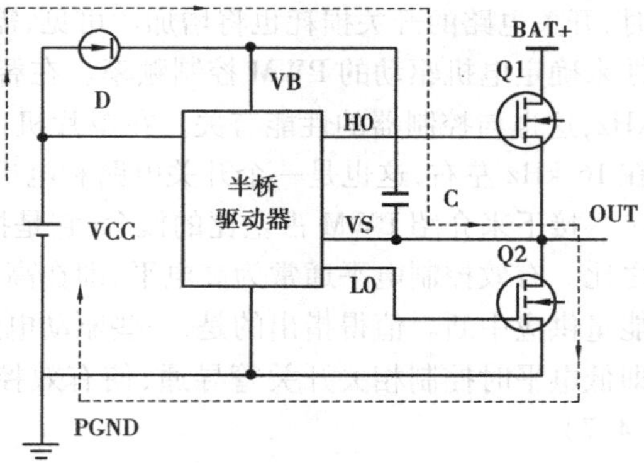


图 4.31 半桥驱动电路原理图

由此省去了独立隔离电源，只需使用一路 12 V 或 15 V 电源进行供电即可。需要注意的是，在每个开关周期，下管 Q2 必须导通一定时间，从而保证自举电容有效充电，并可进一步驱动上管。也就是说，在下管完全断开时，上管也将无法有效驱动。因此，自举电容式半桥驱动的缺点是无法实现 PWM 满占空比（100%）控制，尤其在接近满占空比时，本来需要 Q1 提供大电流，但是由于其驱动电压不足，可能使 Q1 进入放大区，导通电阻变大，从而出现开关管发热严重问题，在进行相关软件设计时要格外注意这一点。

如图 4.32 所示为采用半桥栅极驱动器设计的 4N 电机驱动电路，这是一种比较通用的电机驱动以及逆变器电路方案。除了串联在开关管栅极的阻尼电阻，以及电源滤波电路与之前独立式方案相同之外，由半桥驱动芯片和自举二极管、自举电容等外围电路组成的栅极驱动器结构也比较固定，可选型号较为丰富，可以根据不同型号的驱动芯片、开关管及电容、二极管组成所需的电路方案。此外，一些方案在各 MOSFET 体外漏极、源极间额外反并联了一个大电流的肖特基二极管，从而为开关管在续流时提供额外通道，在反向电流较大的情况下可起到降低损耗的作用。同时，还在各 MOSFET 栅极与源极间并联了一个 10 kΩ 的电阻，防止开关管栅极开路时出现不确定状态，在高压情况时，可避免开关管及其闭合回路意外烧损。

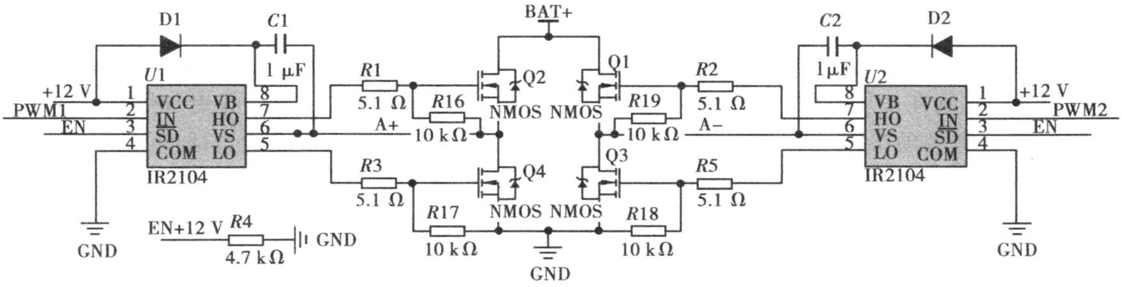


图 4.32　采用半桥型栅极驱动器的 4 N 驱动电路

### (2) 栅极驱动器选型

上述方案选用了 IR2104 芯片，它是一款常见的 8 引脚半桥驱动器，具有直插和贴片两种封装形式。它支持的系统工作电压可达 600 V，自身供电电压范围为 10 ~ 20 V，输入引脚 IN 和使能引脚 SD 同时兼容 3.3 V、5 V 和 15 V 逻辑电平。同时，其驱动能力较强，并内置了硬件停滞时间，可以简化 PWM 相关软件设计。此外，IR2184 也是一种常用的半桥驱动器，其与 IR2104 的参数对比如表 4.2 所示。

表 4.2　IR2084 与 IR2104 典型参数对比

| 型　号 | 驱动电流容量 | | 导通关断时间 | | 停滞时间/ns |
|---|---|---|---|---|---|
| | 输出/A | 吸收/A | 上升/ns | 下降/ns | |
| IR2184 | 1.4 | 1.8 | 40 | 20 | 500 |
| IR2104 | 0.13 | 0.27 | 100 | 50 | 520 |

上述 IR 半桥驱动芯片内置了固定的停滞时间，同时该系列芯片还拥有停滞时间可调的驱动芯片，如 IR21844，但其引脚数为 14 个，封装体积较大。同时，采用 IR2184 时，需使用两片芯片对全桥进行驱动，若采用全桥式驱动芯片（同样为自举电容原理），如 HIP4082 则只需一片即可完成设计，也是一种常见的智能车电机驱动方案。HIP4082 拥有 16 引脚直插和贴片封装，且停滞时间可通过一个外接电阻进行调节。此外，半桥驱动 ISL6700 具有 QFN 封装（Quad Flat No-lead Package，方形扁平无引脚封装），尺寸更小，因此适合应用在对尺寸和体积要求较高的场合。如表 4.3 所示为上述几种 N 沟 MOSFET 栅极驱动器的主要参数和封装供选型和参考。

表 4.3　智能车常用驱动芯片参数对比

| 型　号 | 类　型 | 支持电压/V | 停滞时间 | 驱动电流（输出/吸收） | 封　装 |
|---|---|---|---|---|---|
| IR2184 | 半桥 | 600 | 500 ns | 1.4 A/1.8 A | PDIP8/SOIC8 |
| IR21844 | 半桥 | 600 | 0.4 ~ 5 μs | 1.4 A/1.8 A | PDIP14/SOIC41 |
| ILS6700 | 半桥 | 80 | 24/17 ns | 1.25 A/1.25 A | SOIC8/QFN12 |
| MC33883 | 全桥 | 55 | 200 ns | 1 A/1 A | SOICW20 |
| HIP4082 | 全桥 | 80 | 0.1 ~ 4.5 μs | 1.4 A/1.3 A | PDIP16/SOIC16 |

(3) N 沟 MOSFET 选型

关于 N 沟 MOSFET 选型，如表 4.4 所示为智能车比赛中经常用到的几款低压大功率 MOSFET。尤其在使用 RS380 和 RS540 电机时，大功率的 4N 驱动方案优势更加明显，可以根据实际情况和各项参数综合选取开关器件。在封装方面，TO220 为常见的直插型开关管封装，而 IRLR7843 和 STB100NF04 分别使用了 T0252 和 T0263 贴片封装，这两种封装又分别称为 D-Pak 和 $D^2$Pak，其体积较小，在电脑板卡的电源管理部分比较常见。而 NTMFS4833N 采用的是一种贴片扁平引脚封装，比普通 SOP 封装占用空间更少，但是手工焊接难度也较普通贴片封装高。

表 4.4　智能车常用开关管参数对比

| 型　号 | 最大漏源间电压 /V | 导通电阻 /mΩ | 最大漏源间电流 /A | 最大传输功率 /W | 封　装 |
|---|---|---|---|---|---|
| IRF540 | 100 | 55 | 22 | 85 | TO220 |
| IRF3205 | 55 | 8 | 110 | 200 | TO220 |
| STB100NF04 | 40 | 4.6 | 120 | 300 | TO263 |
| IRLR7843 | 30 | 3.3 | 161 | 140 | TO252 |
| NTMFS4833N | 30 | 2 | 191 | 125 | SO8FL |

通常在选型时，希望开关管的导通电阻越小越好，导通电流越大越好，但是要注意其数据手册所给出数据的测试条件，如表 4.4 中的各项参数大多是在开关管栅极与源极间电压为$V_{gs}$=10 V 和温度 25 ℃下测试得到的。不同 $V_{gs}$ 对应的漏源间电流 $I_d$ 可以通过查阅其数据手册中的关系曲线图得到。在实际使用时，要结合实际的驱动电压 $V_{gs}$ 与漏源间电压 $V_{ds}$ 确认开关管的导通状态是否工作在较好的区域。

(4) 自举电容与二极管参数选取

半桥式栅极驱动器中自举电容和自举二极管的参数选取也很重要，不恰当的参数可能导致自举电压不足，从而无法充分驱动上管工作。在半桥中上管导通时，电池侧电压可以传递到自举二极管的负极，自举二极管必须能够承受住这个反向电压，同时其电流额定值为门极电荷与开关频率的乘积，通常为数十毫安级。而自举电容的容量可由式(4.8)确定。

$$C \geqslant \frac{2\left[2Q_g + \dfrac{I_{qbs(max)}}{f} + Q_{ls} + \dfrac{I_{cbs(leak)}}{f}\right]}{V_{cc} - V_f - V_{ls} - V_{min}} \tag{4.8}$$

式中，$Q_g$ 为促使开关管导通所需的栅极电荷量，可以通过查阅所使用开关管的数据手册获得；$Q_{ls}$ 为每个周期电平转换所需要的电荷量，当开关管低于 500 V 时，一般小于 5 nC；$I_{qbs(max)}$ 为驱动芯片的最大静态电流，可以查阅所采用的驱动芯片数据手册获得；$I_{cbs(leak)}$ 为所选电容的漏电流，通常数值非常小；$f$ 为开关频率；分母中 $V_{cc}$ 为驱动器供电电压；$V_f$ 为自举二极管正向压降；$V_{ls}$ 为低侧开关管导通压降；$V_{min}$ 为 $V_b$ 与 $V_c$ 之间的最小电压。这些都可以通过查阅器件数据手册获得。

依据上述公式，以 IR2104 作为驱动芯片，设驱动供电电压为 12 V，驱动频率为 10 kHz，将

IRF3205 的相关参数代入，并保留一定余量，可计算得到所需自举电容容量约为 0.3 μF，因此选取 1 μF 是合理的。由于 IRLR7843 的导通栅极电荷 $Q_g$ 为 34 nC，低于 IRF3205 的 146 nC，因此上述自举电容同样适用。在更换驱动芯片和开关管型号后，读者可按照式(4.8)自行计算选取。

### 4.6.4 隔离电路

以上给出的电机驱动电路中，均未添加 CMOS 或光耦隔离电路。隔离电路的主要作用有三个方面：一是保护单片机，防止电机驱动侧不期望的过流、过压冲击反灌；二是起到电平转换匹配和提高信号驱动能力的作用；三是隔离高压侧的高频干扰。为保证电路的安全和稳定，确保万无一失，强烈建议添加隔离电路，如图 4.33 所示是运用 74HC08 芯片的电路隔离方案。

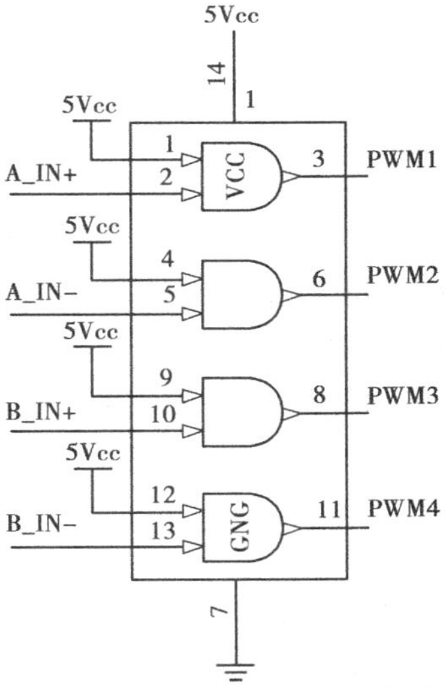


图 4.33 74HC08 驱动隔离电路

## 4.7 电磁运放模块设计

### 4.7.1 放大电路原理介绍

从电磁传感器得到的信号是交变的电压信号，电压幅值很小，一般只有几十到几百毫伏，需要经过放大后才能输入单片机进一步处理。赛道中心线下铺有直径为 0.1 ~ 0.3 mm 的漆包线，其中通有 20 kHz、100 mA 的交变电流，频率范围为(20±2) kHz，电流范围为(50±150) mA。由于电流变化范围较大，为了适应强弱不同的信号，需要采用放大倍数较高且可调的放大器进行信号放大。

### 4.7.2 运放芯片选型

若采用三极管搭建一级放大电路，电路结构简单，实现容易，可是电路性能不稳定，受噪声影响大；若采用三极管搭建二级放大电路，电路性能较为稳定，但是静态工作点调整比较复杂。综合考虑，选用集成运放芯片设计放大电路，性能更强，电路更稳定。

集成运算放大器(op-amp)的引入大大简化了用于信号处理模拟电路的设计。配合恰当的外部负反馈环节，使得运放工作在线性区域。此时电路的分析可以借助运放正负极输入端的“虚短”“虚断”简化电路的分析和设计。

在一些精密信号处理电路中，需要综合考虑运算放大器的一些静态、动态参数(开环增益、失调偏置电压、电流、温度系数以及功耗等)。这些运放参数会在器件的数据手册(datasheet)中给出。

由于车模利用电池供电，为了节约能源，选用低功耗性运放。最终选择 TI 公司推出的 OPA350 系列。OPA350 系列轨至轨 CMOS 运算放大器针对低电压、单电源操作进行了优化。轨至轨输入和输出、低噪声($5nV/\sqrt{Hz}$) 和高速运行 (38 MHz，22 V/μs) 使得运算放大器非常适合驱动模数（A/D）转换器。而且也适用于手机功率放大器（PA）控制环路、视频处理(75 Ω 驱动能力)以及音频信号处理。单通道、双通道和四通道版本具有完全相同的性能参数，最大限度地提高了设计灵活性。

OPA2350 系列运放电路采用低至 2.5 V 的单电源供电，输入共模电压介于地电位以下 300 mV 至正电源以上 300 mV 之间。10 kΩ 负载时，输出电压摆幅在电源轨的 10 mV 以内。双通道和四通道设计具有完全独立的电路，可降低串扰并避免交互。单通道（OPA350）和双通道（OPA2350）采用微型 SOP-8 表面贴装、SO-8 表面贴装和 DIP-8 封装。四通道（OPA4350）封装采用节省空间的 SSOP-16 表面贴装和 SO-14 表面贴装。所有版本的额定温度为−40～85 ℃，工作温度为 −55～150 ℃。

### 4.7.3 放大电路设计

利用 OPA2350 设计比例放大电路，由于放大器输入有最小导通压降，且放大器为单电源供电，输入信号为正负双极性，所以在信号输入端加 2.5 V 偏值电压。利用同相比例放大器完成信号放大，电路原理如图 4.34 所示。

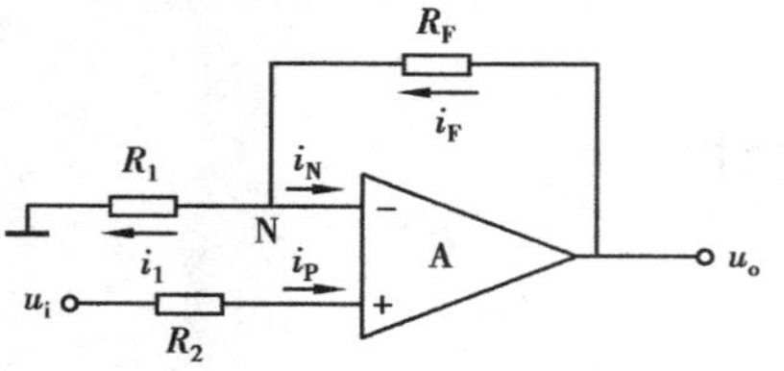


图 4.34 同相比例放大电路

$R_2$ 为输入电阻，$R_F$ 作为反馈电阻，根据虚短虚断 $U_P = U_N$，$i_F = i_1$，得到电路放大倍数计算公式如式(4.9)。

$$A_O = 1 + \frac{R_F}{R_1} \tag{4.9}$$

通过调节 $R_F$，从而调节电路的放大倍数。

信号放大后进行检波输出直流信号。为简化电路，检波电路就选用组委会推荐的二极管检波电路，考虑到二极管有导通压降，选用导通压降小的肖特基二极管来实现倍压检波，检波后的信号经过后面的电感电容、电阻滤波后得到直流信号。电路原理图及仿真结果如图 4.35 所示。

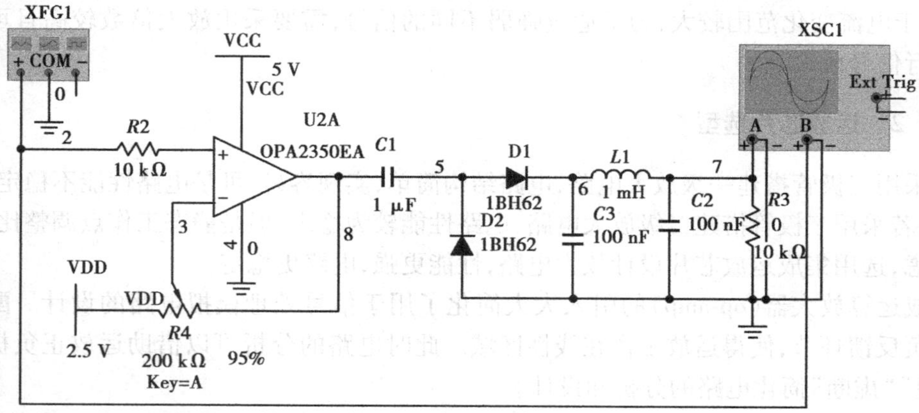


(a)放大及检波电路原理图

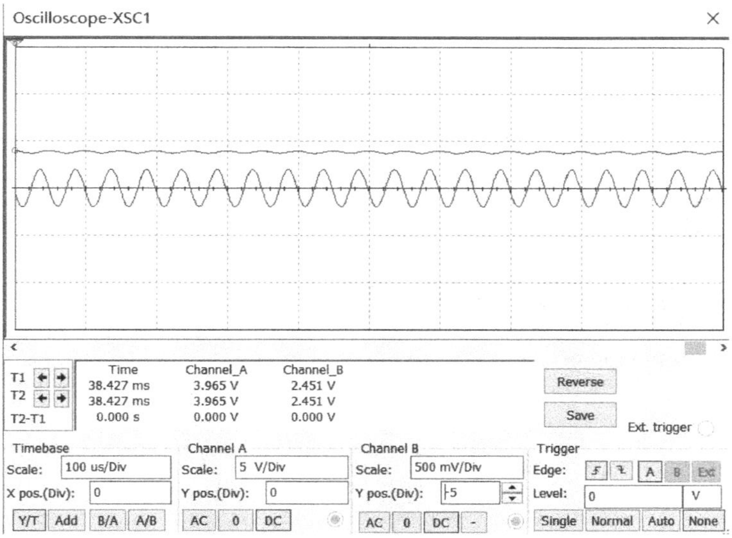


(b)运放及检波电路仿真输出

**图 4.35　运算放大器电路原理图及仿真结果**

# 第5章

# 智能汽车软件设计基础

## 5.1　C语言相关知识回顾

牢固的C语言基础是程序稳定运行的基石，在编写智能汽车软件程序前先回顾围绕嵌入式开发环境中常用的C语言相关知识点，以下知识点都很关键，请读者阅读以下部分时自行查漏补缺，多加练习。

### 5.1.1　算法结构

程序的算法结构一般分为顺序结构、选择结构和循环结构三种，三种算法结构如图5.1所示。

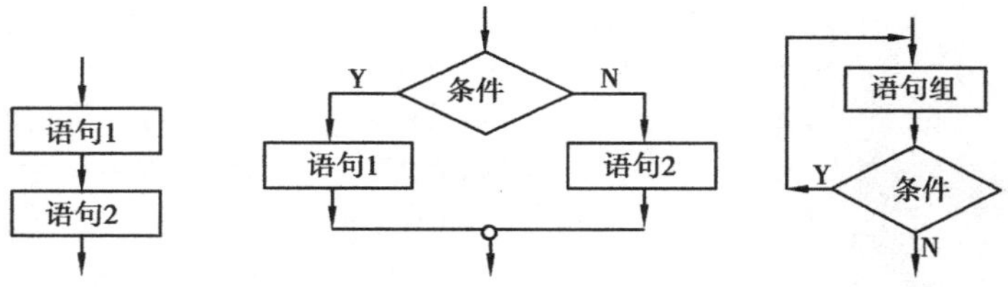


**图5.1　算法结构示意图**

选择结构的常见语句有if,if-else和switch等，在实际应用中使用if作判断时更常用，出于严谨考虑，在写选择结构时if后面一般都需要跟else以防出现考虑之外的其他情况。

if-else语句的常用写法为：

```
if(条件)
{
    语句组;
}
else if(条件)
```

```
{
    语句组;
}
else
{
    语句组;
}
```

其中 else if 可以级联使用实现多路分支,它也可以看作是 if-else 的嵌套使用,如下表达:

```
else      //当 else 的执行语句只有一句话时不需要打括号,其他结构语句同理。
    if(条件)
    {
        语句组;
    }
```

循环结构常用 while,for 等语句实现。在实际应用中,while 语句常用在主函数中实现主函数的循环运行,for 语句常用在有次数限制的循环场景中。

While 语句的常用写法为:

```
while(条件)
{
    语句组;
}
```

For 语句的常用写法为:

```
for(初始语句;结束条件;末尾循环语句)
{
    语句组;
}
```

从主函数到各个子函数,所有涉及循环的环节都是使用这两个循环结构,整个软件工程是由顺序结构、选择结构和循环结构有机结合实现的,逻辑清晰的结构会大大增强代码的可读性。

### 5.1.2 数据类型

C 语言是一门强类型语言,变量的数据类型直接决定了变量所占的内存空间和功能,下面回顾一下 C 语言中的数据类型。C 语言的数据类型分为基本类型、构造类型、指针类型和空类型。

**(1)基本类型**

基本类型分为数值类型和字符类型。整形变量在内存中存放形式是以二进制形式存放,常用的有 16 位的 short 型和 32 位的 int 型,实际上 char 作为字符型也常当作 8 位整形变量使用,特别是在作为状态标志位等变化范围较小的变量时使用 char 型能有效节省空间。浮点型变量在内存中主要分符号位、指数位和尾数部分存放,数值类型主要有 32 位的 float 型。一般使用 32 位单片机是没有 64 位的变量类型的,所以此处不再提及 long int 和 double。

实际使用过程中一定要注意变量的范围,避免数据溢出导致严重后果。char 型取值范围是-127 ~ 128,无符号 char 型的取值范围是 0 ~ 255;short 型取值范围是-32 768 ~ 32 767,无符号 short 型取值范围为 0 ~ 65 535;int 型取值范围是-2 147 483 648 ~ 2 147 483 648,无符号 int 型取值范围是 0 到 4 294 967 295;float 型取值范围是-3.4E+38 和 3.4E+38。int 型和 float 型取值范围较大,一般不会溢出,使用过程中需注意 char 型和 short 型变量的变化范围不能超出该变量取值范围。

C 语言规定变量标志符只能由字母、数字和下划线三种字符组成,且第一个字符必须是字母或者下划线,C 语言中变量必须先定义后使用,变量被定义类型后,编译时才能为其分配相应的存储单元。

**(2)构造类型**

构造类型分为数组、结构体、共用体和枚举类型。数组是常见和常用的构造类型,它是在内存中连续存储的具有相同类型的一组数据的集合。数组在软件程序中用得很多,图像像素信息的存放方式就是通过二维数组的方式存放。

数组的定义方式为:

类型说明符 数组名[常量表达式];

需要注意的是,不同于 matlab,C 语言中并不能对数组进行批量处理,在读取数组数据,处理数组数据的时候需要使用循环体来实现。

结构体是由一系列具有相同类型或不同类型的数据构成的数据集合。结构体是一种使用方便的构造类型,结合指针函数可以创造“类”和“对象”。尽管 C 语言是面向过程编程,但是使用结构体将相关的变量和操作函数结合在一起会让工程的可读性和可修改性更高。

结构体的定义方式为:

```
struct 结构名
  {
    类型  变量名;
    类型  变量名;
    ...
} 结构变量;
```

共用体也叫联合体。在进行某些算法的 C 语言编程时,需要使几种不同类型的变量存放到同一段内存单元中。也就是使用覆盖技术,几个变量互相覆盖。这种几个不同的变量共同占用一段内存的结构就是共用体。

定义一个共用类型变量的一般形式为:

```
union 联合名
{
    成员表
};
```

共用体在实际应用中并不常见,但是可以通过它来巧妙地实现一些功能,比如在使用串口传输一个 float 型变量的时候不能直接传输该变量,也不能使用位操作来分步传输,但是可以定义一个 8 位两元素的数组和 float 型变量的共用体,传输该数组即传输了该 float 变量的值。

枚举类型在 C 语言中是一种构造数据类型,而在 C#或 C++,java,VB 等一些编程语言中是一种基本数据类型而不是构造数据类型。枚举可以根据int,short等任意一种数据类型来创建一种新型变量。这种变量能设置为已经定义的一组之中的一个,有效地防止用户提供无效值。

枚举类型的定义方式为:

```
访问修辞符 enum 枚举名:基础类型
{
    枚举成员,
    枚举成员,
    ...
};
```

在嵌入式C语言编程过程中较少使用枚举类型。此处不作过多拓展。

**(3)指针类型**

指针是指程序数据在内存中的地址。用来存放程序数据的地址变量称为指针变量,该变量类型称为指针类型。指针类型的定义方式为:

变量类型 * 指针变量名;

C语言基础不牢固的读者需要注意,"*"前的变量类型是指指针所指向的变量的类型,不是指针变量的类型,指针变量的类型就是指针类型,指针变量自身也占用内存,因为指针指向的是地址,所以所有指针占用内存的大小都是相同的,在32位单片机中都是4字节。举例如下:

在32位单片机中定义"*p1"和"*p2"两个变量,"char"和"int"所指的是"p1"和"p2"这两个变量指示的地址的变量类型,"p1"和"p2"是同一个类型,都是占4字节的空间,而他们指示的变量却不一样。"p1"指向的是一个1字节的char型变量,而"p2"指向的是一个4字节的int型变量。

指针不仅仅可以指示变量,从语法上讲,指针变量可以指向任何类型的对象,可以指向数组、别的指针、函数和结构体等。同时指针类型直接作用在地址层面上,这使得程序的运行效率更高,所以指针类型是一个非常灵活高效的类型。

**(4)空类型**

空类型是一种特殊的返回类型,表示空函数,也就是没有返回值的函数。在定义一些没有返回值的函数的时候会使用空类型定义函数,相反,有返回值的函数需要在函数中设置返回值,使用关键词"return"来实现。

### 5.1.3　运算符及运算顺序

C语言运算符是说明特定操作的符号,它是构造C语言表达式的工具。C语言的运算非常丰富,除了控制语句和输入输出以外的所有的基本操作都为运算符处理。

运算符主要可分为六大类,有算术运算符、关系运算符、逻辑运算符、位运算符、赋值运算符和杂项运算符。其中算数运算符如表5.1所示;关系运算符如表5.2表所示;逻辑运算符如表5.3所示;位运算符如表5.4表所示;赋值运算符如表5.5所示;杂项运算符如表5.6所示。

**表 5.1 算数运算符**

| 运算符 | 描 述 |
|---|---|
| + | 把两个操作数相加 |
| - | 从第一个操作数中减去第二个操作数 |
| * | 把两个操作数相乘 |
| / | 分子除以分母 |
| % | 取模运算符,整除后的余数 |
| ++ | 自增运算符,整数值增加 1 |
| -- | 自减运算符,整数值减少 1 |

**表 5.2 关系运算符**

| 运算符 | 描 述 |
|---|---|
| == | 检查两个操作数的值是否相等,如果相等则条件为真 |
| != | 检查两个操作数的值是否相等,如果不相等则条件为真 |
| > | 检查左操作数的值是否大于右操作数的值,如果是则条件为真 |
| < | 检查左操作数的值是否小于右操作数的值,如果是则条件为真 |
| >= | 检查左操作数的值是否大于或等于右操作数的值,如果是则条件为真 |
| <= | 检查左操作数的值是否小于或等于右操作数的值,如果是则条件为真 |

**表 5.3 逻辑运算符**

| 运算符 | 描 述 |
|---|---|
| && | 逻辑与运算符。如果两个操作数都非零,则条件为真 |
| \|\| | 逻辑或运算符。如果两个操作数中有任意一个非零,则条件为真 |
| ! | 逻辑非运算符。用来逆转操作数的逻辑状态,如果条件为真则逻辑非运算符将使其为假 |

**表 5.4 位运算符**

| 运算符 | 描 述 |
|---|---|
| & | 按位与操作,按二进制位进行"与"运算 |
| \| | 按位或运算符,按二进制位进行"或"运算 |
| ^ | 异或运算符,按二进制位进行"异或"运算 |
| ~ | 取反运算符,按二进制位进行"取反"运算 |
| << | 二进制左移运算符,将一个运算对象的各二进制位全部左移若干位(左边的二进制位丢弃,右边补 0) |

续表

| 运算符 | 描　述 |
|---|---|
| >> | 二进制右移运算符,将一个数的各二进制位全部右移若干位,正数左补0,负数左补1,右边丢弃 |

**表5.5 赋值运算符**

| 运算符 | 描　述 |
|---|---|
| = | 简单的赋值运算符,把右边操作数的值赋给左边操作数 |
| += | 加且赋值运算符,把右边操作数加上左边操作数的结果赋值给左边操作数 |
| -= | 减且赋值运算符,把左边操作数减去右边操作数的结果赋值给左边操作数 |
| *= | 乘且赋值运算符,把右边操作数乘以左边操作数的结果赋值给左边操作数 |
| /= | 除且赋值运算符,把左边操作数除以右边操作数的结果赋值给左边操作数 |
| %= | 求模且赋值运算符,求两个操作数的模并赋值给左边操作数 |
| <<= | 左移且赋值运算符 |
| >>= | 右移且赋值运算符 |
| &= | 按位与且赋值运算符 |
| ^= | 按位异或且赋值运算符 |
| \|= | 按位或且赋值运算符 |

**表5.6 杂项运算符**

| 运算符 | 描　述 |
|---|---|
| & | 返回变量的地址 |
| * | 指向一个变量 |
| ?: | 条件表达式 |

以上运算符都是在程序编写中常用到的运算符,尤其是位运算在底层库中常用到。运算符之间也有优先级,优先级共可以分为15级,如表5.7所示。

**表5.7 运算符优先级与结合性**

| 类　别 | 运算符 | 结合性 |
|---|---|---|
| 后缀 | () [] -> . ++ -- | 从左到右 |
| 一元 | + - ! ~ ++ -- (type) * & | 从右到左 |
| 乘除 | * / % | 从左到右 |
| 加减 | + - | 从左到右 |
| 移位 | << >> | 从左到右 |

续表

| 类 别 | 运算符 | 结合性 |
|---|---|---|
| 关系 | < <= > >= | 从左到右 |
| 相等 | = = ! = | 从左到右 |
| 位与 | & | 从左到右 |
| 位异或 | ^ | 从左到右 |
| 位或 | \| | 从左到右 |
| 逻辑与 | && | 从左到右 |
| 逻辑或 | \|\| | 从左到右 |
| 条件 | ?: | 从右到左 |
| 赋值 | = += -= *= /= %= >>= <<= &= ^= \|= | 从右到左 |
| 逗号 | , | 从左到右 |

了解运算符优先级有助于理解 C 语言和计算机工作原理，但在实际的程序编写中，程序员们都很少去牢记运算符优先级，这与程序可读的原则背道而驰，所以实际工程中，当需要用到多运算符结合使用的情况时常用括号将运算符语句按照希望的逻辑顺序括起来，尽管有的时候代码的优先级顺序与逻辑顺序一致，也不要嫌麻烦或者累赘而不加括号，同一句代码里面也尽量减少繁杂的运算操作以提升可读性，这是一个良好的编程习惯。

### 5.1.4 变量

C 语言中的变量分为局部变量和全局变量。

局部变量是一个在函数内部定义的变量，它只能在本函数范围内使用，局部变量不能在函数间相互调用。形式参数也是局部变量，不同函数中的局部变量可以定义成相同的名字，因为他们代表不同的对象。

全局变量是在函数之外定义外部变量，顾名思义，全局变量可以被源文件中的函数调用，如果使用 extern 语句包含到其他源文件也可以被其他源文件中的函数调用。全局变量在程序的全部执行过程中占用固定地址的存储单元，当调用全局变量时，还要注意如果在同一源文件中，外部变量和函数中的局部变量同名，那么在局部变量作用范围内，局部变量的优先级会高于全局变量，换言之，全局变量会被“屏蔽”掉。

在 C 语言中每个变量和函数都有两个属性，即数据类型和数据存储类别。存储类别是数据在内存中存储的方式，存储方式分为静态和动态存储类，具体包含有四种：自动的（auto），静态的（static），寄存器的（register），外部的（extern），如果不加以声明，则默认 auto 型会自动分配存储空间，属于动态存储方式。

动态存储方式是在程序运行期间进行动态分配存储空间的方式，静态存储方式是指在程序运行期间分配固定的存储空间的方式。存储空间分为程序区、静态存储区和动态存储区，全局变量全部放在静态存储区中，在程序开始时分配空间，结束时释放；动态存储区中存放函数的形参、自动变量和函数调用时的现场保护和返回地址。

需要注意的是,static 声明的局部变量在函数调用结束后会继续占用存储单元不释放,在下一次调用该函数时该变量的值是上次函数调用结束时的值。虽然静态局部变量在函数调用结束后仍然存在,但是它依然是局部变量,其他函数还是不能引用它。在实际工程中,静态局部变量主要用在需要保存数据的功能模块中,在能够使用静态局部变量的情况下尽可能地少用全局变量。

另外,extern 声明全局变量可以扩展全局变量的作用域。就如前文所讲,在多文件中,采用 extern 声明的办法进行全局变量声明可以让其他源文件中的函数调用该变量。register 变量是允许将局部变量的值放在 CPU 中的寄存器中,需要时直接从寄存器中取出来参加运算,不必再到内存中提取。使用 register 声明的变量调用速度会更快,但是 CPU 寄存器数量有限(一般 ARM 微处理器一共有 37 个 32 位寄存器,其中包括 31 个通用寄存器和 6 个状态寄存器),不能任意定义寄存器变量。

### 5.1.5　函数

函数是指一段可以直接被另一段程序或代码引用的程序或代码,也叫作子程序、方法。一个较大的程序一般应分为若干个程序块,每一个模块用来实现一个特定的功能。所有的高级语言中都有子程序这个概念,用子程序实现模块的功能。

在 C 语言中,子程序的作用是由一个主函数和若干个函数构成。由主函数调用其他函数,其他函数也可以互相调用,同一个函数可以被一个或多个函数调用任意多次。C 语言中程序的执行都是从 main 函数开始。

函数定义的一般形式为:

```
类型标志符 函数名(形式参数列表)
{
    声明部分
    语句
}
```

定义函数时的变量参数称为形式参数(简称形参),它只是形式上有这样一个参数,实际调用函数的过程中输入的变量参数称为实际参数(简称实参),它的值才是函数运行过程中的参数值。形参和实参的特点:

①在定义函数中指定的形参,在未出现函数调用时,他们并不占用内存中的存储单元,只有发生调用时,才会分配内存。

②实参可以是常量、变量或者表达式,甚至可以是地址。

③在被定义中,形参必须指定类型。

④实参与形参的类型应相同或赋值兼容。

⑤C 语言规定,实参变量对形参变量的数据传递是“值传递”,即单向传递,只能由实参传递给形参,而不能由形参传递给实参。

⑥如果函数不需要引入实际参数,则形参列表为空。

定义函数的类型标志符说明了函数的返回值的类型,函数的返回值是指通过函数调用使主调函数得到一个确定的值。函数的返回值是通过函数中的 return 语句获取的,如果函数值的类型和 return 语句中表达式的值不一样,则返回值的类型会强制转换为函数值类型。如果调用函数中没有 return 语句,则函数会返回一个不确定的值。如果不需要返回值,用 void 定义函数类型。

一个函数能被调用必须得满足一定的条件,首先被调用的函数必须是已经存在的函数,如果使用库函数,一般应该在本文件开头用#include 命令将调用有关库函数时所需要用到的信息"包含"到本文件中,如果使用用户自己定义的函数,而且该函数与使用它的函数在同一个文件中,一般还应该在主调函数中对被调用的函数作声明,但如果被调用的函数定义出现在主调函数之前可以不必声明。如果已在所有函数定义之前,在函数的外部已作了函数声明,则在各个主调函数中不必对所调用的函数再作声明。

## 5.2 程序编写规范介绍

在 5.1 节中介绍了 C 语言的语法知识点,它是编程规则。规则的意思就是不按照规则来写,程序编译就会报错,不能正常运行。而本节介绍的编写规范则不同,规范是一种在实际学习工作过程中养成的习惯,程序编写规范是程序员们长年累月总结出来的编写习惯。虽然只要符合语法规则,即使不按照规范编写程序,编译器也不会报错,程序也能运行,但程序的可读性很差。

那么程序如何写才规范呢? 程序规范化是一个长期的过程,它不仅仅是一个个教条,更有其中的道理。程序规范的细节很多,需要不断领悟,慢慢地掌握编程习惯。很多规范是为了在程序代码量很大的时候,便于自己阅读,也便于别人阅读,所以很多规范不一定是所有写法里面的最优解,只是需要形成这样一种规范来统一成大家都容易理解的一种形式。

程序规范化的主要好处就是看着很整齐,令人舒适。在编写一定规模的工程的时候,每一页源文件都会有成百上千行代码,整个工程有几十上百个源文件,而现有的编译器提供给开发者的代码查看框架就只能查看一个源文件的一部分,用一个形象的比喻就是拿着手电筒在漆黑的墙壁上完成一幅巨大的壁画,而手电筒每次只能照到一小部分。所以假如不规范地随意写了一万行代码,写完后的一段时间能够看懂,但等过了几个月再回头看就不一定看得懂了,别人就更看不懂了。所以程序要写规范,给每行程序加注释就是代码规范化的一个思想。还有一点,把程序写规范,程序更不容易出错。如果程序不规范,在编写的时候就更容易出错,而程序规范化后即使出错了查错也会更容易。C 语言不像 Python,程序格式虽然不会影响程序的功能,但会影响程序的可读性。

程序规范化基本上体现在空行、空格、成对书写、缩进、对齐、代码行、注释七方面的书写规范上。

### 5.2.1 空行规范

空行就是在语句行与语句行之间空出一行来。空行用于划分语句行,使程序更加清晰明了。当然在编译器界面较小,一次性显示的内容不够多的情况下多用空行显得比较浪费空间,但是对于规范编写来说是值得的。以下情况下需要空行:

①定义变量后要空行。若定义的变量需要赋初始值,则尽量定义的时候就进行赋值,遵循就近原则。如果变量的引用和定义相隔比较远,那么变量的初始化就很容易忘记,而如果引用

了未被初始化的变量,尤其是未初始化的局部变量,就会导致程序出现错误。

②每个函数定义结束之后都要加空行。将两个功能块分开会显得函数之间更加独立也更清晰。

### 5.2.2　空格规范

空格在程序中用于隔离各元素(包括变量,关键字等),空格是 C 语言语法需要,有的空格是规则需要,而空格还可以用来规范代码,使之更加清晰。以下情况虽然不违反语法规则但是建议空格:

①括号内打空格,即“(”后跟一个空格,“)”前跟空格,如:if( testFlag )。

②逗号之后留空格。如:i++, j++。

③赋值运算符、关系运算符、算术运算符、逻辑运算符、位运算符,如 =、==、!=、+=、-=、*=、/=、%=、>>=、<<=、&=、^=、|=、>、<=、>、>=、+、-、*、/、%、&、|、&&、||、<<、>>、^等双目运算符的前后应当加空格,如 if( testFlag == setValue );单目运算符 !、~、++、--、-、*、& 等前后不加空格。

### 5.2.3　成对符号规范

成对的符号一定要成对书写,如 ( )、{ },避免在写多级包含的时候忘记或者少些括号。

### 5.2.4　缩进规范

合理利用缩进可以使程序更有层次感,缩进可以通过 Tab 键实现。不同层级的语句行应该有不同的缩进,下层级的代码应该比上层级的代码要多一级缩进,比如判断或者选择的执行语句等。

### 5.2.5　对齐规范

对齐主要是针对大括号“{ }”。判断语句后的“{”一定提到下一行,虽然在 java 中有如“if(testFlag) { ”这样的写法,但是 C 语言的程序块更复杂,包含嵌套关系更深,“{ }”号最好是单独成行,并且在同一个层级位置上。

### 5.2.6　代码行规范

一行程序只做一件事,如只定义一个变量或只写一条执行语句。这样程序结构会更清晰。需要注意的是,if,else,for,while,do 等语句需自占一行,执行语句另起一行,并且注意执行语句的缩进。

### 5.2.7　注释规范

注释通常用于重要的语句行或段落提示,做好注释可以让自己或者读者更快理解程序功能和编写思路。重要函数最好在定义函数上方做好备注,使用多行注释备注出函数名、变量和函数功能。源程序有效注释量最好在 20% 以上,C 语言中一行注释一般采用//…,多行注释必须采用/ * … * /。注释需要注意以下情况:

①注释是对代码的“提示”。虽然注释有助于理解代码,但过多地使用注释会喧宾夺主,

让人眼花缭乱。

②如果代码本身非常简单清晰，则可以不加注释。

③修改代码的同时要记住修改相应的注释，保证注释与代码的一致性，不再有用的注释要删除。

④当代码比较长，特别是有多重嵌套的时候，应当在段落的结束处加注释。

总而言之，在重要的地方添加注释，至于重要性的判断标准要具体情况具体分析，如果一段语句非常简单但是是代码中的神来之笔，这种情况也需要添加注释。

## 5.3 上位机基本知识介绍

上位机是调试程序和参数过程中非常重要的工具。智能汽车竞赛中常用上位机的有山外的多功能调试助手和 FreeCars 智能车调试助手，山外的上位机调试界面如图 5.2 所示。上位机中使用功能较多的是调试助手中的虚拟示波器功能，虚拟示波器是虚拟仪器的一种。下位机通过蓝牙等通信工具，以 UART 的通信方式来传输数据。

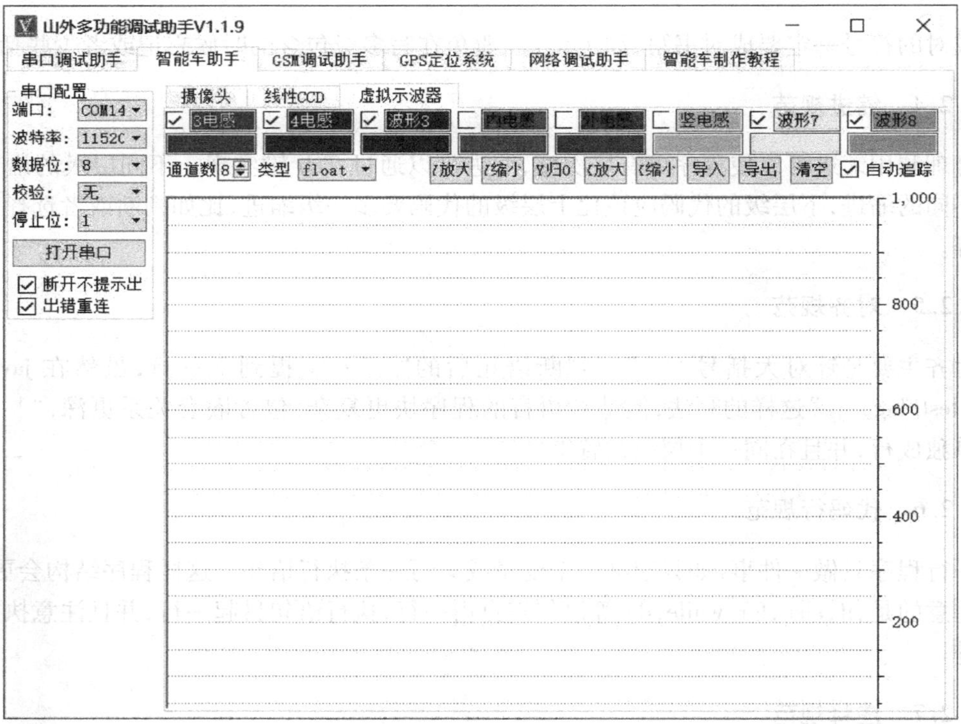


图 5.2　山外上位机虚拟示波器界面

下位机需要跟上位机统一通信格式，也就是帧头和帧尾要统一。这里的通信方式是 UART，以山外虚拟示波器为例，山外的帧头定义为两个连续的 8 位十六进制数："0x03"和"0xfc"，而帧尾是"0xfc"和"0x03"。

山外的虚拟示波器可以选择通道的数据格式，包括：char 型和 unsigned char 型——在山外示波器上是“int8_t”和“uint8_t”；short 型和 unsigned short 型——山外示波器上是“int16_t”和“uint16_t”；int 型和 unsigned int 型——山外示波器上是“int32_t”和“uint32_t”；float 型——山外示波器上是“float”。此处整形里面的“t”是“typedefine”的意思，在大多数库里面为了方便定义需要的变量类型，用 typedef 的方法将各种类型定义为“int 变量位数_t”的形式。

通过上位机调试工具，可以将各种参数、状态标志位等输出到虚拟示波器上，可以更加方便地观察参数的变化情况。山外助手提供了 8 个虚拟示波器通道，也就是说通过该上位机可以实时地比较 8 个通道的参数值变化，这对于一般模拟示波器的 2～3 通道来说是非常突出的一个优势。

## 5.4　K60 单片机库函数基本知识介绍

### 5.4.1　K60 单片机简介

Kinetis K60 系列单片机使用 ARM Cortex-M4 内核(图 5.3)，具有 3 级流水线哈佛架构。该处理器具有卓越的能耗效率，通过高效指令集和广泛的优化设计使得该内核可应用于高端处理硬件。Cortex-M4 处理器实现了基于 Thumb-2 技术的 Thumb 指令集版本，确保了代码的高密度特性，降低了对程序存储器的要求。

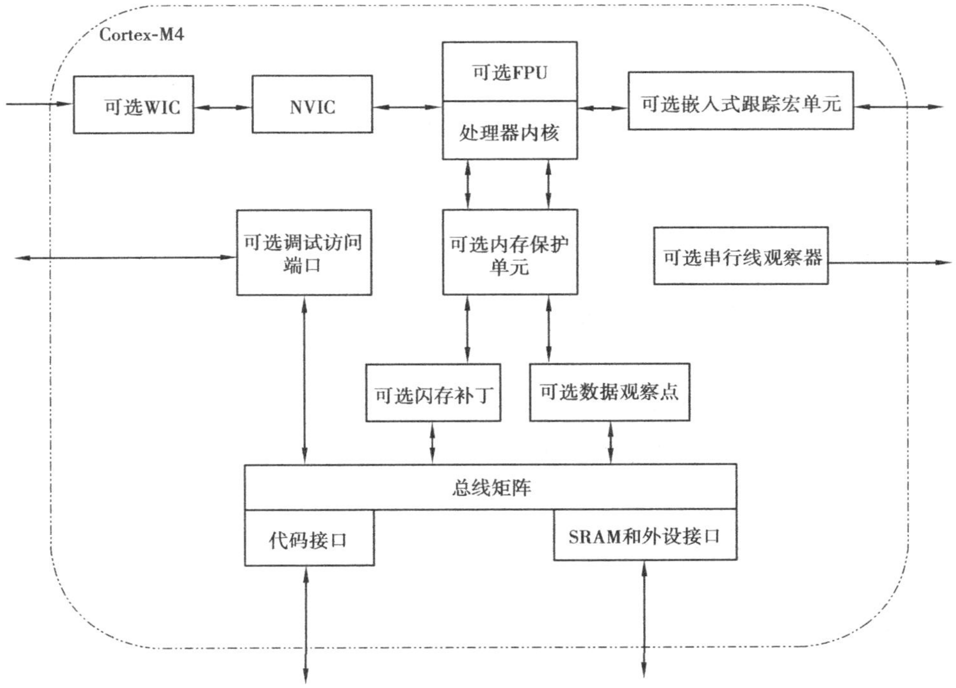


图 5.3　Coretex-M4 结构

Cortex-M4 处理器高度集成了一个可配置的嵌套向量中断控制器(NVIC)，NVIC 包含了一个不可屏蔽中断(NMI)，可以提供高达 256 个中断优先级。紧密集成在一起的处理器内核和 NVIC 可以快速执行中断服务程序(ISR)，从而极大减少中断延迟。该中断过程是通过硬件堆栈和寄存器来实现的,中断处理程序不需要包装汇编代码和删除任何 ISR 的代码开销。尾链优化可以减少中断服务程序切换到其他地方的开销。NVIC 集成了睡眠模式,包括一个可选深度睡眠功能,可以使整个期间在保持程序状态的情况下快速关断电源。

K60 单片机具有丰富的模拟、通信、定时器和控制外围电路,芯片从带有 256 KB flash 的 100 引脚的 LQFP 封装到 1 MB flash 的 256 引脚的 MAPBGA 封装。高容量的 K60 系列芯片还带有可供选择的单精度浮点数处理单元、NAND 控制单元和 DRAM 控制器。模块功能种类如表 5.8 所示。

表 5.8　模块功能种类

| 模　块 | 描　述 |
| --- | --- |
| ARM Crotex-M4 内核 | 32 位 ARM Crotex-M 内核,具有 DSP 指令和单精度浮点运算单元,运行速度 1.25 MIPS/MHz,基于 ARMv7 结构,在某些系列中还包括 16 KB 的数据/指令高速缓冲 |
| 系统模块 | 系统集成控制模块<br>电源管理和模式控制<br>多种电源模式可供选择:运行、等待、停止和掉电模式<br>低漏电流唤醒单元<br>杂项控制单元<br>交叉开关<br>内存保护单元<br>内部总线<br>直接内存访问(DMA)<br>控制器与复用器,增加可用的 DMA 请求外部看门狗 |
| 存储 | 内部存储器包括程序存储器、FlexNVM、FlexRAM、可编程 FLASH 编程加速内存、SRAM、Cache<br>外部存储和设备控制总线接口:FlexBus<br>串行可编程接口:EzPort<br>NAND flash 控制器 |
| 时钟 | 可选的多个时钟源:包括内部时钟和外部时钟<br>为系统提供系统时钟的振荡器<br>为实时时钟提供时钟源的振荡器 |
| 加密 | CRC 模块<br>硬件加密和随机数发生器 |
| 模拟 | 集成可编程放大增益的高速 AD 转换器<br>模拟比较器<br>DA 转换器<br>内部参考电压 |

续表

| 模　块 | 描　述 |
| --- | --- |
| 定时器 | 可编程延时模块<br>柔性定时器<br>周期性中断定时器<br>低功耗定时器<br>载波调制定时器<br>实时时钟 |
| 通信 | 以太网 MAC 控制器支持 IEEE 1588 协议<br>USB OTG 内嵌全速/低速 PHY<br>USB 支持设备充电检测功能<br>USB 自带电压调节功能<br>高速 USB 控制器 ULPI 接口<br>CAN<br>SPI<br>I2C<br>UART<br>SD 主机控制器<br>I2S |
| 人机界面 | GPIO<br>硬件电容触摸屏接口 |

### 5.4.2　库函数整体介绍

K60 单片机的库主要使用 LPLD 的 k60 库。LPLD 库主要包含在“lib”文件夹中，该文件夹位置可以自定义，一般习惯将该文件夹放在工程配置文件的上一级目录中——也就是跟应用层代码“app”和配置文件夹“iar”同级，这样工程的可移植性更强。

在“lib”中可以看见如图 5.4 所示的文件夹。根据不同的模块分为不同的文件夹，其中 LPLD 底层模块驱动主要是包含在“LPLD”文件中，另外的文件夹包含一些基础设置或者常用功能文件。

图 5.4　LPLD 库子文件夹

在“common”里面有许多源文件，其中最重要的是 common. h 头文件，它包含所有需要用到的头文件以及相关宏定义，基础数据的类型定义就是在 common. h 中定义的，如图 5. 5 所示。另外还包含一些动态内存分布函数、断言函数、输出打印、链表等通用功能模块源文件。

```
/*******************************************************/
/*
 *基础数据类型定义
 */
typedef unsigned char uint8;          /* 8 bits */
typedef unsi gned short int           uint16; /* 16 bits */
typedef unsigned long int             uint32; /* 32 bits */

typedef signed char                   int8;   /* 8 bits */
typedef short int                     int16;   /* 16 bits */
typedef int                           int32;   /* 32 bits */

typedef volatile int8                 vint8; /* 8 bits */
typedef volatile int16 vint16;        /* 16 bits */
typedef i volatile int32 vint32;      /* 32 bits */

typedef volatile uint8 vuint8;        /* 8 bits */
typedef volatile uint16               vuint16; /* 16 bits */
typedef volatile uint32               vuint32; /* 32 bits */

typedef float                         float32; /* 32 bits */
typedef double                        float64; /* 64 bits */
typedef unsigned char boolean;        /* 8-bit */
```

**图 5.5　LPLD 库 common.h 中的数据类型定义**

在"CPU"文件夹中包含 K60 系列单片机的定义位带操作、中断向量号、寄存器结构及地址等的源文件。这些文件是底层系统配置文件,无须修改。

"FatFs"是一个通用的文件系统模块,用于在小型嵌入式系统中实现 FAT 文件系统。FatFs 组件的编写遵循 ANSI C(C89),完全分离于磁盘 I/O 层,因此不依赖于硬件平台。它可以嵌入到资源有限的微控制器中,无须修改。

"iar_config_files"文件夹中是关于单片机的储存空间分配和中断向量起始地址等配置文件,无须修改。

"UCOS_II"是一个可移植的、可固化的、可裁剪的、占先式多任务实时内核,它适用于多种微处理器、微控制器和数字处理芯片,该系统源代码开放、整洁、一致且注释详尽,适合系统开发。该文件夹下面分为"Ports"和"Source"两部分,感兴趣的读者可以另行了解,此处不作过多介绍。无须修改。

"USB"文件夹中是 K60 关于 USB 配置的文件。在实际应用过程中一般用 UART 和 UART 转 USB 模块实现上位机通信,故此处不作过多介绍。无须修改。

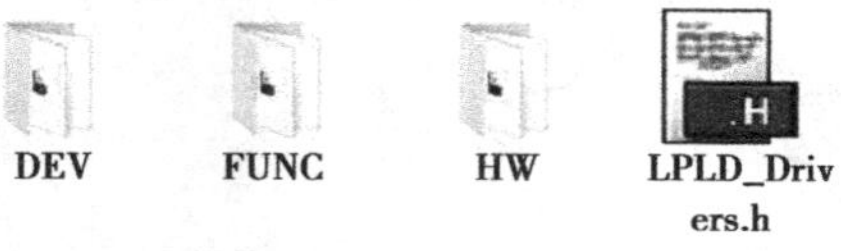


**图 5.6　"LPLD"文件夹内的子文件**

"LPLD"文件夹如图 5.6 所示,主要包含外设模块库"DEV"和硬件驱动库"HW",单片机上的 GPIO 配置、ADC 和 DAC 模块配置、PIT 配置、FTM 配置、UART、IIC、SPI 等通信模块配置的源文件都在"HW"里面。而"DEV"中包含 LCD 屏、MPU6050、MMA7660 等外设应用源文件,源文件里面有一些外设的调用函数,但是实际外设很可能跟库中的外设应用函数并不兼容,所以应用比较少,只是摄像头的配置总线 SCCB 函数库应用较多。另外"FUNC"文件夹里面有个时间戳的功能定义源文件,一般不用。

了解 LPLD 库的构成有助于在代码层面上快速查看单片机功能模块的定义和配置方法。下面将详细介绍 LPLD 库对各模块的定义和配置方法。

### 5.4.3　GPIO 模块

GPIO 模块相关的库为 HW_GPIO.c 和 HW_GPIO.h。它们是 GPIO 模块的固件驱动文件，定义了该模块的初始化函数，以及常用的 IO 口输入输出相关函数。值得注意的是，LPLD 固件驱动为每个 GPIO 端口定义了位带操作(bit-band)方法，开发者可以像使用 51 单片机的 IO 口一样，使用 Kinetis 系列 MCU 的 IO 口进行输入输出操作。

使用 GPIO 做一般情况的引脚控制或者一些通信或控制模块的模拟。以配置一个输出引脚为例，GPIO 的初始化代码通常如下：

```
static GPIO_InitTypeDef GPIO_InitStructure;                  //定义结构体
GPIO_InitStructure.GPIO PTx = PTA;                           //GPIO 配置
GPIO_InitStructure.GPIO_Pins = GPIO_Pin15|GPIO_Pin16;        //GPIO 配置
GPIO_InitStructure.GPIO_Dir = DIR_OUTPUT;                    //引脚输出模式
GPIO_InitStructure.GPIO_Output = OUTPUT_H;                   //默认输出
LPLD_GPIO_Init (GPIO_InitStructure);                         //调用初始化函数
```

初始化完成后就是调用的实现。LPLD 库中的 HW_GPIO.h 通过寄存器位操作宏定义 BITBAND_REG(x->PDOR, n)来实现功能，LPLD 通过宏定义的方式将该语句封装为可读性更高的形式：PTxn_O(x, n)，并在此基础上封装了 PTAn_O(n)、PTBn_O(n)、PTCn_O(n)等形式，甚至封装到具体引脚，如 PTA0_O、PTA1_O 等。相应的读取操作的配置和初始化也一样，使得端口操作更简洁易读。

### 5.4.4　ADC 模块

ADC 模块的相关库为 HW_ADC.c 和 HW_ADC.h。它们是 ADC 模数转换模块的固件驱动文件，定义了该模块的初始化、反初始化、获取转换结果等函数，用户可以通过配置相关结构体来实现硬件触发、DMA 传输等高级功能。

使用 ADC 模块采集电磁信号处理模块输出的电磁信号。ADC 的初始化代码通常如下：

```
static ADC_InitTypeDef ad_init_struct;
ad_init_struct . ADC_Adcx = ADC0;                            //端口选择 ADC0
ad_init_struct. ADc_DiffMode = ADC_SE;                       //单端采集
ad_init_struct . ADC_BitMode = SE_12BIT;                     //单端 12 位精度
ad_init_struct . ADC_SampleTimeCfg = SAMTIME SHORT;          //短采样时间
ad_init_struct . ADC_HwAvgSel = HW_4AVG;                     //4 次硬件平均
ad_init_struct . ADC_CalEnable = TRUE;                       //使能初始化校验
LPLD_ADC_Init (ad_init_struct);                              //调用初始化函数
```

首先需要选定 ADC 模块号，这里选择 ADC0；其次是转换模式，这里配置单端转换(不初始化该项也可以，默认转换模式是单端转换)；转换精度需要配置为 12 bit，如果不初始化，默认精度是 8 bit；采样时间选择短采样时间，默认也是短采样时间；硬件平均有助于提升数据的可信度，但平均次数太多较耗时，这里配置 4 次硬件平均，不配置的话默认是禁用硬件平均；最后是使能初始化校验，建议使能。以上就完成了 ADC 的初始化配置，如果想实现一些其他的功能，可以使能 DMA 来辅助传输。

配置完 ADC 模块后需要开启相应引脚的复用功能,这里使用 LPLD_ADC_Chn_Enable( )函数来完成,代码如下:

```
LPLD_ADC_Chn_Enable (ADC0, DAD0);                //ADC0_DP0/
LPLD_ADC_Chn_Enable (ADC0, DAD1);                //ADC0_DP1/
LPLD_ADC_Chn_Enable (ADC0, AD19);                //ADC0_DM0/
LPLD_ADC_Chn_Enable (ADC0, AD20);                //ADC0_DM1
```

智能汽车的模拟输入信号有 8 个左右,所以还需要配置 ADC1,ADC1 的配置方法跟 ADC0 一样。

初始化完成后,实际使用过程中,使用库函数 uint16 LPLD_ADC_Get(ADC_Type * adcx, AdcChnEnum_Type chn)来实现,调用该函数时输入 ADC 号和通道名,函数返回该通道采集的 ADC 值,采集值为 0 ~4 095。

### 5.4.5 FTM 模块

FTM 模块的相关库为 HW_FTM. c 和 HW_FTM. h。它们是 FTM 模块的固件驱动文件,定义了该模块的初始化函数、反初始化函数、PWM、输入捕获、正交解码等模式初始化函数。常使用 FTM 模块的 PWM 功能驱动电机,并使用 FTM 模块的正交解码功能解码编码器信息,计算车模速度。

配置 PWM 功能时的初始化代码如下:

```
static FTM_InitTypeDef FTM_Init;                        //FTM 结构体定义
FTM_Init.FTM_Ftmx = FTM0;                               //选择 FTM0
FTM_Init.FTM_Mode = FTM_MODE_PWM;                       //模式设置 PWM
FTM_Init.FTM_PwmFreq =15000;
FTM_Init.FTM_PwmDeadtimeVal = 2;
FTM_Init.FTM_PwmDeadtimeCfg = DEADTIME_CH45 | DEADTIME_CH67;
FTM_Init.FTM_PwmDeadtimeDiv = DEADTIME_DIV4;  //死区设置
LPLD_FTM_Init (FM_Init);                                //调用初始化函数
//通道使能
LPLD_FTM_PWM_Enable (FTM0, FTM_Ch4,0,PTD4,ALIGN_LEFT);
LPLD_FTM_PWM_Enable (FTM0, FTM_Ch5,0,PTD5, ALIGN_LEFT);
LPLD_FTM_PWM_Enable (FTM0, FTM_Ch6,0,PTD6, ALIGN_LEFT);
LPLD_FTM_PWM_Enable(FTM0, FTM_Ch7,0,PTD7,ALIGN_LEFT);
```

可以看到,在定义结构体后首先需要初始化的是 FTM 号。这里选择 FTM0,工作模式选择 PWM 模式,PWM 频率选择 15 kHz,死区时间为 2 ms。死区插入通道和分频系数需要初始化,赋值完成后调用初始化函数完成初始化。在开始输出 PWM 波之前需要使能通道,这里通过 LPLD_FTM_PWM_Enable( )函数完成。当需要改变 PWM 输出占空比的时候,通常通过 LPLD 库函数 LPLD_FTM_PWM_ChangeDuty(FTM_Type * ftmx, FtmChnEnum_Type chn, uint32 duty)来实现,具体实现方法如下:

```
LPLD_FTM_PWM_ChangeButy (FTM0, FTM_Ch4, PWM[0]);
LPLD_FTM_PWM_ChangeDuty (FTM0, FTM_Ch5, PWM[1]);
```

```
LPLD_FTM_PWM_ChangeDuty (FTM0, FTM_Ch6, PWM[2]);
LPLD_FTM_PWM_ChangeDuty (FTM0, FTM_Ch7, PWM[3]);
```

通过改变连接驱动的四路 PWM 输出占空比来实现电机的控制,其中 PWM 数组中的值由前面的控制算法赋值。

要实现速度闭环控制就需要编码器提供信息,编码器的信息解码则需要 FTM 模块的正交解码功能来实现。

配置正交解码功能时的初始化代码如下:

```
static FTM_InitTypeDef    ftm_init_struct;    //FTM 结构体配置
static GPIO_InitTypeDef    GPIO_Init;         //GPIO 结构体配置
//GPIOA_8 和 GPIOA_9 配置
GPIO_Init.GPIO_PTx = PTA;
GPIO_Init.GPIO_Pins = GPIO_Pin8 | GPIO_Pin9;
GPIO_Init.GPIO_PinControl = INPUT_PULL_UP | INPUT_PF_EN;
GPIO_Init.GPIO_Dir = DIR_INPUT;
LPLD_GPIO_Init (GPIO_Init);
//GPIOB_18 和 GPIOB_19 配置
GPIO_Init.GPIO_PTX = PTB;
GPIO_Init.GPIO_Pins = GPIO_Pin18 | GPIO_Pin19;
GPIO_Init.GPIO_PinControl = INPUT_PULL_UP | INPUT_PF_EN;
GPIO_Init.GPIO_Dir = DIR_INPUT;
LPLD_GPIO_Init (GPIO_Init);
//配置正交解码功能参数
ftm_init_struct.FTM_Ftmx = FTM2;              //只有 FTM1 和 FTM2 有正交解码功能
ftm_init_struct.FTM_Mode = FTM_MODE_QD;//正交解码功能
ftm_init_struct.FTM_QdMode = QD_MODE_PHAB;
//初始化 FTM
LPLD_FTM_Init (ftm_init_struct);
//使能 AB 相输入通道
//PTB0 引脚接 A 相输入、PTB1 引脚接 B 相输入
LPLD_FTM_QD_Enable (FTM1, PTA8, PTA9);
//配置正交解码功能参数
ftm_init_struct.FTM_Ftmx = FTM1;              //只有 FTM1 和 FTM2 有正交解码功能
ftm_init_struct.FTM_Mode = FTM_MODE_QD;//正交解码功能
ftm_init_struct.FTM_QdMode = QD_MODE_PHAB;
//初始化 FTM
LPLD_FTM_Init (ftm_init_struct);
//使能 AB 相输入通道
//PTB0 引脚接 A 相输入、PTB1 引脚接 B 相输入
LPLD_FTM_QD_Enable (FTM2, PTB18, PTB19);
```

从代码中可以看出在初始化 FTM 模块前先初始化需要用到的 GPIO 引脚，主要是将需要用到的 GPIO 配置为输入模式。FTM 模块初始化除了配置 FTM 号和 FTM 工作模式外还需要配置解码模式。FTM 的正交解码有两种解码模式可选择，分别对应两种工作原理的编码器，一种是 AB 相解码模式，LPLD 库中宏定义为 QD_MODE_PHAB；另一种是计数方向解码模式，LPLD 库中宏定义为 QD_MODE_CNTDIR。

### 5.4.6 PIT 模块

PIT（周期中断定时器）模块的相关库为 HW_PIT.c 和 HW_PIT.h，它们是 PIT 模块的固件驱动文件，这里定义了该模块的初始化函数以及其他相关函数。开发者可以使用该模块实现定时周期中断或者定时触发 DMA 传输等功能。

在智能车中通常使用 PIT 来周期性地触发一些程序，如传感器的信息采集、系统模块驱动和模拟功能的实现。

PIT 模块的初始化代码通常如下：

```
static PIT_InitTypeDef PIT_InitStructure;
PIT_InitStructure.PIT_Pitx = PIT0;
PIT_InitStructure.PIT_PeriodMs =1;
PIT_InitStructure.PIT_Isr = pit0_isr;
LPLD_PIT_Init(PIT_InitStructure);
LPLD_PIT_EnableIrq(PIT_InitStructure);

void pito_isr (void)
{
    语句组;
}
```

这里的中断服务函数可以自己定义函数名，函数内容也可以自己定义。中断函数的触发周期取决于初始化时定义的周期 PIT_PeriodMs，这里的单位是毫秒，如果有微秒或秒级的周期需求可以在结构体中找到 PeriodUs 和 PeriodS，只需要给相应的结构体元素赋值便能调出需要的周期，不需要复杂的换算。中断的优先级是可以设置的，在 NVIC 模块会详细介绍。

### 5.4.7 DMA 模块

DMA 模块的相关库为 HW_DMA.c 和 HW_DMA.h。它们是 DMA 模数转换模块的固件驱动文件，定义了该模块的初始化、地址加载以及软件开始 DMA 服务请求等函数，可以通过配置相关结构体来配合其他外设模块实现数据的高速传输。

通常使用 DMA 模块传输摄像头数据，也可以通过 DMA 传输 ADC 模块和串口模块的数据。

以摄像头数据传输为例，DMA 模块初始化代码通常如下：

```
static DMA_InitTypeDef dma_init_struct;
dma_init_struct.DMA_CHx = DMA_CH0; //CH0 通道
dma_init_struct.DMA_Req = PORTC_DMAREQ; //PORTC 为请求源
```

```
dma_init_struct.DMA_MajorLoopCnt = ROW * COLUMN/8; // 主循环计数值:行采集点数
dma_init_struct.DMA_MinorByteCnt =1; //次循环字节计数:每次读入 1 字节
dma_init_struct.DMA_SourceAddr = (uint32) &PTC->PDIR+1; //源地址: PTC,8 ~15
dma_init_struct.DMA_DestAddr = (uint32) Image_Buf; //配置目的数据地址目的地址
dma_init_struct.DMA_DestAddrOffset =1; // 目的地址偏移:每次读入增加 1
dma_init_struct.DMA_MajorCompleteIntEnable = TRUE; // 完成中断请求
dma_init_struct.DMA_AutoDisableReq =TRUE; //DMA 中断配置
dma_init_struct.DMA_Isr =DMA_Complete_ISR; //DMA 中断函数配置
LPLD_DMA_Init (dma_init_struct);
LPLD_DMA_EnableIrq(dma_init_struct);

void DMA_Complete_ISR (void)
{
 sampleover =1;
 Flag_Test_ImageComplete =1;
 //切换缓存数组
 if (WhichBuffer ==1)
 {
   WhichBuffer =0;
 }
 else
 {
   WhichBuffer =1;
 }
}
```

首先需要配置的是 DMA 通道,这里选通道 0,然后配置 DMA 请求源,中断源在主板设计中是 PORTC 的引脚,根据实际设计要求可以改变中断源,包括 ADC,UART,SPI,I2C,FTM,DAC 等都可以作为 DMA 的请求源。主循环数为传输一幅图的字节数,因为一幅二值化图像大小为像素数除以 8,DMA 在传输一次数据后下一次数据会在上一次地址上做偏移,完成一次循环后就重新回到源地址,即一次循环字节数为 1,目的地址偏移也为 1,目的地址就是图像数组。DMA 传输完成一次主循环后可以产生中断,这里选择使能中断,完成主循环后就可以进入中断函数 DMA_Complete_ISR( ),此处 DMA 中断中实现的是图像缓存的交替。在使能中断后 DMA 就开始运行。

### 5.4.8 NVIC 模块

NVIC 模块的相关库为 HW_NVIC.c 和 HW_NVIC.h。NVIC 模块用于设置 Cortex-M4 内核的中断关系。NVIC 模块有 16 个中断优先级,通过分组的形式进行管理,将 NVIC 中的优先级分为 5 组。

以 PIT1 中断为例,一个中断的 NVIC 配置通常如下:

```
static NVIC_InitTypeDef NVIC_InitStructure;          //NVIC 数组初始化
NVIC_InitStructure. NVIC_IRQChannel = PIT1_IRQn;       //中断源配置
NVIC_InitStructure. NVIC_IRQChannelGroupPriority = NVIC_PriorityGroup_2; //NVIC 分组
NVIC_InitStructure. NVIC_IRQChannelPreemptionPriority = 0; // 抢断优先级配置
NVIC_InitStructure. NVIC_IRQChannelSubPriority = 0; //响应优先级配置
LPLD_NVIC_Init (NVIC_InitStructure);                  //调用初始化函数
```

首先需要配置的是对应中断通道的 IRQn_Type 号,不同的中断在宏定义中有不同的通道号,可以通过查询头文件来修改。其次是选择 NVIC 中断分组和配置优先级,NVIC 的分组主要是四位寄存器分为两个组,一个是抢占优先级,一个是响应优先级。五种分组方式如下:

①NVIC_PriorityGroup_0,没有抢占式优先级,最多 16 个响应式优先级。

②NVIC_PriorityGroup_1,最多 2 个抢占式优先级,最多 8 个响应式优先级。

③NVIC_PriorityGroup_2,最多 4 个抢占式优先级,最多 4 个响应式优先级。

④NVIC_PriorityGroup_3,最多 8 个抢占式优先级,最多 2 个响应式优先级。

⑤NVIC_PriorityGroup_4,最多 16 个抢占式优先级,没有响应式优先级。

抢占优先级是高于响应优先级的。抢占优先级高的中断可以打断抢占优先级低的中断,当抢占优先级相同时,谁先触发中断就先执行谁,当多个同抢占优先级的中断同时触发时,响应优先级高的中断优先执行。

### 5.4.9　UART 模块

UART 模块的相关库为 HW_UART. c 和 HW_UART. h。它们是 UART 异步通信串口的固件驱动文件,定义了该模块的初始化函数和数据接收、发送等函数。

常通过蓝牙模块使用 UART 与上位机通信,实现数据查看和实时调试。

UART 模块的初始化通常如下:

```
static GPIO_InitTypeDef GPIO_InitStructure;              //定义结构体
GPIO_InitStructure. GPIO_PTx = PTA;                      //GPIO 配置
GPIO_InitStructure. GPIO_Pins = GPIO_Pin15|GPIO_Pin16;//GPIO 配置
GPIO_InitStructure. GPIO_Dir = DIR_OUTPUT;               //引脚输出模式
GPIO_InitStructure. GPIO_Output = OUTPUT_H;              //默认输出
LPLD_GPIO_Init (GPIO_InitStructure);                     //调用初始化函数

static UART_InitTypeDef UART_InitStructure;              //串口数组配置
UART_InitStructure. UART_Uartx = UART0;                  //串口选择
UART_InitStructure. UART_BaudRate =115200;               //波特率配置
UART_InitStructure. UART_RxPin = UART_RxPinx;            //Rx 脚设置
UART_InitStructure. UART_TxPin = UART_TxPinx;            //Tx 脚设置
UART_InitStructure. UART_RxIntEnable = TRUE;             //Rx 接收中断使能
UART_InitStructure. UART_RxIsr = UART_isr;               //接收中断函数配置
LPLD_UART_Init (UART_InitStructure);                     //调用初始化函数
LPLD_UART_EnableIrq (UART_InitStructure);                //串口使能
```

```
void UART_isr (void) //串口中断函数
{
  if ((UART0->S1 & UART_S1_RDRF_MASK) && (UART0->C2 & UART_C2_RIE_
MASK))
   {
     语句;
   }
}
```

UART 初始化配置比较简单。首先是初始化串口号,这里配置的是 UART0,不同串口号对应的引脚也不一样。其次是波特率,不初始化默认为 9 600,波特率越高,传输速率就越高,但是相应的误码率也就更高。然后就是 UART 的引脚设置,每个 UART 都有特定的引脚,有的 UART 可以选择设置为其他的引脚。UART 模块可以选择使能接收中断和发送中断,使能中断之后需要配置中断服务函数,这里选择的是使能接收中断,并配置了中断服务函数。中断服务函数中需要判断中断源是否是接收中断,然后再运行接收中断中的语句组,语句组功能和内容可以根据实际需求编写。

初始化完成后,就可以开始调用。发送数据使用 LPLD_UART_PutChar(UART_Type *uartx, int8 ch)函数,接收数据可以通过接收中断处理,也可以使用库函数 LPLD_UART_GetChar(UART_Type *uartx),通过轮询实现数据读取。

以上就是 K60 单片机常用的模块介绍,在实践中通常会根据赛题和组别使用其他的外设和通信模块,届时可以参考固件库手册和开源代码。

## 5.5 通用程序设计

### 5.5.1 杂项周期(task)系统

杂项周期(task)系统是一个在主函数中运行时周期性执行代码的系统,它可以自定义个数的周期模块,一般设置 4 个模块,它们的计时参数存储在 taskNum 数组内,由一个周期为 1 ms 的 PIT 中断运行 task 系统的自检,当 taskNum 数组内有元素不为 0 时,对该元素进行自减,当某元素自减为 0 时,该模块的杂项周期内的函数就会执行,并会重新为该数组元素赋值,这样来实现代码块的周期运行。

task 系统的自检代码如下:

```
for (i = 0; i < NumOfTask; i++)
  if (task.taskNum[i])
    task.taskNum[i]--;
```

其中,“NumOfTask”是周期模块数,这个地方宏定义是 4。

以 LED 闪烁为例,杂项周期的运行代码如下:

```
if (task.taskNum[0] == TASK_ENABLE) //杂项周期
```

```
{
    task. taskNum[0] = 100; //周期毫秒数
    led. Set (LED4,LED_TOGGLE); //LED 状态翻转
}
```

其中,“TASK_ENABLE”是杂项周期触发数,这个地方宏定义是 0。当 task 结构体中的“taskNum[0]”为 0 的时候,就会执行判断语句内的代码。首先是给“taskNum[0]”赋值,保证该项的周期运行。其次就是执行任务代码,此处是“led. Set(LED4, LED_TOGGLE);”,就是使 LED4 实现电平的翻转。由代码可见,每过 100 ms 就会翻转一次 LED4 的电平,由此达到以 5 Hz 频率闪烁的目的。对于周期性要求不高的代码可以放在杂项周期中。

杂项周期系统占用的主要资源为一个 PIT 计时器,为了实现上述功能,在初始化过程中需要初始化一个 PIT 模块并使中断触发周期为 1 ms。

### 5.5.2 舵机控制

使用舵机实现车模的方向控制,舵机控制的信号线只需要一根,控制信号是一个变化的高低电平信号,也就是脉冲宽度调制信号。由于智能汽车舵机控制频率不能高于 50 Hz,所以出于可移植性考虑,使用 PIT 模块来实现脉冲宽度调制信号的模拟。

以 50 Hz 频率运行的代码周期性地给 PIT 模块计时寄存器赋值,以 PIT1 作计时器和 PTD12 作输出脚为例,赋值函数如下:

```
void SetServ (uint16 angleset) //控制打角
{
        PIT->CHANNEL[1]. LDVAL = angleset * (g_bus_clock /1000000)  -1;
        PTD12_0 =1;
        PIT->CHANNEL[1]. TCTRL |= PIT_TCTRL_TEN_MASK; //开始计时
}
```

输入形参是打角值,由打角值和总线频率换算出高电平时间并赋值给 PIT 定时器加载值寄存器,然后将输出脚 PTD12 置位,之后使能定时器控制寄存器的计数功能,PIT 定时器就会开始自减计时。当计时完成时,触发 PIT 中断,中断函数如下:

```
static void Servo_PIT_Isr (void)
{
        PTD12_0 = 0;
        PIT ->CHANNEL[1]. TCTRL &= ~PIT_TCTRL_TEN_MASK;//停止计时
}
```

首先是将输出脚 PTD12 复位,然后关闭定时器控制寄存器的计数功能,即完成一段时间的高电平输出。周期性触发以上程序,即可实现模拟脉冲宽度调制信号的输出。

### 5.5.3 电机控制

电机控制是一个闭环控制过程,直立车模和四轮车模的电机控制不同,直立车模主要需要控制车模的姿态角,四轮车模主要是实现快速的加减速。虽然两者都有速度环的闭环,但是直立需要在速度反馈之下再串联一级车模姿态角的控制环。

以四轮车模为例，后轮的转速期望值由 MCU 根据实际路况计算给出，实际值由 FTM 模块通过编码器的正交解码得到。执行器是 FTM 模块，通过调整输出的 PWM 占空比来调整电机的输出功率，控制算法为 PI 算法。编码器的速度获取代码如下：

```
//（计数值＊计数频率/一米计数值）求出车速转换为 M/S
L_CarSpeed=L_CarSpeed＊0.15+0.85 ＊ Left_count ＊ SPEED_F / L_QD_UNIT;
R_CarSpeed=R_CarSpeed＊0.15+0.85 ＊ Right_count ＊ SPEED_F / R_QD_UNIT;
if (L_CarSpeed >8)L_CarSpeed =8; //限速
if (R_CarSpeed >8)R_CarSpeed =8;
speed_avr= (L_CarSpeed+R_CarSpeed)/2;
```

最后的 speed_avr 为车模行驶平均速度，可以用该速度积分来计算路程。Left_count 为左编码器采集到的计数值，Right_count 为右编码器采集到的计数值，SPEED_F 为编码器采集频率，L_QD_UNIT 和 R_QD_UNIT 为左右编码器行驶 1 m 的计数值。获得速度值后就可以通过 PI 算法计算出 PWM 输出占空比，代码如下：

```
//左电机速度更新
L_ SpeedControlOutUpdata = MotorPID.P ＊ L PreError[0] + MotorPID.I ＊ speed.L_ControlIntegral ;
//右电机速度更新
R_ SpeedControlOutUpdata = MotorPID.P ＊ R_ PreError[0] + MotorPID.I ＊ speed.R_ControlIntegral;
if (L_SpeedControlOutUpdata>=0)//左电机限幅
MotorPwm [1] = (int16) (L_SpeedControlOutUpdata > speed.L_Bigeest? speed.L_Bigeest:L_SpeedControlOutUpdata);
    MotorPwm[0] =0;
}
if (L_ SpeedControlOutUpdata<0)//左电机限幅
{
MotorPwm[1] =0;
MotorPwm[0] =(int16) (-L_SpeedControlOutUpdata>speed.L_Bigeest? speed.L_Bigeest:-L_SpeedControlOutUpdata);
}
if (R_ SpeedControlOutUpdata>=0)//右电机限幅
{
MotorPwm[3] =0;
MotorPwm [2] = (int16) (R_SpeedControlOutUpdata > speed.R_Bigeest? speed.R_Bigeest:R_SpeedControlOutUpdata);
}
if (R_SpeedControlOutUpdata<0)// 右电机限幅
{
MotorPwm[3] =(int16) (-R_SpeedControlOutUpdata>speed.R_Bigeest? speed.R_Big-
```

```
eest:-R_SpeedControlOutUpdata);
            MotorPwm[2] =0;
        }
    motor. MotorPwmFlash (MotorPwm) ;// PWM驱动
```

PID 算法会在之后章节详细介绍,此处不再展开。左右电机输出值在计算出来后是有正有负,需要将值赋给相应的通道,同时需要确定输出限幅,通过三目运算符就能够轻松完成。赋值完成后的 PWM 数组就可以调用 PWM 更新函数 motor. MotorPwmFlash(int16 * PWM)来实现 PWM 占空比更新了。

### 5.5.4 UI 显示和交互

智能汽车在调试中需要与操作人员进行交互,需要设计一个 UI 显示系统。功能完善设计简洁的 UI 不仅能够方便平时调试,也能够方便参赛选手根据赛场实际情况随机应变。

在本套例程中,UI 结构体内包含两个执行函数,一个是 UI. Disp()显示函数,一个是 UI. Adjust()调整函数。显示函数在杂项周期中循环运行,通过 OLED 屏幕显示操作界面,调整函数在触发按键后运行,执行按键相应的操作。

UI 界面的显示通过 OLED 屏幕相关的库函数执行,显示函数的结构如下:

```
void UI_ Disp (void)                    //显示函数
{
  int i;
  switch (ui. level)                     //UI层级选择
  {
  case0:                                 //主菜单
    UI_ DispUIStrings (UI_ Menu) ;
    break;
  case 1:                                //1级菜单
    switch (ui. cursor[0])               //光标行选
    {
    case 0:                              //图像显示
      oled. Showimage ();
      for(i=0;i<=7;i++)
        oled. Printf(81,i, UI_Image[i]);
      oled. PrintCharValue(108,1,(uint8)ui. fps_timer_counter[0]);
      oled. PrintFloatValue (81,7,gyro. Car_Angle);
      break;
    case 2:                              //参数显示
      UI_ DispUIStrings (UI_ Param) ;
      oled. PrintFloatValue(81,2,gyro. TurnAngle_Integral);
      oled. PrintFloatValue(81,4,sensor. once_uni_ad[4]);
      oled. PrintFloatValue(81,5, sensor. once_uni_ad[5]);
```

```
            oled. PrintFloatValue(81,6, sensor. once_uni_ad[6]);
            break;
          }
        break;
      }
    }
```

显示函数主要通过嵌套的 switch 结构实现。ui. level 是 UI 界面的层级,主界面在第 0 层级,次级界面在第 1 层级,开发者可以根据需求自行添加层级。ui. cursor 数组储存了各层级的光标位置。在非 0 层级时需要通过判断上一层级的光标位置来确定应该显示的 UI 界面,如当 UI 界面位于第 1 层级时,显示内容由 ui. cursor[0]即主界面光标所在位置决定。显示函数并非 LPLD 库函数,它们是 OLED 屏幕的开源显示代码,此处也通过结构体进行了封装。界面显示函数 UI_DispUIStrings(uint8 strings[8][22])中调用的 UI 界面数组,如 UI_Menu 等,在 UIString 源文件中定义,一个 UI 显示界面定义需要满足[8][22]的大小格式,这是由屏幕的尺寸型号决定的,当屏幕尺寸型号改变时需要连同显示函数一起修改。

UI 的调整函数结构如下:

```
void UI_ Adjust()                          //UI 调整函数
{
  switch (ui. cursor[0])                   //光标行选
  {
  case 0:
    switch (ui. cursor[1])
    {
    case 0:
      if (ui. level>=2)//执行条件
      {
        RunCar();
      }
      break;
    }
    break;
  }
}
```

UI 调整函数的思路与 UI 显示函数一致,只是结构中的内容是 UI 执行函数。此处唯一一个执行函数是发车函数 RunCar(),它的执行条件是 UI 层级大于等于 2。可以通过设置不同的执行条件来实现不同的功能。

由于同一 PORT 的 GPIO 接口外部中断源一致,按下按键之后需要判断具体中断来源。此处以“ok”按键为例,外部中断的代码如下:

```
void KEY_ isr (void)
{
```

```
    int cnt =0,i;
    if (LPLD_ GPIO_ IsPinxExt (KEY_ ISR_ D, KEY_ OK) && ! keys. flag) // ok
    {
      for (i =0;i<500; i++)
        if (OK_IN ==0)
          cnt++;
        if (cnt <490)                                    //消抖
        {
          LPLD_ GPIO_ClearIntFlag (KEY_ ISR_D); //消除中断标志
          return;
        }
        else
        {
          bee. time = KEY_ BEETIME;
          keys. flag = KEY_ DELAY;
        }
        ui. move=0;
        if (ui. level <3)                                //增加 UI 层级
          ui. level++;
        ui. cursor [ui . level] =0;
        ui. Adjust( );                                   //调用调整函数
        LPLD_GPIO_ClearIntFlag(KEY_ ISR_ D);           //消除中断标志
    }
}
```

触发外部中断后，通过寄存器值判断触发的按键，然后做一次消抖处理。如果判断按键按下，蜂鸣器计时赋值，按键延时赋值（避免重复按下按键），按键模式赋值，光标赋值，调用 UI 调整函数，最后清空按键中断标志位，这样就完成了按键的 UI 操作。

以上为代码功能框架，控制算法每个组别都不相同，在后面实例章节会有详细讲解。

## 5.6 PID 控制算法在智能汽车中的应用

### 5.6.1 PID 控制算法介绍

经典控制理论在实际控制系统中的典型应用就是 PID 控制器，它是按设定值与系统反馈值的偏差的比例(P)、积分(I)和微分(D)的叠加和作为系统的输入，对系统进行控制，PID 算法的一般形式如图 5.7 所示。PID 算法一般分为位置式和增量式，在原理上均相同，应用场合略有差别，增量式 PID 输出的是被控量的增量，发生故障时影响范围较小。

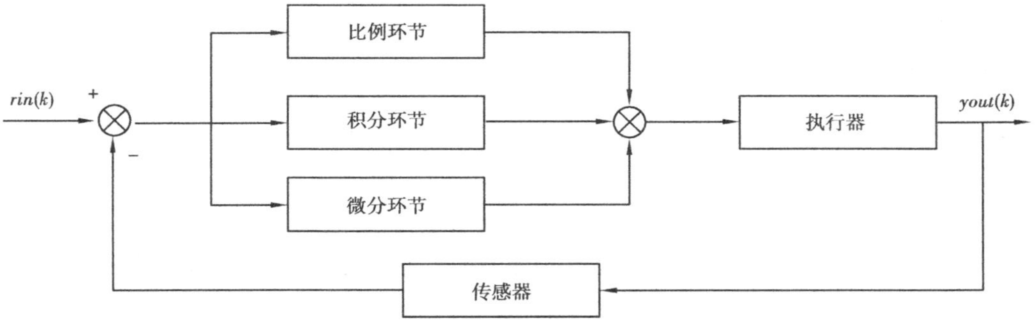


图5.7 PID控制框图

PID控制器调节输出是为了保证偏差值(*error* 值)为零,使系统达到一个预期稳定状态。这里的偏差是给定值和实际输出值构成的控制偏差。

$$u(t) = rin(t) - yout(t) = k_p\left[error(t) + \frac{1}{T_I}\int error(t)\mathrm{d}t + \frac{T_D \mathrm{d}error(t)}{\mathrm{d}t}\right] \tag{5.1}$$

式中,$T_I$ 为积分项的比例常数;$T_D$ 为微分项的比例常数。

为了让计算机能处理这个PID算法,必须把这个连续算式离散化成周期采样偏差算式,才能计算调节输出值。将积分与微分项分别改写成差分方程,设采样间隔为 $T$,在第 $k$ 个 $T$ 时刻,可得

积分环节用加和的形式表示,即 $err(1)+err(2)+\ldots+err(k)$

微分环节用斜率的形式表示,即 $[err(k)-err(k-1)]/T$

PID算法离散化后得到

$$u(k) = k_p err(k) + k_i \sum err(i) + k_d[err(k) - err(k-1)] \tag{5.2}$$

从这个数字偏差算式可以看出:比例项是当前误差采样的函数;积分项是从第一个采样周期到当前采样周期所有误差项的函数;微分项是当前误差采样和前一次误差采样的函数。

在这里需要说明的是:在积分项中可以不保存所有误差项,因为保存所有误差项会占用较大的计算机存储单元,所以通常从第一次误差采样开始,利用每一次偏差采样都会计算出输出值的特点,在以后的输出值计算中只需保存偏差前值和积分项前值即可。

下面根据式(5.2)分析各子项中各值的关系。

**(1)比例(P)控制**

比例控制是一种最简单的控制方式,其控制器的输出与输入误差信号成比例关系。在比例项中只有比例系数 $k_p$,不难看出比例项值的大小与比例系数大小成比例关系。根据P控制律,在比例项中只要合理设定 $k_p$ 的大小,就能根据采样偏差值 $err(k)$ 的变化影响控制器输出值,来控制调节幅度。当仅有比例控制时系统输出存在稳态误差(steady-state error)。

**(2)积分(I)控制**

控制器的输出与输入误差信号的积分成正比关系。对一个自动控制系统,如果在进入稳态后存在稳态误差,则称这个控制系统是有稳态误差的或简称有差系统(system with steady-state error)。为了消除稳态误差,在控制器中必须引入积分项。积分项消除误差取决于时间的积分,随着时间的增加,积分项会增大。这样,即便误差很小,积分项也会随着时间的增加而加大,它推动控制器的输出增大,使稳态误差进一步减小,直到等于零。因此,比例+积分(PI)

控制器,可以使系统在进入稳态后无稳态误差。

在这里又涉及采样周期选取的问题。采样周期是计算机重新扫描各现场参数值变化的时间间隔,控制周期是重新计算输出的时间间隔。在不考虑计算机 CPU 运算速度的情况下,采样周期与控制周期通常认为是同一描述。在实际工业过程控制中,采样、控制周期越短,调节控制的品质就越好。但盲目、无止境地追求较短的采样周期,不仅使计算机的硬件开支(如 A/D、D/A 的转换速度与 CPU 的运算速度)增加,而且由于现行的执行机构(如电动类调节阀)的响应速度较低,过短的采样周期并不能有效提高系统的动态特性,因此必须从技术和经济两方面综合考虑采样频率的选取。

选取采样周期时,有下面几个因素可供参考:

①采样周期应远小于对象的扰动周期。

②采样周期应比对象的时间常数小得多,否则所采样得到的值无法反映瞬间变化的过程值。

③考虑执行机构的响应速度。如果采用的执行器的响应速度较慢,那么盲目要求过短的采样周期将失去意义。

④对象所要求的调节品质。在计算机速度允许的情况下,采样周期短,则调节品质好。

⑤性能价格比。从控制性能来考虑,希望采样周期短,但计算机运算速度,以及 A/D 和 D/A 的转换速度要相应地提高,这会导致计算机的费用增加。

⑥计算机所承担的工作量。如果控制的回路较多,计算量又特别大,则采样周期要加长;反之,可以将采样周期缩短。

**(3)微分(D)控制**

在微分控制中,控制器的输出与输入误差信号的微分(即误差的变化率)成正比关系。自动控制系统在克服误差的调节过程中可能会出现振荡甚至失稳,原因是存在有较大惯性组件(环节)或滞后(delay)组件,具有抑制误差的作用,其变化总是落后于误差的变化。解决办法是使抑制误差的作用的变化“超前”,即在误差接近零时,抑制误差的作用就应该是零。也就是说,在控制器中仅引入比例项往往是不够的,比例项的作用仅是放大误差的幅值,而目前需要增加的是微分项,它能预测误差变化的趋势。这样,具有比例+微分的控制器,就能够提前使抑制误差的控制作用等于零甚至为负值,从而避免了被控量的严重超调。因此对于有较大惯性或滞后的被控对象,比例+微分(PD)控制器能改善系统在调节过程中的动态特性。

为了避免给定值变化引起的微分作用项的跳变,可以采用微分先行的方式,假定给定值不变,只保留数值的微分,①为了计算第 $n$ 次的微分项值,必须保存第 $n-1$ 次实际输出数值参与下一次计算,而不是偏差。②微分项值的大小与位于微分算式分子位置的微分系数 $k_d$ 大小成比例关系。也就是说,在有微分项参与输出调节控制时,微分系数设置越大,微分项作用输出值就越大,反之则变小。因此微分的设定一定要谨慎,设置不当,很容易引起输出值的跳变。

### 5.6.2 控制器 P、I、D 项的选择

在实际过程控制中,为使现场过程值在较理想的时间内跟踪给定值,选用何种控制或控制组合来满足现场控制的需要显得十分重要。根据前面对 PID 算法的分析,下面将各种常用的控制规律的控制特点作简单归纳。

①比例控制规律 P。采用 P 控制规律能较快地克服扰动的影响,它作用于输出值较快,但

不能很好地稳定在一个理想的数值,不良的结果是有余差出现。它适用于控制通道滞后较小、负荷变化不大、控制要求不高以及被控参数允许在一定范围内有余差的场合。

②比例积分控制规律(PD)。在工程中比例积分控制规律是应用最广泛的一种控制规律。积分能在比例的基础上消除余差,它适用于控制通道滞后较小、负荷变化不大、被控参数不允许有余差的场合。

③比例微分控制规律(PD)。微分具有超前作用,对于具有容量滞后的控制通道,引入微分参与控制,在微分项设置得当的情况下,可以显著提高系统的动态性能指标。因此,对于控制通道的时间常数或容量滞后较大的场合,为了提高系统的稳定性、减小动态偏差等,可选用比例微分控制规律。

④比例积分微分控制规律(PID)。PID 控制规律是一种较理想的控制规律,它在比例的基础上引入积分,可以消除余差,再加入微分作用,又能提高系统的稳定性。它适用于控制通道时间常数或容量滞后较大、控制要求较高的场合。

鉴于 D 规律的作用,还必须了解时间滞后的概念。时间滞后包括容量滞后与纯滞后。其中容量滞后通常又包括测量滞后和传送滞后。测量滞后是检测元件在检测时需要建立一种平衡,如热电偶、热电阻、压力等响应较慢产生的一种滞后;而传送滞后则是传感器、变送器、执行机构等设备产生的一种控制滞后。纯滞后是相对于测量滞后的,在工业上,大多的纯滞后是由物料传输所致,如大窑玻璃液位,在投料机动作到核子液位仪检测之间需要很长的一段时间。

总之,控制规律要根据过程特性和工艺要求来选取,绝不是说 PID 控制规律在任何情况下都具有较好的控制性能,不分场合就采用是不明智的。如果这样做,只会给其他工作增加复杂性,并给参数整定带来困难。若采用 PID 控制器还达不到工艺要求,则需要考虑其他的控制方案,如串级控制、前馈控制、大滞后控制等。

### 5.6.3 PID 最佳整定参数的设定

PID 的最佳整定参数一般包括 $k_p$,$T_I$,$T_D$ 三个常用的控制参数,准确有效地选定 PID 的最佳整定参数是决定 PID 控制器是否有效的关键部分,如何在实际生产中找到这些合适的参数呢?现行的方法有很多种,如动态特性参数法、稳定边界法、阻尼振荡法、现场经验整定法、极限环自整定法等。现场经验整定法是人们在长期工程实践中,从各种控制规律对系统控制质量影响的定性分析总结出来的一种行之有效并得到广泛应用的工程整定方法。在现场整定过程中,要保持 PID 参数按先比例、后积分、最后微分的顺序进行,在观察现场过程值反馈值曲线的同时,慢慢改变 PID 参数,进行反复凑试,直到控制质量符合要求为止。

在具体整定中,通常先关闭积分项和微分项,将 $T_I$ 设置为无穷大,$T_D$ 设置为零,使其成为纯比例调节。初期比例度按经验数据设定,根据反馈值曲线,再慢慢整定比例,控制比例度,使系统达到 4:1 衰减振荡的反馈曲线。然后,再加积分作用。在加积分作用之前,应将比例度加大为原来的 1.2 倍左右。将积分时间 $T_I$ 由大到小地调整,直到系统再次得到 4:1 衰减振荡的反馈值曲线为止。若需引入微分作用,微分时间按 $T_D=(1/3\sim1/4)T_I$ 计算,这时可将比例度调到原来的数值或更小一些,再将微分时间由小到大调整,直到反馈值曲线达到满意为止。有一点需要注意:在凑试过程中,若要改变 $T_I$、$T_D$,则应保持比值不能变。

在找到最佳整定参数之前,要对反馈值曲线进行走势分析,判断扰动存在的变化大小,再进行凑试。如果经过多次仍找不到最佳整定参数或参数无法达到理想状态,而生产工艺又必须要较为准确,就得考虑单回路 PID 控制的有效性,或选用更复杂的 PID 控制。

### 5.6.4 电机 PID 控制

工业上的电机控制一般都是采用三闭环 PID,即电流环、速度环和位置环。但对于智能汽车来说,最主要的是智能汽车在运行中的速度控制。因此,只需要采用电流环和速度环即可。电机 PID 控制采用的策略是内环为电流环增量式 PI 控制,外环为速度环位置式 PID 控制。原理是利用编码器反馈的实际速度作为速度环的反馈,得到一个期望电流值。速度环输入值和编码器反馈值进行比较后的差值在速度环做 PID 调节后输出到电流环。电流环的输入值和电流环的反馈值进行比较后的差值在电流环内做 PID 调节输出给电机。直流电机的转矩与电流成正比,相当于是对一个线性系统进行控制,因此可达到较好的控制效果。

### 5.6.5 舵机 PID 控制

在智能汽车中,舵机是调节方向的核心,舵机控制的好坏直接决定了转向的灵活性。舵机控制采用 PID 算法,输入为传感器采集到的位置误差,对于摄像头传感器来说,偏差为摄像头中赛道中线偏离实际中心位置的值;对于电磁传感器来说,偏差为左右电感的差值的正相关函数(取决于偏差的计算方式),输出为舵机的实际打角。舵机方向控制环节一般采用的是 PD 控制。

### 5.6.6 其他控制算法介绍

在智能汽车控制中除了 PID 算法还有其他算法,如模糊控制、ADRC 控制、前馈控制等。这里主要介绍模糊控制算法。在智能汽车控制中,模糊控制是在一般 PID 无法满足控制要求时,作为提速阶段使用的算法,一般应用于智能汽车循线的方向环中,它能提高方向控制的稳定性和快速性。模糊控制器主要由三部分组成:模糊化、模糊推理、清晰化,如图 5.8 所示。

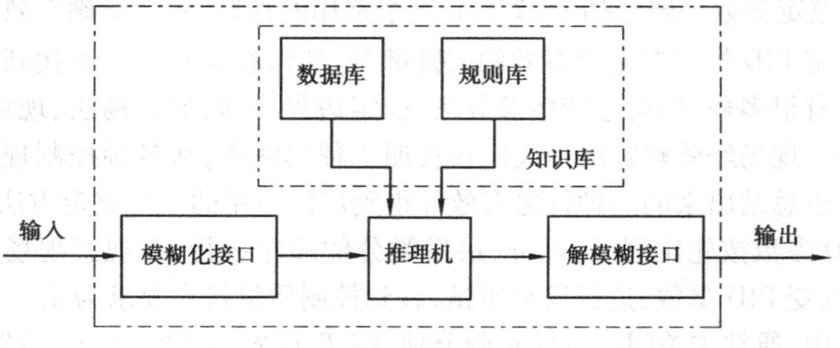


图 5.8 模糊控制框图

针对智能汽车的方向环模糊控制,一般来说模糊控制器的输入有两项,一项是赛道偏差值,该值可以表征此时车模偏离赛道的程度;另一项是偏差的微分值,该值表征此时车模偏离赛道的转向角速度。通过对车模高速过 90°弯道进行测试,再加上陀螺仪积分记录转向角度,可以得到偏差值以及偏差的微分值在切弯过程中 0° ~30°的变化情况。经过测试可知,若能在切弯的前 30°抑制住车模向外拐的趋势,那就是一个漂亮的切弯。因此方向环的模糊控制的知识库也是针对这前 30°进行编写。输出可以是原方向环 PID 中的模糊 P 或模糊 D 的一个增量。对于这个模糊控制器,一般采用的都是线性隶属度函数,隶属度最大原则进行反模糊化。主要需要调参部分为论域和规则表。论域主要是根据车模在一次切弯时,偏差和偏差变化率的变化来确定。依照一个总结出来的规律,可以针对切弯30°时的偏差作为论域DFF(输入量D语言值特征点)的最大值,然后等分论域,再不停地调节最小论域PFF的值来起到一个方向环死区的作用,防止一般扰动造成模糊控制的不稳定。对于论域中的DFF(输出量U语言值特征点)则是可以取切弯30°以前的一个偏差变化率的中值,再不停调节直至得到一个合适的参数。对于规则表的调整,其表示的含义也是针对切弯的开始阶段P和D的增加,当切弯完成后恢复正常。

## 5.7 智能汽车控制中常用的滤波算法

### 5.7.1 限幅滤波算法

**(1)方法**

根据经验判断,确定两次采样允许的最大偏差值(设为A)。每次检测到新值时判断:

①如果本次值与上次值之差小于等于A,则本次值有效。

②如果本次值与上次值之差大于A,则本次值无效,放弃本次值,用上次值代替本次值。

**(2)优缺点**

①优点:能有效克服因偶然因素引起的脉冲干扰。

②缺点:无法抑制周期性的干扰;平滑度差。

### 5.7.2 中位值滤波算法

**(1)方法**

①连续采样 $N$ 次($N$ 取奇数)。

②把 $N$ 次采样值按大小排列。

③取中间值为本次有效值。

**(2)优缺点**

①优点:能有效克服因偶然因素引起的波动干扰;对温度、液位变化缓慢的被测参数,有良好的滤波效果。

②缺点:对流量、速度等快速变化的参数不宜。

### 5.7.3 算术平均滤波算法

**(1)方法**

连续取 $N$ 个采样值进行算术平均运算:

①$N$ 值较大时,信号平滑度较高,但灵敏度较低。

②$N$ 值较小时,信号平滑度较低,但灵敏度较高。

③$N$ 值的选取:流量,$N=12$;压力,$N=4$。

**(2)优缺点**

①优点:适用于对具有随机干扰的信号进行滤波。这种信号的特点是有一个平均值,信号

在某一数值附近上下波动。

②缺点：对于测量速度较慢或要求数据计算速度较快的实时控制不适用；比较浪费 RAM。

### 5.7.4 递推平均滤波算法

**(1)方法**

①把连续取 $N$ 个采样值看成一个队列。

②队列的长度固定为 $N$。

③每次采样到一个新数据放入队尾，并扔掉原来队首的一次数据(先进先出原则)。

④把队列中的 $N$ 个数据进行算术平均运算，就可获得新的滤波结果。

⑤$N$ 值的选取：流量，$N=12$；压力，$N=4$；液面，$N=4\sim12$；温度，$N=1\sim4$。

**(2)优缺点**

①优点：对周期性干扰有良好的抑制作用，平滑度高；适用于高频振荡的系统。

②缺点：灵敏度低；对偶然出现的脉冲性干扰的抑制作用较差；不易消除由于脉冲干扰所引起的采样值偏差。

### 5.7.5 中位值平均滤波算法

**(1)方法**

①相当于“中位值滤波法”+“算术平均滤波法”。

②连续采样 $N$ 个数据，去掉一个最大值和一个最小值计算。

③$N=2$ 个数据的算术平均值。

④$N$ 值的选取：3 ~ 14。

**(2)优缺点**

①优点：融合了两种滤波法的优点；对于偶然出现的脉冲性干扰，可消除由其所引起的采样值偏差。

②缺点：测量速度较慢；比较浪费 RAM。

### 5.7.6 限幅平均滤波算法

**(1)方法**

①相当于“限幅滤波法”+“递推平均滤波法”。

②每次采样到的新数据先进行限幅处理，再送入队列进行递推平均滤波处理。

**(2)优缺点**

①优点：融合了两种滤波法的优点；可消除由于偶然出现的脉冲干扰所引起的采样值偏差。

②缺点：比较浪费 RAM。

### 5.7.7　一阶惯性滤波算法

**(1)方法**

①取 $a=0\sim1$。

②取本次滤波结果=(1-$a$)×本次采样值+$a$×上次滤波结果

**(2)优缺点**

①优点:对周期性干扰具有良好的抑制作用;适用于波动频率较高的场合。

②缺点:相位滞后,灵敏度低;滞后程度取决于 $a$ 值的大小;不能消除滤波频率高于采样频率 1/2 的干扰信号。

# 第 6 章 小白四轮组开发实例

## 6.1 系统总体方案设计

根据竞赛要求，参赛队伍需在组委会统一提供的车模平台上，自主选择传感器类型以及恩智浦公司的核心处理芯片，设计系统硬件电路，开发软件算法。智能汽车主要包括3部分，分别为车模的机械结构、硬件电路和软件算法，每一个部分又由多个子功能模块构成。所以要构建一个完整的小车系统，必须先对各个模块进行论证和设计，再将各模块组合成一个完整系统，进行系统整体调试。

**(1)系统总体结构**

智能汽车自动循迹运行主要依靠的是3个功能系统：检测系统、控制决策系统、动力转向系统。其中检测系统采用CMOS数字摄像头、电感传感器与编码器，控制决策系统采用K60单片机作为主控芯片，动力系统主要控制舵机的转角和直流电机的转速。系统工作原理如下：通过摄像头传感器检测前方的赛道图像信息，通过电感采集赛道磁场信息，并将赛道图像信息与电感信息发送给单片机。同时，通过编码器将车模的实时速度传送给主控单片机。根据赛道信息和车模当前的速度信息，由主控单片机做出决策，并通过PWM信号控制直流电机和舵机进行相应动作，从而实现车模的转向控制和速度控制。四轮车模系统总体结构如图6.1所示。

四轮车模的硬件电路主要由12个部分组成：MK60DN512VLQ10芯片及其外围电路，电源管理模块，图像采样处理模块，电感采集处理电路，速度检测电路，电机驱动电路，舵机驱动模块，图像参数显示模块，串口通信模块，加速度检测模块，红外测距模块，其余的辅助调参模块。

①K60芯片及其外围电路是系统的核心部分，负责接收赛道图像数据、车模速度等反馈信息，并对这些信息进行恰当的处理，形成合适的控制量对舵机与驱动电机模块进行控制。

②电源管理模块给整个系统供电，保障系统安全稳定运行。

③图像采样处理模块采用数字摄像头OV7725，用于获得赛道信息供单片机处理，是智能汽车的“视觉系统”。

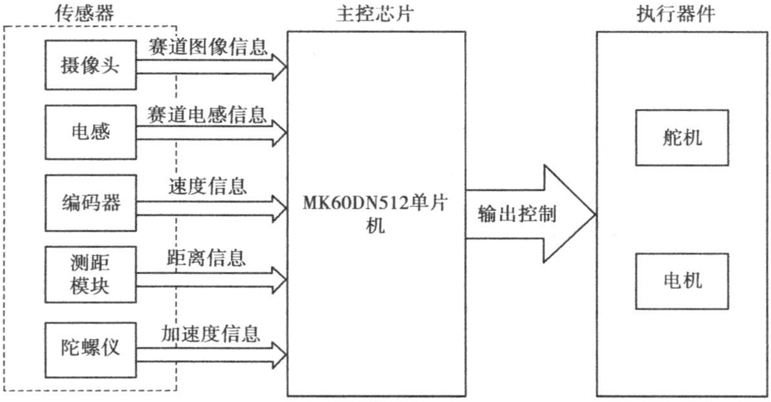


图6.1　四轮车模系统总体结构框图

④电感采集处理电路通过5个工字电感采集赛道电感值信息,用于车模在断路元素部分循线。

⑤速度检测电路采用欧姆龙小型编码器E6A2-CW3C。

⑥电机驱动电路采用MOS全桥驱动电路,可以实现电机的正反转。

⑦舵机驱动模块控制舵机的转向。

⑧为了方便调试时观看图像及显示参数采用了0.96 in(1 in=2.54 cm)OLED显示屏。

⑨采用蓝牙串口通信用于得到小车实时行驶参数。

⑩采用陀螺仪MPU6050检测小车加速度信息,用于坡道检测。

⑪采用红外测距采集前方障碍距离信息,用于横断元素判断。

⑫辅助调参模块包括键盘模块、拨码开关、LED指示等。

**(2)智能汽车软件系统运行主要流程**

①各个功能模块的初始化。

②检测开关按键信息,执行相应指令。

③各传感器信号的采集(摄像头、陀螺仪、编码器、电感等)。

④传感器信息处理及赛道元素的识别。

⑤计算速度误差、电感偏差与中线误差。

⑥车模运行控制:速度控制,转向控制。

智能车程序运算流程图如图6.2所示。

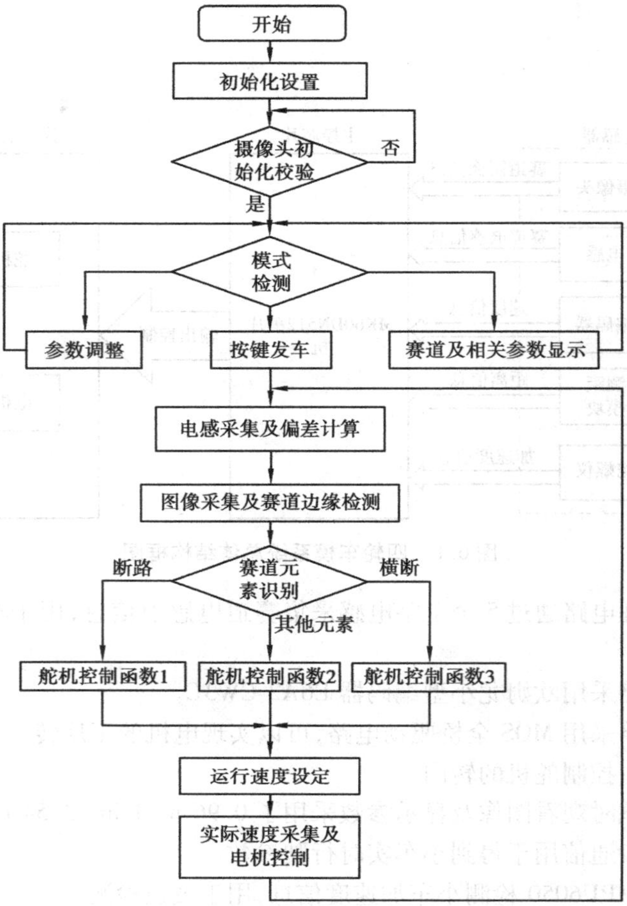


图 6.2　智能车程序运算流程图

## 6.2　系统硬件电路设计

在第 4 章已经介绍了智能汽车硬件电路设计相关知识，电源模块的芯片选型都一样，每个组别电源模块根据小车实际的硬件需要稍微有点差异，电机驱动电路与第 4 章介绍的双电机驱动模块完全一样，本节只对四轮主板电路作简单介绍。四轮主板结构如图 6.3 所示，该主板主要由电源模块、传感器输入接口、人机交互接口、微处理器插口以及执行器控制输出接口组成。传感器输入接口主要由摄像头采集信号输入接口和测速编码器输入接口组成，接口的主要功能是连接电源模块对应的合适输出电压给传感器供电，同时把传感器的信号引入单片机的 I/O 口；人机交互接口由按键输入接口、拨码开关接口、蜂鸣器接口和 OLED 屏幕接口组成；微处理器插口用于单片机最小系统和主板连接，为了方便维修，单片机最小系统单独作为一个模块，通过单片机插座与主板连接，单片机的供电也是通过插座与主板上的电源模块连接实现；执行器控制输出接口主要是电机控制信号输出接口和舵机控制信号输出接口，电机的供电通过电机驱动模块实现，舵机的供电通过主板对应的稳压模块实现。

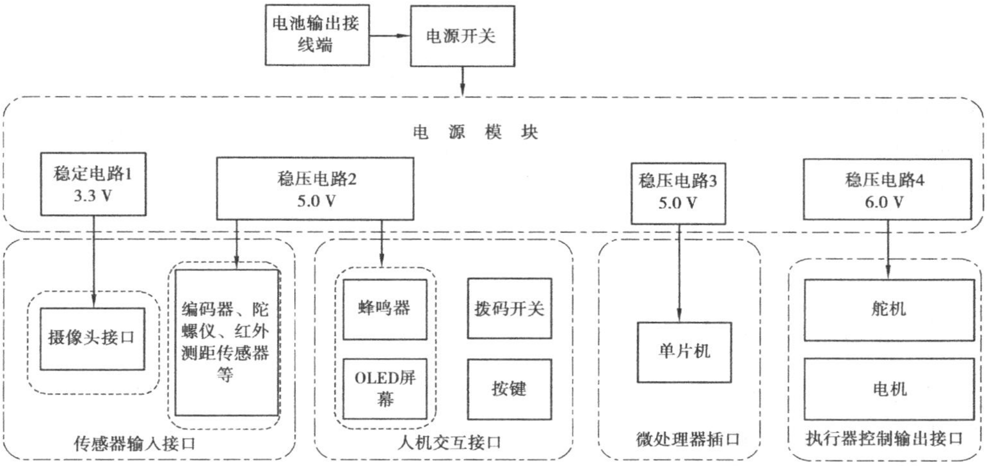


图 6.3　小白四轮组主板结构示意图

### 6.2.1　电源模块设计

电源模块电路如图 6.4 所示。根据元器件的选型,可以知道编码器、陀螺仪等传感器工作

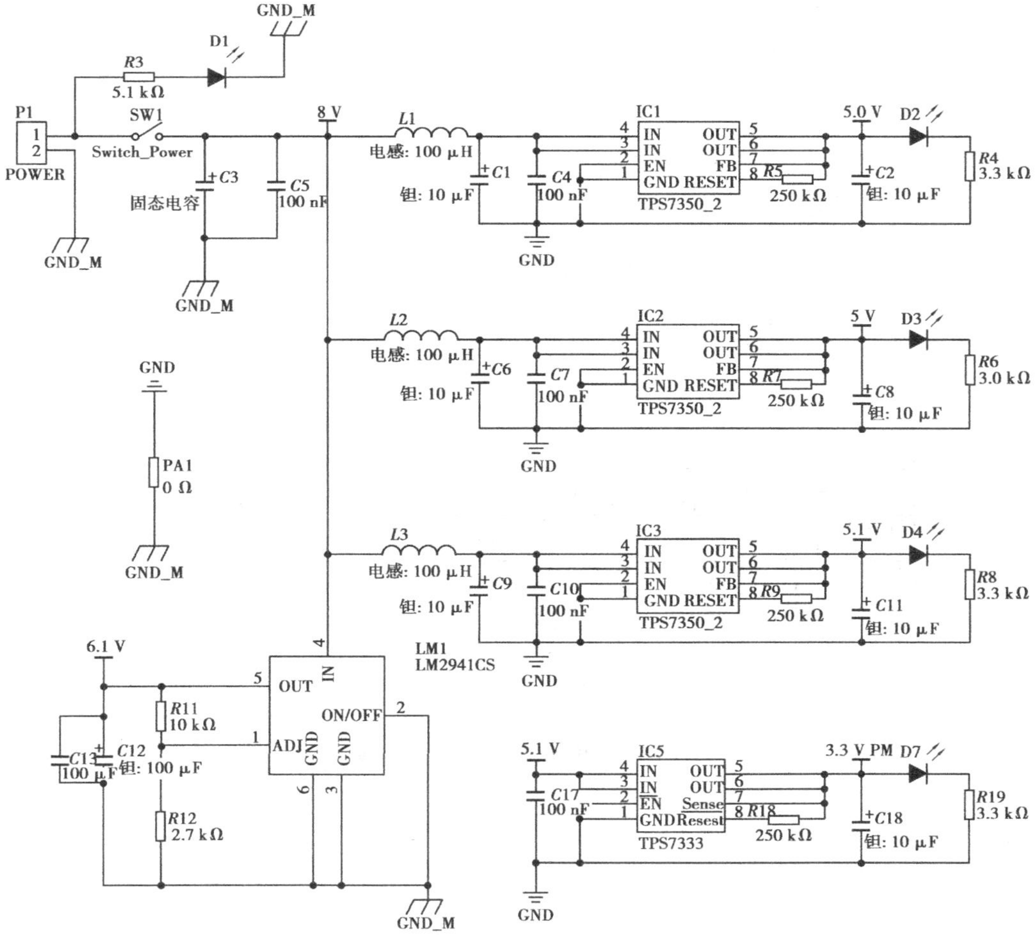


图 6.4　电源模块电路

电压为5 V,采用稳压芯片TPS76850;摄像头工作电压为3.3 V,选用稳压芯片TPS76833;最小系统板需要单独供电电压为5 V,同样采用TPS76850;舵机工作电压为6.0 V,稳压精度要求较高,选用LM2941。

下面对电路中的元器件功能作一个简单介绍,电路图中所有的电感、电容的作用都是滤波,滤出直流电源里面的噪声信号,使得电源信号更干净。发光二极管用来指示每一路电源输出是否正常,与二极管串联的电阻都是限流电阻,防止电流过大烧坏发光二极管。0 Ω电阻用来隔离模拟地和数字地。

### 6.2.2 传感器输入接口

图6.5是传感器输入接口电路图,四轮组传感器输入接口有五个,分别是摄像头、电磁传感器、陀螺仪、光电对管和红外测距传感器。接口的主要功能是主板上的电源通过接口给传感器供电,传感器的信号通过接口输入到单片机对应的接口,具体的连接方式从图6.5中所示的网络标号可以得到。

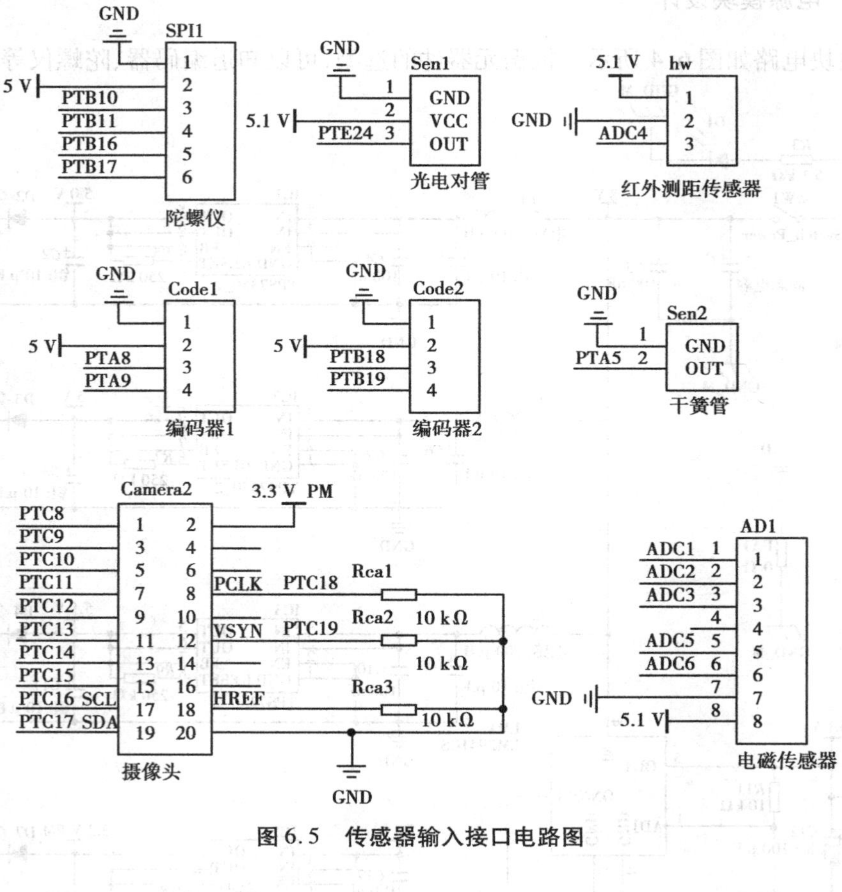


图6.5 传感器输入接口电路图

### 6.2.3 人机交互接口

图6.6是人机交互接口电路图。主板上的电源通过接口给相应人机交互外设供电,单片机控制外设的信号以及从外设读入单片机的信号都是通过人机交互接口实现的,具体的连接

方式从图6.6中所示的网络标号可以得到。

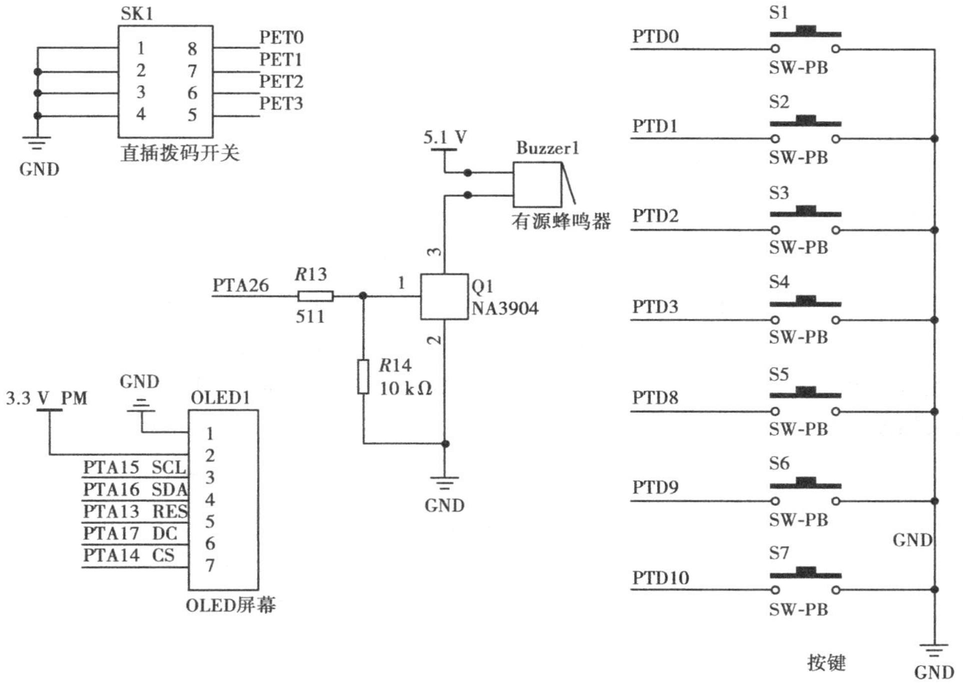


图6.6　人机交互接口电路图

### 6.2.4　执行器控制输出接口

图6.7是执行器控制输出接口电路，四轮车模的执行器有电机和舵机，电机的接口主要是单片机输出四路PWM信号控制电机的速度，排阻PZ1在电路中起到下拉作用，舵机接口主要是通过接口给舵机供电以及单片机输出PWM信号控制舵机打角。

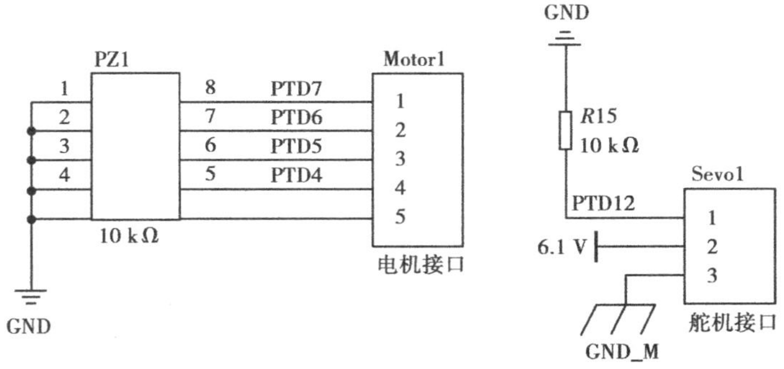


图6.7　执行器控制输出接口

## 6.3 四轮车模安装与调校

### 6.3.1 四轮车模车轮安装方法介绍

四轮车模选用C型车模，该车模主要靠前轮控制转向，前轮通过主销与舵机相连，舵机安装将直接影响车模的转向。如果舵机调整不到位，将很大程度上限制车模转向的角度和灵敏度。安装舵机需要准备舵机、主销、螺钉、螺母等零件，如图6.8所示。安装过程如图6.9所示，首先将舵机发盘与金属片用小螺钉连接，其次将主销与塑料器件连接，然后用长螺钉将舵机固定在C型车模上安装舵机的位置，并用组合好的主销将金属片和轮胎连接起来，安装完成的效果如图6.10所示。

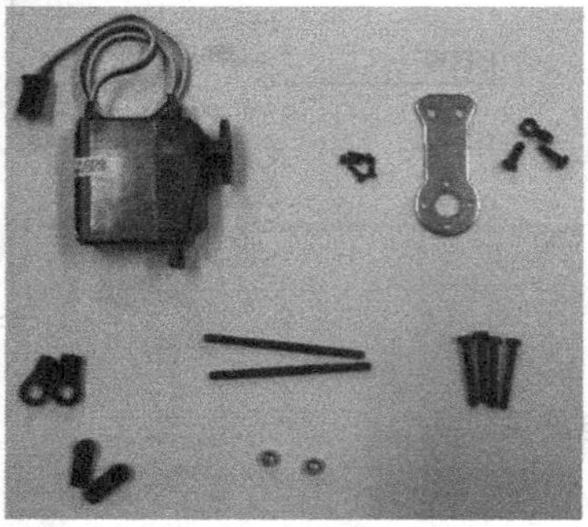

图6.8 零件示意图

图6.9 安装过程中示意图

### 6.3.2 四轮车模底盘高度与底盘刚度调整

四轮车模底盘高度决定车模重心的高度，通过在底盘与舵机的连接处添加垫片即可实现底盘高度的调节，如图6.11所示。需要注意的是车模底盘过低，会在上坡或者下坡的时候触地，影响小车的运行状态。四轮车的底盘刚度足够强，一般不需要做调整。

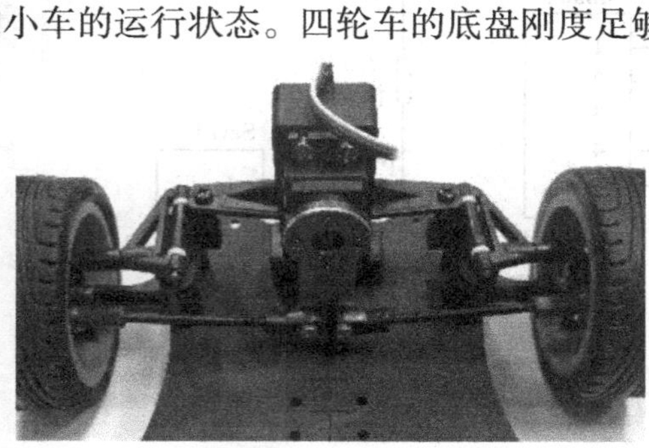

图6.10 安装完成示意图

图6.11 小车底盘调节示意图

### 6.3.3 传感器安装方法介绍

传感器根据需要进行选取与安装，这里主要介绍摄像头、电感和速度编码器的安装。

摄像头安装主要考虑三个方面，一是图像的失真要小，二是整车重心要低，三是前瞻要比较大。对摄像头的安装要求较高，必须保证视野要广，同时车的重心又不能太高，以减弱重心太高造成的摄像头严重晃动所带来的影响。需要的零件如图6.12所示，将摄像头用螺钉螺母固定安装在顶部并用热熔胶定型即可，如图6.13所示。需要注意的是车模有限制高度，安装时不能超高，否则竞赛检查车模时会被判罚取消成绩。

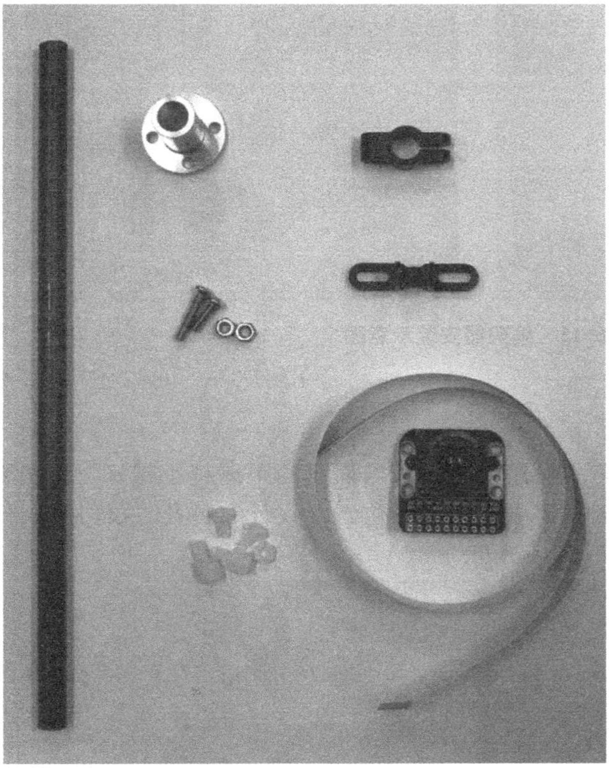

图6.12　摄像头安装零件示意图

图6.13　摄像头安装示意图

可以通过在车模前方安装碳素杆来固定电感，将电感安装在碳素杆上，并用热熔胶定型，或者直接将其固定在电磁运放电路板上，当然电磁运放电路板的尺寸需要专门设计。以下给出的是直接固定在电磁运放电路板上的安装方式，如图6.14所示。需要注意车模的长度和宽度限制，为了使车模做出及时反应，电感的前瞻需要足够远，而最两边的电感需要有一定的距离，但不能超过车模长度和宽度限制。

图6.14　电感安装示意图

测速装置在智能车系统中占有非常重要的地位，其要求是分辨能力强、精度高和检测时间短。从精度要求来看，512线增量式旋转编码器最为合适，且集成性好，抗干扰能力强。最终采用512线增量式旋转编码器作为系统的测速模块。测速时，通过齿轮与电机驱动齿轮啮合，后轮一转动，DMA模块就在脉冲累加模式下对编码器产生的脉冲进行累加，而后在一定时长的定时中断中将脉冲数读出，通过换算转变为后轮转速。其安装通过两颗螺钉固定在车模相应位置即可，如图 6.15 所示。需要注意的是齿轮之间的啮合需要合适，第 3 章已经介绍，这里不再赘述。

**图 6.15　编码器安装示意图**

### 6.3.4　电路板安装方法介绍

电路板的安装对车模的重心会有影响，所以电路板与底盘的距离越小越好。为了方便电路板在车模上的定位，在设计板子的时候需要在相应的位置上设计定位孔，这样用螺母、螺柱即可固定，主板和驱动板安装方式如图 6.16 所示。

(a)主板安装示意图

(b)驱动板安装示意图

**图 6.16　电路板安装示意图**

电磁运放电路板因为集成了电感，故要将其安装在车模的前方，需要准备的零件如图 6.17 所示。为了最大化地使用电感前瞻将支架安装在车模的舵机前方并调节支架的角度，要使其尽量高，在不影响摄像头图像的前提下尽量远，安装完成的示意图如图 6.18 所示。最后将运放板固定在支架上即可，如图 6.19 所示。

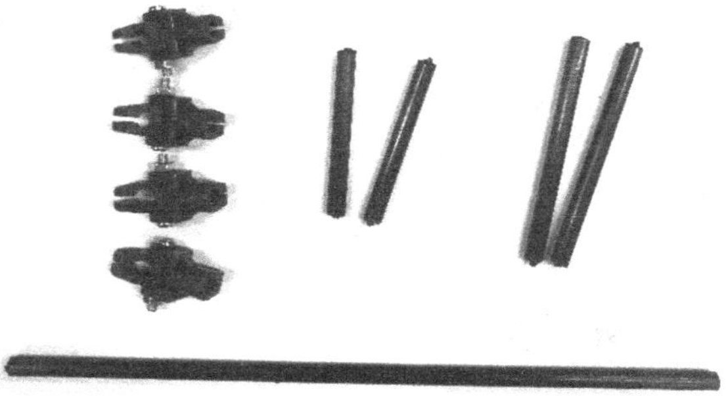

图 6.17　零件示意图

图 6.18　支架安装示意图

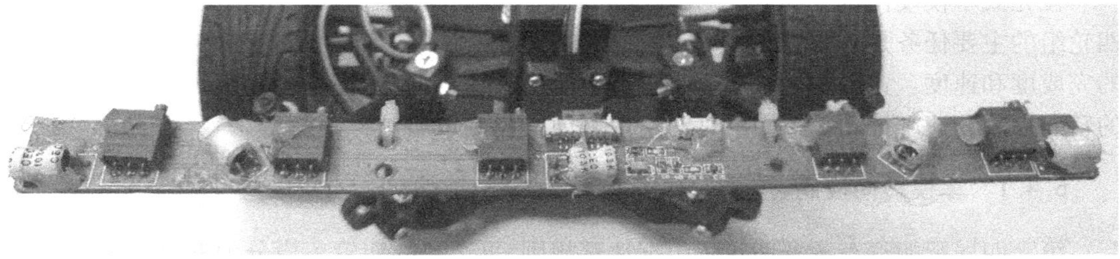

图 6.19　运放板安装示意图

### 6.3.5　四轮车重心位置控制

重心对车模的整体性能的影响集中表现为前轮对地摩擦力的大小、车模是否能稳定行驶以及加减速是否给力。垂直高度上的重心影响车的稳定性，重心越低，稳定性越高，调节时需要注意的一是电路板的安装尽量靠近车模的底盘，二是底盘高度尽量低；水平方向上的重心位置极其重要，它将直接影响前轮对地的摩擦力，也就是前轮抓地能力的强度。所以为了提高车模在整个跑道上的综合性能，需要将车的垂直重心尽可能降到最低，而将水平重心的位置调整到在前后中点的位置，这样可以防止过弯时出现甩尾。如图 6.20 所示，在车模装好之后可以用四个电子秤，放在车模的四个轮子下称量，如果车模的水平重心达到要求，则四个电子秤的数值应该近似相等。若相差很大，则需适当添加配重加以调整。

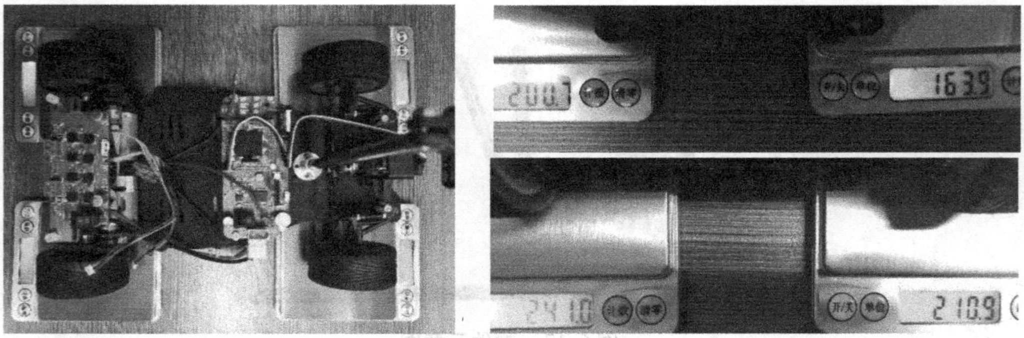


图 6.20 水平重心示意图

车模的机械结构很重要,对速度的提高有很大的关系。调整的原则是垂直重心尽量低,这样有助于车模过急弯时保持稳定。水平重心靠前会加大前轮的负担,增加转向的难度,而靠后会使前轮转向振荡,水平重心的调整要尽量平衡这两方面。电路以简洁为美,各个模块要分明,这样既可以减轻车模的质量,同时又美观。要注意到电路板的安放位置对车模的重心也有很大的影响。

## 6.4 小白四轮组控制策略

在完成车模硬件设计和装配后,车模的控制策略是车模能够运行的关键。根据竞赛要求,四轮组的主要任务是行驶完整个赛道时间越短者获胜,其中车模的控制策略影响着车模比赛的完成度和速度。竞赛中四轮车模是根据实际生活中四轮汽车简化而来,其控制可分为车模的转向控制和速度控制。下面就针对这两方面的控制策略进行介绍。

### 6.4.1 车模转向控制

第十四届智能汽车竞赛四轮组根据比赛规则,可选择的四轮车模分为 B 型车模和 C 型车模,而由于本届竞赛中赛道元素多,赛道复杂,选择后轮双电机驱动的 C 型车模。根据 C 型车模的硬件结构,其前轮摆动通过车模车头的舵机控制,而后轮的转动通过两个电机控制,而在四轮车模的转向过程中前轮的偏转和后轮两轮的差速起着共同作用。因此,对于 C 型车模的转向而言,其控制包含对舵机的控制和差速控制。

**(1)舵机控制**

舵机控制部分主要分为两个部分:控制方案和控制输入量的选择。赛道元素分布复杂,为了保证车模的高速运行,要求舵机响应迅速,因此在舵机的控制策略上选择位置式 PID 控制方案。PID 控制策略中积分 I 项的作用主要是消除响应中的静差,但由于其误差累计的影响,会影响系统的响应速度,所以在智能车舵机控制中,只采用 PD 控制。在舵机 PD 控制的处理中,由于单片机采集的图像含有距离信息以及图像左右方向上的非线性原因,会导致舵机的控制系统是一个非线性的系统,而标准 PD 控制是一个线性控制器,无法在智能车的舵机控制上有良好的表现,因此针对 PID 控制参数进行动态改变是舵机控制中较好的处理方法。常用的是模糊控制,模糊控制是设立一套模糊规则表,当模糊控制的输入量满足规则表中的某种情况时,就按照对应的规则输出。使用模糊控制的 PID 参数的整定主要就是对模糊规则表的调整,使 PID 控制参数按照设定的规则进行动态变化。模糊控制实际是将设计者对车模舵机控制的理解形成规则,从而使舵机按照该规则进行打角变化。模糊控制的优点明显,控制效果好,能够针对各类赛道进行具体的控制,但由于其规则表的制订相对复杂,完成一个较好的规则表需要花费的时间较多,若对 PID 控制不熟悉就相对难以入门。

另一种针对非线性问题的解决方法是根据输入量的大小,采用相应函数对 PID 控制参数进行拟合。由于四轮车模中舵机的控制输入来源为采集图像与赛道中线的偏差,而舵机的输出则是改变前轮的偏转角度,实际上该输入与输出是非线性的关系。如果用标准 PD 来控制舵机,则在赛道上车模的表现往往是直道过于抖动或者急弯切外。因此除了模糊控制外,一种相对简单且效果明显的 PD 控制处理方案,根据输入偏差的大小使用合适的函数来拟合控制参数,同时采用分段方式来针对非线性问题,其本质上与模糊控制是一致的。下面是使用分段一次函数拟合 P 控制参数的部分程序:

```
if(abs(error[0])<30)
{    Ser_PID. Kp=S_chg_kp;}  //偏差小于30,P参数值
else if(abs(error[0])<40)
{    Ser_PID. Kp=S_chg_kp+S_chg_40*(abs(error[0])-30);}
        //偏差小于40,大于30,P参数值
else if(abs(error[0])<50)
{    Ser_PID. Kp=S_chg_kp+S_chg_40*10+S_chg_50*(abs(error[0])-40);}
        //偏差小于50,大于40,P参数值
else if(abs(error[0])<60)
{    Ser_PID. Kp=S_chg_kp+S_chg_40*10+S_chg_50*10+S_chg_60*(abs(error[0])-
50);}
        //偏差小于60,大于50,P参数值
else
{    Ser_PID. Kp=S_chg_70;}  //偏差大于60,P参数值
```

对于控制输入量的选择,由于图像处理后得到的是已经规划出赛道中线的图像,实际没有明确说明舵机控制的输入量应选取什么,所以首先就是舵机控制量的选择。目前的常用方法是选取赛道中线与图像中线(图像为 160 行×120 列,所以图像中线固定为第 60 列)的差值作为舵机的控制输入量,但是图像是带有距离信息的。例如,一条直道经图像采集后在屏幕上显示为由两条斜向上的直线构成的,所以即使在实际赛道上,距离赛道中线距离相同的物体,当在图像上看时,会发现此物体距离车模越远,则其与图像中赛道中线的差值越小。这引出了控制量选择的第一个问题:选取距离车模多远的信息作为舵机控制量?当控制量选取过远,则会造成车模提前转向的现象;当控制量选取过近,则在高速情况下车模会出现来不及转向的现象。在舵机控制中,把这个控制量选取的距离称为前瞻,将前瞻与速度进行相关处理是常见的方案,具体方法是设定一个区间,前瞻在此区间内变动,且速度越快前瞻越远,速度越慢前瞻越近。在这个区间中前瞻与速度的拟合方案也有很多,尝试过的有一次曲线拟合、二次曲线拟合、三次曲线拟合以及使用 matlab 模拟拟合的算法。前瞻的距离选取没有固定的对应关系,随摄像头的位置、焦距、广角、俯仰角以及舵机的控制方案而不同。下面给出一种程序实例。

```
speed_now=(int16)(0.6 * MotorPID.Speed_test[0]+0.2 * MotorPID.Speed_test[1]+0.2 *
MotorPID.Speed_test[2]);  //实际采集速度
if(speed_now>400)
{
    foresight=fore_min;  //速度大于4 m/s时前瞻
}
else if(speed_now<250)
{
    foresight=fore_max;  //速度小于2.5 m/s时前瞻
}
else
{
    foresight=(int16)(fore_min+(float)(fore_max-fore_min) * (400-speed_now) * (400-
    speed_now)/(150 * 150));  //中间速度的前瞻计算
}
```

控制量选择的第二个问题，是如何选定和处理控制行。根据前面选取赛道中线与图像中线差值的方案，控制量的选定实际是选择处理后图像数组中哪一行的中线数据。只取一行的数据抗干扰性差，而选取的行数过多时，偏差变化小，有可能导致车模转向响应不够快，影响车模速度。可行的方案是选择前瞻行上下 7 行取权重计算后的值作为舵机控制量。

**(2)差速控制**

四轮车模除了舵机控制前轮转向外，当车模转向时，车模本身具有宽度，则此时内轮与外轮相对于转向中心点的距离不同，根据物体的圆周运动规律公式 $V=\omega\times R$，转向时角速度相同时，外轮所在位置的线速度大于内轮，即外轮转速应大于内轮。而 C 型车模为后轮双电机驱动，两轮的速度由不同电机控制，因此其差速控制需要主动设置。根据 C 型车模的结构和阿克曼原理，在理论上，车模的简化模型如图 6.21 所示。

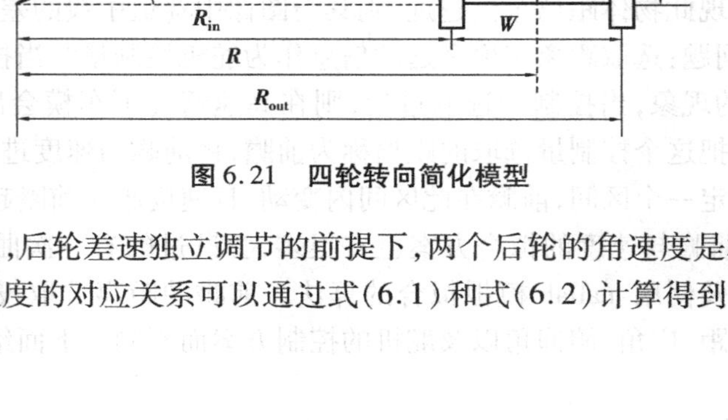

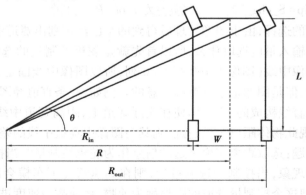


**图 6.21　四轮转向简化模型**

在前轮转向相同，后轮差速独立调节的前提下，两个后轮的角速度是相等的，而后轮的旋转半径以及与车轮速度的对应关系可以通过式(6.1)和式(6.2)计算得到(假定车速设定值为 $V$，平均半径为 $R$)。

$$R_{in} = R - \frac{W}{2}; R_{out} = R + \frac{W}{2} \tag{6.1}$$

$$\frac{V_{in}}{R_{in}} = \frac{V_{out}}{R_{out}} = \frac{V}{R} \tag{6.2}$$

因此,后轮左右轮的速度与想要达到的车速之间的关系如式(6.3)所示。

$$V_{in} = V \times \left(1 - W \times \frac{\tan\theta}{2L}\right); V_{out} = V \times \left(1 + W \times \frac{\tan\theta}{2L}\right) \tag{6.3}$$

但在实际程序编写过程中,单片机处理三角函数过于复杂,影响程序运行速度,而舵机是一种自带闭环控制的位置式轴转装置,其内部的伺服系统由可变宽度的脉冲来进行控制。固定的脉宽可以控制舵机精确地打到某一个角度,无须反馈信息,使得电机差速控制的力度可以根据控制舵机转角的脉宽信号来决定,因此对式(6.3)进行了改进:直接对左轮、右轮的速度进行设置,使用舵机的脉宽占空比减去处于中心位置的脉宽占空比的差值 $S$,与最大偏转角的脉宽占空比减去处于中心位置的脉宽占空比的比值 $S_{max}$ 代替原来的正切运算,且左转与右转的正负值恰好相反,可以直接判断后左右轮哪一个轮正处于弯道内部,哪一个轮正处于弯道外部,大大提高程序的运算效率。改进的公式为式(6.4):

$$V_{in} = V \times \left(1 - A \times \frac{S}{S_{max}}\right); V_{out} = V \times \left(1 + A \times \frac{S}{S_{max}}\right) \tag{6.4}$$

其中,$A$ 是差速的控制力度,其参数整定在理论上需要对车长、车宽以及传感器的摆放位置进行详细的测量与计算,但在实际使用中,根据某个速度下车模圆周运动时,使用上位机采集舵机偏量和左右轮实际速度,通过公式得到。程序实例如下:

```
        MotorPID. SpeedSet_L = (int) (MotorPID. SpeedSet-
MotorPID. SpeedSet * ((A/100.0f) * ((float)Servo_Angle[0]/(165 * 1.0))) );
        //左轮速度
        MotorPID. SpeedSet_R = (int) (MotorPID. SpeedSet+
MotorPID. SpeedSet * ((A/100.0f) * ((float)Servo_Angle[0]/(165 * 1.0))) );
        //右轮速度
```

### 6.4.2　车模速度控制

四轮组所采用的车模都为后轮电机驱动,因此车模速度控制的实质为电机控制。电机控制任务的目标,是车模在应该加速的地方可以立马加速;在需要减速的地方能够快速地减速。速度控制分为两大部分:速度给定和电机控制。其中,速度给定是为了尽量发挥出赛道的加速潜能,而电机控制则是使车模能够以较好的效果达到期望目标。

**(1)速度给定**

不同的赛道元素给定不同的速度,速度给定值是通过反复调试车模得到的。第一个难点在于赛道元素的识别。对于十字、坡道、环岛等具有明显特征且在图像处理时就会被特殊对待的赛道类型,其辨识一般十分轻松,直接使用图像处理时的相关标志位作为辨识标志,当标志位为 1 时,对速度赋予相应值,即可完成这部分赛道的速度给定。

第二个难点是长直道赛道速度给定。长直道在图像处理时一般不会被特殊对待,不存在相应的标志位，若要对这部分赛道进行单独的速度给定，则需要进行单独的图像处理。摄像头采集到的长直道赛道图像如图6.22所示，其特点可以总结为：图像顶点很远，图像中赛道中线基本居于图像中部，即中线偏差很小。同时为了防止一些特殊情况出现，还可以对条件进行限制，例如规定当图像中无边界的行数超过一定数量时，即使其他条件满足，也不认为此时为长直道赛道。长直道的辨识本身不难，但是当车模在长直道赛道行驶时，由于此时赛道难度最低，车模的速度相对较高，此时的速度给定值较大。因此，若车模在其他赛道出现长直道误判时，通常会导致小车突然加速冲出赛道。长直道赛道辨识的难点不在于如何识别，而在于如何防止误判。

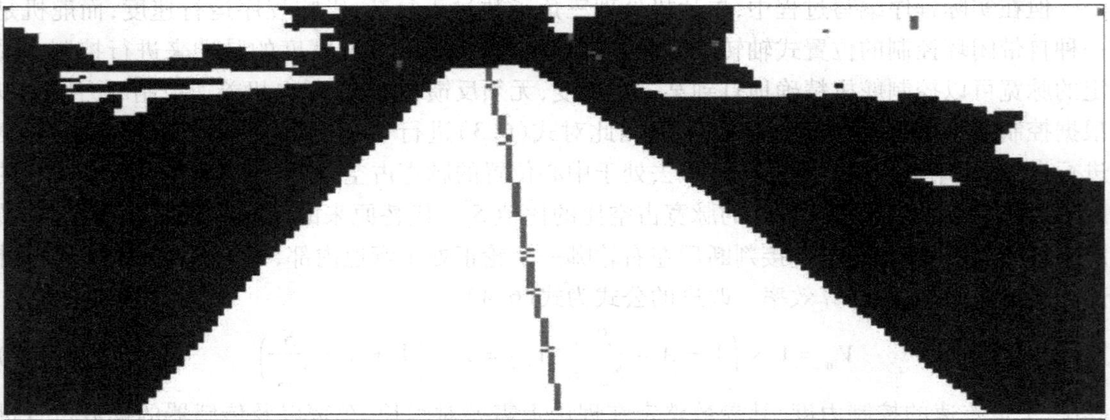

图6.22　摄像头记录的长直道赛道图像

第三个难点是短直道速度给定。与长直道相似，短直道在图像处理时一般不会被特殊对待，不存在相应的标志位。但不同的是，短直道出现的地方较多，并且短直道的出现情况一般非常复杂。例如，对于长直道赛道，当车模行驶至长直道尾段时，便会自然地出现长直道变短直道的情况；再例如，连续过欧姆弯时，若车模在弯道内角度适宜，此时的图像也非常像一个短直道。将短直道单独分立出来辨识，是因为有时若短直道后面不是一个急弯，那便可以以较快速度驶过；有时车模行驶在长直道上，如果小车姿态不好，无法辨别为长直道，但又不能作为弯道处理以至于损失太多速度，此时若有短直道判定，则效果会好很多。短直道其实不一定是直道，例如连续的小弯，当车模姿态较好时，直线通过是最好的策略。短直道的识别不难，因为除特殊赛道、长直道和弯道的赛道，都可归为短直道；也就是说，短直道其实不一定是个直道，只要在速度上可以用比弯道更快的速度通过，但又无法达到长直道速度的赛道类型，都认为是短直道。因此短直道速度给定的难点是如何使系统能够自动给出一个不错的给定速度。此实例设计方案使用了顶点限制加速计算图像轨迹方差的方案。一般弯道越急，则整个图像轨迹相对于轨迹平均值的偏差越明显，数学上反映这一状况的工具便是方差。方差的优点在于不管是对于单独的一个弯道，还是对于连续的s形弯道，其适应性都很强；同时图像因距离不同会产生畸变，且弯道的畸变相比直道会更强烈，这导致在对轨迹进行方差计算时，会自带一个跟距离相关且更倾向于弯道的权重，短直道处采集图像如图6.23所示。

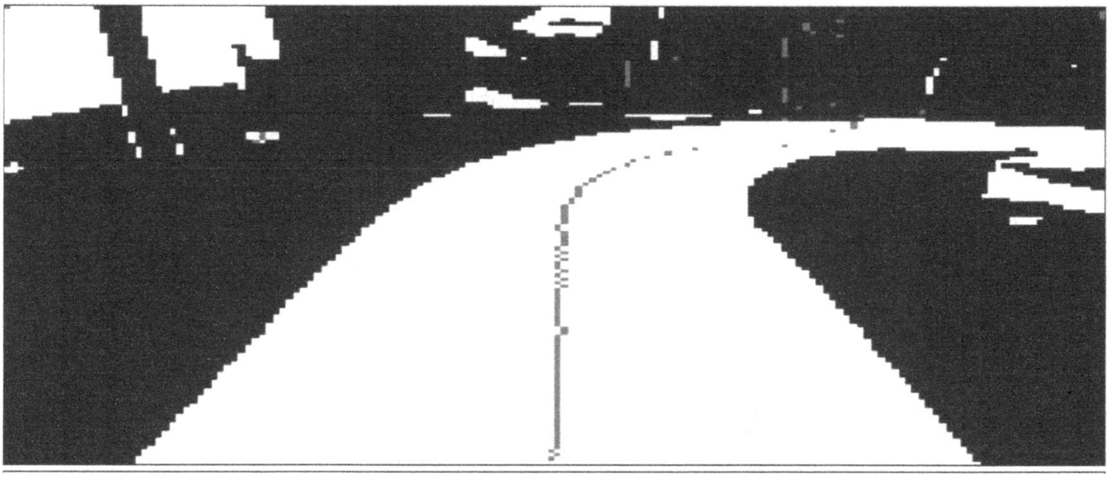

图6.23 摄像头记录的短直道赛道图像

最后是弯道的速度与元素的速度给定。弯道和特殊元素识别相对容易，摄像头采集到弯道图像如图6.24所示。经反复对图像进行分析，发现当车模处于弯道时，图像中赛道顶点会被压缩到靠近车头的位置，具体行数与摄像头的位置、焦距、广角和俯仰角都有关，但同时又跟车模处于非弯道部分时的顶点行数有明显不同，所以将此作为辨别弯道的主要依据。在弯道内部依然采用根据轨迹偏差动态给定弯道速度，以发挥车模的加速潜能。对于特殊元素，由于其图像与普通直道和弯道区别较大，且中线偏差波动大，若依据赛道偏差给定速度，则会造成速度给定过大或者过小，从而影响车模的整体速度与车模的稳定性，因此通常单独给定特殊元素的速度。

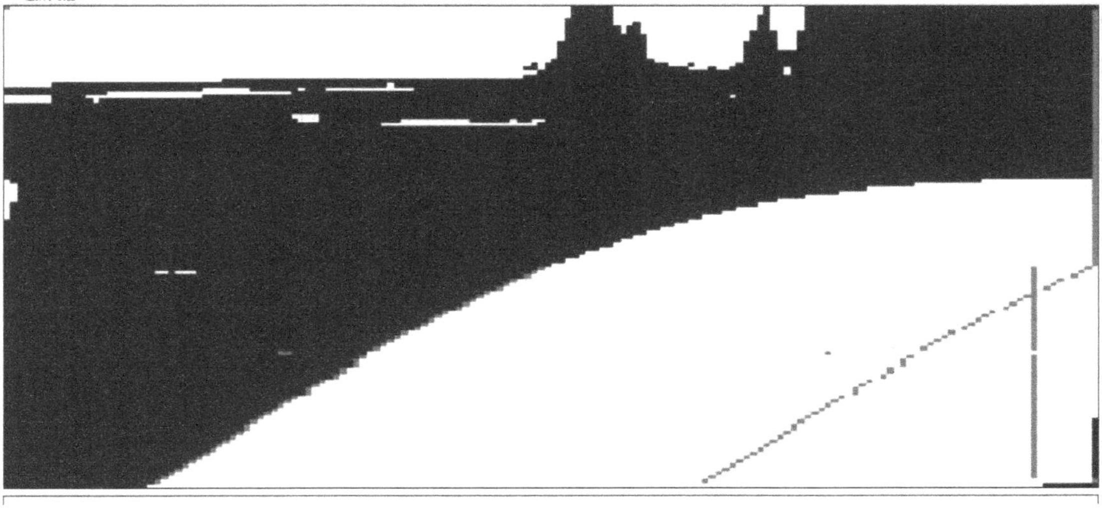

图6.24 摄像头记录的弯道图像

弯道速度给定的部分实例程序如下：

```
g_HighestSpeed = s_wan1;   //弯道最高速度
g_LowestSpeed = s_wan2;   //弯道最低速度
```

MotorPID. SpeedSet=g_HighestSpeed-(g_HighestSpeed-g_LowestSpeed)*(error_ave*error_ave)/(40*40);// 动态给定弯道速度,偏差大于40给定最低速度

MotorPID. SpeedSet=MotorPID. SpeedSet<g_LowestSpeed? g_LowestSpeed:MotorPID. SpeedSet;
MotorPID. SpeedSet=MotorPID. SpeedSet>g_HighestSpeed? g_HighestSpeed:MotorPID. SpeedSet;//速度限幅

**(2)电机控制**

在智能汽车竞赛中,针对电机控制,常用的控制方法为PI控制,此处不再细讲,着重讲解相关控制策略。

电机一般具有较大滞后特性,这是导致车模电机控制难度的核心原因。而对于直流电机模型,其输出转矩与电枢电流成正相关,输出转速与电枢电压成正相关。使用PI控制的PWM信号控制电机,实际是控制电枢的平均电压达到控制电机的目的。当车模需要加速时,需要输出较大占空比的PWM信号,使电枢中流过大电流,从而使电机具有较大的输出转矩;当车模速度基本恒定后,对于电枢电流的要求则只需输出转矩能够与负载转矩平衡,使车模不至于降速即可。

微型处理器控制系统只能使用数字PID控制算法,这使控制算法具有了很大的灵活性,可以实现在模拟PID控制器中无法实现的功能。具体表现,可以根据不同系统的实际要求,对标准数字PID控制算法进行改进,改进方法如下:

①积分抗饱和

电机控制中,积分项I一般是为了消除静差而引入的,但同时积分项I的引入也会很容易导致积分饱和,积分饱和数字PID控制中存在积分项I就会产生的问题。在智能汽车电机控制中最常见的积分饱和情况是,当小车在高速行驶下需要减速时,此时速度给定值突然变小,类似系统输入为阶跃信号,但因为积分项I的存在,积分项I本身值较大,即使当前偏差为负,依然无法使PID计算输出一个满意的结果,小车降速极其缓慢,其核心就是之前积分项I的累计值过大。

积分抗饱和的方案很多,例如积分项直接限幅,或者积分分离,同时对于积分分离的解决方案以及分离条件也可以自行设计。本实例中使用积分分离来进行积分抗饱和。左轮实例程序如下(右轮程序写法一致):

```
/*积分抗饱和*/
  if(MotorPID. OutValue_L>6000&&MotorPID. IntSum_now_L<0)
  {
       MotorPID. IntSum_all_L+=MotorPID. IntSum_now_L;
  }//左电机正转输出占空比大于60%时,只记录小于零的积分项
  else if(MotorPID. OutValue_L<-3000&&MotorPID. IntSum_now_L>0)
  {
     MotorPID. IntSum_all_L+=MotorPID. IntSum_now_L;
  } //左电机反转输出占空比大于30%时,只记录大于零的积分项
  else if(MotorPID. OutValue_L>=-3000&&MotorPID. OutValue_L<=6000)
  {
     MotorPID. IntSum_all_L+=MotorPID. IntSum_now_L;
```

*}//左电机输出在中间时,正常记录积分项*

②变速积分

对于积分系数 $K_i$ 为常数的系统,$K_i$ 取大了会产生超调而出现积分饱和,取小了则迟迟不能消除静差。而一般系统对于积分项的要求是,当偏差大时,积分作用减弱以至全无;当偏差较小时,应加强积分作用。针对这种要求,出现了变速积分的方案,其基本思想:通过改变积分系数 $K_i$ 来改变积分项的累加速度,使其与偏差的大小相对应。当偏差大时,$K_i$ 变小,积分累加速度变慢,积分作用减弱;当偏差小时,$K_i$ 变大,积分累加速度加快,积分作用增强。变速思想不一定只作用于积分项 I,也可对比例项 P 进行按需变速。

③微分先行

虽然只使用了 PI 控制,但也可考虑将 D 项微分项加入电机控制中。电机控制中未使用 D 项,是因为不希望 D 项带来太大的超调与振荡。但从理论上来说,D 项的引入可以增强响应的动态性能。所以可以考虑微分先行的微分项引入方案,其控制原理图如图 6.25 所示。微分先行方案不对给定量进行微分处理,而是对被测量进行微分,以减缓给定量频繁升降给系统带来的冲击,防止超调量过大与振荡。

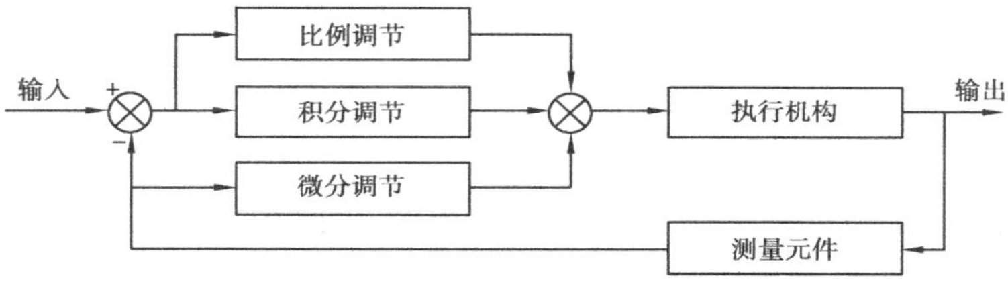


图 6.25 微分先行 PID 控制原理框图

④死区

为了避免控制动作过于频繁,消除由频繁动作所引起的振荡,需要设置"死区"。所谓死区即是设置一个不灵敏区 $\varepsilon$,当偏差的绝对值小于 $\varepsilon$ 时,其控制输出即维持上次采样的输出;反之则进行正常的 PID 运算输出。

⑤开环控制

开环控制一般用于大加速与大减速情况。若对 PID 的加减速情况不满意可考虑设计开环控制条件,进行开环加速与开环减速,即人为设定开环加减速时的占空比。开环控制的难点在于当满足闭环条件进入闭环控制时,此时的闭环控制各项参数如何处理,若处理不好则极易导致系统振荡。开环控制可以用于长直道赛道加速,提高直道速度。

## 6.5 小白四轮组行驶实例

图 6.26 所示为四轮组车模实际运行时的控制整体框架。车模的运行可分为基本运行与特殊元素识别及处理两个部分。依靠基本运行控制,车模一般只能在简单赛道上完成循线功能,如果要完成更复杂的赛道循线,则需要通过对特殊元素进行识别与处理,对车模的基本运行控制进行相应的调整才能实现。

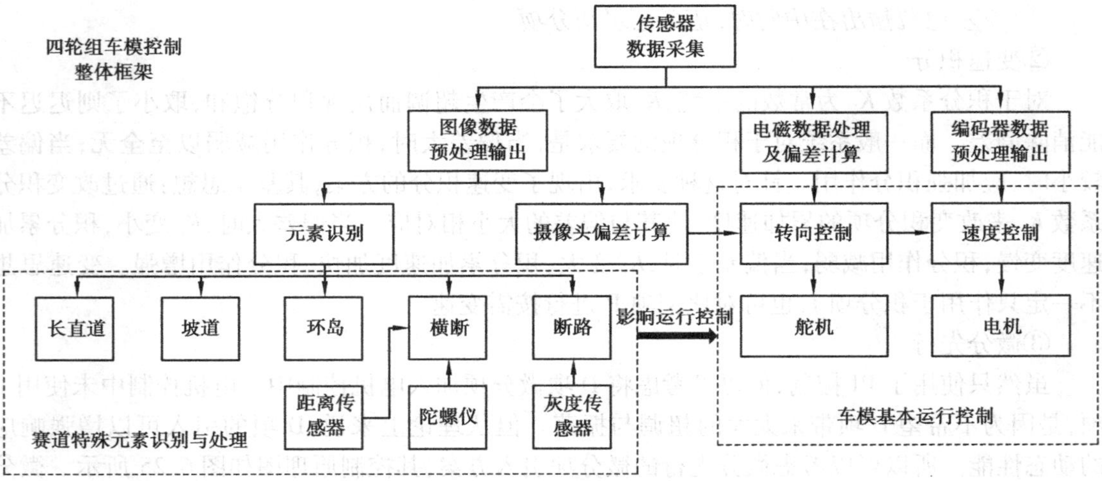


**图 6.26　小白四轮组车模控制整体框架**

标准赛道包括直道、弯道、断路、坡道、横断、环岛等元素，下面就根据车模控制整体框架进行叙述。

### 6.5.1　车模基本运行处理

四轮组主要的赛道信息来源为摄像头采集的图像，因此在图像信号处理中提取的赛道信息主要包括赛道两侧边界、赛道中心点位置以及不同赛道类型的判断。其中赛道两侧边界和赛道中心点的位置获取是车模完成基本运行需要进行的处理。

在单片机完成初始化和采集到赛道图像后，需要用循线算法来对其进行处理，从而确定出赛道两边的黑线位置，并计算出相对应的赛道中线位置，从而确定舵机转向和电机的加减速控制量。循线算法的基本思想如下：

①循线首先从离车头最近的第 119 行开始，找到每一行的左右边界，至第 20 行结束，0 ~ 20 行的图像畸变过大，不作为循线依据。

②边界是从上一行的中心列（第 119 行从第 80 列开始）开始，向左边逐列搜索，直至找到最近的由白点跳变到黑点的列（鹰眼摄像头为二值化摄像头，像素点不是黑点就是白点），该列即为该行的左边界。如果该行找不到左边界，则认为该行左边界值为 0。

③边界是从上一行的中心的列（第 119 行从第 80 列开始）开始，向右边逐列搜索，直至找到最近的由白点跳变到黑点的列，该列即为该行的右边界。如果该行找不到右边界，则认为该行右边界值为 159。

④对于每一行的中心点，该行中心点为该行左右边界值之和除以 2。

循线算法程序如下：

```
for(i=119;i>20;i--)
{
    k=column_start;                // column_start 初值为 80
    f1.leftline[i]=0;              //初始化
    f1.leftlineflag[i]=0;
```

```
    f1.midline[i]=0;
    f1.rightline[i]=0;
    f1.rightlineflag[i]=0;
    for(j=k;j>2;j--)
    {
      if(Image[i][j]!=0&&Image[i][j-1]!=0&&Image[i][j-2]==0)
      {//寻找左边界点
        f1.leftline[i]=j-1;              //左边界值
        f1.leftlineflag[i]=1;            //左边界存在标志
        break;
      }
    }
    for(j=k;j<157;j++)
    {
      if(Image[i][j]!=0&&Image[i][j+1]!=0&&Image[i][j+2]==0)
      {//寻找右跳变点
        f1.rightline[i]=j+1;             //右边界值
        f1.rightlineflag[i]=1;           //右边界存在标志
        break;
      }
    }
     if(f1.leftlineflag[i]==0)
    {//左边无跳变点,右边有跳变点
      f1.leftline[i]=0;
     }
    if(f1.rightlineflag[i]==0)
    {//左边有跳变点,右边无跳变点
      f1.rightline[i]=159;
     }
    f1.midline[i]=(f1.leftline[i]+f1.rightline[i])/2;//中线求取
    f1.midline[i]=f1.midline[i]>159? 159:f1.midline[i];//中线限幅
    f1.midline[i]=f1.midline[i]<0? 0:f1.midline[i];
    column_start=f1.midline[i]; //下一帧图像搜寻起始点
    column_start=column_start>150? 150:column_start;
    column_start=column_start<10? 10:column_start;
  }
```

单片机完成赛道中线的提取后，在进行赛道元素判断之前，首先应找到赛道的“顶点”，以便于进行赛道元素判断。正常的某一行的赛道中点列应该是白点，该列的后几行中点列也都是白点（即在赛道内），但如果该列的后几行中点列都是黑点，就把该行的中心点称为顶点，该行也称为顶点行。直道如果足够长,顶点行会在第 35 行之后(行数越大,离车头越近)。一般由于弯道和车头不正等因素影响,顶点行会靠前。

顶点判断程序如下:

```
if((Image[i][f1.midline[i]]!=0)&&(Image[i-1][f1.midline[i]]==0||Image[i-2][f1.midline[i]]==0||Image[i-4][f1.midline[i]]==0))
    {
        f2.toppoint=i;   //满足条件的顶点行
        f2.toppoint_flag=1; //找到顶点行标志
        break;
    }
```

### 6.5.2 赛道特殊元素处理

对于边界完整的赛道元素(如直道等),无须特殊处理,只要通过其左右边界值之和除以 2 即可得到其行进轨迹,即赛道中心线,车模就能稳定地行驶。但是对于急弯、十字、横断、断路和环岛这些元素,若不作特殊处理,车模难以完成行驶目标。

**(1)弯道**

弯道识别分大弯与小弯。小弯道识别的基本思想是,顶点比短直道稍微大,一般大于 37 行,单侧丢失边界点偏大,以左小弯道为例,左边界丢失边界行要比右边界丢失边界行要大,通常要满足左边界丢失边界行后五行之内右边界依旧存在,且左边界丢失行对于前几行,左右边界值跳变明显变大,赛道宽度也比直道上测出来的对应行的赛道宽度要窄得多,图像如图 6.27 所示。

图 6.27 摄像头提取的左小弯道图像

对于小弯道,其车头前边界还比较完整,按照正常的左右边界取中值即可,但到后面有一侧边界先丢失,在边界丢失的情况下,该行边界值为默认值,即如该行左边界丢失,即该行左边界值为 0,如果该行是右边界丢失,那么该行右边界值为 159。如果按照左右边界值之和除以 2 的话,该中线会因为另一半边界为固定值的影响,其变化趋势不贴合赛道。因此可以考虑以存在边界作为参考,当作中线的延伸。以小左弯道为例,其左边界假设在第 60 行处丢失边界,那么第 61—119 行的中线为左右边界值除以 2,而在第 0—60 行的中线值可以用如下公式得到:当前行中线值=上一行中线值-(当前行右边界值-上一行右边界值),其处理后图像如图

6.28 所示。

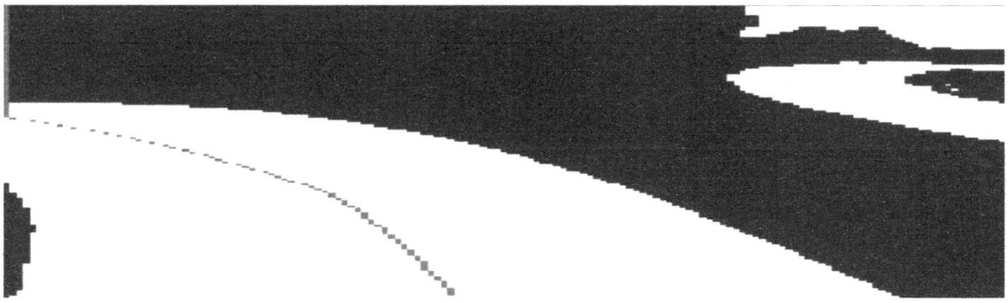

图 6.28　小弯道中线轨迹图

对于大弯道，其识别思想便是在识别到小弯道，即小弯道标志位为 1 的基础上再进行判断。判断依据为顶点行靠前，一般要大于某个阈值行（根据摄像头安装高度与角度设定），一侧边界点在非常靠近车头时就开始丢失，甚至看不到，这种情况一般只有在大弯道或者车子极其偏离中心赛道时才存在，其摄像头图像如图 6.29 所示。

图 6.29　摄像头提取的右大弯道图像

大弯道对应的情况是一侧边线几乎从靠近车头开始就逐渐丢失边界了，所以有一半边界是不可用的，对于这种情况，只能使用存在边界较多的那一侧。直接以一侧边界平移赛道半宽，同时给中线值限幅，不得大于 159。一般情况下，处于大弯道时小车舵机打角都到了极限值，其处理后的图像如图 6.30 所示。

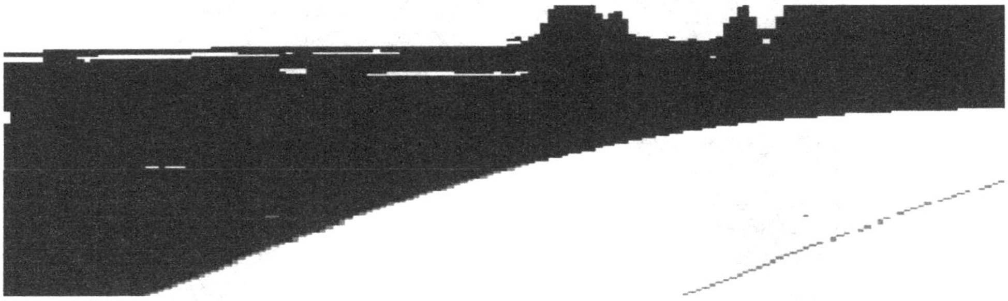

图 6.30　大弯道中线轨迹图

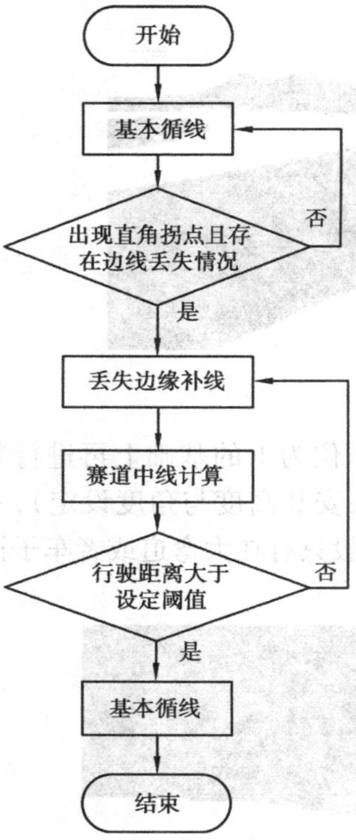


图 6.31　赛道十字处理流程

(2)十字路口

赛道十字路口的处理流程如图 6.31 所示,其基本流程主要包含识别和处理。赛道十字路口的识别思想是找到十字路口的"拐点",也就是十字的转折点。将靠近车头的左右两个拐点称为下拐点,远离车头的两个拐点称为上拐点。在实际的十字路口识别过程中,只需要找到下拐点即可。两个下拐点的特征也很明显,以左下拐点为例,左拐点往前的左边界值随着行数变大,边界值逐渐变小。而左拐点往后的几行,左边界会丢失或者左边界值大幅度变小,其类似一个直角斜坡。当同时找到左右两个下拐点时,此处就是十字路口了,如图 6.32 所示。

有时候车模并不能正好处于赛道中间,导致其只能看到其中的一个拐点,因此一个拐点也要能单独用于判断十字路口,但是根据单拐点判断十字路口往往容易引起误判,还需要加一些限制条件,如当只识别到左拐点时,说明车头比较偏向左边,导致看不到右拐点,那么右边界应该存在一定行数的丢失边界,且左拐点所处的列应该不会低于 30 列(根据车模结构设定)。这些条件主要用于避免左大弯和障碍带来的误判。

对于十字路口,比赛规则要求直线通过路口,不能左拐或者右拐。但是由于十字路口存在大量边界的丢失,如果单纯以左右边界值之和得出中线,车模在经过十字路口的时候,车模冲出边界的概率很大。考虑到车模要直线通过路口,因此可以采取补线的方式,即在拐点之后,将丢失的左右边界补齐。由于十字路口前一小段赛道都是直的,可以在十字路口下拐点前的直线上取相隔 8 行的两点,求出斜率,然后从拐点开始,以点斜式的方法求得拐点后的新边界("点"指拐点边界值,"斜"指求得的斜率)。如果车头没偏,正常情况下两个下拐点均能被识别到,将左右拐点后的边界补齐,再利用新的左右边界值求出中线,其处理后图像如图 6.33(a)所示。在行驶到十字路口前车头偏向一侧导致只能识别到一个下拐点的情况下,按照上述的补线方法补齐有拐点的那一侧边界,然后通过该赛道边界平移赛道半宽的方式求得赛道中线,其处理图像如图 6.33(b)所示。这里的赛道半宽是提前测出的一个数组,需要先将小车放在长直道中心位置,测出每一行的左右边界值之差再除以 2,最后记录到数组中。

图 6.32　摄像头提取的十字路口图像

当车模车头到达十字路口后，两个下拐点已经完全看不见了，此时车模没有经过十字，车头前的边线丢失情况仍然十分严重。在这种情况下，可以考虑找到车头前左右边界完整的几行，分别求这几行左右边界值的平均值。对于车头前丢失的边界，全部按照求出的平均边界值补齐，然后再求其中线，其处理图像如图 6.34 所示。在车模行驶距离超过某个阈值时，拐点消失，即可清除十字标志，退出十字处理。

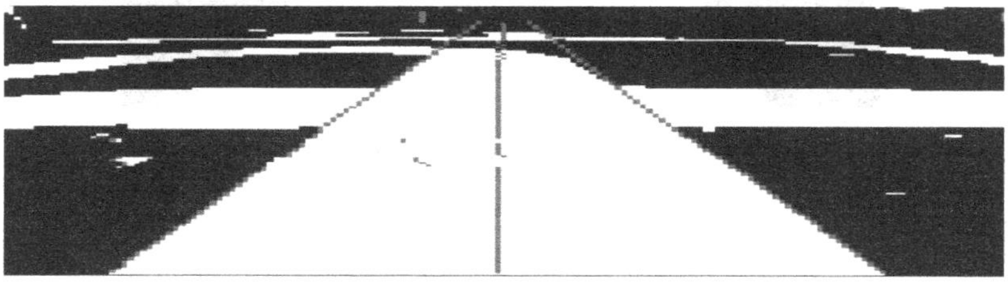

(a) 双拐点十字补线图

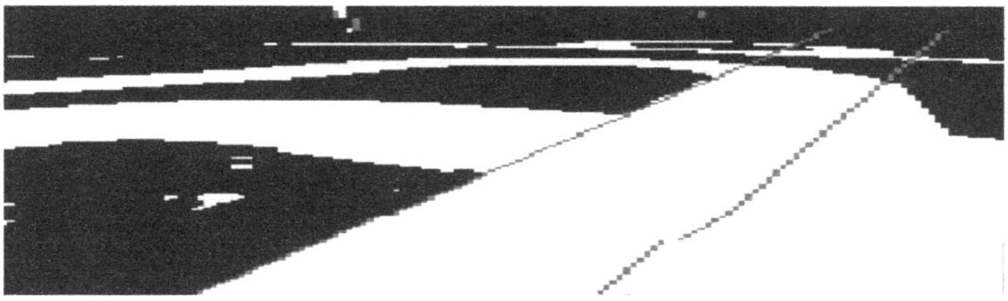

(b) 单拐点十字补线图

**图 6.33　十字路口处理**

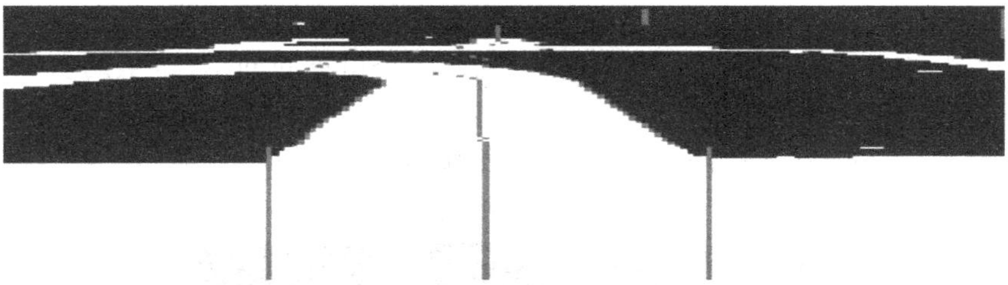

**图 6.34　车头到达路口时的十字补线图**

**(3) 起跑线**

起跑线的识别思想是在左右边界均存在的情况下，某几行左赛道宽度（左右边界值之差）对比前一行会突然变小，并且比正常直道测出来的赛道宽度要小很多（可以提前在一条直道上测出每一行的赛道宽度并存于一个数组里）。起跑线通常由 8 ~ 9 条 10 cm 长的黑胶带组成，中间有一定的间隙，因此在这几行里面会有很多个相邻点为黑点到白点或者白点到黑点的跳变点。满足以上条件，就是起跑线了，采集图像如图 6.35 所示。比赛过程中，无论预赛还是决赛，都有相当长一段距离才能到达起跑线，因此没有必要一直识别起跑线，可以设置车模行驶一定距离后再对起跑线进行识别，这样既减少误判也减少程序的运算量。当识别完起跑线后，由于起跑线对中线计算的干扰，要对图像重新进行中线偏差的计算：采用起跑线后的赛道进行中线计算，而后利用重新提取的中线进行偏差计算。

图 6.35　摄像头提取的起跑线图像

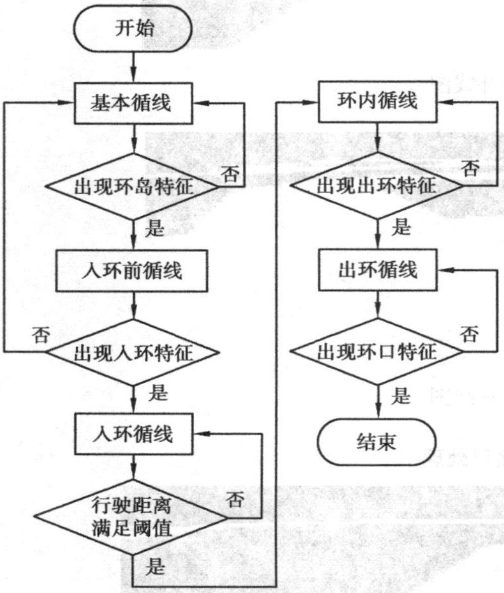


图 6.36　环岛处理流程图

**(4)环岛**

环岛是第十三届竞赛才出现的新元素,其处理方法相对其他元素来说难度较大。比赛的要求是小车遇到环岛必须要进环绕行一圈才能出来,如果没进环,那么就要加罚 30 s,而在正常情况下,如果没有识别到环岛,通常是难以取得好成绩的。

环岛处理流程如图 6.36 所示,首先是识别,环岛的识别是在到达出环口之前进行的,以左环岛为例,其左边界值发生很大的突变,若干行的左边界值突然变小,甚至丢失左边界,其对应的赛道宽度也有明显的突变,左边界的突变点存在与十字路口的拐点十分相似的特征,但与十字路口不同的是,这里的右边界不存在边界突变或者丢失边界的情况,而是一条直道,因此即可进行环岛识别,识别图像如图 6.37 所示。

图 6.37　摄像头提取的左环岛图像及识别图示

在对环岛进行处理的过程中,不仅要用图像信息,还要借助编码器信息来判断。利用编码计算距离,辅助识别环,避免误判。以左环岛为例,在识别到环岛之后,环岛标志位置 1,同时不再识别其余的赛道元素,因为环岛里面不存在其他的赛道元素。在进环之前,应让小车保持直线行驶,但是左边边界的不规则变化,会使中线也发生不规则变化,车模行驶过程中不免会发生抖动。为了避免这种情况的出现,直接以右边界值减去赛道半宽取中线,开始入环前循线,如图6.38所示。

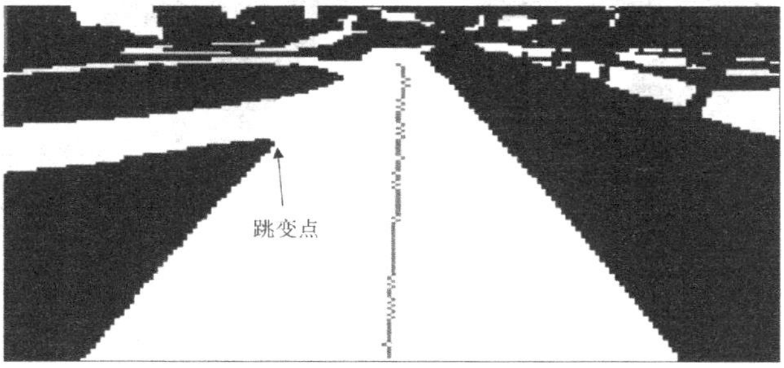


图6.38　识别到环岛时的中线轨迹图

车模行驶过程中在不同位置要检测不同的图像特征,为了降低误判和减少程序的运算量,采用分步检测的方法。设置一个步骤标志位,当车模沿直线行驶时到出环口时,车头的前几十行左边界都存在丢线的情况,如图6.39所示。这时候可以设定这个步骤标志位为1,在步骤标志为1的情况下,开始计算距离,当距离大于阈值时,说明车模已经行驶过出环口,这时可以开始进行下一步检测。

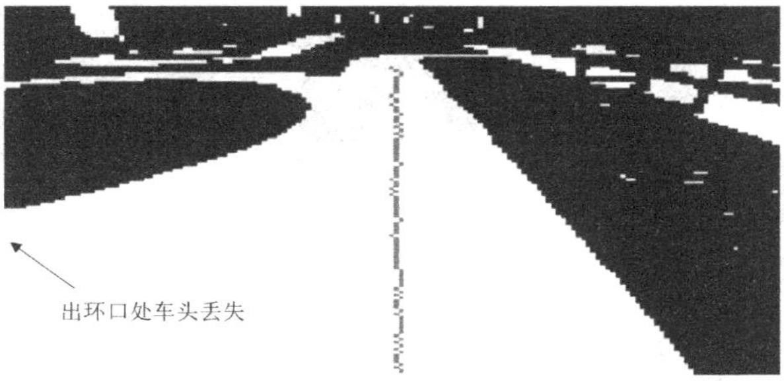


图6.39　车头到达到环岛出口时的中线轨迹图

当车模行驶过出环口之后,最明显的变化便是车头的前几十行不再丢失边界,而是出现环岛中间圆的一半弧线,这时候车模要准备进环了。小车不再以右边界值减去赛道半宽的形式取中线,而是以左边界值加上赛道半宽的形式取中线,如图6.40所示。当然这里的左边界还要稍作处理,因为正常循线方式会寻找到进环口一个类似拐点后的左边界,出现这种情况,会使进环口后的左边界值从零跳变到很大的值,中线也会随之发生跳变,这种情况可能会引起车模不能正常入环,如图6.41所示。因此,对于丢失边界的那一行后的左边界值,全部默认为零,这样得出的中线便是一条向环内拐的曲线。此时令步骤标志位为2,开始入环循线处理。

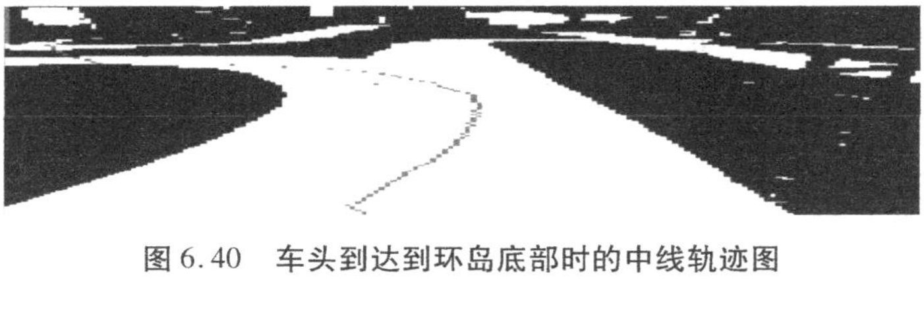

图6.40　车头到达到环岛底部时的中线轨迹图

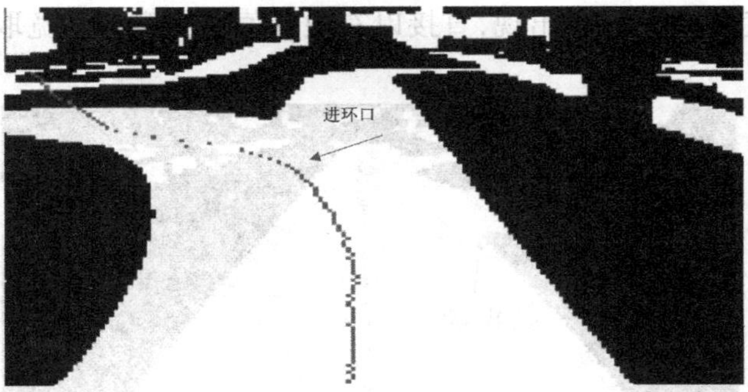


图 6.41　车头到达到环岛底部时的中线轨迹图

车模进环时,车头逐渐偏向环内,这时候车头右边界会开始丢失,大约前 40 行即 79～119 行的右边界全部丢失,如图 6.42 所示。此时令步骤标志位为 3,其取中线方式与步骤 2 一样,同时清空之前的距离计数,重新累计距离,当距离大于 45 cm 后,小车应该已经进入环岛,为避免小车出现打滑等情况导致计距不准,可以再次检测车头的右边界,判读是否还存在着大量丢失边界,在满足距离阈值和图像边界的条件下,可以判断小车已经进入环岛。此时令步骤标志位为 4,清空当前累计距离,重新计算距离。

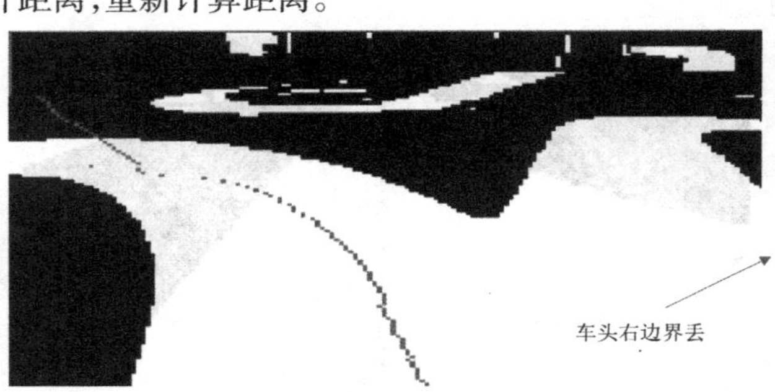


图 6.42　小车进环时的中线轨迹图

车模进入环岛内部,开始环内循线处理。内部的图像处理方法与弯道处理方法一致,唯一不同的是对中线加上了限制,即要求当前行的中线值只能小于或等于上一行的中线值,如果当前行中线值大于上一行中线值,那么便把当前行中线值改为上一行中线值减去 1。该限制的原因是正常的左环弯道弧度是向左弯曲的,因此期望得到的中线向左弯曲,即中线值逐渐减少。但是由于出环口处类似 T 形的独特构造,得到的左边界可能并不符合期望值。所以要加上中线的限制条件,否则车模在出环口往后的中线会向右边拐,如图 6.43 所示。加上中线限制之后,能避免由于循线出错使小车往反方向出环的情况,如图 6.44 所示。同时,由于比赛规则规定了最小环的半径为 50 cm,所以从入环口到出环口最少也有近 2 m 的距离,车模进环之后,也就是环岛的步骤标志位为 4 时,按照正常的弯道行驶,在累计距离没有达到 1 m 的情况下,不用识别环岛出口。

中线值限制代码:

```
for(i=100;i>20;i--)
{
  if(f1.midline[i]>f1.midline[i+1])
```

```
    {
      f1.midline[i]=f1.midline[i+1]-1;
    }
}
```

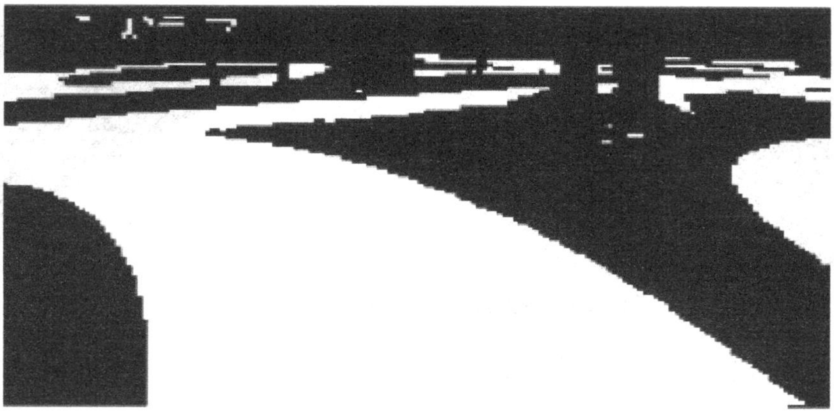

图6.43　未加中线限制的小车中线轨迹示意图

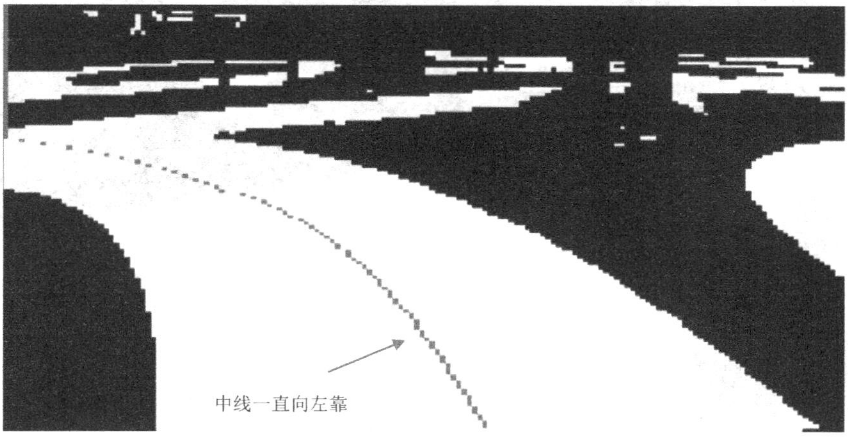


图6.44　加上中线限制条件的中线轨迹图

在步骤标志位为4同时累计距离达到1m时，开始检测出环口。出环口的判断特征是右边界（以左环为例）存在类似十字拐点的尖点，在尖点前所有行的右边界值都比尖点所在行的右边界值大，但尖点行后若干行，其右边界值会变大。在寻找出环口这个尖点标志时，只在前70行里面寻找，即49～119行。这样做的原因是前70行内的图像畸变小，不容易发生误判。当在前70行内识别到环岛的尖点时，可以判断车模到达了出环口附近。有时候车模在到达出环口附近时，车头过于偏向内侧，导致看不到出环口的尖点。但是，车模靠近出环口时，车头前几十行的右边界会大量丢失，可以以此作为判断条件，当车模车头前50行即69～119行中，如果有超过30行右边界丢失，那么也可以判断小车到达了出环口附近。此时令步骤标志位为5，清空累计距离。同时，以左边界值加上赛道半宽的形式取中线，同时加上中线限制，务必保证中线不往右拐，如图6.45所示。

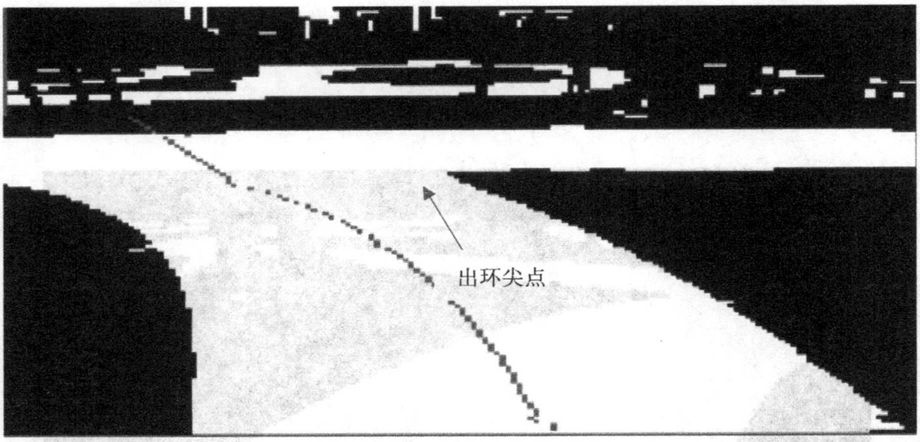


图 6.45　小车接近出环口时中线轨迹示意图

当环岛步骤标志位为 5 时，开始检测车头前 30 行右边界，如果车头前 30 行右边界全部丢失，如图 6.46 所示，这时候小车车头基本驶出出环口，但车头还未摆正。此时令环岛标志位为 6，清空累计距离，重新开始计算距离。

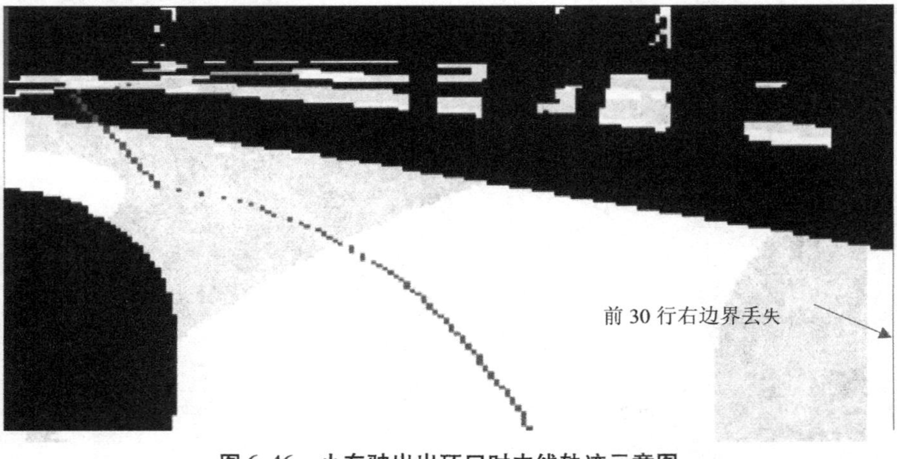


图 6.46　小车驶出出环口时中线轨迹示意图

当环岛步骤标志位为 6，同时累计距离达到 20 cm 时，即通过距离直接判断小车已经行驶出了环岛出环口。此时令环岛步骤标志位为 7，继续累计距离。这时，改为以右边界值减去赛道半宽的形式取中线，如图 6.47 所示。

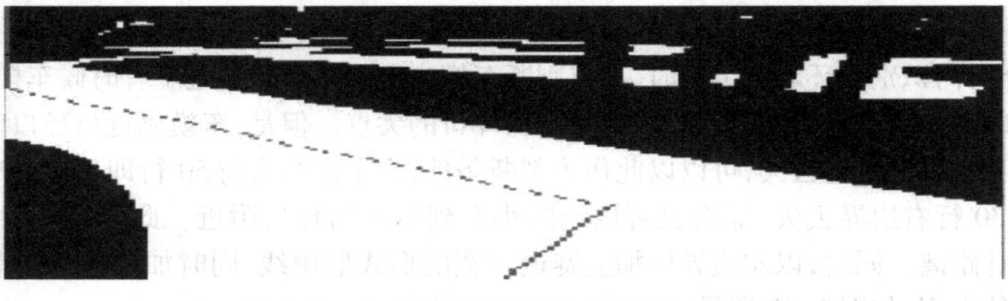

图 6.47　小车驶出出环口时中线轨迹示意图

当环岛步骤标志位为7,同时累计距离达到70 cm时,开始检测左右边界,如果车头前40行的左边界全部丢失,而右边界完整,如图6.48所示,那么此时可以判断小车再次到达进环口。此时令步骤标志位为8,此时,车模仍以右边界值减去赛道半宽的形式取中线。

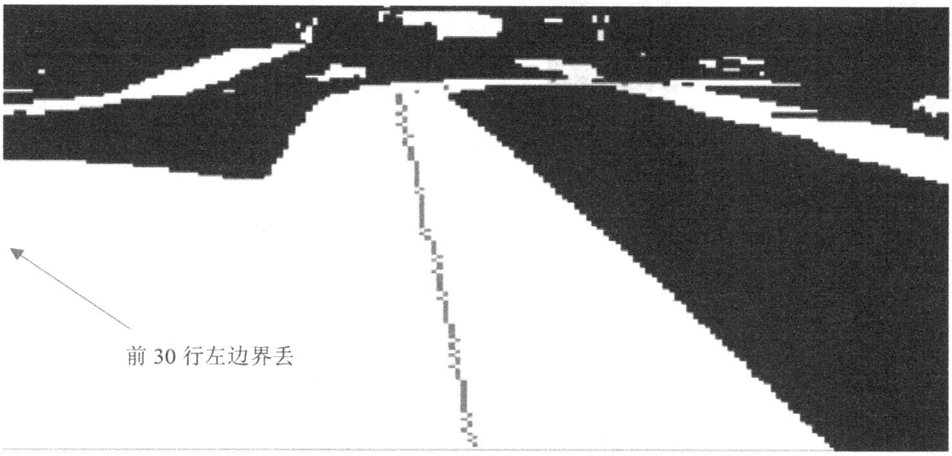


**图6.48　小车再次到达进环口时中线轨迹示意图**

在环岛步骤标志位为8情况下,当检测到15~40行的左边界丢失,那么认为车模已驶出环岛如图6.49所示,即将所有环岛有关的标志位清除。如果在环岛步骤标志位为8,同时累计距离超过50 cm的情况下,不用进行任何图像识别,直接将所有环岛有关标志位清除。

**图6.49　小车驶出环岛时中线轨迹示意图**

环岛元素处理按步骤分步完成,在不同的步骤识别不同的图像特征,不用时刻去识别当前不需要识别的特征。如车模还没进环,那么就不必去识别出环口。车模在不同的位置会有一些较为明显的图像特征,通过这些图像特征,确定车模的位置,然后针对车模不同的位置分别做有针对性的中线规划,中间加入距离信息来辅助识别。经过实践检验,可以减少误判,同时也减少程序的运算量。

**(5)横断与断路**

断路与横断元素是第十四届比赛中新增加的元素类型,横断元素是在赛道上设置长宽高为45 cm×20 cm×20 cm的障碍,不同于往届竞赛只在赛道内一边设置的小型障碍物,其完全占领了赛道,车模只能够绕行。断路元素则是用与场地背景颜色相同的布对赛道的某一段进行遮盖,只留下铺设的电磁线。对于赛道元素断路与横断的识别与处理,由于使用的图像为二值化图像,两者在直道上所传回的图像相似度极高,所以在处理两种元素时采用共同处理。识别思路为,对于直道的横断或者断路,在顶点行前(即赛道消失前5行)中线的偏差较小,其左右边界同时存在较大突变,突变行之间相差不大,并且顶点行上几行黑点增多,同时满足上述条件时,则可进行直道断路还是横断判断。横断是障碍物,因此用测距模块对前方物体进行距

图 6.50　直道横断与断路图

离测量,如果距离小于 1 m,则可以判定为横断,否则为断路,如图 6.50 所示。

横断识别完后,只能采用绕行的方式,因赛道外没有参考物,车模在绕行回赛道的过程中舵机的控制只能采用开环控制,利用编码器记录距离利用陀螺仪记录角度,可以实现车模拐出赛道与返回赛道时刻的确定。利用三段控制,车模拐出赛道一定角度后直行,行驶一段距离后再转向与赛道平行,再次记录一定距离后转回赛道,其中距离与角度根据平时调试情况可预先确定。

横断的程序处理流程如图 6.51 所示。

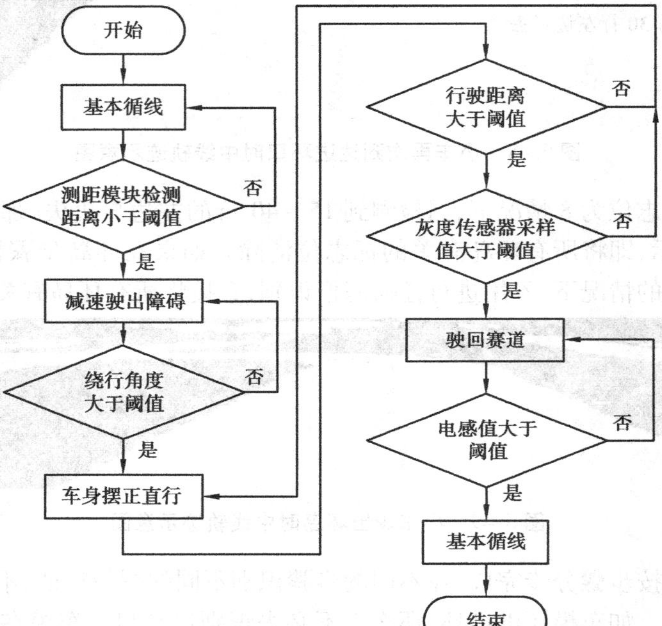


图 6.51　横断处理流程图

断路出现的位置没有限定,除了直道接断路外还存在弯道内接断路情况,二值化图像如图 6.52 所示。对于弯道接断路,其特征相对比较明显,一是在图像中层范围顶点行以下存在明显的赛道宽度变化,变化趋势比正常赛道明显且同时能够搜寻到左右两边界;二是顶点行附近存在极小的赛道宽度并且两边界同时存在,这是其他位置不存在的;三是一个边界内存在边界斜率反向变化。利用上述特征来判断断路。断路识别后,相应的处理流程如图 6.53 所示。断路内不存在赛道,只有电磁引导线,因此在赛道进入断路前由摄像头循线切换为电磁循线方式,且对于弯道接断路的中线要进行弯道补线处理,防止切换前因赛道缺失对中线偏差计算产生影响。同时,由于赛道与断路采用不同材质的材料,所以采用灰度传感器来检测赛道与断路。在识别断路后,单片机采集灰度传感器的值,当值特别小时,可以判定处于断路内;当值较大时,则说明车模处于赛道中。根据这一特征,可以判断车模是在赛道内行驶还是在断路元素内行驶。断路的程序处理流程如图 6.53 所示。

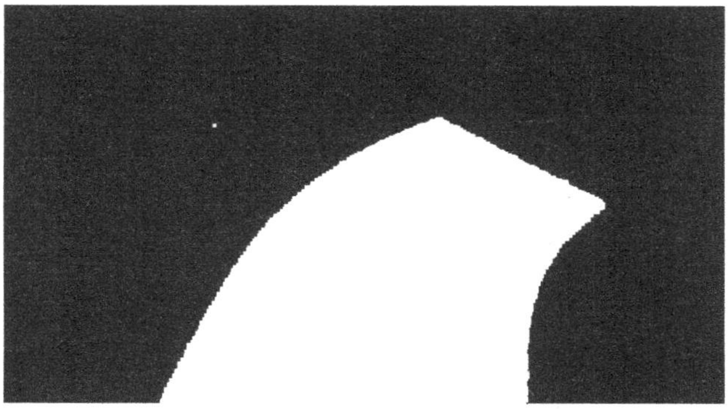

图 6.52　摄像头采集的弯道断路图

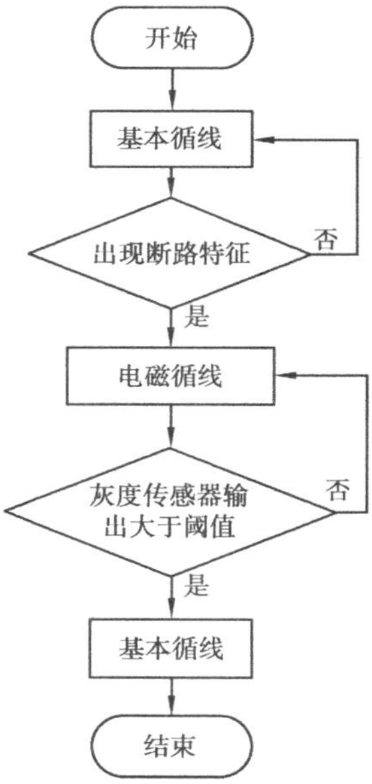


图 6.53　断路处理流程图

(6) 坡道

对于摄像头四轮车模而言,最主要的信息来源是摄像头采集的赛道图像,而赛道坡道由于具有一定高度,当车模驶上坡道时,摄像头被抬高,视野更广,能够看见的赛道更远。如果不对坡道作处理,当下坡是弯道而不是直道时,单片机所求的赛道偏差会变大,使车模在坡道上转弯,从而驶出赛道。因此坡道也需要进行识别并作相应的处理。根据标准赛道,车模处理坡道的流程如图 6.54 所示。

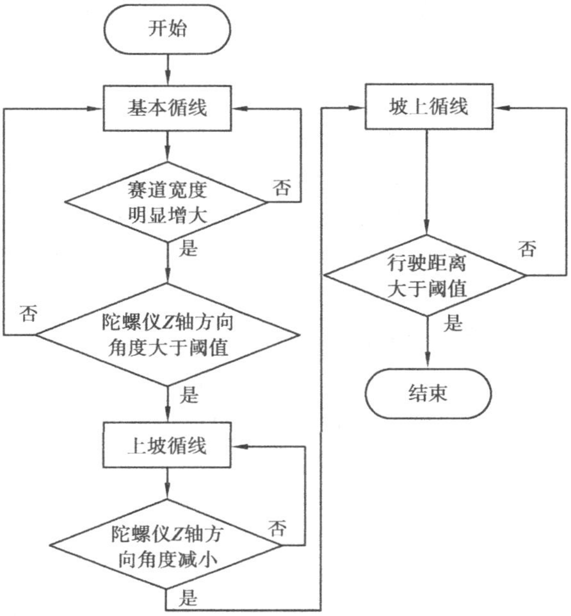


图 6.54　坡道处理流程图

根据坡道处理流程图可知,坡道的处理主要分为三步,首先是对坡道进行识别,通过计算图像中赛道的宽度明显变宽作为初始条件。当满足条件时,由于坡道具有一定角度,放置在车模上的陀螺仪 $Z$ 轴角度会明显增大,而其他赛道元素基本不会有这种变化。当判断为坡道时,由于摄像头角度改变,无法看见坡道后的赛道,为了防止舵机摆动不正常,将作为偏差计算标准的前瞻行向车头拉近,同时对赛道中线作限制,保证不发生跳变,开始进行上坡循线。当陀螺仪角度开始减小时,表明车模到达了坡顶,这时为了防止摄像头因高度变化对远处的赛道中线作偏差计算,将上坡的偏差和前瞻行拉近的偏差进行加权计算的结果作为坡上循线的偏差,开始坡顶循线。由于车模下坡的图像不会出现偏差而发生较大改变,只需保证下坡速度不会冲出赛道就可以做到正常下坡,上坡后通过一定的距离阈值后即可清除坡道标准,恢复正常循线。

## 6.6 小白四轮组常见问题

**(1)图像出现卡帧现象**

图像卡帧情况的出现大多数是因为某段代码的循环有 bug,程序一直在重复一个很冗长的循环,导致程序运行时间很长。部分图像不能得到解压,从而导致图像出现卡帧现象。这种情况需要找出有 bug 的循环代码,可以通过一个计算程序运行时间的程序语段来计算各个子程序的运行时间,找到运行时间不正常的程序,然后进行修改。

**(2)车模加速冲出赛道**

有时车模会以非常大的加速度冲出赛道,但是舵机和摄像头等均正常工作,在摄像头的舵机都正在工作的情况下,出现这种情况可以基本排除程序跑飞的可能。很有可能是编码器接口的松动导致,因为编码器一旦检测不到值,车模当前无论跑多快,速度都会显示为 0。在闭环的条件下,电机得到的偏差就会很大,在 p 项的作用下,车模很快就会达到限幅的占空比值,因此表现出急剧加速现象。

**(3)车模在直线行驶时抖动**

对于车模走直线时抖动,不断调整控制参数也不起作用的情况,可以再次检查一下摄像头图像是否正常,通过尺子辅助将车模摆在一条长直道的赛道中心,通过上位机观察中线值是否都在 80 左右,不超过±3 的波动。出现这种情况很有可能是摄像头没有校正好,或者摄像头没有固定好,在车模运行过程中发生松动,导致摄像头不居中,车模在行驶过程中无法走直,导致舵机不停地打角来修正路径,因此出现抖动的情况。

**(4)车模有时出现程序设定以外的情况**

车模有时出现突然反向转向、突然失灵或者突然加速冲出赛道的情况,但程序检查调试没有 bug,硬件也没有问题,此时可以考虑是否是实验室的电磁干扰问题。由于实验室仪器设备较多,不同组别的队伍同用一条赛道,导致整个场地的电磁干扰十分严重,从而使单片机或主板上部分元件短暂失灵。解决方法是用锡纸在车模上制作一层屏蔽层,且屏蔽层接地。

**(5)车模行驶中突然停止**

车模在冲击较大的路段出现突然停车的情况,很可能是电路板误接触的原因。一般为了降低整车重心,主板都会放得尽量低,同时主板上的电源线一般都会画得比较粗,电源相关焊盘也会比较大，在小车颠簸的情况下，这些裸露的焊盘碰到小车底板上的金属器件，就会导致电压掉电从而突然停车。

**(6) 变量浮点数精度问题**

浮点数精度带来的一个麻烦是，当两个浮点数进行逻辑运算时，可能出现问题。具体解释就是，人为认为相等的两个浮点数，在单片机中实际是不相等的。

**(7) break 语句引发的问题**

为了节省 CPU 资源，一些循环语句经常会配合 break 语句一起使用。但是当循环嵌套时，break 语句的位置若设定不对，则很容易导致长循环或死循环的出现。

# 第 7 章 变形金刚三轮车开发实例

## 7.1 基本情况介绍

**(1)车模选择和改装要求**

本组别可以选用 F 型车模,或者在 D、E 型车模基础上增加一个万向轮,改装成三轮车模,车模运行方向不限。D、E 型车模改装后,需要满足万向轮中心距离后轮轴距之间的长度不小于 F 型车模上万向轮距离后轮之间的距离,对于增加的万向轮的种类没有限制。

**(2)传感器**

允许使用各类电磁、光电传感器、摄像头、超声传感器器件进行赛道和环境检测。

**(3)比赛赛道**

比赛是在 PVC 赛道上进行,赛道采用黑色边界线和电磁线进行导引。赛道中可能存在的元素包括表 1.2 中所有元素。三轮组赛道中存在两段断路赛道元素,分别用于三轮车模从直立切换到水平,再从水平切换到直立运行状态。为了便于裁判观察,车模处于直立状态时,万向轮距离地面高度需要大于 2 cm。

**(4)比赛任务**

车模在出发的时候需要保持两轮着地的平衡状态出发,直到遇到第一个断路赛道元素,车模改为水平三轮着地运行状态。遇到第二个断路赛道元素时,车模需要重新恢复两轮着地运行状态,并最终通过终点线。如果车模在运行过程中没有进行状态切换,则在最终的成绩基础上加罚 60 s。

## 7.2 变形金刚三轮组硬件器件选型

变形金刚三轮组车模主要可以分为 3 大部分,如图 7.1 所示,即传感器、主控芯片和执行器件。

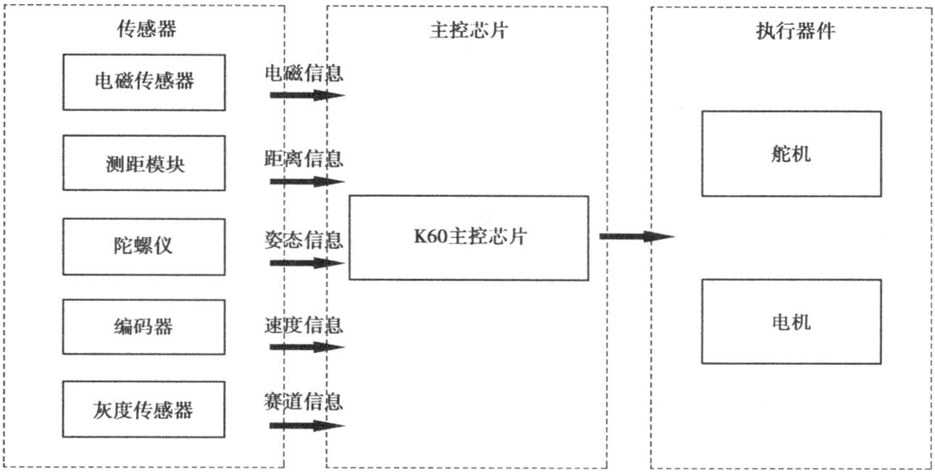


图 7.1　车模硬件构成

其中传感器包括电磁传感器、测距模块、陀螺仪、编码器、灰度传感器，主控芯片选用 K60 芯片，执行器件为电机。对于变形金刚三轮组而言，电磁传感器和陀螺仪是关键部件，下面将着重介绍这两个部件。

### 7.2.1　电磁传感器

变形金刚三轮组要求设计一辆能在赛道上自主行驶、可在特定区域进行两轮、三轮姿态变换的智能汽车，车模行驶的赛道宽 45 cm，赛道边缘贴有黑色引导线，赛道中心铺设一根漆包线，漆包线上通有频率为 20 kHz、电流为 100 mA 的正弦交流信号。根据麦克斯韦电磁场理论，交变电流会在空间产生交变电磁场，导线周围的电磁场按照一定的规律分布，其强度与距离存在一定的关系。

根据赛道提供的循线标志，循线传感器可以单独选用光电传感器或电磁传感器，也可以选择光电传感器和电磁传感器两者结合循线。对选用光电传感器以及电磁传感器两种方案进行简单分析，光电传感器获取的赛道信息量大，在车模高速运行时优势明显，但信息处理较复杂，环境因素影响较大，不稳定因素更多；电磁传感器获取的赛道信息相对较少，信息处理较简单，环境因素影响较小，但车模的速度上限也就相对较低。

结合第十四届竞赛的赛题来看，题目本身相对较难且元素多，处理难度大，再加上车模需要进行姿态切换，对车模的结构要求较高，就已经将车模的速度上限限制了。因此，为了保证车模运行的稳定性选用电磁传感器作为主循线传感器，经实验验证采用电磁循迹的车模速度上限也能达到 3 m/s 左右。下面将主要围绕选择电磁传感器作为主循线的方案进行分析。

### 7.2.2　姿态传感器

在控制车模直立算法中，需要实时测量车模的倾角和倾角角速度，因此这两者的测量是关键。这两者可以通过角速度传感器和陀螺仪来实现。而在比赛中，通常使用这两者的组合式传感器。常用的传感器型号有 ECN03、L3G4200D、MPU6050、MMA7361、MMA8451 等，常用惯性姿态传感器如表 7.1 所示。特别注意，传感器与平衡车模固定尽可能保持刚性连接，以保证测量的准确性。

表 7.1　常用惯性姿态传感器

| 型　号 | 信号类型 | 传感器类型 | 测量数据 |
|---|---|---|---|
| ENC03 | 模拟 | 陀螺仪 | 角速度 |
| L3G4200D | 数字 | 陀螺仪 | 角速度 |
| MPU6050 | 数字 | 陀螺仪/加速度计 | 角速度/加速度 |
| MPU3050 | 数字 | 陀螺仪 | 角速度 |
| MMA7361 | 模拟 | 加速度计 | 加速度 |
| MMA8451 | 数字 | 加速度计 | 加速度 |

### 7.2.3　测距模块

测距模块用来测量车模与前方障碍物的距离，常用的测距模块有 TOF 测距模块、红外测距模块、超声波测距模块等。TOF 测距模块测距精度高，测距范围大概为 2 m，但数据输出间隔较长。红外测距模块的测距精度高，测距范围大概为 1 m，输出间隔短，测距效果较好，但易受到光线影响。超声波测距模块测距精度较低，测距范围大，输出间隔长。考虑到希望测距模块输出间隔低一些，选择使用红外测距模块。

### 7.2.4　灰度传感器

灰度传感器能够检测赛道的灰度值，用以识别断路。当车模运行于赛道上时，灰度传感器检测的灰度值较大，而当车模运行到断路时，灰度传感器检测的灰度值较小。通过返回的灰度值，能够识别出车模是否运行于赛道上。灰度传感器选用最简单的光电开关即可。需要注意的是，灰度传感器受光线影响较大，应安装在不受光线照射的隐蔽处。

### 7.2.5　编码器

编码器用来测量车模的实时速度，根据精度，编码器可划分为 256 线、512 线、1024 线等。实际使用过程中，这几种精度的编码器都能够满足车模的测速需求，最终选用 512 线编码器作为速度测量传感器。

## 7.3　变形金刚三轮组车模组装与调校

### 7.3.1　D、E 型车模特点分析

直立车模最早出现在第七届竞赛中，用 C 型车模拆掉前轮改装而成，在第八届竞赛中，为了降低成本，提高车模运行能力，引入了电机性能更好的 D 型车模。到第九届，又引入了具有双 380 电机的 E 型车模。

变形金刚三轮组一般选用 D、E 型车模进行改装，下面就这两种车模的性能特点进行简要

分析。D 型车模的材质质地偏硬，不容易发生形变，因此车模与传感器的连接可以处于刚性连接，方便控制。E 型车模的底板比较软，轻轻按压便会产生较大的形变，容易造成传感器数据不稳定，其次是其传动齿轮组需要仔细调教。但它的优点是轮毂较大、轮距大，便于转向。

任何的控制算法和软件程序都是需要一定的机械结构来执行和实现的，因此对于整个算法和软件架构来说，适合算法的机械结构才是最好的机械结构。

### 7.3.2　电磁支架的选取与安装

为了确保变形金刚三轮车模在完成比赛的情况下，提高速度上限，电磁支架的选取也十分重要。在确保强度足够的情况下，保证车模的质量足够轻巧。

一般选择碳纤维管作为电磁支架，现就以下两种碳纤维管的抗弯性能进行分析。

**(1) 实心圆截面抗弯截面性能**

实心圆截面如图 7.2 所示，抗弯截面系数如式(7.1)所示。

$$W_Z = \frac{\pi d^3}{32} \tag{7.1}$$

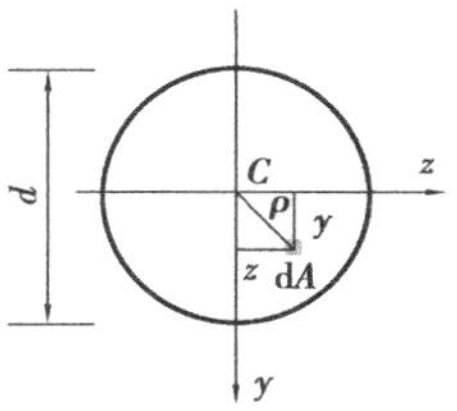


图 7.2　实心圆截面

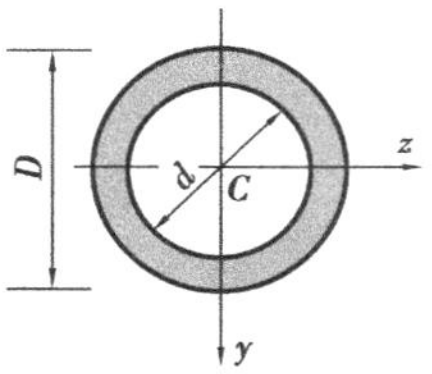


图 7.3　空心圆截面

**(2) 空心圆截面抗弯截面系数**

空心圆截面如图 7.3 所示，抗弯截面系数如式(7.2)所示。

$$W_Z = \frac{\pi D^3(1 - \alpha^4)}{32} \tag{7.2}$$

由式(7.1)和式(7.2)可以得出不同截面的抗弯系数，在保证足够强度的情况下，选取空心管以减轻重量。

确定了电磁支架的类型后，需要对电磁支架进行合理的安装。因电磁支架越长，车模的前瞻越长，对提速越有利，所以在满足竞赛规则的前提下，电磁支架应尽量长。电磁支架的宽度也最好保持在规则限制的最大宽度附近，因为一对电磁传感器相距越远，电磁传感器对赛道的识别就越有区分性，越有利于车模的循线及特殊元素的识别。电磁传感器距离地面的高度通常选取在 15 ~25 cm 较为合适，因为电磁支架的高度如果低了，电磁传感器就会受到来自建筑物钢筋混凝土的影响，使得单片机采集的电磁信号发生异常变化，大部分特殊元素的电磁信号特征难以识别。电磁支架安装好后，保证车模在运行过程中电磁支架不会晃动和抖动，防撞能力强。

电磁支架通常有两种安装方法，单杆安装与双杆安装。单杆安装即为主杆选用一根 8 mm 外径的空心碳纤维杆，主杆直接从直立车两轮连线中点处沿外部延伸，再在主杆末端固定横杆用以放置电感。双杆安装即为主杆选用两根 5 mm 外径的空心碳纤维杆，两根碳纤维杆从车模后方向前延伸，再在两根主杆末端固定横杆用以放置电感。考虑到车模的防撞和抖动，一般选用双杆安装。

### 7.3.3 姿态传感器安装

陀螺仪的安装原则需要保证安装于车模两车轮连线中点处，并且要保证陀螺仪与车模刚性连接，保证 $x$ 轴垂直于正常行驶姿态，$z$ 轴指向车模前进方向。

通常情况下，安装陀螺仪时需将车模后部挡板卸除，如图 7.4 所示。拆除车模后部挡板后，陀螺仪更容易安装。安装陀螺仪通常需要两个人共同完成，一人负责陀螺仪位置校正，另一人使用热熔胶枪在陀螺仪与车模底板连接处打上热熔胶固定陀螺仪。安装完成后，观察陀螺仪 $x$ 轴是否垂直于正常行驶姿态，$z$ 轴是否指向车模前进方向。陀螺仪的安装精度十分重要，否则会直接影响车模的控制。

图 7.4　车模挡板拆除示意图

### 7.3.4 电路板安装

电路板的体积一般相对较大，质量也接近 100 g，电路板的安装对车模重心分布影响较大，一般将电路板放置在车轮轴心位置，并且尽可能贴近车模，在降低车模重心的同时降低车模的转动惯量。

### 7.3.5 电池安装

为什么要提到电池安装呢？因为电池比较重，如果可以调整电池的安装位置，便可以在不改动整体车身的情况下调整车身的重心，提高车身的转弯性能。

调整思路是将电池与车轮轴的距离尽可能缩短，使得车模的质量集中在轮轴上方，这样就不需要在后方放置配重来调整重心，既减轻了车身的质量，也使得车模外观整洁小巧。

### 7.3.6 最终装车方案

通过多次尝试，最终选择将电池通过自己设计的电池支架竖直固定在车尾，尽量缩小主板面积，并将大部分的元器件全部集中在车轴附近，这样可以使车模的转动惯量更小，重心更低，也就更稳定。组装好的车模如图 7.5 所示。此外，选用了空心碳素杆，减少车身前方的重量。安装两个舵机用于改善直立状态与三轮状态的机械结构，当舵机将配重转移至车头时，车模的重心整体靠前，车模的加速度较大，适合三轮姿态的车模行驶，相同的期望角度，能够让车模更快地达到期望速度。而当舵机将配重转移至车尾时，车模的重心靠后，车模的加速度较小，适合直立姿态的车模行驶，车模的姿态不会因加速度过大难以控制。

图7.5　组装好的车模俯视图

## 7.4　变形金刚三轮组控制策略

### 7.4.1　车模运行基本原理

变形金刚三轮组要求车模在两轮直立和三轮着地两种姿态相互切换完成赛道运行，相比四轮着地状态，变形金刚三轮组车模运行控制更复杂。为简化问题，两种运行姿态都可以看成车模以直立姿态运行，只是两者直立姿态的期望角不同。

三轮车膜是由D型车模加一个万向轮改装的，车模运行的姿态、速度都是依靠控制后轮两个电机的转速和转向实现的，万向轮只起支撑作用。因此从控制角度来看，车模作为一个控制对象，它的控制输入量是两个电机的转动速度。车模运行控制任务可以分解成以下三个基本控制任务：

①车模平衡控制：通过控制两个电机正反转保持车模直立平衡状态。

②车模速度控制：通过调节车模的倾角来实现车模速度控制，本质是通过控制电机的转速来控制车模速度。

③车模方向控制：通过控制两个电机之间的转动差速实现车模转向控制。

车模直立和方向的控制都是直接通过控制车模两个后轮驱动电机完成的。假设车模电机可以虚拟地拆解成两个不同功能的驱动电机，它们同轴相连，分别控制车模的直立平衡、左右方向。在实际控制中,是将控制车模直立和方向的控制信号叠加在一起加载到电机上,只要电机处于线性状态就可以同时完成上面两个任务。下面仅讨论车模平衡控制。

**(1)车模平衡控制**

车模平衡控制是通过负反馈来实现的,与保持木棒直立在指尖上比较则相对简单。因为车模有两个轮子着地,车体只会在轮子滚动的方向上发生倾斜。控制轮子转动,使车模向车体的斜方向加速运行便可以保持车模平衡。如图 7.6 所示。

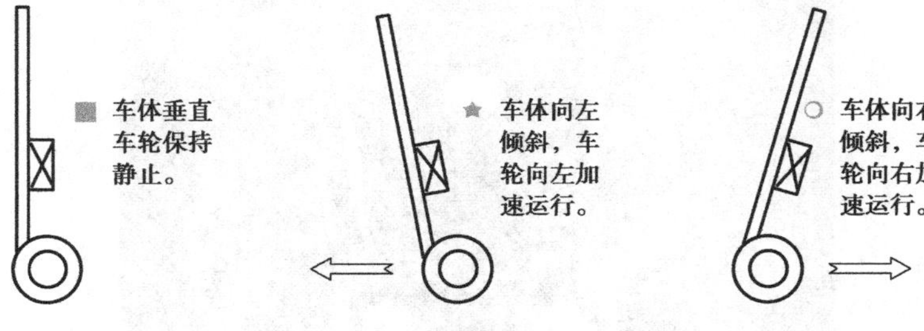


图 7.6　车体平衡示意

车模保持直立姿态的原理与倒立摆的原理基本一致,主要就是通过电机施加的力矩来平衡车模所受到的向前倾倒的重力分量。

**(2)车模速度控制**

传统的直立控制方案是通过控制车模的倾角与俯仰角速度来控制车模姿态,而车模的速度控制则是通过改变车模的期望倾角来实现的,如车模的期望倾角向前偏移则车模将向前加速,若车模的期望倾角向后偏移则车模将向后加速,对于三轮姿态而言也是一样的控制原理。但是想要精确控制电机速度,需要测量电机转速。电机转速可以通过安装在电机输出轴上的编码器获得,如图 7.7 所示。

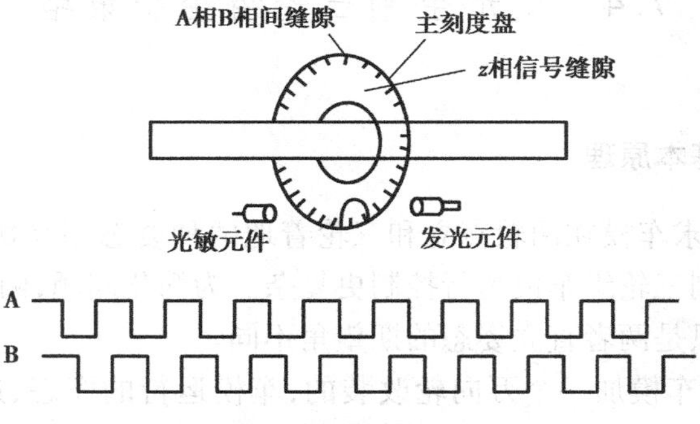


图 7.7　光电编码器工作原理图及输出波形

通过控制单片机的计数器测量固定时间间隔内速度脉冲信号的个数,就可以测量电机的转速。而电机的速度控制则可以采用 PI 调节器,具体实现可以通过软件编程实现。车模的角度和速度控制原理图如图 7.8 所示。

**(3)车模方向控制**

直立车模的方向控制用于控制车模的运动轨迹。通过电感得到赛道特征值的变化,获取当前运行轨迹与期望轨迹的偏差。此时,假设已得到当前方向的偏差,而方向控制则是根据已知的方向偏差,通过调节左右电机的速度差,实现运行方向的调整。消除偏差的过程是一个积分过程,应用比例控制即可完成对车模的方向控制。车模的质量相对集中且均匀地分布在车模中心轴线两侧,但转向过程中存在由转动惯量所引起的转向过冲,为了抑制过冲对直立车正常运行所产生的影响,需要增加转向过程中的阻力,在控制中引入微分控制调节。

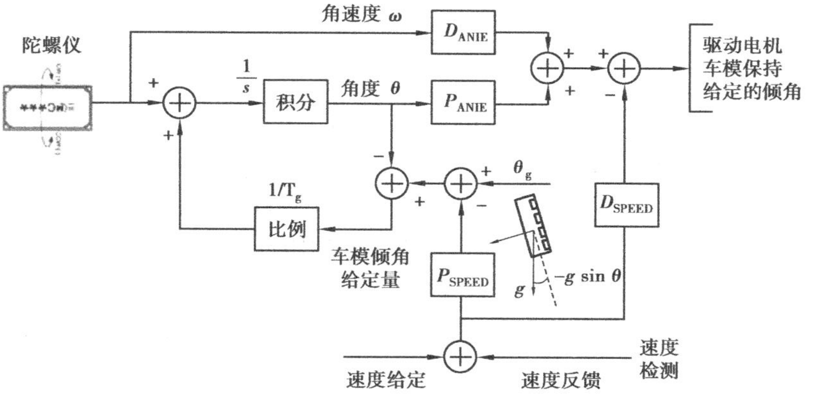


图7.8　角度和速度控制原理

### (4)车模姿态切换

车模运行至断路时,当光电开关检测到车模驶入断路后,将对车模的姿态进行切换。若车模当前姿态为直立姿态,则将车模直立环中角度环的期望倾角设置为静止三轮姿态下陀螺仪检测到的倾角;若车模当前姿态为三轮姿态,则将车模直立环中角度环的期望倾角设置为静止直立姿态下陀螺仪检测到的倾角。

## 7.4.2　车模姿态的解算

完成直立控制有两个前提,一是对姿态传感器读出来的数据进行姿态解算,二是对克服传感器在运行过程中由抖动产生的噪声,这一点通过卡尔曼滤波可以得到相对稳定的信号。当解决这两个问题后,就可以用PD控制来实现对车模的直立控制。

简单来说,卡尔曼滤波器是一个"optimal recursive data processing algorithm(优化自回归数据处理算法)",它在测量方差已知的情况下能够从一系列存在测量噪声的数据中,估计动态系统的状态。Kalman滤波便于计算机编程实现,并能够对现场采集的数据进行实时的更新和处理,是目前应用最为广泛的滤波方法,在通信、导航、制导与控制等多领域得到了较好的应用。

卡尔曼滤波器常用于融合不同的传感器数据,能够从一系列的不完全及包含噪声的测量中估计动态系统的状态而得到目标的最优估计,并且具有良好的动态性能,因此在惯性导航系统中得到了广泛应用。使用卡尔曼滤波对陀螺仪和加速度计的数据进行融合,可得到精确的姿态倾角。接下来对kalman算法进行详细介绍。

首先要引入一个离散控制过程的系统,该系统可用式(7.3)所示的线性随机微分方程来描述。

$$X(k) = AX(k-1) + BU(k) + W(k) \tag{7.3}$$

其次,加上系统的测量,如式(7.4)所示。

$$Z(k) = HX(k) + V(k) \tag{7.4}$$

上面两个式子中,$X(k)$是$k$时刻的系统状态;$U(k)$是$k$时刻对系统的控制量;$A$和$B$是系统参数;$Z(k)$是 $k$ 时刻的测量值;$H$ 是测量系统的参数;$W(k)$ 和 $V(k)$ 分别表示过程和测量的噪声,$W(k)$ 和 $V(k)$ 被假设成高斯白噪声,它们的协方差分别是 Q,R(假设它们不随系统状态变化而变化)。

下面详细介绍卡尔曼滤波的实现过程:

①假设现在的系统状态为 $k$,根据模型,基于系统的上一状态而预测现在状态。

$$X(k \mid k-1) = AX(k-1 \mid k-1) + BU(k) \tag{7.5}$$

式(7.5)中,$X(k|k-1)$ 是利用上一状态预测的结果;$X(k-1|k-1)$ 是上一状态最优的结果;$U(k)$ 为现在状态的控制量,如果没有控制量,它可以为 0。

②系统结果已经更新,但是对应于 $X(k-1|k-1)$ 的协方差还没有更新,用 $P$ 表示。

$$P(k \mid k-1) = AP(k-1 \mid k-1)A' + Q \tag{7.6}$$

式(7.6)中,$P(k|k-1)$ 是 $X(k|k-1)$ 对应的协方差;$A'$ 表示 $A$ 的转置矩阵;$Q$ 是系统过程的协方差。

③有了现在状态的预测结果,再收集现在状态的测量值,结合预测值和测量值,可以得到现在状态($k$)的最优化估算值 $X(k|k)$。

$$X(k \mid k) = X(k \mid k-1) + Kg(k)(Z(k) - HX(k \mid k-1)) \tag{7.7}$$

式(7.7)中,$Kg$ 为卡尔曼增益。

$$Kg(k) = P(k \mid k-1)H' / (HP(k \mid k-1)H' + R) \tag{7.8}$$

④目前已经得到了 $k$ 状态下最优的估算值 $X(k|k)$,但是为了让卡尔曼滤波不断地运行下去,还要更新 $k$ 状态下的 $X(k|k)$ 的协方差。

$$P(k \mid k) = (I - Kg(k)H)P(k \mid k-1) \tag{7.9}$$

式(7.9)中,$I$ 为 1 的矩阵。当系统进入 $k+1$ 状态时,$P(k|k)$ 就是式(7.5)的 $P(k-1|k-1)$,如此一来,算法就可以自回归的运算下去。

上述五个式子便是卡尔曼滤波器的基本公式了,根据这五个公式,可以很容易实现编程。下面是卡尔曼滤波程序。

```
float dt=0.005;//dt 为卡尔曼滤波器采样时间
float Q_angle=0.001, Q_gyro=0.1, R_angle=10;
float angle=0;
float angle_speed=0;
float PK[2][2] = {{ 1, 0 },{ 0, 1 }};
float Pdot[4] ={0,0,0,0};
char C_0 = 1;
float q_bias=0, angle_err, PCt_0, PCt_1, E, K_0, K_1, t_0, t_1;
void Kalman_Filter(float acc_out,float gyro_out_y)
{
angle+=(gyro_out_y-q_bias) * dt; //先验估计

Pdot[0]=Q_angle - PK[0][1] - PK[1][0];//先验估计误差协方差的微分
Pdot[1]=- PK[1][1];
Pdot[2]=- PK[1][1];
Pdot[3]=Q_gyro;
```

```
PK[0][0] += Pdot[0] * dt;//先验估计误差协方差微分的积分
PK[0][1] += Pdot[1] * dt;
PK[1][0] += Pdot[2] * dt;
PK[1][1] += Pdot[3] * dt;

angle_err = acc_out - angle;//先验估计

PCt_0 = C_0 * PK[0][0];
PCt_1 = C_0 * PK[1][0];

E = R_angle + C_0 * PCt_0;

K_0 = PCt_0 / E;
K_1 = PCt_1 / E;
t_0 = PCt_0;
t_1 = C_0 * PK[0][1];

PK[0][0] -= K_0 * t_0;//后验估计误差协方差
PK[0][1] -= K_0 * t_1;
PK[1][0] -= K_1 * t_0;
PK[1][1] -= K_1 * t_1;

angle+= K_0 * angle_err; //后验估计
q_bias+= K_1 * angle_err;//后验估计
angle_speed = gyro_out_y - q_bias;//输出值(后验估计)的微分即角速度
}
```

经卡尔曼滤波后陀螺仪输出的角度数据曲线如图 7.9 所示,灰色线为处理前的数据,黑色为处理后的数据,从图中可以看出,处理后的曲线噪声降低很多。在得到滤波之后的角度后,便可以对直立车进行直立控制了。

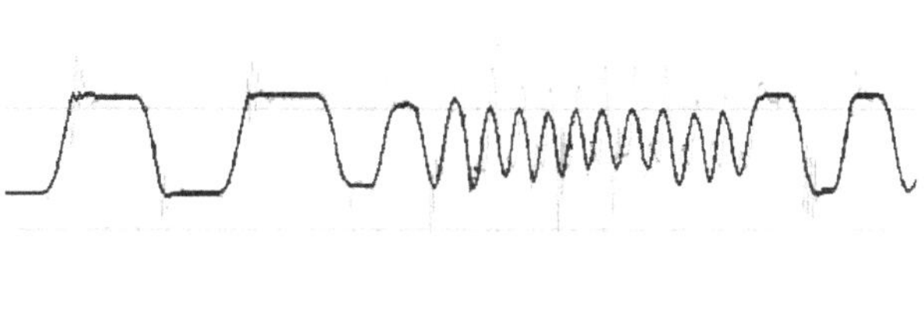

图 7.9　卡尔曼滤波前后角度数据曲线

### 7.4.3 直立环控制

车模直立控制方案选择串级 PID 控制方案,即将车模的直立控制分为三个环节:速度环、角度环、角速度环。三个环的嵌套顺序为角速度环在最内环,角度环处于中间环,速度环在最外环,结构框图如图 7.10 所示。

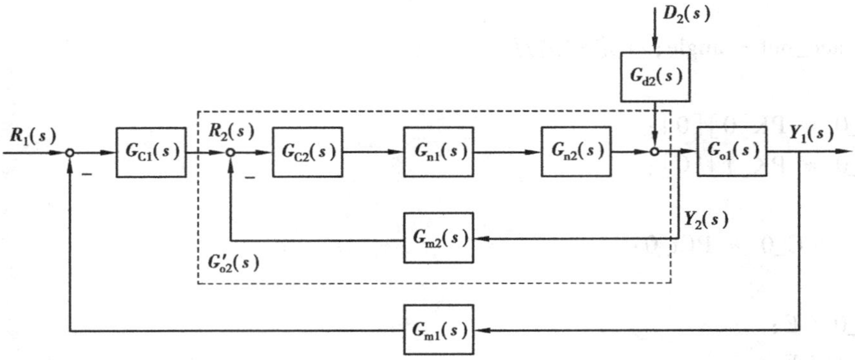


图 7.10　串级 PID 结构框图

下面简单介绍串级 PID 的基本原理:串级控制系统是指两个调节器串联起来工作,其中一个调节器的输出作为另一个调节器的输入的系统。前一个调节器称为主调节器,它所检测和控制的变量称主变量(主被控参数);后一个调节器称为副调节,它所检测和控制的变量称副变量(副被控参数),是为了稳定主变量而引入的辅助变量。整个系统包括两个控制回路,主回路和副回路。

采用串级控制方案的优点如下:

①由于副回路的存在,减小了对象的时间常数,缩短了控制通道,使控制作用更加及时。

②提高了系统的工作频率,使振荡周期减小,调节时间缩短,系统的快速稳定得到增强。

③对二次干扰具有很强的克服能力,克服一次干扰的能力也有一定的提高。

④对负荷或操作条件的变化具有一定的自适应能力。

使用串级 PID 控制时要注意,最重要的一点就是内外环控制频率的关系。当外环控制频率与内环控制频率比约等于 1 时,极容易出现共振效应,反映到车模上就会高频振动。为了避免共振效应,内环控制频率应当是外环控制频率的 2 倍或者以上。车模的直立和方向控制都是采用外环 5 ms,内环输出 2 ms。

车模直立调试过程:车模直立控制包括姿态检测、串级 PID 控制,姿态检测使用加速度计和陀螺仪,姿态解算采用四元素法实现。通过串级 PID 控制使车模直立。车模姿态检测传感器为 ICM20602,该传感器上有加速度计和陀螺仪,通过获取该传感器的数据后进行姿态解算,获取角度。直立外环内环都采用 PD 控制。调试直立环时,先将外环的 PD 全部给 0,调试内环 PD,直到将车模立起来,手离开车模的时候有看到明显的抑制车子倒下的现象,再调试外环 PD,具体的调试方式可以参考飞控的调试方法。

同时在速度控制方面,车模没有零点,只有通过加减配重来实现控制车模的加速度,全程保持恒定角度,也便于测距模块检测横断的距离,而读取编码器的数值只用于控制方向。

### 7.4.4　转向环控制

**(1)基本原理**

制约智能汽车速度的关键便是转向,直立车模的转向由双电机差速控制,将转向环的输出加载到一个电机驱动信号上,另一个电机驱动信号则加上转向环输出的相反量。使用了路径闭环控制方案。根据当前电感采集值,拟合出当前期望的车模行驶曲率即行驶路径,再使用控制算法进行行驶曲率控制。其中曲率获得部分,使用模糊 PID 依据电磁信号的偏差与偏差的变化率获得。行驶曲率的控制:一个运动物体,确定了线速度和角速度,便确定了它的运动轨迹。上文提到直立车模的速度不易控制精准,所以路径闭环的主要方案,是根据当前采集的线速度和拟合出的期望行驶曲率,再算出此时应该具有的航向角角速度。再对车模航向角角速度进行控制,外环电磁偏差的处理周期为 8 ms,内环偏航角速度的处理为 2 ms。

偏差的获取与电磁传感器的摆放位置有关,电磁传感器的摆放是三横两竖,横着的三个电感等间距地分布在碳纤维杆上,而两个竖电感则基本分布在横碳杆的两侧,与横电感十分靠近。具体摆放位置如图 7.11 所示。

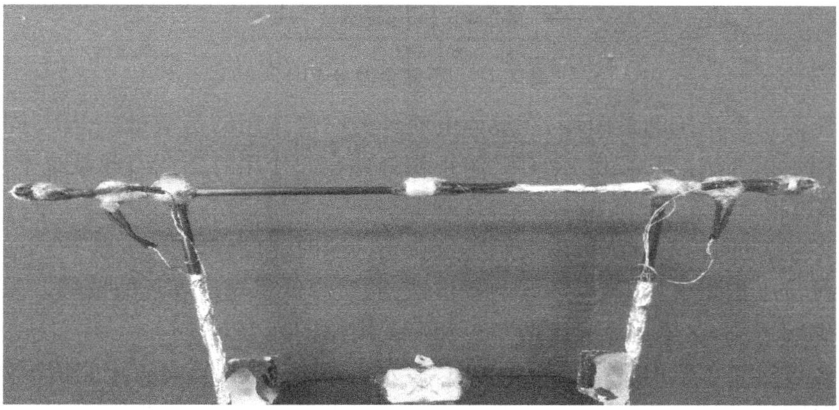

图 7.11　电感位置

具体的偏差计算公式为:Offset = (SensorADL - SensorADR) / (SensorADL + SensorADM + SensorADR)。得到的偏差与赛道的偏移程度成正相关,差比和的计算能够将偏差限制在 0~1。

外环控制选用了模糊控制,最终实现的效果是在大偏差(偏移赛道程度较大)的情况下输出较大的转向力,小偏差(偏移赛道程度较小)的情况下输出较小的转向力。下面简单介绍模糊控制的基本原理。

在现实控制中,被控系统并非是线性不变的,往往需要动态调整 PID 的参数,而模糊控制正好能够满足这一需求。模糊 PID 控制器是将模糊算法与 PID 控制参数的自整定相结合的一种控制算法,可以说是模糊算法在 PID 参数整定上的应用。

所谓模糊 PID 控制是以偏差 $e$ 及偏差变化 $ec$ 为输入,利用模糊控制规则在线对 PID 参数进行调整,以满足不同的偏差 $e$ 和偏差变化量 $ec$ 对 PID 参数的不同要求,其结构如图 7.12 所示。

内环的处理选用的是不完全微分 PID,从 PID 控制的基本原理知道,微分信号的引入可改善系统的动态特性,但也存在一个问题,那就是容易引进高频干扰,在偏差扰动突变时尤其显出微分项的不足。不完全微分 PID 的控制框架如图 7.13 所示,其实也就是在微分项的处理上加入一个低通滤波器。

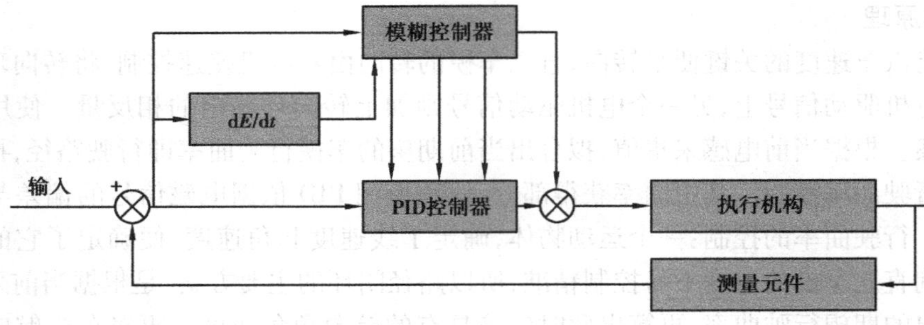


图 7.12　模糊 PID 控制

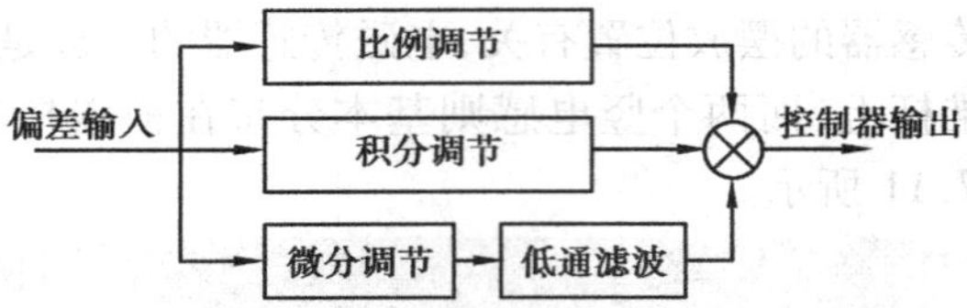


图 7.13　不完全微分 PID

电流环作为整个系统的最内环,在设计电流环的时候选用的是增量式 PID,同时在积分项的设计中采用了积分抗饱和和积分分离,防止积分项在起作用时超调引起系统不稳定。

**(2)调试过程**

经验证,上述方向控制方法可以控制车模在不同瞬时速度(3.1 m/s 以下)下,实际运行轨迹和理论运行轨迹相差很小,具有较好的鲁棒性,同时降低了对速度环的依赖。限幅是各种控制中必不可少的环节,这里重点介绍两个可能需要限幅的地方。

首先高速过弯时车模由于重心高于平面,会发生侧滑或侧翻,为防止此情况发生,对行驶曲率进行实时限幅,根据当前速度计算允许通过的最大曲率,将行驶曲率控制住。这里的曲率限幅究竟限多少取决于不同车模、赛道的物理模型。

此方法牺牲了一定灵活性但是获得了稳定性,大大减小冲出赛道的事故概率。其次,车模控制应当考虑到车模的物理特性,任何物体都具有惯性,线速度、角速度都不会发生突增。因为角速度线速度的变化,是加速度在时间上的积分,没有时间过渡当然不可能突变,而加速度究其根本,是外力提供的。

在直立车模这种欠驱动系统中,唯一的外力来源就是轮胎摩擦力。轮胎摩擦力是有上限的,也就意味着加速度有上限。物理条件限制了角速度、线速度改变速率的上限,如若期望改变得过快,不但不会得到更好的跟随响应,反而会适得其反。

当对直立车模角速度、线速度进行控制时,车模的角速度期望低,轮速期望低等都不可以与上一个周期采集的真实值有过大的跳变,跳变过大,轮胎摩擦力无法承受,会转变为滑动摩擦,摩擦力反而下降,控制更加失效。所以有时除了输出需要限幅,控制参数的期望值也可以适当限幅。经验证,此方法可以较好地使车辆运行顺滑,减少跳轮和滑动摩擦。

调试过程中,需要先确定内环的参数,在将内环参数整定得较为合适的时候,再逐步将外环加入。调参过程,最困难的是调试外环模糊 PID 的参数。模糊 PID 的整定过程尤其复杂,需要根据偏差以及偏差的变化率确定好输出,要保证输出合适的情况下又不会产生突变,一般来说,模糊 PID 的整定时间最少需要一个月,才能够入门。

## 7.5　变形金刚三轮组运行实例

图 7.14 是变形金刚三轮组车模实际运行时的控制整体框架图。车模的运行大致可分为基本运行与特殊元素识别及处理两个部分,需要注意的是,仅依靠基本运行控制,车模即可流畅地在普通赛道上完成循线功能,而通过对特殊元素的识别与处理,对车模的基本运行控制进行调整,可实现车模在特殊元素中的流畅运行。下面将结合示例赛道对车模的行驶进行具体的分析讲解。所提供的赛道共包含直道、弯道、断路、坡道、横断、圆环等元素,为标准赛道。对于采用串级 PID 控制的变形金刚三轮车模而言,弯道元素的控制一般不需要采用特别的处理,只依据当前偏差对方向外环 PD 参数进行调整即可,因此特殊元素只剩下直道、断路、坡道、横断、圆环。

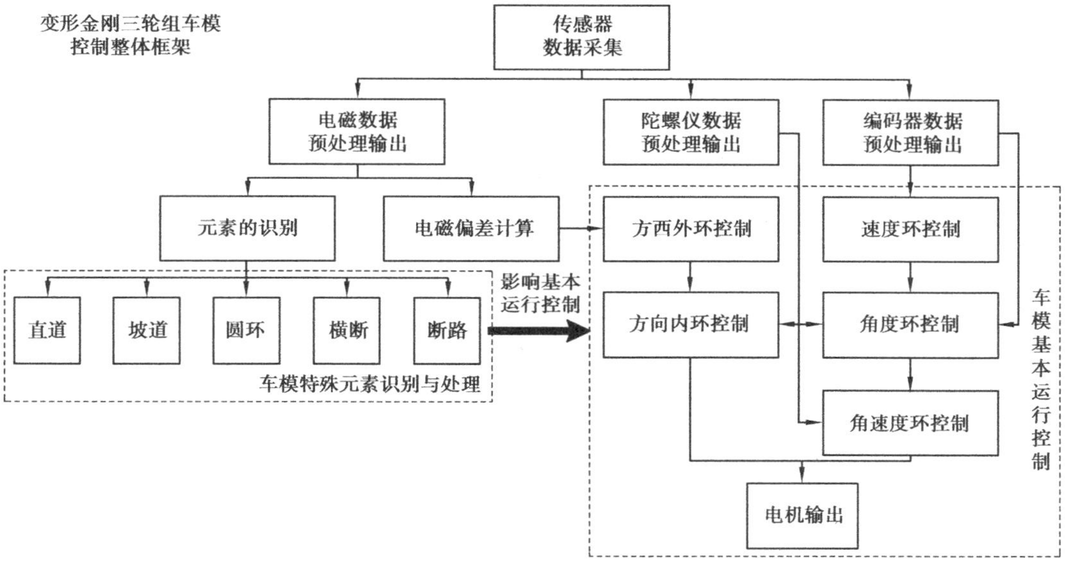


图 7.14　变形金刚三轮组车模控制整体框架图

### 7.5.1　车模基本运行控制

通过车模基本运行控制,可使得车模在不含任何特殊元素的赛道上行驶,下面对基本运行控制展开介绍,即对模块初始化、电磁偏差获取及方向外环、方向环内环、直立角度环、直立角速度环五个方面进行具体详细的介绍。

**(1)模块初始化**

车模在运行前,首先需要对各子模块进行初始化,模块初始化主要涉及 PIT 时钟中断初始化、外设模块初始化以及算法参数初始化三个部分。

下面是模块初始化的基本程序。

```
DisableInterrupts;//禁用全局中断
task.Init();//时序系统使能
led.Init(LED1 | LED2 | LED3 | LED4);//外设 LED 使能
PID_Init();//PIT 中断使能
oled.Init();//外设 OLED 使能
keys.Init();//外设按键使能
bee.Init();//外设蜂鸣器使能
uart.Init();//串口使能
motor.MotorInit(MotorPwm);//PWM 使能
motor.QdInit();//正交解码使能
spi.SPI_Init();//SPI 使能
sensor.SensorInit();//ADC 使能
EnableInterrupts;//使能全局中断
```

**(2)电磁偏差获取及方向外环控制**

电磁偏差的获取和方向外环 PD 的计算放在了 PID 中断 8 ms 时序中,在该时间段内,车模通过 ADC 采集电磁信号的值,并通过 PID 计算方向内环期望的偏航角速度。方向外环控制流程如图 7.15 所示。

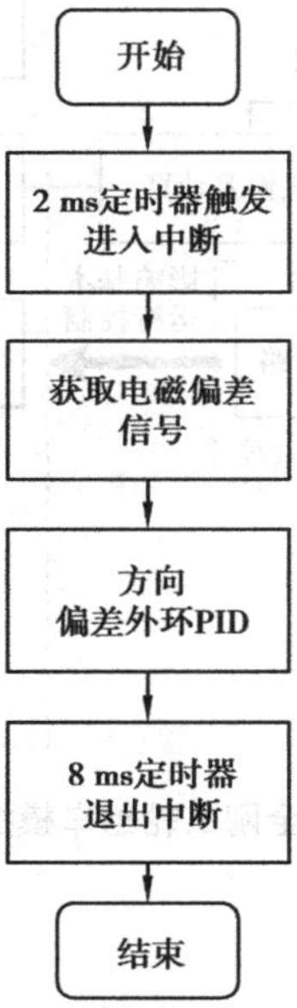


图 7.15　方向外环控制流程框图

方向外环控制程序如下:

```
void Sensor_getAdc(void)
{
    uint8 i = 0, j = 0;
    //先对电感 AD 和进行清零
    for (i = 0; i < 10; i++)
```

```
    {
        sensor. advalue. ad_add_val[i] = 0;
    }
    //获取对应电感接口的 AD 值
    for (i = 0; i <= 3; i++)
    {
        sensor. advalue. ad_avr_temp[i][0] = LPLD_ADC_Get(ADC0, AD8);
        sensor. advalue. ad_avr_temp[i][1] = LPLD_ADC_Get(ADC0, AD9);
        sensor. advalue. ad_avr_temp[i][2] = LPLD_ADC_Get(ADC0, AD12);
        sensor. advalue. ad_avr_temp[i][3] = LPLD_ADC_Get(ADC1, AD10);
        sensor. advalue. ad_avr_temp[i][4] = LPLD_ADC_Get(ADC1, AD11);
    }
    //对获取的电感值进行平均处理
    for (i = 0; i <= 4; i++)
    {
        for (j = 0; j < 3; j++)
        {
            sensor. advalue. ad_add_val[i] += sensor. advalue. ad_avr_temp[j][i];
        }
        sensor. advalue. ad_avr_val[i] = sensor. advalue. ad_add_val[i] / 3;
    }
}
//偏差处理
void Sensor_dealSensor(void)
{
    uint8 i = 0;
    static float sum, error;
    //电磁信号获取
    Sensor_getAdc(); //滤波后 AD 值
    //电磁信号减零漂
    for(i=0;i<5;i++)
    {
        sensor. advalue. ad_avr_val[i]-=sensor. advalue. ad_offset_val[i];
    }
    //电磁偏差获取
    sum = sensor. advalue. ad_avr_val[EEEL]
            + sensor. advalue. ad_avr_val[EEEM] + sensor. advalue. ad_avr_val[EEER];
    error = sensor. advalue. ad_avr_val[EEEL] - sensor. advalue. ad_avr_val[EEER];
    Sensor_Error = error / sum;
```

```
}
//方向外环控制
void Direction_Outter(void)
{
    uint8 i;
    //电磁偏差进入排队序列
    for(i=9;i>0;i--)
        DirOutter.ErrorFifo[i] = DirOutter.ErrorFifo[i-1];
    DirOutter.ErrorFifo[0] = Sensor_Error;
    for(i=3;i>0;i--)
        DirOutter.ErrorDtTemp[i] = DirOutter.ErrorDtTemp[i-1];
    //电磁偏差微分量获取
    DirOutter.ErrorDtTemp[0] = DirOutter.ErrorFifo[0] - DirOutter.ErrorFifo[3];
    //方向外环 PID 控制
    DirOutter.OutPut = DirOutter.BaseKP * Sensor_Error
        + DirOutter.BaseKD * (DirOutter.ErrorDtTemp[0] * 0.6 + DirOutter.ErrorDt-
Temp[1] * 0.3 +DirOutter.ErrorDtTemp[2] * 0.1);
    //方向外环曲率获取,用以与单位转化
    DirOutter.Expect_Curvature = DirOutter.OutPut/100 * PI/180;
    DirOutter.Curvature_Correct = DirOutter.Expect_Curvature;
    /*修正后的期望曲率*/
    DirOutter.Curvature_Final = DirOutter.Curvature_Correct * 180/PI * 100;
}
```

**(3)方向内环**

方向内环 PD 的计算放在了 PID 中断 2 ms 时序中,在该时间段内,车模通过方向外环输入的期望角速度与当前测量获取的角速度进行 PD 运算,最终输出用于方向环控制的 PWM 信号。方向内环具体实现框图如图 7.16 所示,相关实现程序如下:

```
//方向内环控制
void Direction_Inner(void)
{
    uint8 i;

    //方向内环期望输入
    DirOutter.InnerInput = DirOutter.Curvature_Final;
    //方向内环偏差获取
    DirInner.ErrorLast = DirInner.Error;
    DirInner.Error = DirOutter.InnerInput - CarAngle.Yawrate;
    //方向内环偏差进入排队序列
    for(i=9;i>0;i--)
```

```
        DirInner.ErrorFifo[i] = DirInner.ErrorFifo[i-1];
    DirInner.ErrorFifo[0] = DirInner.Error;
    //方向内环偏差微分量获取
    for(i=3;i>0;i--)
        DirInner.ErrorDtTemp[i] = DirInner.ErrorDtTemp[i-1];
    DirInner.ErrorDtTemp[0] = DirInner.ErrorFifo[0]-DirInner.ErrorFifo[3];
    //方向内环 PID 控制
    DirInner.InOut = DirInner.BaseKP * DirInner.ErrorFifo[0] +
        DirInner.BaseKD * (DirInner.ErrorDtTemp[0] * 0.6 + DirInner.ErrorDtTemp
[1] * 0.3 + DirInner.ErrorDtTemp[2] * 0.1);
    //方向内环输出进入排队序列
    for(i=3;i>0;i--)
        DirInner.OutTemp[i] = DirInner.OutTemp[i-1];
    DirInner.OutTemp[0] = DirInner.InOut;
    //方向内环输出滤波处理
    DirInner.OutPut = DirInner.OutTemp[0]*0.8 + DirInner.OutTemp[1]*0.2;
    //方向内环输出限幅处理
    DirInner.OutPut = FloatRangeProtect(DirInner.OutPut, 5000, -5000);
}
```

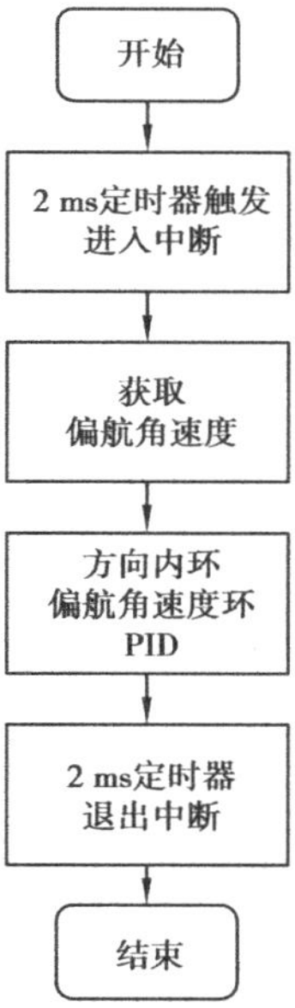


图 7.16　方向内环控制流程框图

**(4)直立角度环控制**

直立外环角度环 PD 计算放在了 4 ms 的 PIT 中断中，在该部分程序中，PID 的输入期望值为速度环所计算输出的期望角度。该期望角度叠加在车模的机械零位上，得到最终角度环参与 PID 运算的期望角度。直立角度环具体实现框图如图 7.17 所示，相关实现程序如下：

```
void Angel_Control(void)
{
    //角度变量限幅及 PD 参数初始化
    AngleLoop.ErrorMaxLimit = 35;
    AngleLoop.ErrorMinLimit = -35;
    AngleLoop.OutPutMaxLimit = 900;
    AngleLoop.OutPutMinLimit = -900;
    AngleLoop.KP = AngleLoop.BaseKP;
    AngleLoop.KD = AngleLoop.BaseKD;
    //角度环设定期望直立角度
    AngleLoop.Expect = 0;//期望角度
    //角度环偏差进入排队序列
    AngleLoop.ErrorFifo[2] = AngleLoop.ErrorFifo[1];
    AngleLoop.ErrorFifo[1] = AngleLoop.ErrorFifo[0];
    AngleLoop.ErrorFifo[0] = AngleLoop.Error;
    //角度环偏差微分进入排队序列
    AngleLoop.ErrorDtFifo[2] = AngleLoop.ErrorDtFifo[1];
    AngleLoop.ErrorDtFifo[1] = AngleLoop.ErrorDtFifo[0];
    AngleLoop.ErrorDtFifo[0] = AngleLoop.ErrorFifo[0] - AngleLoop.ErrorFifo[2];
    //角度环偏差获取
    AngleLoop.Error = AngleLoop.Expect - CarAngle.Pitch;
    //角度环偏差限幅
    if(AngleLoop.Error>=AngleLoop.ErrorMaxLimit) AngleLoop.Error = AngleLoop.Error-
MaxLimit;
    if(AngleLoop.Error<=AngleLoop.ErrorMinLimit) AngleLoop.Error = AngleLoop.Er-
rorMinLimit;
    //角度环 PID 控制
    AngleLoop.OutPut = AngleLoop.KP * AngleLoop.Error + AngleLoop.KD * (AngleL-
oop.ErrorDtFifo[0] * 0.6 +AngleLoop.ErrorDtFifo[1] * 0.3 + AngleLoop.ErrorDtFifo[2] *
0.1);
    //角度环输出限幅
    if(AngleLoop.OutPut>=AngleLoop.OutPutMaxLimit) AngleLoop.OutPut = AngleLoop.
OutPutMaxLimit;
    if(AngleLoop.OutPut<=AngleLoop.OutPutMinLimit) AngleLoop.OutPut = AngleLoop.
OutPutMinLimit;
}
```

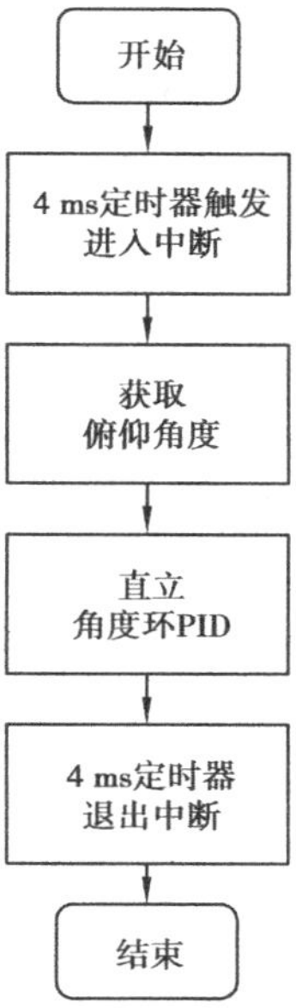


图 7.17　直立角度环控制流程框图

**(5)直立角速度环相关**

直立环内环角速度环 PD 计算放在了 2 ms 的 PIT 中断中，在该部分程序中，PID 的输入期望值为角度环 PID 所计算输出的期望角速度，角速度环直接输出的是用以控制电机的 PWM 波占空比。直立角速度环具体实现框图如图 7.18 所示，相关实现程序如下。

```
void Gyro_Control(void)
{
    //角速度环变量限幅及 PD 参数初始化
    GyroLoop.ErrorMaxLimit = 500;
    GyroLoop.ErrorMinLimit = -500;
    GyroLoop.OutPutMaxLimit = 8000;
    GyroLoop.OutPutMinLimit = -8000;
    GyroLoop.KP = GyroLoop.BaseKP;
    GyroLoop.KD = GyroLoop.BaseKD;
    //角速度环偏差进入排队序列
    GyroLoop.ErrorFifo[2] = GyroLoop.ErrorFifo[1];
    GyroLoop.ErrorFifo[1] = GyroLoop.ErrorFifo[0];
    GyroLoop.ErrorFifo[0] = GyroLoop.Error;
    //角速度环偏差微分进入排队序列
    GyroLoop.ErrorDtFifo[2] = GyroLoop.ErrorDtFifo[1];
    GyroLoop.ErrorDtFifo[1] = GyroLoop.ErrorDtFifo[0];
    GyroLoop.ErrorDtFifo[0] = GyroLoop.ErrorFifo[0] - GyroLoop.ErrorFifo[2];
    //角速度环偏差获取
    GyroLoop.Error = AngleLoop.OutPut - CarAngle.Pitchrate;
```

```
        //角速度环偏差限幅
        if(GyroLoop.Error>=GyroLoop.ErrorMaxLimit) GyroLoop.Error = GyroLoop.ErrorMaxLimit;
        if(GyroLoop.Error<=GyroLoop.ErrorMinLimit) GyroLoop.Error = GyroLoop.ErrorMinLimit;
        //角速度环 PID 控制
        GyroLoop.OutPut = GyroLoop.KP * GyroLoop.Error + GyroLoop.KD * (GyroLoop.ErrorDtFifo[0] * 0.6 + GyroLoop.ErrorDtFifo[1] * 0.3 + GyroLoop.ErrorDtFifo[2] *0.1);
        //角速度环输出限幅
        if(GyroLoop.OutPut>=GyroLoop.OutPutMaxLimit) GyroLoop.OutPut = GyroLoop.OutPutMaxLimit;
        if(GyroLoop.OutPut<=GyroLoop.OutPutMinLimit) GyroLoop.OutPut = GyroLoop.OutPutMinLimit;
    }
```

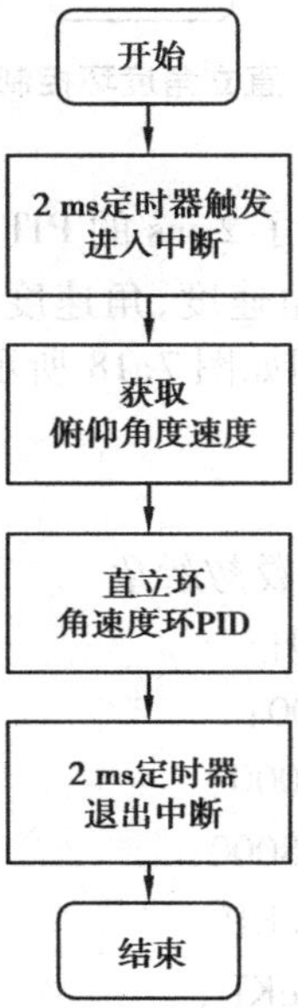


图 7.18　直立角速度环控制流程框图

### 7.5.2　车模特殊元素处理

赛道上的特殊元素考验车模的稳定运行能力,如何对特殊元素进行恰当处理,是参赛车模取得好成绩的决定性因素。下面将对赛道上特殊元素的处理进行详细的介绍。

**(1)环岛元素**

图 7.19(a)所示为环岛的示意图,环岛元素相当于一个侧边的圆环,车模行驶到环岛时,需要从一侧进入,在环岛中行驶一圈之后,从另一侧驶出。图 7.19(b)所示为环岛元素的处理流程框图,环岛的处理可以分为 4 个阶段,即判断环岛、入环、环内循线、出环循线。下面将针对这 4 个阶段进行详细的介绍。

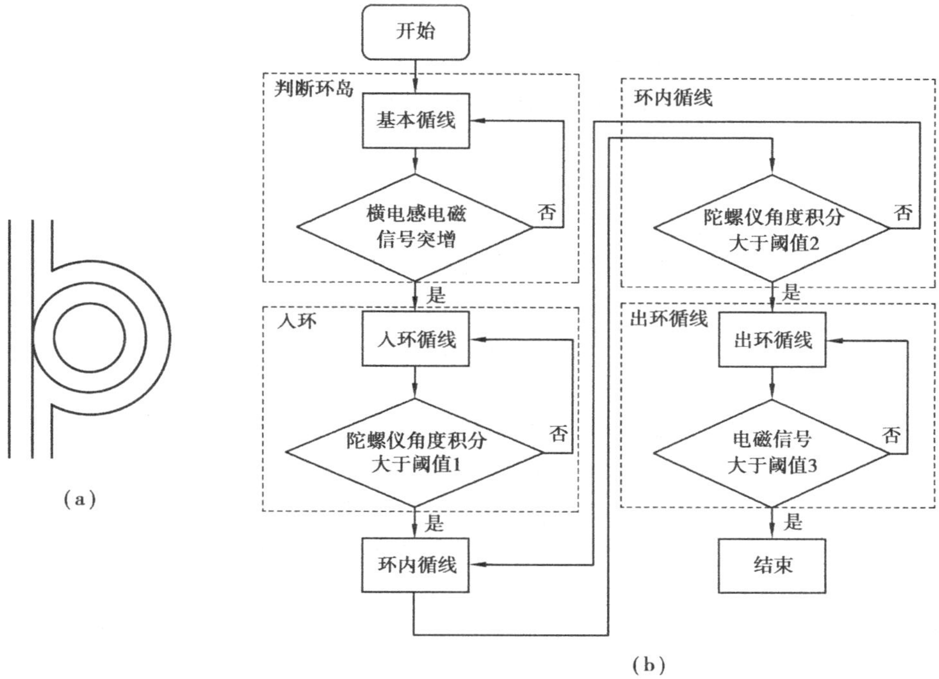


图 7.19　环岛示意图及环岛处理流程框图

1)环岛特征及检测

环岛元素相比于其他赛道元素最明显的特征是在车模行驶至环岛附近时,会检测到两条成一定夹角的线,以五电感循线为例,此时的横电感值和竖电感值会明显增大,而在接近圆环与直线交界点时,两侧横电感以及两个竖电感的值都会减小,中间横电感值则会逐渐达到最大值。车模行驶至环岛时,对应具备该特征的位置为图 7.20 中的①。

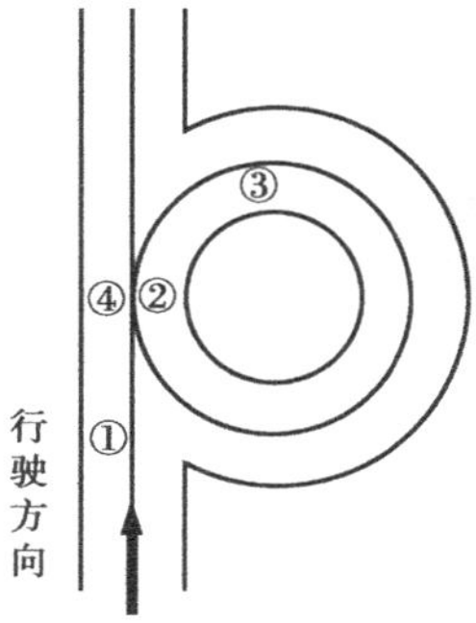


图 7.20　环岛处理各阶段划分图

2)入环循线

环岛内的循线不能按照基础循线进行,因为在入环点若采用普通循线,车模可能会冲出赛道或者沿着直线行驶过去。此时应该主要依靠竖电感来进行循线,因为横电感为主的普通循线主要检测的是直道等,而竖电感对弯道更加敏感,所以采用竖电感循线为主,才能更好地进入环内。车模行驶至环岛时,对应具备该特征的位置为图 7.20 中的②。

3)环内循线

入环之后,若继续以竖电感循线为主,车模可能会在急弯处冲出赛道,所以,环内要切换循线方式,切换为正常循线模式,主要以横电感来进行循线。车模行驶至环岛时,对应具备该特征的位置为图 7.20 中的③。

4)出环循线

经过绕环一周的循线之后,车模会再次行驶至可以检测到两根通电导线的位置,此处的情况较复杂,不同半径的环的各种特征值都存在较大的差异,此外,车模出环时的运行姿态也会有较大的影响。总体的特征趋势是两个竖电感中外侧电感值明显增大,并且与内侧电感的差值较大,此外,也可能会伴随着中间横电感值的增大。车模行驶至环岛时,对应具备该特征的位置为图 7.20 中的④。

在出环点附近的位置比较特殊,车模可以同时检测到一根斜着的通电导线以及一根横着的通电导线。此处如果继续采用环内循线,会因为竖电感值偏差太小而冲出赛道,而使用普通循线的方式也可能会发生相同的情况,或者会因为车模姿态不正,再一次冲入环岛内。所以,在出环岛部分,需要采用另外的特殊循线方式。经过尝试,在偏差计算过程中,将分母的中间横电感乘以一个较大的系数,使偏差整体缩小,车模能循直线出环,系数由经验给出。

**(2)断路元素**

图 7.21(a)所示为断路的示意图,断路元素相当赛道消失,仅留下蓝色背景布,赛道颜色发生突变。图 7.21(b)所示为断路元素的处理流程框图。断路的处理可以分为 3 个阶段,即判断断路、断路循线、驶出断路。下面将针对这 3 个阶段,进行详细的介绍。

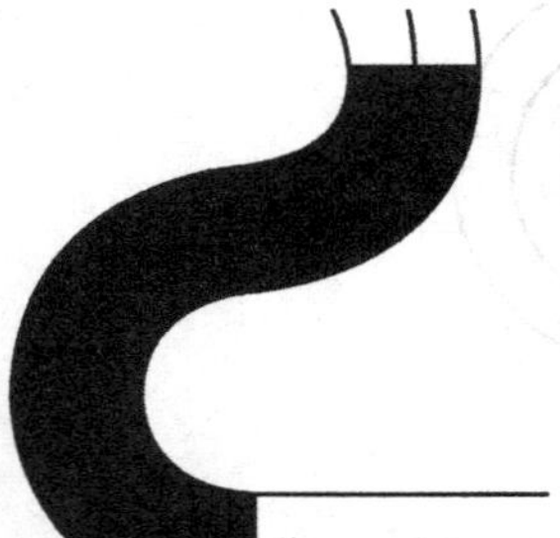

(a)

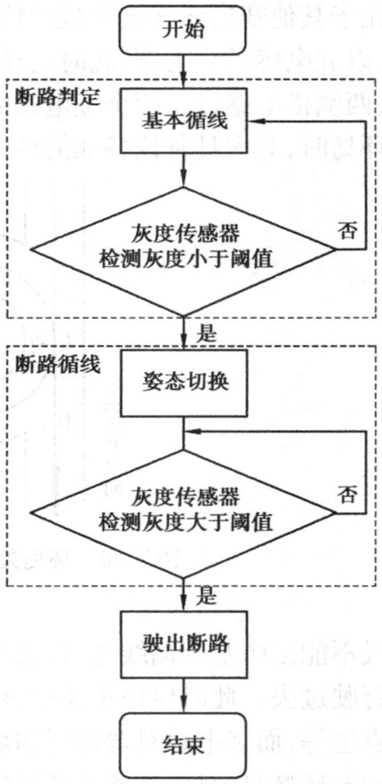


(b)

**图 7.21　断路示意图及断路处理流程框图**

1)断路特征及检测

断路元素相当于赛道突然消失,只存在电磁线进行引导。车模底部装有特殊的灰度传感器,用以检测赛道的灰度值,当车模行驶至断路区域时,灰度传感器所检测得到的灰度值会发生十分明显的跳变且灰度值较低,通过设定一定的阈值即可检测车模是否行驶至断路区域。对应具备该特征的位置为图7.22中的①。

2)断路循线

由于车模选择采用电磁主循线,因而断路循线与普通赛道循线方式并无任何差异,仅仅只需要进行状态切换即可。对应具备该特征的位置为图7.22中的②。

3)驶出断路

当车模行驶出断路区域时,灰度传感器所检测得到的灰度值会发生十分明显的跳变且灰度值较高,通过设定一定的阈值即可检测车模是否行驶至断路区域。对应具备该特征的位置为图7.22中的③。

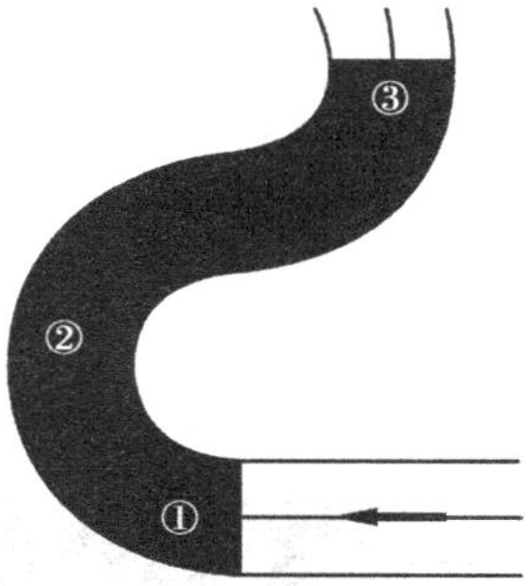


图7.22　断路处理各阶段划分图

(3)坡道元素

坡道的存在对于直立车而言是一个巨大的挑战,坡道意味着车模在通过时必须及时切换车模姿态,因为坡道实际上对于车模的直立环是一个强干扰,若车模角度切换不及时,当车模以高速冲击坡道时,会直接导致车模动能迅速损失而无法冲上坡道。

如图7.23(a)所示即坡道的示意图,图7.23(b)所示为断路元素的处理流程框图。坡道的处理可以分为4个阶段,即坡道判定、上坡循线、坡中循线、下坡循线。下面将针对这4个阶段,进行详细的介绍。

1)坡道特征及检测

一般情况下,车模在通过坡道时电磁信号会发生十分明显的变化,如横电感的电感值在电磁杆靠近坡道中部的电磁线时会迅速增大,提取该特征并用竖电感排除环岛特殊元素的干扰即可识别出坡道。然而,第十四届比赛题目的要求对车模的机械结构有较大的改变,电磁杆的高度相比往年更低一些,在该高度下,电磁信号增大的特征并不明显,因而需要考虑别的方案来通过坡道。

通过检测车模上方安装的红外测距模块返回的距离值来识别坡道,当车模运行至坡道前方时,红外测距模块检测的距离将急剧缩小,因此设定一定的阈值,再加以人工辅助判断区分坡道和横断,就可以较为简单地达到识别坡道的目的。对应具备该特征的位置为图7.24中的①。

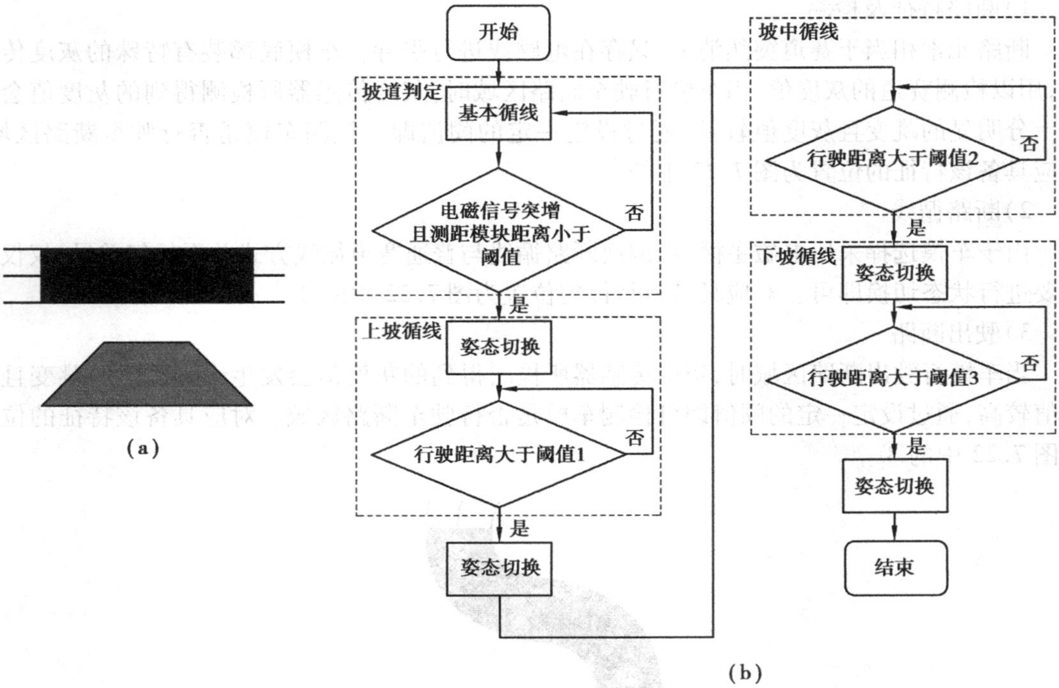


图 7.23　坡道示意图及坡道处理流程框图

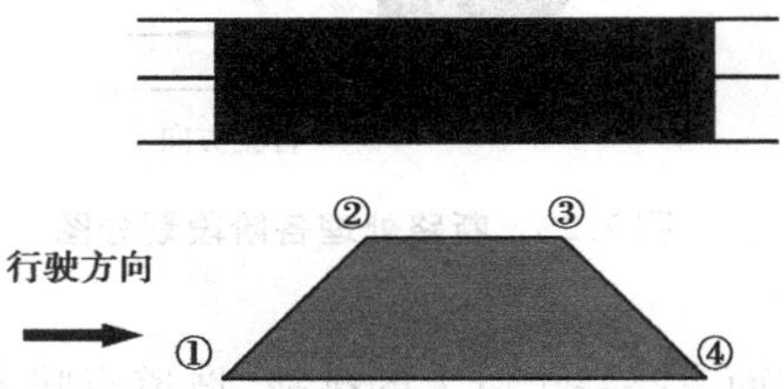


图 7.24　坡道处理各阶段划分图

2）上坡循线

车模上坡的方案一般有两种，一是使车模抬头，即让车模俯仰的角度高过坡道，通常，在车模的速度没有达到快速冲坡的情况下，抬头能够增大车模轮胎与地面的力矩，从而达到上坡的目的。二是使车模低头，让车模能够以一个不是特别低的角度冲坡，这种方案比较适合速度较快的车模，目的是让车模撞击坡道，尽快降速，防止车模在过坡时飞出坡道，但需要注意的是车模在冲坡时角度不可太低，因为若车模角度过低，高速撞击坡道将会使车模直接停止运行。

通常情况下，选择让车模抬头通过坡道是一种较为稳妥的过坡方式。因为低头冲坡如果把握得不好，车模将直接撞击在坡道上停下。

3）坡中循线

通过设定一定的距离阈值，当车模行驶的距离大于该阈值时，即可判定车模进入到了坡道中间。车模运行在坡道中间时，坡道中间为小平台，适合车模以正常角度通行，不需要进行特殊处理。因此车模在经过上坡阶段后，即将进入坡道中部小平台时应尽快将车模姿态切换为正常运行姿态，对应具备该特征的位置为图 7.24 中的②。

4)下坡循线

当车模行驶的距离大于该阈值,即可判定车模进入到了下坡阶段,下坡阶段车模一般运行的方案也有两种,一种是使车模稍微抬头下坡,使车模后方的底板刮蹭到坡道,稍微干扰车模的直立环,达到瞬间加速的目的。这对于直立车模而言实际上是一个加速机会,一般情况下如果车模的速度不够,希望能够瞬间提速,稍微抬头下坡是一个不错的方案;第二种则是让车模低头下坡,该方案的目的则是让车模在下坡过程中不让后底板刮蹭坡道而加速导致车模运行速度过快而失控。相较于第一种下坡方式,这种方式更加稳定可靠,一般而言都会在下坡阶段低头,让车模能够稳定地通过坡道。对应具备该特征的位置为图7.24中的③。下坡结束后,车模恢复正常直立姿态运行即可。

除了通过距离划分坡道以外,还可以通过对电磁信号识别来对坡道的阶段进行区分,例如电磁信号在上坡阶段电感值会急剧增大,进入坡道时电感值会减小,而后即将下坡时电感值又会减小。

**(4)横断元素**

横断的存在对于直立车而言也是一个巨大的挑战,一般情况下因为直立车模机械结构无法减速或减速较慢,无法像四轮车模一样瞬间减速。因此,车模在经过横断时不能速度过快,否则将在通过横断时失控而直接撞击横断,横断的存在也直接限制了车模运行的最高速度。

如图7.25(a)所示即横断的示意图,图7.25(b)所示为横断元素的处理流程框图。横断的处理可以分为4个阶段,即横断判定、出赛道循线、通过横断循线、返回赛道循线。下面将针对这4个阶段,进行详细的介绍。

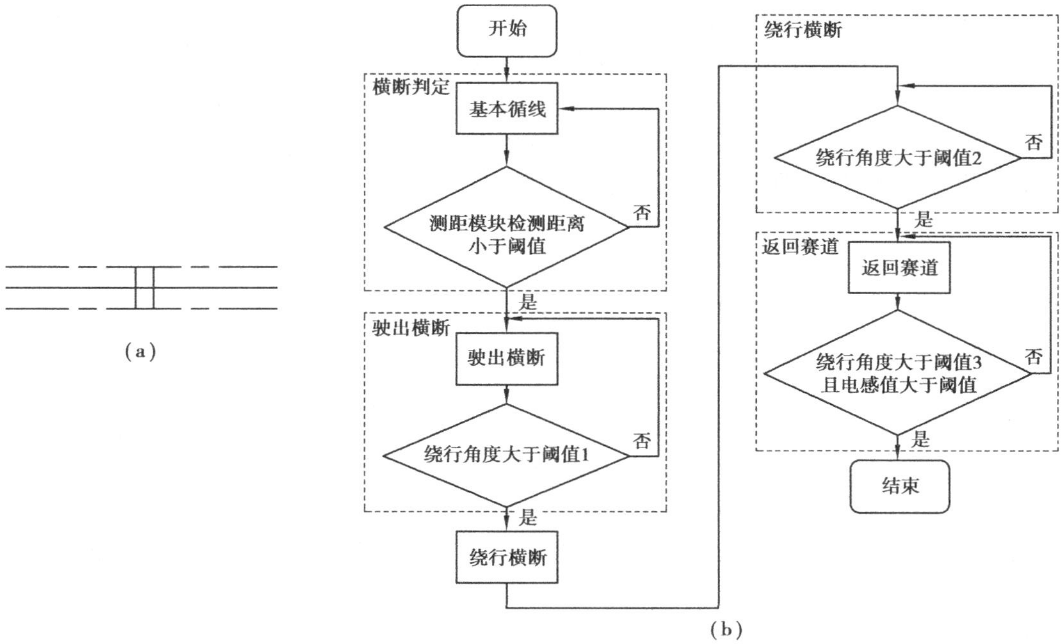


**图7.25　横断示意图及横断处理流程框图**

1)横断特征及检测

通过检测车模上方安装的红外测距模块返回的距离值来识别坡道,当车模运行至横断前方时,红外测距模块检测的距离将急剧缩小,因而设定一定的阈值,再加以人工辅助判断区分坡道和横断,就可以较为简单地达到识别横断的目的。又因为车模可能需要以三轮和直立两种姿态通过横断,车模上方一般安装两个不同俯仰角度的测距模块,分别用于两种姿态检测角度。对应具备该特征的位置为图 7.25 中的①。

2)出赛道循线

当测距模块检测到横断后,车模需要依据当前测距传感器检测得到的距离和车模运行速度来决定车模驶出赛道的行驶曲率,通常情况下,在检测到距离小于 1m 时,车模就必须开始转向,这是因为测距模块存在一定的测量延时,若不提前转向,车模很有可能就将刮蹭横断或撞击在横断上。

而车模的行驶曲率实际上为车模的规划运行路径,车模运行线速度与转向角速度已知,即可求得当前车模的运行曲率,而给定期望曲率,就可以给定车模下一时刻的运行效果。给定单一曲率,让车模能够沿着圆弧运行即可满足车模绕开横断驶出赛道的目的。可以设定一定的角度阈值,当陀螺仪积分得到的转向角度超出角度阈值时,即可认为车模已经驶出赛道,可以进入绕行横断的下一个阶段。对应具备该特征的位置为图 7.26 中的①—②。

3)通过横断循线

当车模成功绕行横断驶出赛道后,需要及时转向朝着赛道的方向偏移。通常情况下,这一阶段车模也是给定既定的一个行驶曲率,达到成功绕过横断,朝着赛道的方向缓缓偏移即可。对应具备该特征的位置为图 7.26 中的②—③。

4)返回赛道循线

当车模结束了上一个阶段的行驶过程,即将切入赛道时,需要让车模缓缓地朝着赛道前进的方向进行微小角度得矫正。一般情况下,可以利用车模上的竖电感来检测是否可以进行小角度矫正,当车模上的竖电感的电感值超过一定的阈值时,实际上车模就已经即将切入赛道,此时就可以让车模进行小角度转向矫正,以达到缓缓切入赛道的目的,使得车模下一时刻能够顺滑地驶入赛道。对应具备该特征的位置为图 7.26 中的③—④。

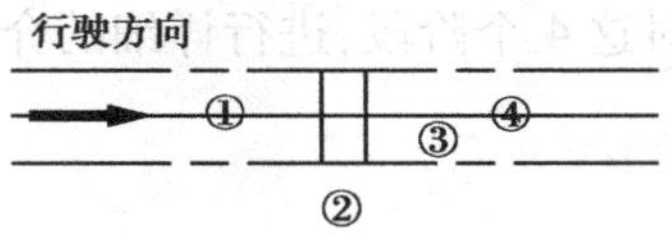


**图 7.26　横断处理各阶段划分图**

这个阶段的小角度转向矫正实际上车模也是给定一定的期望曲率来实现的,并且整个横断的行驶过程也是通过检测车模的转向角度来进行阶段的区分。

**(5)直道元素**

直道的存在对于直立车而言是一个相当巨大的挑战,车模在直道上运行时间过长,车模的速度将会变得非常快,最终在无限加速的情形下导致车模失控。因而,及时识别直道,尤其是长直道,对车模的运行倾角进行修正是车模运行稳定的重要因素。

图 7.27(a)所示为直道的示意图,图 7.27(b)所示为直道元素的处理流程框图。直道的处理可以分为 3 个阶段,即直道判定、直道循线、驶出直道。下面将针对这 3 个阶段进行详细的介绍。

1)直道特征及检测

通常情况下,直道的检测主要依赖于电感偏差的处理,在直道上,车模电磁信号偏差将会变得很小,而当车模的电磁信号偏差较小这种情形维持一段时间后,即可判断车模运行在直道上,若电磁信号偏差较小这种情形保持较久,则可以认为车模运行在长直道上。对应具备该特征的位置为图 7.28 中的①。

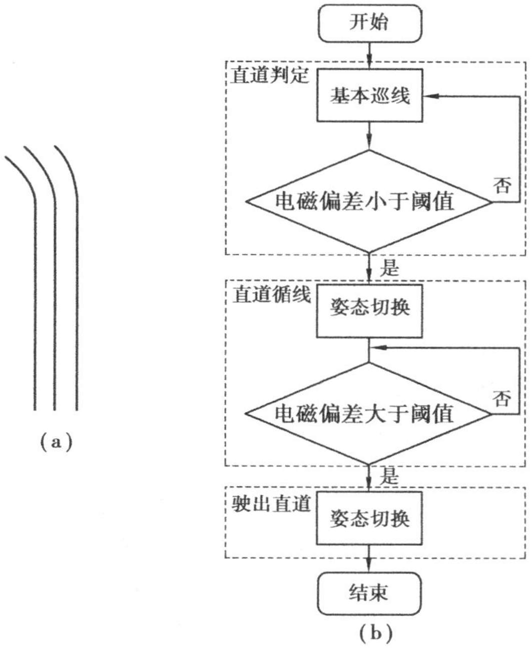


图 7.27　直道示意图及横断处理流程框图

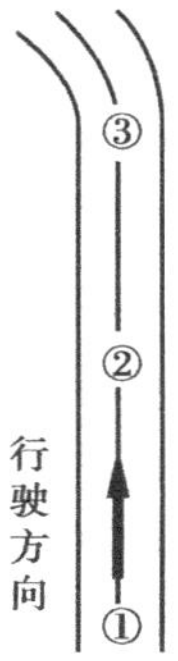


图 7.28　直道处理各阶段划分图

2)直道循线

车模在检测到直道后,应该及时将运行倾角向上倾斜,以达到降低车模运行加速度的效果。对应具备该特征的位置为图 7.28 中的②。

3)驶出直道

当车模的电磁信号偏差突然变大,即可认为车模已经驶出直道,此时将姿态切换为正常姿态即可。对应具备该特征的位置为图 7.28 中的③。

图 7.29 所示为车模运行的整体时序图,详细描述了车模运行过程中各 PIT 间的关系。

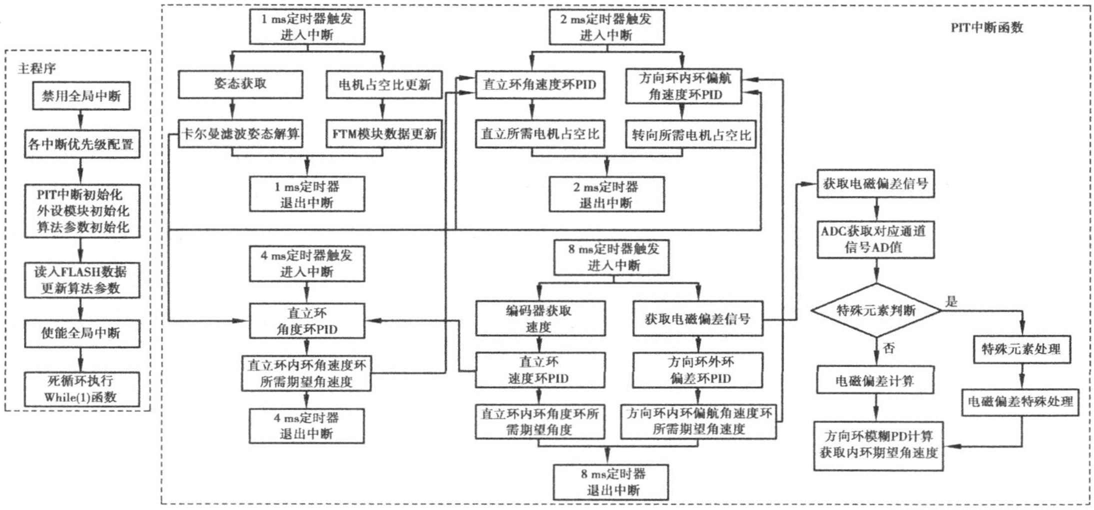


图 7.29　车模运行整体时序图

## 7.6 变形金刚三轮组系统改进

### 7.6.1 机械改进

**(1)电磁传感器支架安装**

信号的可靠性不仅取决于电感电容对的谐振频率和运放电路的稳定性,还取决于传感器的安放位置,不同的电感排布方式对应不同的循线方式。但它们有一个共同点,无论是哪种排布方式,传感器支架一定要稳。稳是保证车模在运行过程中杆子不会晃动,另外,还要让它尽量耐撞。碳素杆直径的选择也有讲究,不同用途的碳素杆,直径可能不同,用作支撑的,可以粗一些,其他的视情况选择。其次,电感的排布一定要对称,这一点非常重要,1 cm 的误差可能就会导致车模在左转和右转时表现出非常大的差距。关于电磁支架的安装,建议多尝试,通过反复装车选择一套最合适并且精致的装车方案。很多人觉得装车随便装一装就好了,其实不然,智能汽车控制重要的是程序,好的车模结构能减少程序员相当大的工作量。能靠机械解决的,就不要用程序解决,这是常说的一句话。因此,建议装车一定要认真细致,慢一点没关系,车模的机械结构是一项值得研究的工作,车模速度的上限是机械决定的。

**(2)重心调整**

调整车模的重心始终是重点,重心的位置对车模运行的稳定和速度影响都较大。通过不断的装车尝试,通过将电池竖直在车尾,缩小主板面积来降低重心。此外,选用了空心碳素杆,减少车前方的重量。安装两个舵机分别用于改善直立状态与三轮状态的机械结构。

### 7.6.2 轮胎处理

在车速较高(超过 2.7 m/s)时,轮胎的影响非常大,要取得好成绩,一副好的轮胎、一套合适的控制算法和一个精致稳定的装车方案是缺一不可的。关于轮胎处理,现在有很多的争议,有的人极力要求限制轮胎处理。但是在规则允许范围内,轮胎肯定要进行处理。关于 C,D,F 车的轮胎处理,首先是海绵要宽且厚,最好找像 F 车的原装海绵一样的替代品。其次是粘接轮胎内圈、外圈,简而言之就是用胶水粘接胎皮与轮毂所有接触到的地方,目的一是防止轮胎与轮毂产生相对滑移,二是防止车模转弯时胎皮外翻。之后是固化,用 704 或者 706 胶水在涂抹周围,目的同上。上述步骤只是为了防止轮胎出现非正常情况,真正的处理是后续的磨轮胎和保养轮胎。对于新轮胎可以先将轮胎连同其轴卡在台钻上用砂纸打磨,磨到冒烟或者发烫后,涂轮胎水然后用保鲜膜密封,过 3 ~4 个小时就可以用了。关于轮胎的保养,只要车闲下来就最好给轮胎涂抹轮胎水,这样处理后车模运行两个星期基本就可以磨出一副摩擦力较大的轮胎。

# 第 8 章 断桥相会双车组开发实例

## 8.1 基本情况介绍

**(1)车模选择和改装要求**

双车会车组需要制作两辆车模,一辆车模可以选用 B,C,F 实现车模水平行驶;另一辆车模可以选用 D,E 车模实现车模直立行驶。

**(2)传感器**

不再明确地对传感器进行分类和限制,参赛者可以通过多种传感器的应用相结合来完成更复杂的赛道任务。允许使用各类电磁、光电传感器、摄像头、超声传感器器件进行赛道和环境检测。

**(3)比赛赛道**

比赛是在 PVC 赛道上进行的,赛道采用黑色边界线和电磁线进行导引。赛道中可能存在的元素包括表 1.2 中所有元素。中间只具有一个断路赛道元素。

**(4)比赛任务**

参赛队伍制作两辆车模,一辆直立运行,另一辆水平运行。在发车区左右两边分别向相反方向发车。两个车模在赛道中的断路元素相遇后,可以选择交汇后继续行驶,也可以选择返回行驶。两辆车模在起跑线附近再次相遇后,便可以停止在起跑线的两侧。在两个起跑线位置分别安置了计时系统,包括两个计时线圈,分别对车模出发和返回进行计时。两个车模通过各自起跑线的时间间隔不能超过 5 s。比赛成绩 $T$ 等于两车出发到最后一辆车返回的时间 $t_1$ 加上两车回到比赛终点后的时间差 $t_2$ 作为罚时。

$$T = t_1 + 5 \times t_2 \tag{8.1}$$

如果比赛过程中,只有一辆车模完成比赛,则比赛成绩等于车模运行时间加上 60 s。

## 8.2 水平行驶车模控制策略

### 8.2.1 车模运行基本原理

水平行驶的车模可以选择 B,C,F 车模,F 车模相对于 B、C 车模有更高的稳定性,通过电磁传感器循线可以避免阳光直射的干扰,但是 F 车模需要保持三轮着地,在加速度较大时会发生前轮抬起的情况,需要通过车模硬件改装或者加配重块的方式提高 F 车模的加速性能,而 B,C 车因为是四轮着地,可以快速地对各种路况做出加减速反应,因此行驶速度高于 F 车模。对于双车会车组来说,最终成绩取决于两辆车模完成比赛的最长时间加上时间差的倍数,直立车模行驶速度小于水平行驶车模,因此最终成绩取决于直立车模速度以及双车的配合程度,选择稳定性更好的 F 车模更有利。F 车模控制整体框架如图 8.1 所示。

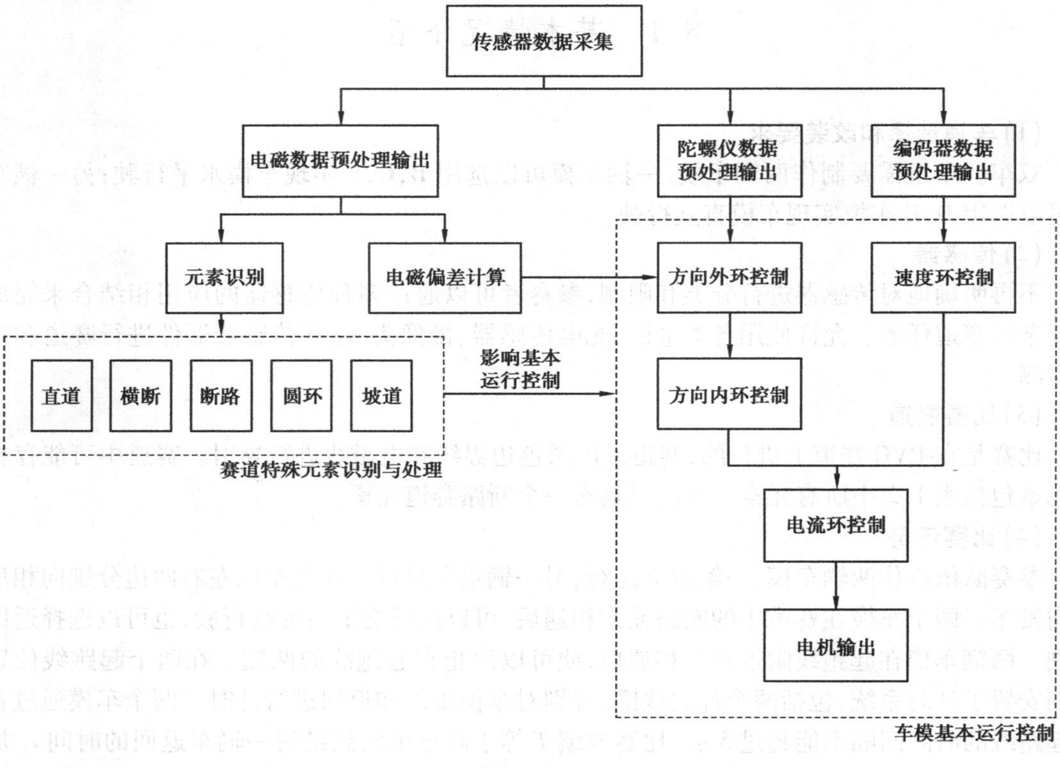


图 8.1 F 车模控制整体框架图

F 车模的前轮为万向轮,两个后轮通过两个直流电机控制速度,通过后轮的差速实现转向控制。因此 F 车模运动控制需要解决的问题是检测赛道中间的电磁信号并将其转化为电机的转速输出。由 PIT 模块控制定时检测赛道的电磁信号,并由电磁信号计算出车身中线与赛道中线的偏离程度,由多个电感传感器的检测值计算偏差的方法有很多,包括差分法和区间分段法等,原则上应保证偏差的单调性。速度控制部分以车身与赛道的偏差作为输入量,以驱动两轮转动的 PWM 信号作为输出值,速度控制的方案有很多,包括将速度控制与转向控制分开进行闭环控制,作为速度环与方向环。也可以通过测量后轮轴距计算出一个合适的差速系数,然后由偏差值乘上差速系数计算出两轮的差速,直接得到两轮期望速度,再分别对两轮进行速度环控制。本车模采用方向环加速度环的控制方案。下面将详细介绍车模运行的基本原理。

### 8.2.2 电磁信号采集及处理

**(1)电磁信号 A/D 采集**

A/D 转换利用单片机的内置 A/D 模块实现,通过选择不同的模拟量通道,可以将模拟量直接输入到单片机对应的输入脚,外围电路比较简单。转换后的数据直接保存在片内寄存器中,数据提取方便。A/D 转换单片机的 A/D 通道可以选择 8 位、10 位或者 12 位采样精度。对于传感器来说,采样精度越高,分辨率就越高,车模位置的判断会更精确。OPA2350 在 5 V 的供电电压下可以将信号放大到 4.6 V,单片机的内部基准电压选择高基准电压 5 V。所以车模在整个赛道内可以采集到的模拟量大小为 0 ~4.6 V,数字量大小为 0 ~3 760。

将电磁传感器的增益调到比较大的值,可以提高电磁信号采集的精度,应保证车模在正常运行时,电磁传感器采集到的最大值在寄存器可计数范围之内,例如,使用 12 位精度的 A/D 采集电磁信号,采集值的计数范围为 0 ~4 095,超出范围的采集值一律记为 4 095,导致车模无法获得正常的赛道信息,从而影响车模运行性能。

在电磁信号预处理方面,由于不同赛道的电磁信号可能存在一定的偏差,为了更好地适应赛道,在每次更换赛道前,最好采集一次当前赛道的电感信号最大值以及零点漂移,在车模运行时对所有的电感采集值及偏差计算都采用归一化的数据(当前值-零点漂移/最大值),为方便观察,可以将得到的小数乘以 100 得到整数数值用于处理。同时也可以根据最大值来确定当前赛道的最大值是否超出采值范围,也可以根据最大值来调整运放模块的电位器,来调整放大倍数,得到合适的结果,让车模更好地运行。

采集到的电磁信号通常会受到干扰,需要多次采集电磁信号,进行信号滤波处理。滤波算法包括中值滤波、均值滤波以及窗口滤波等。中值滤波是指多次采集信号,对采集值进行冒泡排序,然后取中间值作为滤波结果;均值滤波是指对多个采集值进行求和然后除以采样次数;窗口滤波是指对多个采集值进行冒泡排序,取窗口内的元素进行计算得到滤波结果,可以防止偶然采集到的异常值对电磁偏差计算产生较大的干扰。经过实验测试,窗口滤波得到的电磁信号较为接近真实的赛道情况。

**(2)电磁信号偏差计算**

车模通过电磁传感器探测赛道信息,电磁传感器相当于车模的眼睛,一套鲁棒性强的偏差计算算法决定了眼睛的视力高低。电磁传感器安装示意图如图 8.2 所示,三个电感等距横向安装在碳素杆上。电磁传感器的安装并不是越复杂越好,尝试过将电感倾斜一定的角度、使用横向电感与竖向电感配合、使用前三后二的双排电感安装方案之后,发现简单的电感安装方法反而鲁棒性更强,对赛道各种特殊元素的适应性更强,例如,这种电磁安装方案可以以完美路径通过十字以及环岛元素,而其他安装方案会发生剧烈抖动的情况。

一个好的电感安装方案还需要电磁偏差计算算法的配合才能更好地识别赛道信息,为后面的运动控制部分打下坚实的基础。电磁信号采集和信号偏差计算通过 PIT 模块定时 5 ms 执行一次,假设车模在赛道上以 3 m/s 的速度运行,连续两次信号采集之间车模应前进 1.6 cm,对于路径连续的赛道来说,前后两次电磁信号偏差计算的结果应是十分接近的,如果两次结果差距较大则 PID 的微分项会使车模发生剧烈抖动，因此电磁信号偏差计算算法应建立在单调、连续的基础上，必要时可以通过限制幅度的方法约束前后两次偏差结果的差距。

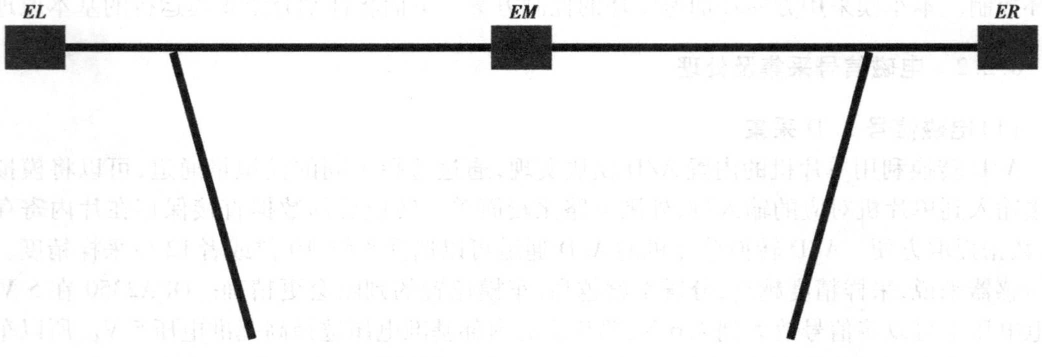


图 8.2　电磁传感器安装示意图

差分法是一个鲁棒性强，同时满足单调、连续的电磁偏差计算方法。传统的差分方法是将左右电感采集值做差，然后除以左右两电感的采集值之和。经过测试，采用传统的差分方法会导致车模经过直道时，由于左右电感的采集值较小，即分母部分很小，车模在直道行驶的路径较差甚至发生左右摆动的情况。当实际偏差较大的情况下车模转向不及时，导致高速经过弯道时经常冲出赛道。因此在传统的差分方法的基础上进行改进，在分母部分加上了一项中间电感采集值的倍数，当车模实际偏差较小时，中间电感采集值很大，此时的偏差较小。当车模的实际偏差增大时，$a\times EM$ 项会迅速减小，从而提高转向的实时性，如式(8.2)所示。

$$Error = \frac{ER - EL}{ER + EL + a \times EM} \tag{8.2}$$

### 8.2.3　速度环控制

速度环控制就是对车模速度进行闭环控制，根据路况改变车模的速度，在路况简单时高速通过，在路况复杂时减速慢行，可以提高全程的速度以及稳定性，因此速度环控制是必不可少的。速度环控制示意图如图 8.3 所示。

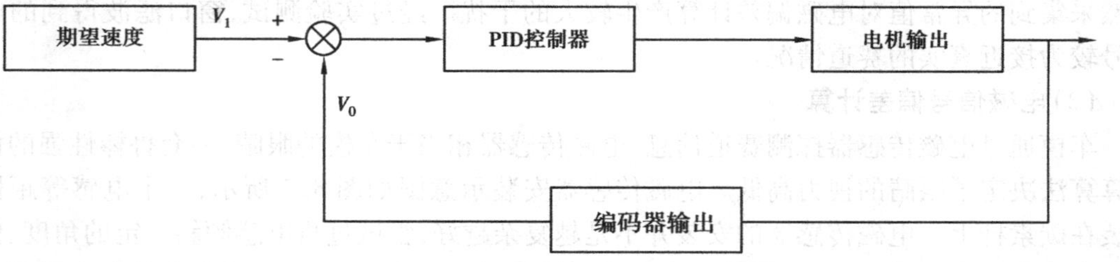


图 8.3　速度环控制示意图

根据赛道元素以及电磁信号偏差计算出当前时刻车模允许的最高速度 $V_1$，对编码器的脉冲数计数得到车模当前的速度，计算方法如式(8.3)所示。

$$V_0 = \frac{1}{2} \times \left(\frac{Q_L}{Q_{L0}} + \frac{Q_R}{Q_{R0}}\right) \times f \tag{8.3}$$

其中，$Q_L$，$Q_R$ 分别为左右编码器的脉冲计数，$Q_{L0}$ 和 $Q_{R0}$ 分别为车模走过 1 m 距离的左右编码器的脉冲计数，$f$ 为编码器的采样频率。

PID 控制器前面已经介绍了许多,这里不再赘述。经过 PID 控制,尽量使车模速度与期望速度保持一致,提高车模对路况反应的实时性。

### 8.2.4　方向环控制

方向环控制就是对车模的转向进行闭环控制,通过串级 PID 控制提高跟随能力,快速将电磁偏差降低到零,获得期望的行驶路径。方向环控制是车模运行的关键,只有快速对外界复杂的赛道做出转向反应,才能提高车模的行驶速度。如图 8.4 所示为方向环控制示意图。

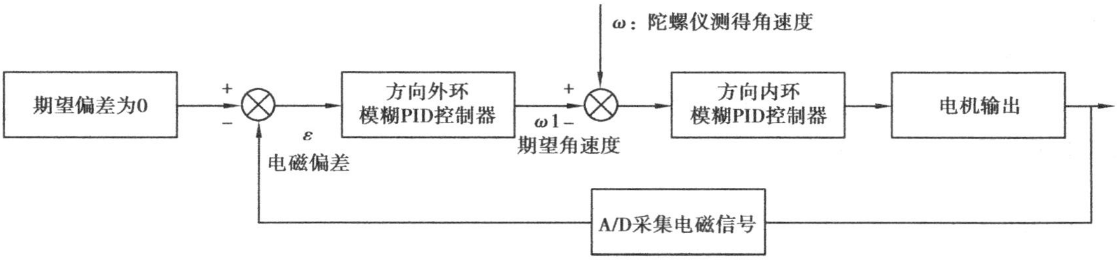


图 8.4　方向环控制示意图

方向环由方向外环与方向内环串联组成。$\varepsilon$ 为电磁偏差计算得到的结果,$\omega$ 为陀螺仪采集到的车模转向角速度,$\omega_1$ 为车模转向的期望角速度。

串级控制的主要优点:

①将干扰加到副回路即方向内环中,由方向内环控制对其进行抑制。

②方向内环中参数的变化,由方向内环给予控制,对被控量的影响大为减弱。

③方向内环的惯性由方向内环给予调节,因此提高了整个系统转向的响应速度。

方向外环控制车模紧跟赛道的电磁线行驶,因此期望偏差为 0,将电磁信号偏差计算的结果作为输入,通过纯 P 项控制的模糊 PID 控制器获得期望的转向角速度值,模糊 PID 参数的取定原则是入弯与出弯时期望角速度较大、在弯道中的期望角速度较小。

方向内环提高方向环的反应能力,改进车模对期望偏差的跟随特性。将方向外环输出的转向期望角速度与陀螺仪测得的实际角速度相减,作为方向内环模糊 PID 控制器的输入,通过 PD 控制的模糊 PID 控制器得到输出的差速电流,用于后轮的电机上控制转向。

串级控制系统的计算顺序是先主回路(方向外环),后副回路(方向北环)。控制方式有两种:一种是异步采样控制,即方向外环的采样周期 $T_1$ 是方向内环采样控制周期 $T_2$ 的整数倍。这是因为一般的串级控制系统中主控对象的响应速度慢,副控对象的响应速度快的缘故。另一种是同步采样控制,即主、副回路的采样控制周期相同,这时,应根据副回路选择采样周期,因为副回路的受控对象的响应速度较快。本系统选择异步采样控制,方向内环的采样控制周期为 1 ms,方向外环的采样控制周期为 5 ms。

# 8.3　F 车模运行实例

## 8.3.1　基本运行控制

通过基本运行控制,可使车模在不含任何特殊元素的赛道上行驶,下面对基本运行控制展开介绍,包括模块初始化、电磁信号偏差获取、速度环、方向环、电流环五个方面。

**(1)模块初始化**

车模在运行前,需要对各子模块进行初始化,模块初始化主要涉及 PIT 时钟中断初始化、外设模块初始化以及算法参数初始化三个部分,模块初始化程序如下:

```
DisableInterrupts;
UART_Init();
spi.SPI_Init();
oled.Init();
keys.Init();
Switch_Init();
bee.Init();
led.Init();
control.PIDInit();
control.SpeedInit();
motor.MotorInit(MotorPwm);
motor.QdInit();
sensor.SensorInit();
FLASH_Init();
Parameter_Setting_Init();
ui.startbutton_flag = 0;
task.Init();
EnableInterrupts;
```

**(2)电磁信号偏差获取**

电磁信号偏差的获取和方向外环 PD 的计算放在了 PID 中断 10 ms 时序中,在该时间段内,车模通过 ADC 采集电磁信号的值。具体实现程序如下:

```
void Sensor_getAdc(void)
{
    uint8 i = 0, j = 0;
    //先对其和进行清零
    for (i = 0; i < 10; i++)
    {
        sensor.advalue.ad_add_val[i] = 0;
```

```
    }
    for (i = 0; i < 3; i++)
    {
        //新板子
        sensor.advalue.ad_avr_temp[i][2] = adc_once(ADC1_SE12, ADC_12bit);//左竖 adc0
        sensor.advalue.ad_avr_temp[i][3] = adc_once(ADC1_SE10, ADC_12bit);//右竖 adc4
        sensor.advalue.ad_avr_temp[i][4] = adc_once(ADC1_SE13, ADC_12bit);//左 adc5
        sensor.advalue.ad_avr_temp[i][5] = adc_once(ADC1_SE9, ADC_12bit);//中 ADC1_DM0
        sensor.advalue.ad_avr_temp[i][6] = adc_once(ADC1_SE11, ADC_12bit);//右 ADC1_SE11Adc1
        sensor.advalue.ad_avr_temp[i][7] = adc_once(ADC1_SE8, ADC_12bit);//激光
    }
    for (i = 0; i <= 7; i++)
    {
        for (j = 0; j < 3; j++)
        {
            sensor.advalue.ad_add_val[i] += sensor.advalue.ad_avr_temp[j][i];
        }
    sensor.advalue.ad_avr_val[i] = sensor.advalue.ad_add_val[i] / 3;
  }
}
void Sensor_dealSensor(void)
{
    uint8 i;
    Sensor_getAdc(); //滤波后 AD 值
    for(i = 2; i <= 6; i++)
    {
        sensor.once_uni_ad[i] = 100.0f * (sensor.advalue.ad_avr_val[i] ) / 4095.0;
    }
    sensor.Parallel_sum = sensor.once_uni_ad[EEEL] + sensor.once_uni_ad[EEEM] + sensor.once_uni_ad[EEER];
}
```

**(3)速度环**

速度环是保证车模向前运行的关键，设置期望前进速度，由编码器反馈电机实际转速，通

过 PID 计算速度环,输出期望电流值。具体实现程序如下:

```
void SpeedLoop( )
{
    if( timer% 10 = =0 )
    {
        switch ( Findline. Process)
        {
        case Stop:
            if( crossmeet. Impactline = = 1 && crossmeet. Distance_cnt > 0) //检测到起跑线 先跑 0.2 m 再停车
                speedloop. Expect = speed. Stan;
            else
                speedloop. Expect = finalstop. FinalSpeed;
            break;
        case Straight:
            speedloop. Expect = speed. Stan + speed. zhidao;
            break;
        case Crossmeeting:
            speedloop. Expect = crossmeet. MeetingSpeed;
            break;
        case Transome:
            speedloop. Expect = transome. TransomeSpeed;
            break;
        case Lamp_D:
            speedloop. Expect = speed. Stan - 0.5;
            break;
        case Left_Roundabout_IN:
        case Left_Roundabout_OUT:
        case Right_Roundabout_IN:
        case Right_Roundabout_OUT:
            if( fabs( gyro. TurnAngle_Integral) > 70 && fabs( gyro. TurnAngle_Integral) < 345)
                speedloop. Expect = speed. Stan + 0.5;
            else
                speedloop. Expect = speed. Stan;
            break;
        default:
          speedloop. Expect = speed. Stan;
            if( sensor. Parallel_sum > 45 && sensor. once_uni_ad[ EEEM ] > 40)
```

```
//入环减速
                {
                    if (sensor.once_uni_ad[EECR]>11 && sensor.once_uni_ad[EECL]>11) //十字不减速
                        speedloop.Expect = speedloop.Expect;
                    else
                        speedloop.Expect -= 0.5;
                }
                break;
        }
                    if(crossmeet.HasCrossMeet == 1 && Findline.Process! = Stop && Findline.Process <= Normal && crossmeet.Mode == COUNT_DIST)
            {
                if(crossmeet.Distance_cnt < crossmeet.cntDistStop && crossmeet.FinishflagAnother == 1 && crossmeet.danche == 0 && ! crossmeet.Impactline)//记距离等待
                    speedloop.Expect = 0;
            }
            speedloop.Reality = speed.Reality;
            //电机输出
            if(speedloop.Intigral > 500 && speedloop.NowError<0)
                speedloop.Intigral = 50;
            if(speedloop.Intigral < -500 && speedloop.NowError>0)
                speedloop.Intigral = 0;
            common_out = PID_Controler(&speedloop);

            if (Findline.Process == Transome)
                speedloop.Intigral = 0;
            switch(Findline.Process)
            {
            case Stop:
                Constrain_32(&common_out, 200, -700);
                break;
            case Lamp_D:
                Constrain_32(&common_out, 200, -300);
            default:
                Constrain_32(&common_out, 200, -600);
                break;
            }
        }
```

```
}
```

**(4)方向环**

计算出电磁信号的偏差,通过 PID 计算方向内外环,输出期望电流值。具体实现程序如下:

```
void caculate_err(void)
{
    static int16 i;
    static float errDeltaMax = 35;
    static uint8 fangdouflag;
    //电磁循线
    sensor.error[0]=35 * ((sensor.once_uni_ad[EEER]-sensor.once_uni_ad[EEEL])) * (3/(sensor.once_uni_ad[EEER] + sensor.once_uni_ad[EEEL] + 3 * sensor.once_uni_ad[EEEM]+0.001));
    sensor.error[0] = sensor.error[0] * MidGain;

    Findline.err[0] = sensor.error[0];
    if(! (Findline.Process == Right_Roundabout_OUT || Findline.Process == Left_Roundabout_OUT))
        for(i=59;i>=1;i--)
            Findline.err[i]=Findline.err[i-1];
    //偏差限幅
    if (fangdouflag) //出环防抖
    {
        if(fabs(Findline.err[0]) < 4)
            Constrain_32(&Findline.err[0], Findline.err[1]-1, Findline.err[1]+1);
        Constrain_32(&Findline.err[0], 4, -4);
    }
    Constrain_32(&Findline.err[0], Findline.err[1]-errDeltaMax, Findline.err[1]+errDeltaMax);
    if(Findline.Process == Left_Roundabout_OUT || Findline.Process == Right_Roundabout_OUT
            || Findline.Process == Left_Roundabout_IN && Findline.Process == Right_Roundabout_IN)
        Constrain_32(&Findline.err[0], 35, -35);
    else
    Constrain_32(&Findline.err[0], 105, -105);
    Findline.errBuff =  Findline.err[0];
}
void SteeringLoop()
```

```
{
    static float deltaErr;
    const int FxMaxOut = 900;
    if((timer)%5 == 0)
    {
        //方向环
        steerloop. Expect = 0;
        steerloop. Reality =Findline. errBuff;
        speedParam = speed. Reality;
        Constrain_32(&speedParam, 0.8, 4);
        steerloop. Kp = steerK_p * speedParam * KpGain;
    }
    //方向角速度环
    deltaErr = Findline. errBuff-Findline. err[4];
    Constrain_32(&deltaErr, -20, 20);
    if(Findline. Process == Left_Roundabout_OUT || Findline. Process == Right_Round-
about_OUT
        || Findline. Process == Left_Roundabout_IN || Findline. Process == Right_Round-
about_IN || Findline. Process == Transome)
        steerloop. Kd = 0;
    else
        steerloop. Kd = (Fuzzy((int)(Findline. errBuff) * 10 ,(int)deltaErr * 10)/200.0+
steerK_d) * speedParam;
    steerWloop. Expect = PID_Controler(&steerloop) - steerloop. Kd * deltaErr;
    steerWloop. Reality = gyro. Turn_Speed;
    differential_out = PID_Controler(&steerWloop);
    Constrain_32(&differential_out, FxMaxOut, -FxMaxOut);
}
```

**(5)电流环**

电流环作为整个系统的最内环，在设计时选用的是增量式 PID，同时在积分项的设计中采用了积分抗饱和与积分分离，防止积分项在起作用时的超调引起系统不稳定。具体实现程序如下：

```
void CurrentLoopSimple()
{
    uint8 i,j;
    static float filterBuff1,filterBuff0;
    for (i = 0; i < 2; i++)
    {
        sensor. advalue. ad_add_val[i] = 0;
```

```
        }
        for (i = 0; i < 3; i++)
        {
            sensor.advalue.ad_avr_temp[i][0] = adc_once(ADC1_DP0, ADC_12bit);//右电流
            sensor.advalue.ad_avr_temp[i][1] = adc_once(ADC1_DM0, ADC_12bit);//左电流
        }
        for (i = 0; i <= 1; i++)
        {
            for (j = 0; j < 3; j++)
            {
                sensor.advalue.ad_add_val[i] += sensor.advalue.ad_avr_temp[j][i];
            }
            sensor.advalue.ad_avr_val[i] = sensor.advalue.ad_add_val[i] / 3;
            //滤波
            if(i==1)
            {
                LPF_1_db(30, 0.0005, (float)(sensor.advalue.ad_avr_val[i]), &filterBuff0);
                sensor.advalue.ad_avr_val[i] = (int16)filterBuff0;
            }
            else
            {
                LPF_1_db(30, 0.0005, (float)(sensor.advalue.ad_avr_val[i]), &filterBuff1);
                sensor.advalue.ad_avr_val[i] = (int16)filterBuff1;
            }
        }
    }
    void CurrentLoop()
    {
        static int currentOffSetLeft = 3085, currentOffSetRight = 3085;
        CurrentLoopSimple();//电流采样
        if(Findline.Process == Transome && transome.Shuaaaaflag == 1) //车模撞到路障
        {
            if(transome.Turnleft == 0)
            {
                //左电机速度更新
```

```
                leftCurrentloop.Expect =  2 * (gyro.TurnAngle_Integral + 45);  // 00 ;//
                leftCurrentloop.Reality = -((fabs(sensor.advalue.ad_avr_val[0]-currentOffSetLeft)>5)?(sensor.advalue.ad_avr_val[0]-currentOffSetLeft):0);//leftCurrentloop.Intigral ;//
                L_SpeedControlOutUpdata = PID_Controler(&leftCurrentloop);
                //右电机速度更新
                rightCurrentloop.Expect = 0;  //400 ;//
                rightCurrentloop.Reality = ((fabs(sensor.advalue.ad_avr_val[1]-currentOffSetRight)>5)?(sensor.advalue.ad_avr_val[1]-currentOffSetRight):0); //rightCurrentloop.Intigral ;//
                R_SpeedControlOutUpdata = PID_Controler(&rightCurrentloop);
            }
            else
            {
                //左电机速度更新
                leftCurrentloop.Expect = 0;  // 00 ;//
                leftCurrentloop.Reality = -((fabs(sensor.advalue.ad_avr_val[0]-currentOffSetLeft)>5)?(sensor.advalue.ad_avr_val[0]-currentOffSetLeft):0);//leftCurrentloop.Intigral ;//
                L_SpeedControlOutUpdata = PID_Controler(&leftCurrentloop);
                //右电机速度更新
                rightCurrentloop.Expect =  2 * (-gyro.TurnAngle_Integral + 45);
                rightCurrentloop.Reality = ((fabs(sensor.advalue.ad_avr_val[1]-currentOffSetRight)>5)?(sensor.advalue.ad_avr_val[1]-currentOffSetRight):0); //rightCurrentloop.Intigral ;//
                R_SpeedControlOutUpdata = PID_Controler(&rightCurrentloop);
            }
        }
        else
        {
            //左电机速度更新
            leftCurrentloop.Expect = common_out - 1 * differential_out; //    00 ;//
            leftCurrentloop.Reality = ((fabs(sensor.advalue.ad_avr_val[1]-currentOffSetLeft)>5)?(sensor.advalue.ad_avr_val[1]-currentOffSetLeft):0);//leftCurrentloop.Intigral ;//
            L_SpeedControlOutUpdata = PID_Controler(&leftCurrentloop);
            //右电机速度更新
            rightCurrentloop.Expect = common_out + 1 * differential_out; //400 ;//
            rightCurrentloop.Reality = -((fabs(sensor.advalue.ad_avr_val[0]-currentOffSetRight)>5)?(sensor.advalue.ad_avr_val[0]-currentOffSetRight):0); //rightCurrentloop.
```

```
Intigral ;//
            R_SpeedControlOutUpdata = PID_Controler(&rightCurrentloop);
        }
    }
```

### 8.3.2 车模特殊元素处理

**(1)环岛元素**

图 8.5(a)所示为环岛的示意图,环岛元素相当于一个侧边的圆环,车模行驶到环岛时,需要从一边进入,在环岛中行驶一圈之后,从另一侧驶出。图 8.5(b)所示为环岛元素的处理流程框图。如处理流程框图所示,环岛的处理可以分为 4 个阶段,即判断环岛、入环、环内循线、出环循线。下面将针对这 4 个阶段,进行详细的介绍。

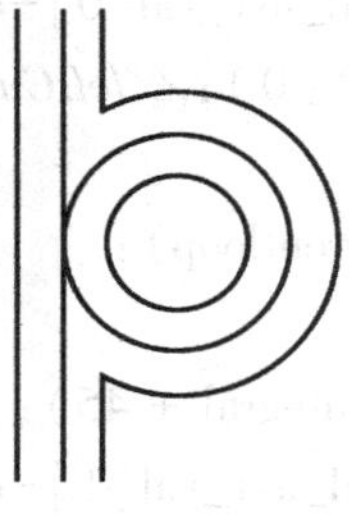

(a)

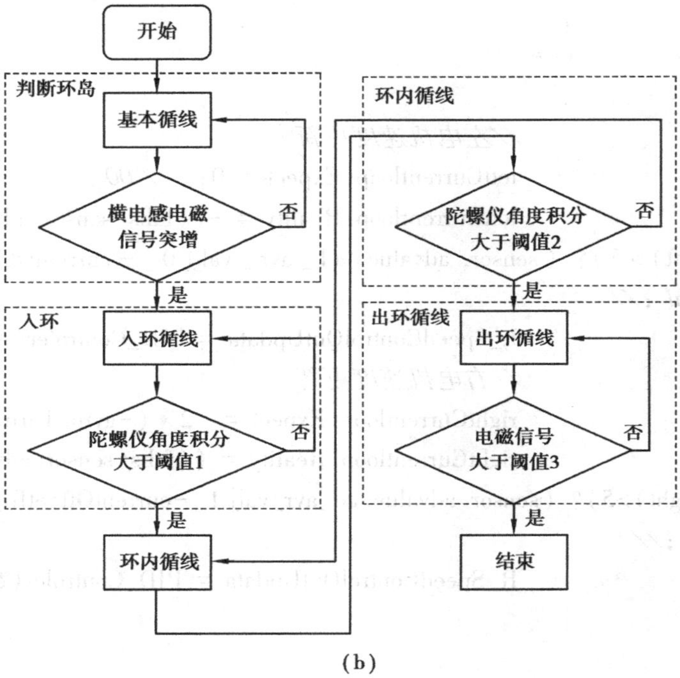


(b)

图 8.5　环岛示意图及环岛处理流程框图

**(2)环岛特征及检测**

环岛元素相比于其他赛道元素最明显的特征是在车模行驶至附近时,会检测到两条成一定夹角的线,此时的横电感值和竖电感会明显增大,而在接近圆环与直线交界点时,两侧横电感的值都会减小,而中间横电感则会逐渐达到最大值。车模行驶至环岛时,对应具备该特征的位置为图 8.6 中的①。

**(3)入环循线**

环岛内的循线不能按照基础循线进行,因为在入环点若采用普通循线,车模可能会冲出赛道或者沿着直线行驶过去。此时应该主要依靠竖电感来进行循线。因为以横电感为主的普通循线,主要检测的是直道,而竖电感对弯道更加敏感,所以,采用竖电感循线为主,才能更好地进入环内。车模行驶至环岛时，对应具备该特征的位置为图8.6中的②。

**(4) 环内循线**

入环之后，若继续以竖电感的循线为主，车模可能会在急弯处冲出赛道，所以，环内要将循线方式切换为正常循线模式，主要以横电感来进行循线。车模行驶至环岛时，对应具备该特征的位置为图8.6中的③。

**(5) 出环循线**

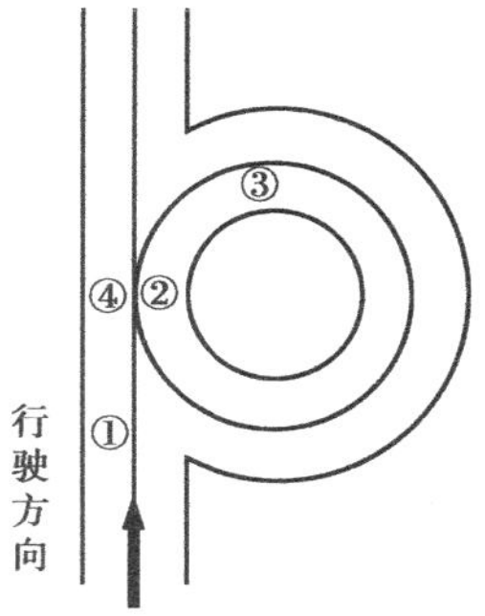

**图8.6　环岛处理各阶段划分图**

经过绕环一周循线之后，车模会再次行驶至可以检测到两根通电导线的位置，此处的情况很复杂，而且不同半径的环的各种特征值都存在较大的差异。此外，车模出环时的运行姿态也会有较大的影响，总体的特征趋势是两个竖电感中外侧电感值明显增大，并且与内侧电感的差值较大，也可能伴随着中间横电感值的增大。车模行驶至环岛时，对应具备该特征的位置为图8.6中的④。在出环点附近的位置比较特殊，车模可以同时检测到一根斜着的通电导线以及一根横着的通电导线。与入环循线点不同，出环时应尽量减小车模转角，避免车模受交叉电磁引导线的影响而在此入环，因此总期望车模在出环位置可以以较小的角速度转向行驶。经过尝试，采用了一种我们称为"环坡削减"的方式。即，在偏差计算过程中，将分母的中间横电感乘以一个较大的系数，使偏差整体缩小，车模能循直线出环。

### 8.3.3　断路元素

图8.7(a)所示即为断路的示意图，断路元素相当于赛道消失，仅留下蓝色背景布，赛道颜色发生突变。图8.7(b)所示为断路元素的处理流程框图，如处理流程框图所示，断路的处理可以分为3个阶段，即判断断路、断路循线、驶出断路。下面将针对这3个阶段，进行详细的介绍。

**(1) 断路特征及检测**

断路元素相当于赛道突然消失，只在断路区域存在电磁线进行引导。车模底部已装设有特殊的灰度传感器，用以检测赛道的灰度值，当车模行驶至断路区域时，灰度传感器所检测得到的灰度值会发生一个十分明显地跳变且灰度值较低，通过设定一定的阈值即可检测车模是否行驶至断路区域。对应具备该特征的位置为图8.8中的①。

**(2) 断路循线**

车模选择采用电磁主循线，因而断路循线与普通赛道循线方式并无任何差异，只需要考虑会车方式与策略即可，具体会车策略将在本章最后一节进行详细介绍。对应具备该特征的位置为图8.8中的②。

**(3) 驶出断路**

当车模行驶出断路区域时，灰度传感器所检测得到的灰度值会发生一个十分明显的跳变且灰度值较高，通过设定一定的阈值即可检测车模是否行驶至断路区域。对应具备该特征的位置为图8.8中的①或③，车模的下一步动作取决于选取的会车策略。

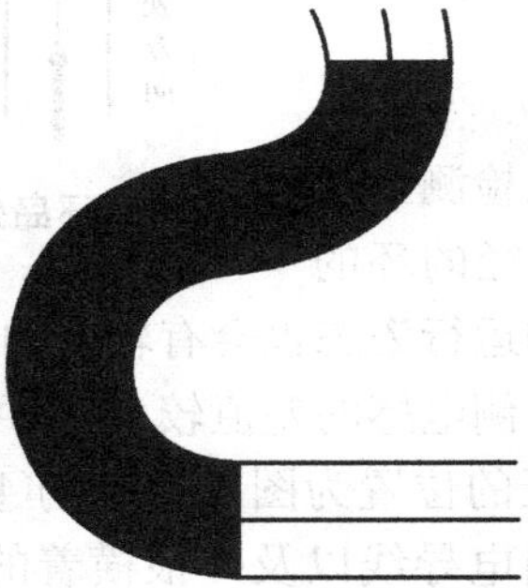

(a)

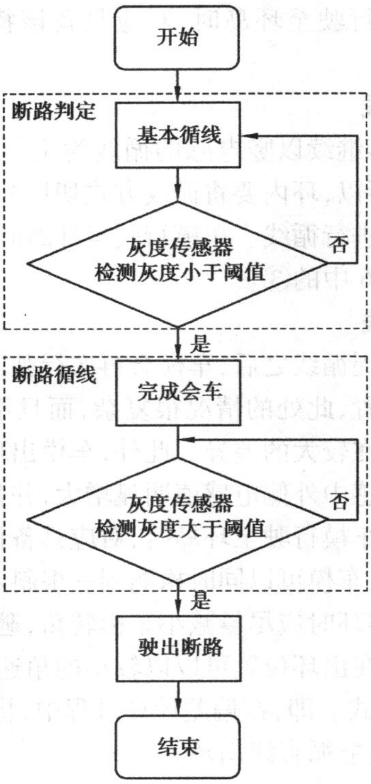


(b)

图 8.7　断路示意图及断路处理流程框图

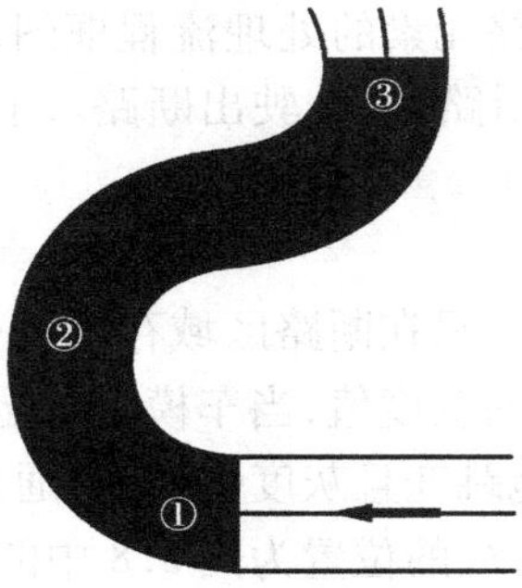


图 8.8　断路处理各阶段划分图

### 8.3.4　坡道元素

坡道元素对于三轮车模处理较为简单。无论是上坡的动能损失，还是下坡的动能增加，由于三轮车模速度环的存在，车模行驶过程中的牵引力较大，可以保证三轮车模的速度按预期设置变化。

图 8.9(a)所示为坡道的示意图，图 8.9(b)所示为坡道元素的处理流程框图。坡道的处理可以分为 4 个阶段，即坡道判定、上坡循线、坡中循线、下坡循线。下面将针对这 4 个阶段，进行详细的介绍。

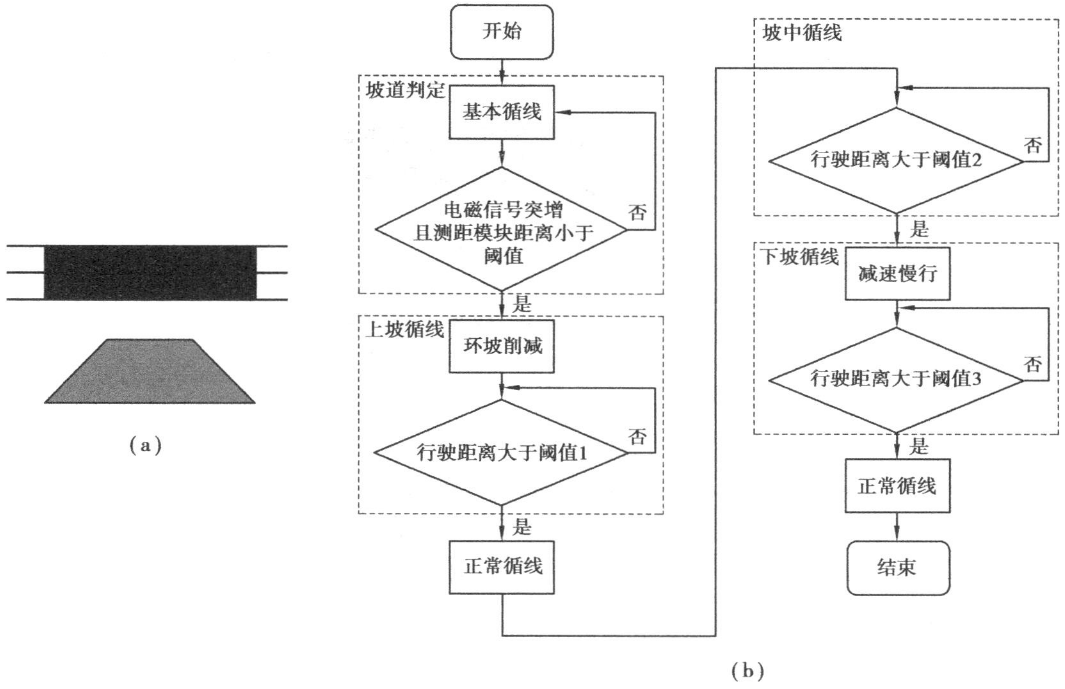


图8.9　坡道示意图及坡道处理流程框图

**(1)坡道特征及检测**

一般情况下,车模在通过坡道时电磁信号会发生十分明显的变化,如横电感的电感值在电磁杆靠近坡道中部的电磁线时会迅速增大,提取该特征并用竖电感排除环岛特殊元素的干扰,便可识别出坡道。然而,今年比赛题目的要求对车模的机械结构有较大的改变,一般情况下,电磁杆与地面的高度相较往年而言更低一些,该高度下,电磁信号增大的特征并没有那么明显,因而需要考虑别的方案来通过坡道。

通过检测车模上方安装的红外测距模块返回的距离值来识别坡道,当车模运行至坡道前方时,红外测距模块检测的距离将急剧缩小,因而设定一定的阈值,再加以人工辅助判断区分坡道和横断,就可以较为简单地达到识别坡道的目的。对应具备该特征的位置为图8.10中的①。

**(2)上坡循线**

车模在冲上斜坡的过程中,会经历横电感的电感值迅速增大的情况。理想情况下,车模沿道路中线行驶,电磁偏差应该为0,尽管横电感的电感值增大,偏差也应该为0。但实际情况却不会这么简单。受人工铺设限制的电磁引导线错位、车模机械结构偏差等原因,车模在冲上斜坡的过程中,正常循线中的电磁偏差会被放大,导致车模在“直线”发生较大抖动,严重情况会使车模在上坡过程中冲出赛道。因此,与环岛元素相同,经过尝试,采用了一种称为“环坡削减”的方式。即在偏差计算过程中,将分母的中间横电感乘以一个较大的系数,使偏差整体缩小,车模能循直线上坡。

**(3)坡中循线**

通过设定一定的距离阈值,当车模行驶的距离大于该阈值时,即可判定车模进入了坡道中间，车模运行在坡道中间时，一般可认为坡道中间为小平台，适合车模以正常角度通行，因而在这个平台运行时，车模可以直接运行而不需要进行特殊处理。对应具备该特征的位置为图 8.10 中的②。

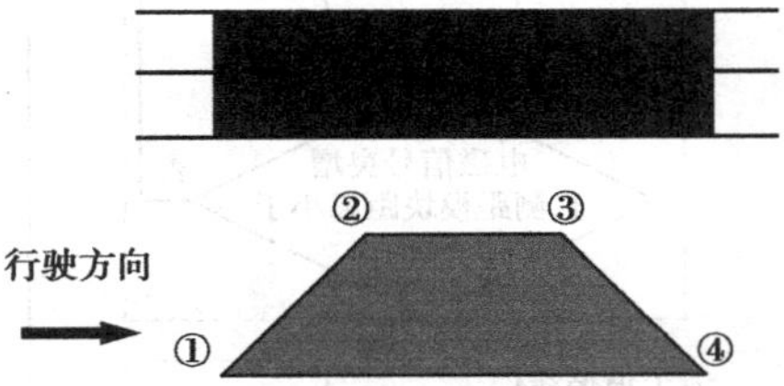


图 8.10　坡道处理各阶段划分图

(4) 下坡循线

当车模行驶的距离大于该阈值时，即可判定车模进入了下坡阶段，下坡阶段车模的重力势能转换为动能，在不进行额外干预的情况下，车模的速度会急剧增大。如果坡道之后接急弯元素，那么车模大概率会冲出赛道。因此在下坡过车过程中需要对速度环加以控制，减小期望运行速度，实现“减速慢行”的效果。对应具备该特征的位置为图 8.10 中的③。

### 8.3.5　横断元素

如图 8.11(a) 所示即横断的示意图。如图 8.11 (b) 所示为横断元素的处理流程框图。如处理流程框图所示，横断的处理可以分为 4 个阶段，即横断判定、出赛道循线、通过横断循线、返回赛道循线。下面将针对这 4 个阶段，进行详细的介绍。

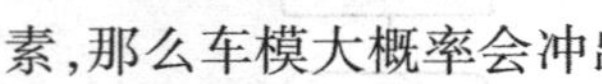

(a)

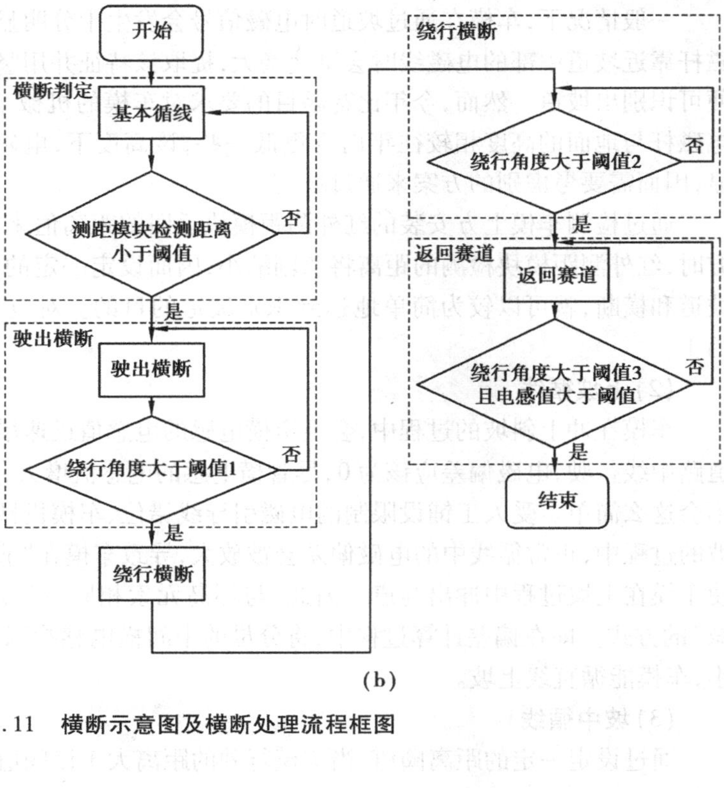


(b)

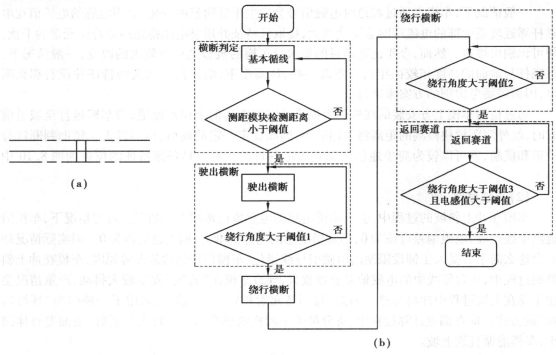

图 8.11　横断示意图及横断处理流程框图

**(1) 横断特征及检测**

通过检测车模上方安装的红外测距模块返回的距离值来识别坡道，当车模运行至横断前方时，红外测距模块检测的距离将急剧缩小，因而设定一定的阈值，再加以人工辅助判断区分坡道和横断，就可以较为简单地达到识别横断的目的。对应具备该特征的位置为图 8.12 中的①。

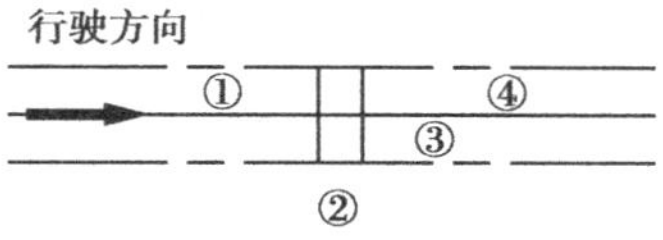


图 8.12　横断处理各阶段划分图

**(2) 出赛道循线**

当测距模块检测到横断后，车模需要依据当前测距传感器检测得到的距离和车模运行速度来决定车模驶出赛道的行驶曲率。通常情况下，在检测到距离小于 1 m 时，车模就必须开始转向，这是因为测距模块存在一定的测量延时，若不提前转向，车模就很有可能剐蹭横断或撞击在横断上。

车模的行驶曲率实际上为车模的规划运行路径，车模的运行线速度与转向角速度已知，即可求得当前车模的运行曲率，而给定期望曲率，就可以给定车模下一时刻的运行效果。通常情况下，给定单一曲率，让车模能够沿着圆弧运行即可满足车模绕开横断驶出赛道的目的。可以设定一定的角度阈值，当陀螺仪积分得到的转向角度超出角度阈值时，即可认为车模已经驶出赛道，可以进入绕行横断的下一个阶段。对应具备该特征的位置为图 8.12 中的①和②。

**(3) 通过横断循线**

当车模成功绕行横断驶出赛道后，需要及时转向朝着赛道的方向偏移。通常情况下，这一阶段也是对车模给定一个行驶曲率即可。对应具备该特征的位置为图 8.12 中的②和③。

**(4) 返回赛道循线**

当车模结束了上一个阶段的行驶过程，即将切入赛道时，需要让车模缓缓地朝着赛道前进的方向进行微小角度的矫正。一般情况下，可以利用车模上装设的竖电感来检测是否可以进行小角度矫正，当车模上的竖电感的电感值超过一定的阈值时，车模即将切入赛道，此时就可以让车模进行小角度打脚矫正，以达到缓缓切入赛道的目的，使车模下一时刻能够顺滑地驶入赛道。对应具备该特征的位置为图 8.12 中的③和④。

这个阶段的小角度转向矫正实际上也是给定一定的期望曲率来实现的，整个横断的行驶过程也是通过检测车模的转向角度来进行阶段的区分。

## 8.4　直立车控制策略

直立行驶的车模可以选择 D、E 型车模，D 型车相较于 E 型车有更高的稳定性，通过电磁传感器循线可以避免阳光直射的干扰。

车模直立和方向控制任务都是直接通过控制车模两个后轮驱动电机完成的。假设车模电机可以虚拟地拆解成两个不同功能的驱动电机，它们同轴相连，分别控制车模的直立平衡、左右方向。在实际控制中,是将控制车模直立和方向的控制信号叠加在一起,加载到电机上。只要电机处于线性状态就可以同时完成上面两个任务。

车模的速度是通过调节车模倾角来完成的。车模不同的倾角会引起车模的加减速,从而达到对速度的控制。在速度控制时,需要车模能够保持直立控制;在方向控制的时候,需要车模能够保持平衡和速度恒定;同样,在车模平衡控制时,也需要速度和方向控制也已经达到平稳。这三个任务中保持车模平衡是关键。由于车模同时受到三种控制的影响,从车模平衡控制的角度来看,其他两个控制就成为它的干扰。因此对车模速度、方向的控制应该尽量保持平滑,以减少对平衡控制的干扰。以速度调节为例,需要通过改变车模平衡控制中车模倾角设定值,从而改变车模实际倾斜角度。为了避免影响平衡控制,车模倾角的改变需要非常缓慢地进行。

直立车模的平衡控制策略参考变形金刚三轮组部分,此处不再赘述。

## 8.5 直立车运行实例

### 8.5.1 基本运行控制

通过车模基本运行控制,可使车模在不含任何特殊元素的赛道上行驶,对于双车组中的直立车基本运行控制不再展开介绍,参考变形金刚三轮组中运行实例的车模基本运行控制部分。

### 8.5.2 车模特殊元素处理

比赛赛场上特殊元素考验车模的稳定运行能力,对特殊元素进行恰当的处理,是车模能够取得好名次的决定性因素。此处也不再详细讨论,仅讨论双车情况下与变形金刚三轮组有差异的部分,其余详情参考变形金刚三轮组特殊元素处理部分。

### 8.5.3 环岛元素

环岛元素处理与变形金刚三轮组中对应内容相同,详情见变形金刚三轮组中环岛元素一节。

### 8.5.4 断路元素

如图 8.13(a)所示即为断路的示意图,断路元素相当于赛道消失,仅留下蓝色背景布,赛道颜色发生突变。如图 8.13(b)所示为断路元素的处理流程框图。断路的处理可以分为 3 个阶段,如图 8.14 所示,即判断断路、断路循线、驶出断路。下面将针对这 3 个阶段,进行详细的介绍。

**(1)断路特征及检测**

断路特征检测与变形金刚三轮组中该部分内容相同,详情见变形金刚三轮组中断路元素部分。

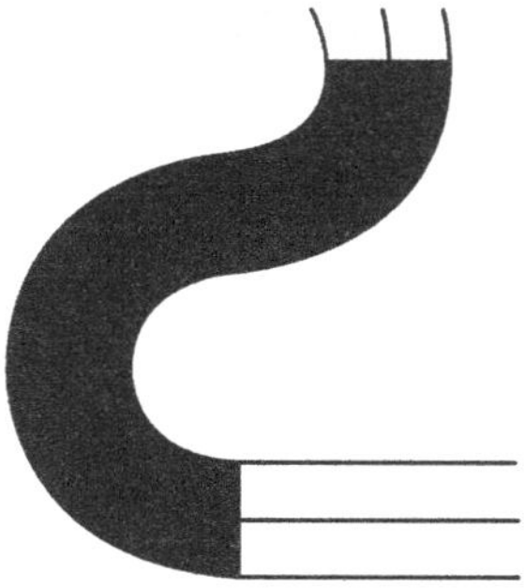

(a)

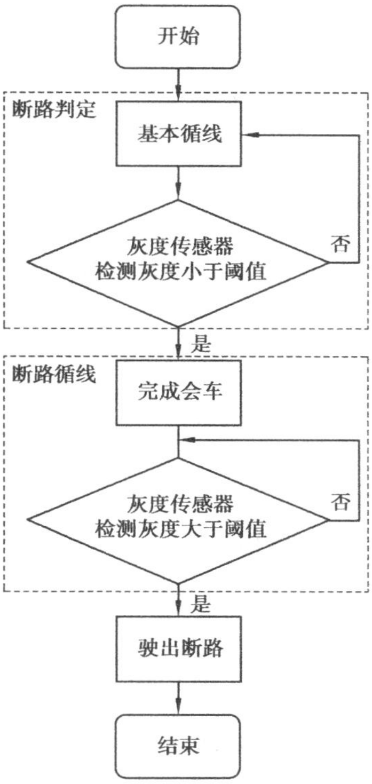


(b)

图 8.13　断路示意图及断路处理流程框图

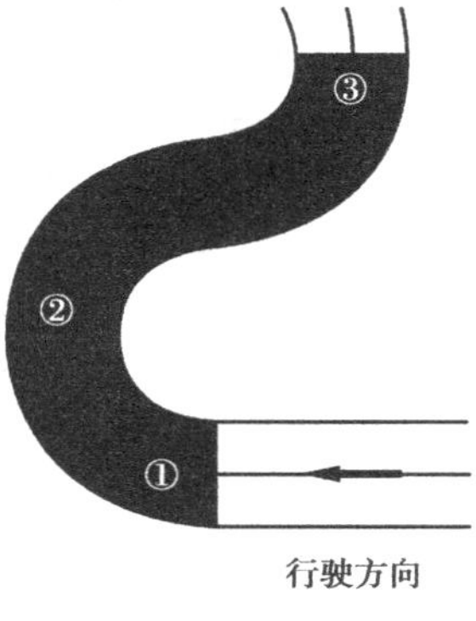


图 8.14　断路处理各阶段划分图

**(2) 断路循线**

车模选择采用电磁主循线,因此断路循线与普通赛道循线方式并无任何差异,但双车循线需要根据会车方式做出特定动作和调整。具体设定会车流程见 8.6 节会车策略。

**(3) 驶出断路**

驶出断路与变形金刚三轮组中该部分内容相同,详情见变形金刚三轮组中断路元素部分。

### 8.5.5 坡道元素

坡道元素处理与变形金刚三轮组中该部分内容相同,详情见变形金刚三轮组中坡道元素一节。

### 8.5.6 横断元素

横断元素处理与变形金刚三轮组中该部分内容相同,详情见变形金刚三轮组中横断元素一节。

## 8.6 双车通信会车方法、策略

### 8.6.1 无限通信模块介绍(以 E32-433T20DC 为例)

无线通信模块的类型较多,典型的有蓝牙通信、2.4 GHz 无线通信等。蓝牙通信虽能够正确的传输一定数据,且误码率低,但由于其配对的不稳定性及通信距离范围限制,在车模运行过程中失败率较高。nRF24L01 是由 NORDIC 生产的工作在 2.4 ~ 2.5 GHz 的 ISM 频段的单片无线收发器芯片。E32-433T20DC 是一款基于 Semtech 公司 SX1278 射频芯片的无线串口模块(TTL 电平),透明传输方式,工作在 410 ~ 441 MHz 频段(默认 433 MHz),采用 LoRa 扩频技术。该模块不仅可以工作在定点发射模式,即类似于蓝牙模块的一对一配对模式,还可以工作在广播模式,即一对多模式,在该模式下,一个模块广域发送数据信号,同频段下的其他模块均可以收到主机发送的信号。这样只要从机在主机广播的范围内,均可收到信号,避免了配对断开的问题。E32-433T20DC 引脚配置见表 8.1。

表 8.1 E32-433T20DC 引脚配置

| 引脚序号 | 引脚名称 | 引脚方向 | 引脚用途 |
|---|---|---|---|
| 1 | M0 | 输入(极弱上拉) | 和 M1 配合,决定模块的 4 种工作模式。(不可悬空,如不使用可接地) |
| 2 | M1 | 输入(极弱上拉) | 和 M0 配合,决定模块的 4 种工作模式。(不可悬空,如不使用可接地) |
| 3 | RXD | 输入 | TTL 串口输入,连接到外部 TXD 输出引脚;可配置为漏级开路或上拉输入,详见参数设置 |
| 4 | TXD | 输出 | TTL 串口输出,连接到外部 RXD 输入引脚;可配置为漏级开路或推挽输出,详见参数设置 |
| 5 | AUX | 输出 | 用于指示模块工作状态;(可以悬空)用户唤醒外部 MCU,上电自检初始化期间输出低电平;可配置为漏级开路输出,或推挽输出,详见参数设置 |
| 6 | VCC | 输入 | 模块电源正参考,电压范围:2.3 ~5.2 V DC |

续表

| 引脚序号 | 引脚名称 | 引脚方向 | 引脚用途 |
|---|---|---|---|
| 7 | GND | 输入 | 模块地线 |
| 8 | 固定孔 | | 固定孔 |
| 9 | 固定孔 | | 固定孔 |
| 10 | 固定孔 | | 固定孔 |

### 8.6.2　E32-433T20DC 配置过程

E32-433T20DC 在使用过程中，首先需要对其工作模式及相关参数进行配置，根据模块用户手册，可以查得配置步骤如下：

①将 M0 与 M1 引脚短接至 VCC 上拉，使模块工作在休眠模式（模式 3），此时模块将无法接收或发送数据。正常接入电源与底线，将 USB 转串口模块的 RXD、TXD 引脚与该模块的 RXD、TXD 引脚交错相连。

②上位机串口调试助手需调整至波特率 9600，8 位，无校验位，1 位结束位格式。通过上位机的串口调试助手，向 E32-433T20DC 模块发送配置指令。指令格式如表 8.2 所示。

**表 8.2　E32-433T20DC 指令格式**

| 序　号 | 指令格式 | 详细说明 |
|---|---|---|
| 1 | C0+工作参数 | 16 进制格式发送 C0+5 字节工作参数，共 6 字节，必须连续发送（掉电保存） |
| 2 | C1+C1+C1 | 16 进制格式发送 3 个 C1，模块返回已保存的参数，必须连续发送 |
| 3 | C2+工作参数 | 16 进制格式发送 C2+5 字节工作参数，共 6 字节，必须连续发送（掉电不保存） |
| 4 | C3+C3+C3 | 16 进制格式发送三个 C3，模块返回版本信息，必须连续发送 |
| 5 | C4+C4+C4 | 16 进制格式发送三个 C4，模块将产生一次复位，必须连续发送 |

③以 422 MHz 频率，0x0000 地址，2.4 kbps 空中速率，9600 波特率，8N1 串口格式，20 dBm 发射功率为例，为了使 E32-433T20DC 模块掉电时可以保存相关配置数据，应选择 C0+工作参数的指令格式。查询参数设置指令，应从上位机串口调试助手向 E32-433T20DC 模块发送 16 进制指令 C0 00 00 1A 0C 44，发送成功后，E32-433T20DC 模块将会返回相同数据，表示配置成功。

④对另一个 E32-433T20DC 模块进行相同的配置。

⑤将两个 E32-433T20DC 模块的 M0 与 M1 引脚短接至 GND 下拉，使模块工作在一般模式（模式 0）。

至此，对 E32-433T20DC 模块的配置已经完成，将两个模块分别接至两个上位机或单片机，互相发送数据进行通信测试。

### 8.6.3 通信协议设计

在大量数据频繁进行通信的过程中,需要确保数据的准确性,即降低数据传输的误码率,因此设计一套专用的通信协议尤为重要。常用的协议设计包括帧头、命令字、帧序号、帧长度、帧数据、校验字、帧尾。但是,较好的通信协议,不一定要包括以上所有内容。按照协议所传输的数据中包含的非有效数据量(即帧头帧尾校验字等)越多,发送数据的效率时间比就会降低。因此,没有最好的通信协议,只有更适合系统的通信协议。

在双车运行过程中,所需要通信的信息主要包括发车标志、会车标志、会车模式、终点前停车标志、冲线标志等。对于 9600 波特率的通信过程中,发送一字节的时间仅消耗约 0.83 ms,相对于整个比赛过程,发送数据的数据量是很少的。因此,此系统选择仅用帧头校验的办法,来进行数据的通信识别。

对于帧头,此系统选择四字节数据作为一帧数据,其中两字节固定字符作为帧头,另外两字节携带数据信息进行通信。以字符串“R:TS”为例,其中“R:”为固定帧头,“TS”为有效数据。

对于发送端,发送数据仅需要多发送两字节的数据即可实现数据加码。而对于接收端,则需要进行数据的解码工作。在不停接收字符的同时,要对每连续 2 个字符判断是否满足“R:”条件,进而获取后两个字符判断通信内容。这就要求接收端需要设置缓存,以储存不停接收到的数据字符,同时还要判断非正常数据,及时清除掉相应的缓存。

### 8.6.4 通信实例

以 LPLD_OSKinetis_V3 库为例,K60 单片机使用 UART 模块前首先需要进行初始化工作,初始化代码如下:

```
void UART_Init(void)
{
    static UART_InitTypeDef UART_InitStructure;

    UART_InitStructure.UART_Uartx = UART0;
    UART_InitStructure.UART_BaudRate = 9600;
    UART_InitStructure.UART_RxPin = PTA1;
    UART_InitStructure.UART_TxPin = PTA2;
    UART_InitStructure.UART_RxIntEnable = TRUE;
    UART_InitStructure.UART_RxIsr = Lora_isr;

    LPLD_UART_Init(UART_InitStructure);
    LPLD_UART_EnableIrq(UART_InitStructure);
}
```

模块初始化完成后,就可以通过库函数 LPLD_UART_PutChar 进行数据发送,其函数原型为 void LPLD_UART_PutChar(UART_Type *, int8); 为了方便调用函数,可以将其再次封装为 void Lora_PutChar(int8); 从而省去每次调用函数都需要写出实参 UART0。函数代码如下:

```
Void Lora_PutChar( int8 ch)
{
    LPLD_UART_PutChar( UART0, ch);
}
```

接下来进行 SendMessage 函数编写，此函数所实现的功能为连续发送字符，实现发送字符串的功能，函数代码如下：

```
void Lora_SendMessage( char *str, char length)
{
    for (char i = 0; i < length; i++)
    {
        Lora_Putchar( *(str + i));
    }
}
```

这里同时可以使用库函数 LPLD_UART_PutCharArr 来进行字符串的发送，道理大同小异，在此不再赘述。

至此 K60 单片机的数据发送功能已经完成，只需在合适的时机、合适的地方，调用 Lora_SendMessage 函数，即可完成数据的发送工作。

对于单片机接收端，基于前文所述，需要设置接收数据变量、缓存区、已储存数据量大小等。由于变量内容过多，选择以结构体的形式储存相关内容。具体串口数据类型结构体定义如下：

```
typedef struct
{
    int Stack;
    uint8 Data;
    uint8 PreData;
    uint8 Buffer[ UartRxBufferLen];
    uint8 Enable;
    uint8 Check;
} SerialPortType;
```

与串口数据相关的变量都在其中，使用时通过 SerialPortType 进行声明，以 SerialPortType SerialPortRx;为例，其成员变量通过.运算符进行引用。

K60 单片机的硬件 UART 模块提供中断功能，当 UART 模块接收到有效数据信号时，会产生一个 UART 接收中断。当中断请求发生后，可以通过库函数 LPLD_UART_GetChar 来获取 UART 模块接收到的有效数据，其函数原型为 int8 LPLD_UART_GetChar( UART_Type *)。同样地，为了方便我们调用函数，可以将其再次封装为 int8 Lora_GetChar( void)，从而省去每次调用函数都需要写出实参 UART0 的步骤。函数代码如下：

```
int8 Lora_GetChar( void)
{
    LPLD_UART_GetChar( UART0);
```

```
}
```

对于接收函数,往往与接收中断函数搭配使用,在 UART0 初始化时,已经将中断函数定义为了 Lora_isr,中断函数中需要进行获取接收字符以及解码的工作。函数代码如下:

```
void Lora_isr(void)
{
    int16 temp;

    SerialPortRx.Data = Lora_GetChar();
    if(SerialPortRx.Buffer[0] == 0x52)
        SerialPortRx.Stack++;
    if (SerialPortRx.Stack >= UartRxBufferLen)
    {
        if(SerialPortRx.Buffer[0] == 'R' && SerialPortRx.Buffer[1] == ':')
        {
            temp = ((int16)SerialPortRx.Buffer[2]) << 8 | SerialPortRx.Buffer[3];
            if ("TS" == temp)
            {
                //执行相关代码
            }
            SerialPortRx.Buffer[0] = 0;
            SerialPortRx.Stack = 0;
        }
    }
}
```

### 8.6.5 会车策略

根据规则描述,到达断路会车区后,可以选择交会后继续行驶,也可以选择掉头行驶,以下将分别进行讲解。

第一种交会行驶,由三轮车模首先到达断路会车区,进行拐出赛道做避让动作,等待直立车模经过会车断路区之后,接收到直立车模发送的会车标志,再继续行驶前进。具体策略如图 8.15(a)所示,三轮车模首先以固定角度拐出赛道为第一阶段,等待直立车经过断路会车区为第二阶段,再继续向前拐回赛道为第三阶段继续行驶。这样的会车策略可以减少车模运行的路程,进而减少整个比赛期间的运行时间,但是却在很大的程度上依赖赛道为直线断路会车区。如果断路会车区设置成弯道断路,则三轮车模会有很大概率无法正确识别到拐回赛道的相应信息,造成三轮车模丢失赛道信息而冲出赛道。

因此,设计了如图 8.15(b)所示的会车策略,前两阶段不变,第三阶段让三轮车模以同样的拐角后退回到赛道,第四阶段再继续行驶前进。这样做的好处是三轮车模不必拘泥于断路会车区赛道的样式,只要按照原路退回赛道即可,虽增加了一些比赛时间,但是获得了更高的稳定性。由于所选取的最终方案没有使用摄像头,因此车模无法通过自身传感器在终点线前预判并等待。在此提出一种可行性方案，即当车模到达断路会车区之后，将编码器测量得到的前半程赛道长度发送至另一辆车模，并接收另一辆车模发送来的赛道长度。在后半段行程当中，通过编码器再次记录行驶距离，并在即将到达终点线时发送接收数据，判断另一辆车模位置，选择停车等待或继续行驶。

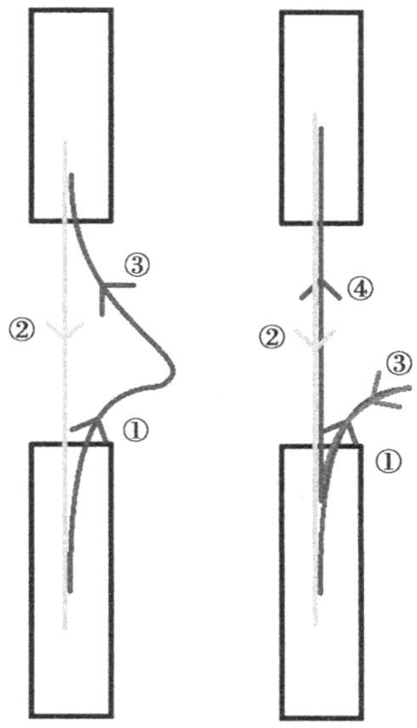


图 8.15　第一种会车方式路线图

第二种掉头行驶，不论哪辆车先到达断路会车区，都立刻刹车停止并进行 180°掉头，等待另一辆车到达断路会车区并同样进行掉头动作，之后背向行驶。由于所选取的最终方案没有使用摄像头，车模无法通过自身传感器在终点线前预判并等待，需要自行判断两辆车的运行状态。在此提供两种可行方案，即记录时间模式与记录距离模式。

记录时间模式的主要体现为断路会车区的时间记录。当第一辆车到达断路会车区后，便立刻开始进行增计数。具体计数周期越长，则时间误差越大，而具体计数周期越短，则记录时间的变量会越大，需要考虑是否会溢出的问题。随后另一辆车模到达断路会车区，掉头后立即行驶并发送会车标志信号。先到的车模接收到信号后立刻从加计数变为减计数，计数周期不变。减计数至 0 后，再继续发车行驶。由于两辆车模从起跑线处同时发车，则经过此过程之后，用时较短的车模会在断路会车区等待一段时间以补齐这个时间差，从而较为精准的同时经过终点线。具体程序算法流程图如图 8.16 所示。

记录距离模式主要体现为车模在运行过程中对行驶里程的记录。两辆车从起跑线发车之后，各自记录所行驶的里程，到达断路会车区后分别掉头并继续行驶，唯一改变的是将记录的里程数进行减计数处理。据此可以根据记录的里程数判断车模是否回到终点线。合理地安排先到的车模在终点线前及时停车并告知后到的车模，而后到的车模在即将到达终点线时告知先到的车模，使其自行发车，实现同时经过终点线。具体程序算法流程图如图 8.17 所示。

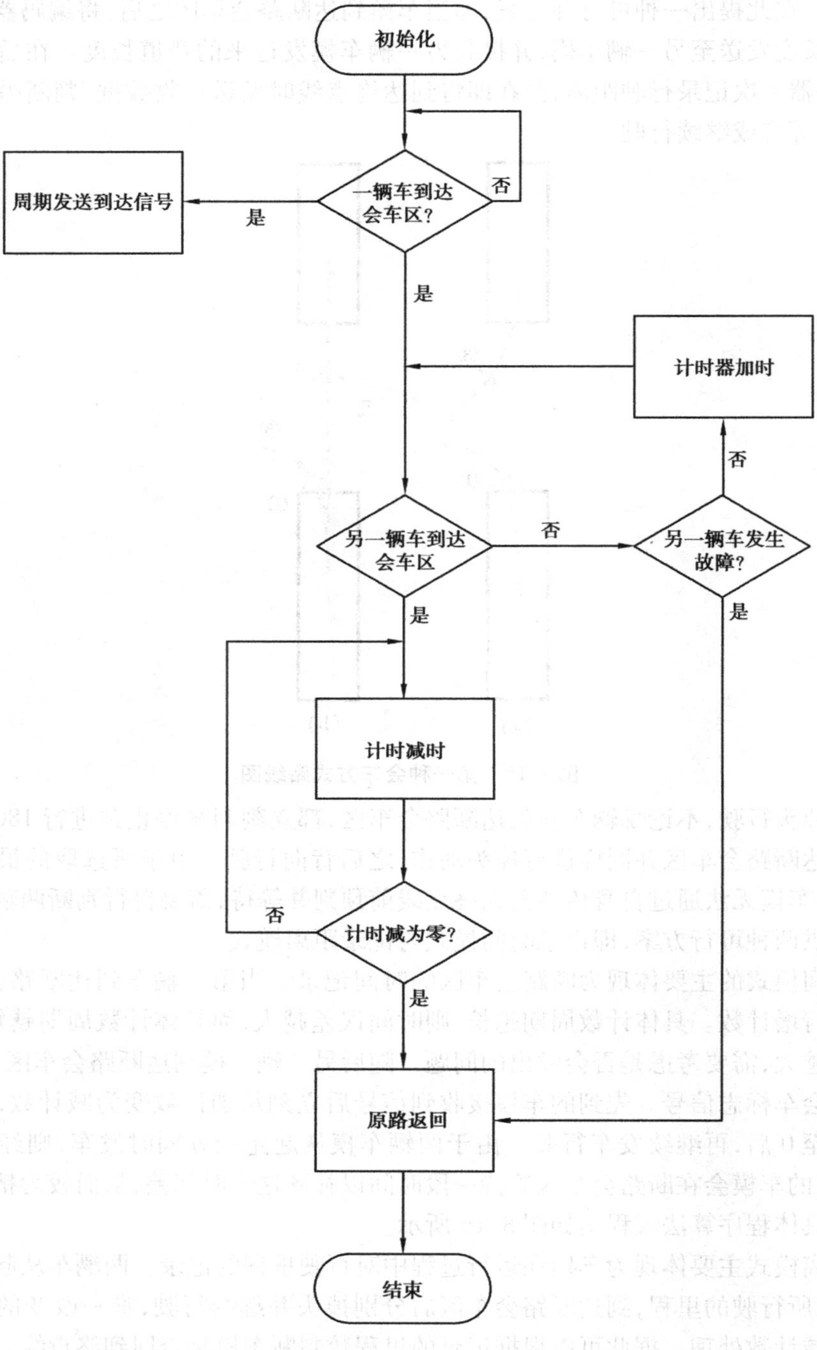


图 8.16　记录时间会车方式算法流程图

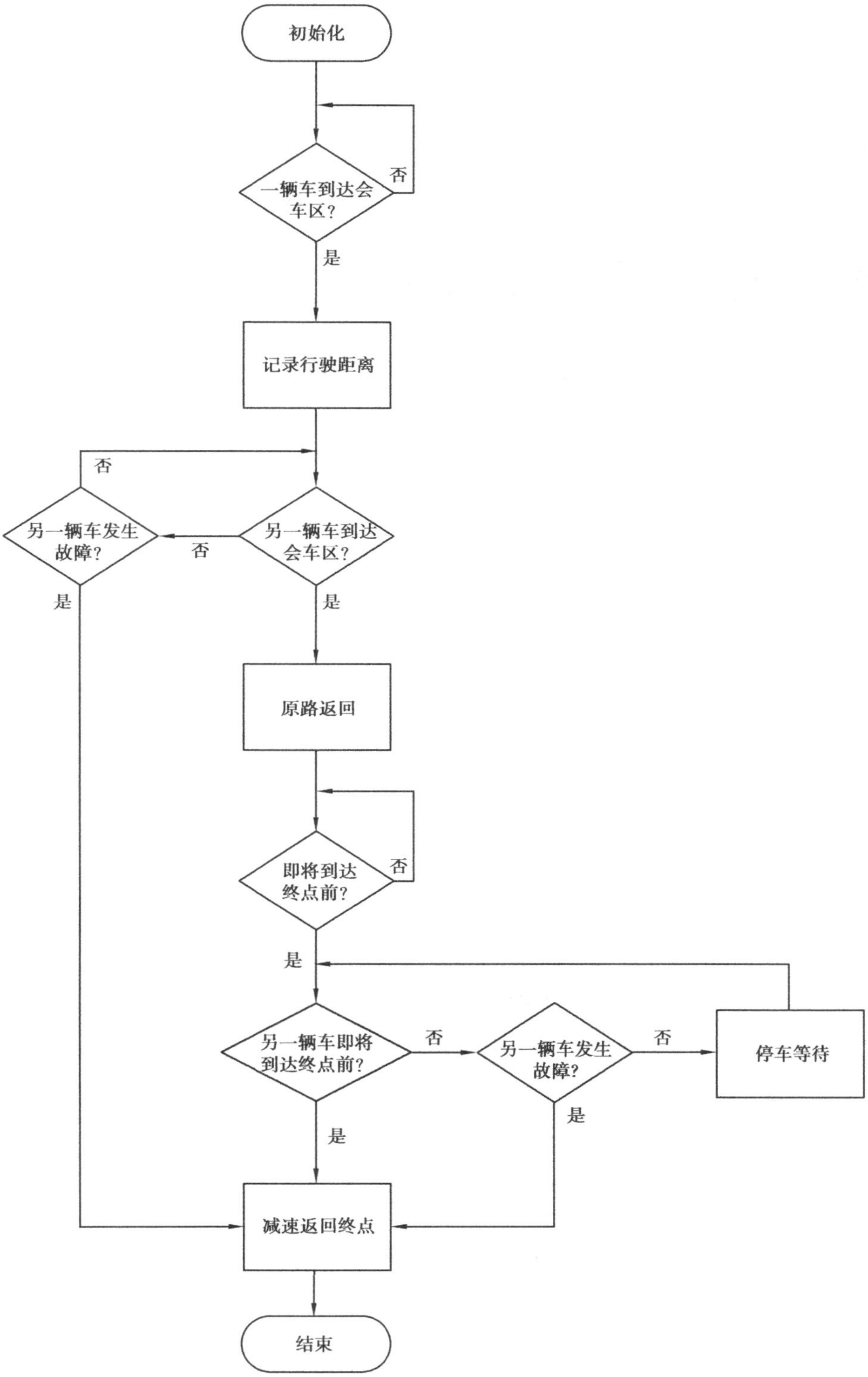


图 8.17　记录时间会车方式算法流程图

# 第 9 章 横冲直撞信标组开发实例

## 9.1 基本情况介绍

### 9.1.1 比赛环境

比赛场地设置在平整的地面上，并铺设有单一颜色的广告布或者地毯，场地四周铺设宽度 5 cm 的黄色胶带。比赛区域约为 5 m×7 m。车模发车区域位于比赛场地一角，由 2.5 cm 黑色胶带标记区域。发车区域长宽都是 50 cm。比赛区域内随机安放有 5～10 个信标，车模在信标的导引下做定向运动。信标四周采用红色、红外发光二极管（LED）阵列，通过比赛系统控制发光二极管发光，它们统一由比赛计时系统控制，如图 9.1 所示。

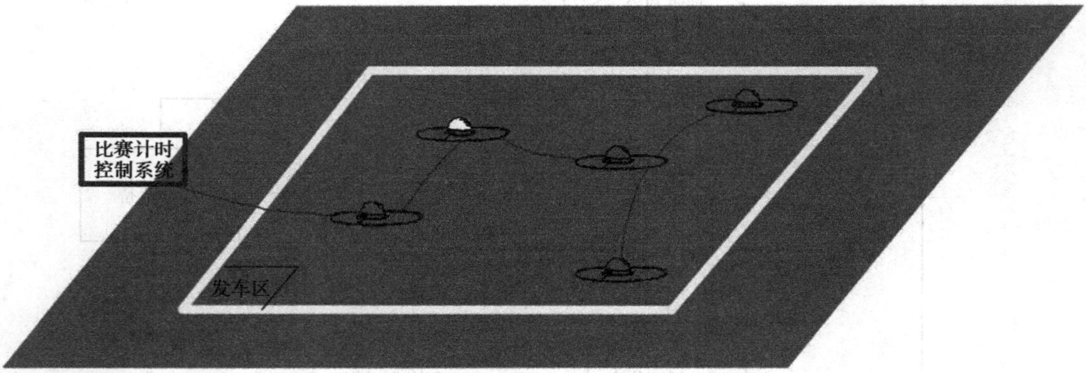


图 9.1 比赛环境示意图

### 9.1.2 比赛任务

比赛包括排位预赛和对抗决赛两个阶段。

第一阶段是排位预赛。选手制作的车模位于发车区域内，此时所有的信标都是熄灭状态。比赛开始后，比赛系统会自动启动第一个信标，信标会发送声光导引信号。此时选手的车模能够识别信标的方位并做定向运动。当车模上安放的磁标进入信标附近的感应线圈后，比赛系统会自动切换点亮下一个信标，车模随机前往第二个点亮的信标，此过程将会进行 10 次左右。最终比赛时间是从当一个信标点亮，到最后一个信标熄灭为止。第二阶段是对抗决赛，按照预赛成绩配对分组进行对抗比赛。两个车队的车模同时在场内，按照熄灭信标的多少决出胜负。信标对抗组别中的磁标最多允许安装 4 个。磁标距离车模底盘或者车轮直线距离不超过 5 cm，距离地面高度不超过 2 cm。

双车对抗组的比赛中，车模可以通过光电传感器、摄像头等识别信标的红光或者红外光进行定位，也可以通过麦克风阵列进行声源定位。由于信标采用声光组合引导方式，提高了赛车识别的准确性，减少了环境光线的影响。

### 9.1.3　裁判系统

比赛采用磁场感应方式记录车模通过赛道起跑线的时刻，或者检测车模运行范围是否在信标周围 22.5 cm。感应线圈布置在赛道下面以及信标周围，对运行车模干扰小，同时车模也不容易冲撞计时系统。图 9.2 是信标灯及磁感线圈示意图。

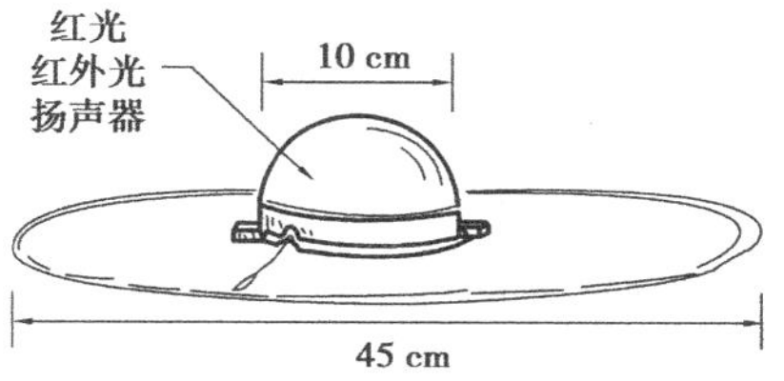


图 9.2　信标灯及线圈示意图

为了能够触发计时系统，需要在车模底盘安装一块永磁铁作为标签。永磁铁距离地面高度在 2 cm。由于该磁标体积很小，所以提高了车模检测位置的精确度。

## 9.2　总体方案设计

经过反复试验，为了使车模快速、准确识别随机点亮的信标灯，并能及时做出响应，合理规划路线，避开障碍以及熄灭信标灯，设计一种可行的信标车设计方案，如图 9.3 所示。各模块的组成和功能描述如下：

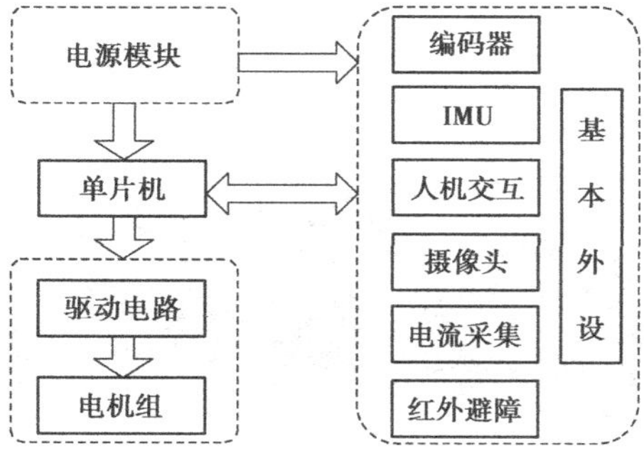


图 9.3　系统整体结构图

电源模块:稳压电路输出系统各功能模块需要的电压。

驱动模块:利用IR2104芯片与IRF7843芯片构成全桥电路,通过主单片机输出的脉宽调制信号(PWM信号)控制电机的速度和转向。

单片机(MCU1、MCU2):负责识别信标。利用彩色摄像头检测点亮的信标所在位置,将处理好的数据发给MCU3进行后续控制。型号为MIMXRT1052CVL5B。

单片机(MCU3、MCU4):负责障碍识别和主控。MCU3、MCU4分别接有灰度摄像头和红外避障传感器以识别障碍(熄灭的信标);根据灰度摄像头、陀螺仪、编码器等传感器的反馈数据,输出控制信号;MCU3和MCU4之间通过串口协议进行图像结果处理、姿态控制信号的通信。型号为MK60DN512ZVLQ10。

编码器:用于实时测量小车运行速度实现闭环控制。型号为欧姆龙小型编码器E6A2-CW3C。

陀螺仪:反馈角速度,用于转向环的串级PID实现及避障时的车头方向锁定。型号为ICM20602。

人机交互模块:通过OLED显示屏显示系统参数,并由按键和拨码开关实现模式选择和参数设置。

摄像头:识别信标的摄像头加有滤红外光滤光片,可降低红外光的干扰,仅检测红光,并且配置广角镜头,增大摄像头视野。避障摄像头加有偏振片,可减小反光干扰,同时降低视场亮度,这样可以更方便地测定避障时的阈值曲线。

电流采集模块:反馈电机驱动电流,用于速度环的串级PID实现。

红外避障传感器:用于辅助避障。型号为GP2Y0A02YK0F。

为了完成信标追踪和对抗任务,以H型车模为硬件平台,以32位单片机MK60DN512ZVLQ10和MIMXRT1052为控制核心,以摄像头为图像识别传感器,以红外激光测距传感器和漫反射式红外光电开关为避障传感器,以IAR为软件开发平台,对智能小车系统的软硬件进行了设计。摄像头所获得的数据经过单片机的分析计算后对信标和障碍进行定位,所得位置以$X$和$Y$的坐标形式以及目标的面积大小体现。$X$坐标主要用于控制转向环,以实现对灯、偏航和避障的控制,$Y$坐标和面积反应距离远近,是加减速的依据。此外,通过编码器获得车模的实时速度,通过串级PID算法,使速度稳定在给定值附近并能跟随给定值的变化。如图9.4所示为本方案的参赛车模实物。

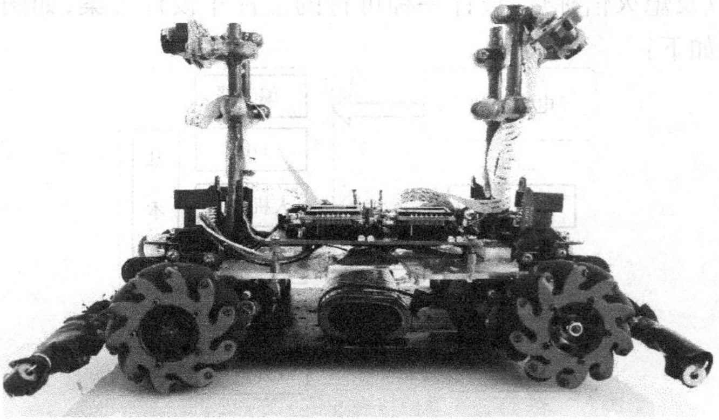

图9.4　参赛车模实物

接下来的章节，将重点介绍信标组涉及的技术重点，给出一些可行的解决方案。当然，本书给出的方法可能并不是最优解，作者希望能通过本书的介绍使入门的参赛队伍了解原理。

## 9.3　车模安装

### 9.3.1　H 车模车轮的安装

C 型车模由于前轮由舵机控制转向，需要考虑主销后倾、主销内倾、前轮外倾、前轮前束等，而 H 型车模车轮是相同的四个麦克纳母轮，相对于 C 型车模前后轮不一致，安装方法较为简单，按照传动齿轮、耦合压片、轮胎、锁紧螺母的次序依次安装在轮轴上即可。后期调整齿轮啮合时可以将耦合压片微调，达到最好的啮合效果。图 9.5 为轮胎安装效果图。

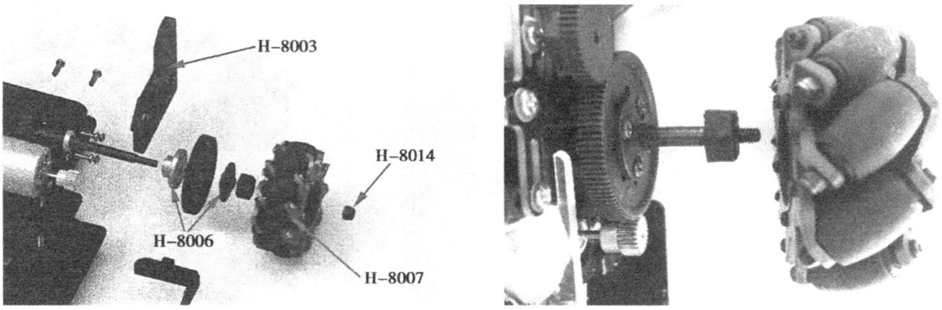


(a)轮胎安装爆炸图　　(b)轮胎安装效果图

图 9.5　轮胎安装图

### 9.3.2　传感器的安装

信标组的主要任务是寻灯、灭灯，所用到的传感器有摄像头、编码器(光电码盘)、红外测距模块等。

**(1)摄像头安装**

①摄像头底座

底座的安装位置决定了摄像头的位置，因此底座尽量放在底盘的左右对称轴线上，采取的方案是安装前后两个摄像头用来寻找信标灯，因此第二个摄像头底座也要尽量和第一个摄像头底座对称安装，便于程序的处理。底座最好选用刚度较高的金属底座，可以有效减少小车行驶过程中摄像头抖动。

②碳素杆

第十四届竞赛要求所有组别车高不超过 20 cm，因此碳素杆的截取一定不能超过 20 cm，如果精度在切割的时候不好控制，可以适当切长点，然后用砂纸打磨调整。碳素杆的尺寸应和底座匹配，且安装过程中适当用热熔胶填充，以减少因抖动产生的误差。

③摄像头固定支架

安装摄像头固定架时，由于摄像头背面有部分电子元器件，导致支架在贴合摄像头表面的时候不平整，需要先旋转一颗螺母进去，再用防松螺母拧紧，安装在碳素杆上，为进一步保障摄像头的稳定性,可以加热熔胶进行固定。

摄像头安装过程如图 9.6 所示。

(a)摄像头支架底座

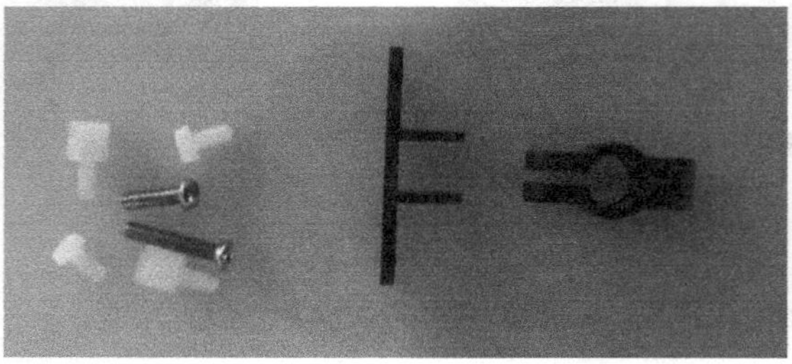

(b)摄像头固定零件图

(c)摄像头安装示意图

**图 9.6 摄像头安装过程示意图**

**(2)编码器安装**

H 车模是四个电机单独控制,因此需要同时用到四个编码器。编码器一般可分为机械式编码器和光电码盘,机械式编码器精度较高,成本也较高,光电编码器成本较低,精度稍低,但满足比赛要求,具体使用时任意选用一种即可。

①码盘安装

编码盘是一种按一定的编码形式,如二进制编码、二-十进制编码、格莱码或余三码等,将一个圆盘或直尺分成若干等分,并利用电子、光电或电磁器件,把代表被测位移量大小的各等分上的编码转换成便于应用的其他二进制表达方式的测量装置。光电码盘就是一种二进制编码的光电传感器。

每一个光电码盘对应一个光电对管,安装时将码盘粘连在电机轴上,光电对管对准码盘"栅栏",将其固定在车架上,如图 9.7 所示。给驱动电路极板 PWM 信号使轮胎匀速转动,调整对管的俯仰角度和倾角,让其采集值保持在较小范围(20 以下)波动,说明安装位置合适。用热熔胶加固,使其位置保持不变,码盘安装完成。

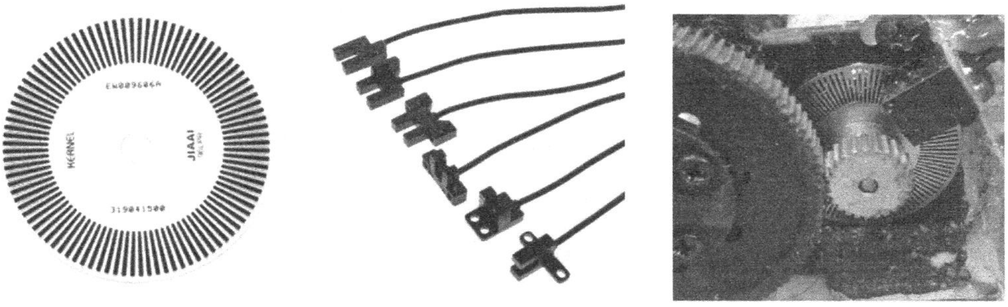

(a)光电码盘　(b)光电对管　(c)码盘安装效果图

**图9.7　光电码盘安装示意图**

在原厂车模上给了安装码盘的定位孔，但是按照定位孔的位置进行安装会使光电传感器发射出的红外光没有完全穿过码盘导致测量不准确，因此在安装时可以先固定一颗螺丝，然后适当调整光电传感器的安装位置并用热熔胶进行固定。值得注意的是光电传感器的接线容易折断且易受高温影响，建议最开始就在接线处封好热熔胶，同时注意不要保持过长时间的高温状态以免损坏传感器。

光电码盘是合金钢激光切割加工的，极易损坏，因此在安装码盘的时候一定要特别注意不要戳坏码盘或者用力过大导致码盘变形，码盘和电机上的金属齿轮可用502或401胶水粘贴，晾干后再进行齿轮安装。一定要特别注意不要让胶水渗透进金属齿轮的小孔，不然极易堵塞，导致齿轮无法和电机轴连接。

②编码器安装

编码器自带小齿轮，与车模轮胎的传动齿轮啮合即可实现速度的测量。安装时先将编码器与支架用螺钉连接，然后直接固定在车架上，再安装编码器齿轮与传动齿轮啮合，微调后对各部分完成固定，必要时还可以加上热熔胶防止器件滑动。安装示意如图9.8所示。

(a)正视图　(b)俯视图

**图9.8　编码器安装示意图**

### (3)红外测距传感器安装

红外测距模块主要用于信标灯避障，由于单片机等硬件资源的限制，也可以选择使用超声波来进行避障。红外测距模块安装应尽量靠前，但要考虑是否容易撞上信标灯。分别安装在车模前方的两侧，避障效果较好，安装示意如图9.9所示。可用弹性小的海绵涂上热熔胶将红外模块黏合在车架上，同时还要注意信号传输线的排布，不能干扰其他信号线的走线。

图 9.9　红外测距模块安装示意图

### 9.3.3　电路板的安装

**(1) 驱动板安装**

驱动安装如图 9.10(a)所示。由于车模是四个电机驱动，所以采取的是前后各安装一个驱动板，并选择合适的固定铜柱固定，高度尽量放低，因为摄像头最大高度被限制，视线较差，为获得更好的视野需要尽可能地将驱动板安装低一点。

**(2) 主板安装**

主板安装如图 9.10(b)所示。主板安装在车模的正中心，由于使用了 4 块单片机，导致主板面积比较大，为了降低重心，电池只能安装在主板下。为了方便换取电池，使用魔术贴进行固定，同时为了更换电池方便，用激光切割机切了一个小零件来勾住橡皮筋，车模运行时拉上橡皮筋，换取电池只需取下橡皮筋，滑出电池即可。

(a) 驱动板安装示意图　　　　(b) 主板安装示意图

图 9.10　电路板安装示意图

### 9.3.4　H 型车模重心位置控制

H 型车模应尽量降低重心以保证在高速运动的过程中不会发生侧翻，电路板安装位置应尽量低，电池安装也应尽量在车的中心。若安装做到了对称，车模重心位置应接近车模中心，稍有偏差也无伤大雅，但是必须保证车模重心在中轴线上，否则容易引起侧翻且运行效果差。

另外由于竞赛规则的变化，考虑到可以使用 18650 锂电池，为了尽可能降低车模重心，还可以将电池做成电池盒的形式分开放置在底盘上，将电池保护电路集成到主板上。这样既可以将主板位置直接降低到贴合底盘的高度，又有利于锂电池的更换。

### 9.3.5　H 型车模底盘高度与底盘刚度调整

H 型车模底盘相比于第十三届比赛用的 C 型车模，刚度较高，测试结果来看并不需要额外的材料进行加固，因为在加固的同时要考虑对车模本身带来的质量负担，由于车模的质量在加速度一定的情况下是与驱动力成正比的，所以更大的车模质量对应着更大的驱动电流，需要考虑到电池的放电电流是否达到要求，要做好加固与需求电流的均衡。

### 9.3.6　齿轮啮合

由于编码器并未采用 mini 类的机械编码器，故只需要考虑电机金属齿轮和车轮轴上的出轮啮合。在啮合齿轮时可以先固定车轮轴上的齿轮，然后调整电机齿轮使之啮合，此时一定要注意先啮合好齿轮，再固定光电码盘，否则会给齿轮啮合带来极大的困难。

因为制造等原因，齿轮会有一定的圆度误差，所以调整过程中可能会有一部分齿感觉特别紧而另一部分的齿则比较松。调整到整个齿轮旋转的阻力差不多即可，同时不能有过大的空回，空回会使电机做功流失。若齿轮的圆度误差较大，应首先考虑更换齿轮，否则运行过程中会有巨大的抖动。

## 9.4　硬件电路设计

在第 4 章已经介绍了智能汽车硬件电路设计相关知识，电源模块的芯片选型都一样，每个组别电源模块根据小车实际的硬件需要稍微有点差异，电机驱动电路与第 4 章的双电机驱动模块是完全一样的，本节只对信标主板电路作简单介绍。信标主板结构如图 9.11 所示，该主板主要由电源模块、传感器输入接口、人机交互接口、微处理器插口以及执行器控制输出接口组成。传感器输入接口主要由摄像头采集信号输入接口、测速编码器输入接口以及红外测距模块组成，接口的主要功能是连接电源模块对应的合适输出电压给传感器供电，同时把传感器的信号引入单片机的 I/O 口；人机交互接口由按键输入接口、拨码开关接口、蜂鸣器接口和 OLED 屏幕接口组成，微处理器插口用于单片机最小系统和主板连接。为了方便维修，单片机最小系统单独作为一个模块，通过单片机插座与主板连接，单片机的供电也是通过插座与主板上的电源模块连接实现。执行器控制输出接口主要是电机控制信号输出接口，电机的供电通过电机驱动模块实现。

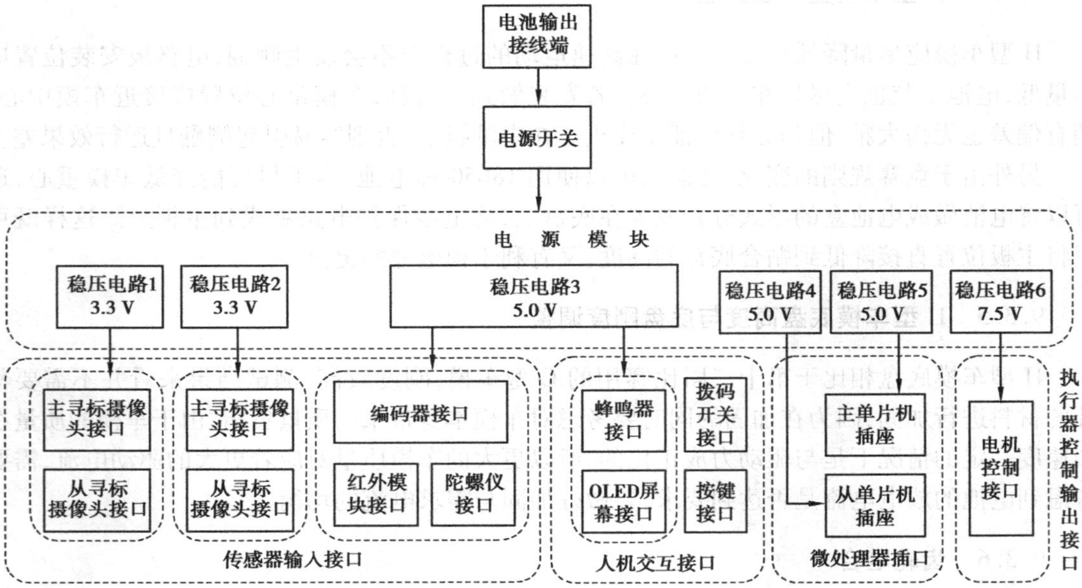


图 9.11　信标组主板结构示意图

## 9.4.1　电源模块设计

电源模块电路如图 9.12 所示。为了能使系统稳定工作，根据电路系统供电需要，设计了九路稳压电路。网络标号为 5.2 这一路稳压电路主要给编码器、蜂鸣器、屏幕供电，综合考虑工作电流和芯片价格，此路稳压芯片选择了 LM1117-5.0；网络标号为 5.1 和 5 这两路稳压电路输出给主、从单片机（K60）供电，稳压芯片选择价格相对较贵的 TI 公司生产的 TPS76850/TPS7850 芯片；网络标号为 3.31 和 3.32 这两路稳压电路输出给两个灰度摄像头供电；网络标号为 3.3 和 3.3 V 这两路稳压电路输出给两个彩色摄像头供电，稳压芯片选择价格相对较贵的 TI 公司生产的 TPS76833/TPS7833 芯片；网络标号为 5.0 和 5 V 的两路稳压电路输出给两块 RT1052 单片机供电，芯片选用 TI 公司生产的 TPS76850/TPS7850 芯片。

下面对电路中的元器件功能作一个简单介绍，电路图中所有的电感、电容的作用都是滤波，滤出直流电源里面的噪声信号，使得电源信号更干净。发光二极管用来指示每一路电源输出是否正常，与二极管串联的电阻都是限流电阻，防止电流过大烧坏发光二极管，电路中保险丝的作用也是限流，电流超过保险丝额定电流，保险丝熔断，电路断开，以免损坏元器件。0 Ω 电阻用来隔离模拟地和数字地。

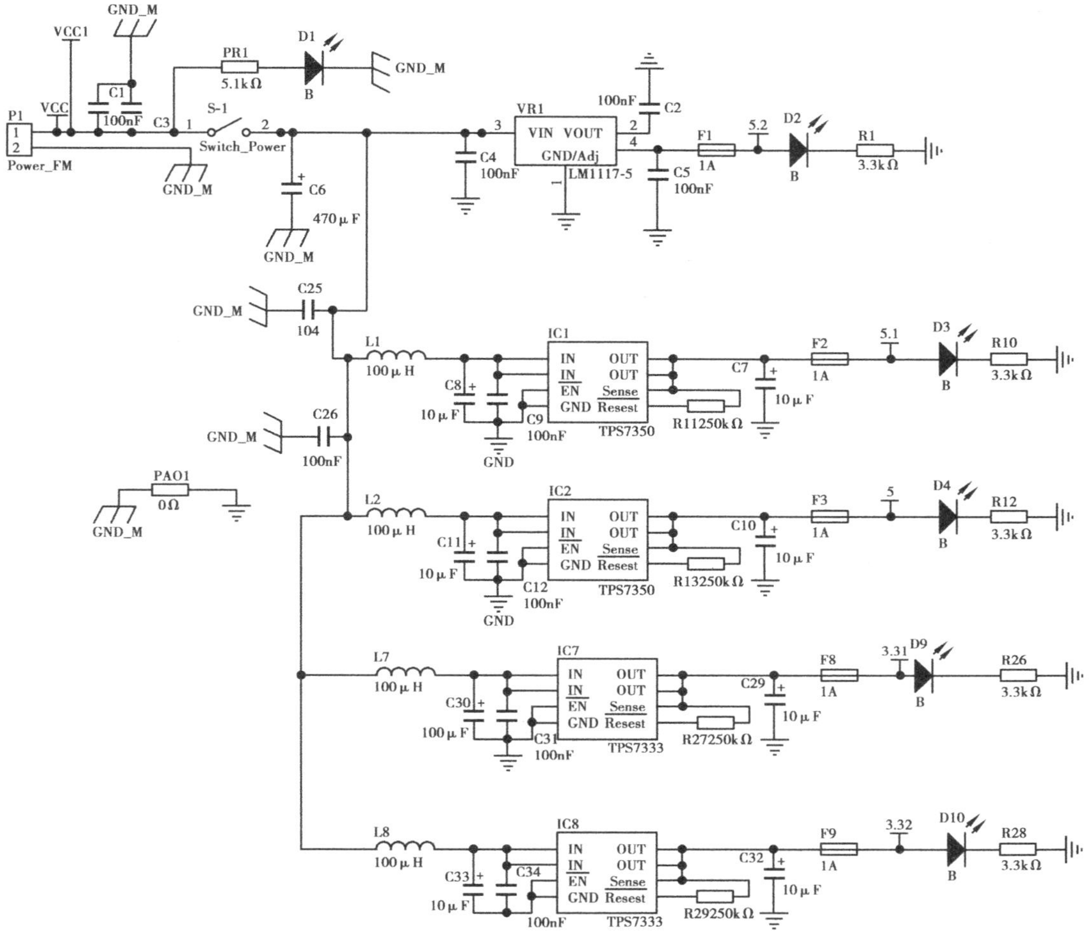


图 9.12　电源模块电路图

### 9.4.2　传感器输入接口

图 9.13 是传感器输入接口电路图，信标组传感器输入接口有 11 个，分别是主寻标摄像头、辅助寻标摄像头、两个避障摄像头、4 个编码器输入接口和两个红外数据采集接口和陀螺仪。其中彩色摄像头的接口集成在 RT1052 单片机的转接板上，灰度摄像头的接口直插在主板转接口中。主板上的电源通过接口给传感器供电，传感器的信号输入到单片机对应的接口，具体的连接方式从图 9.13 所示的网络标号可以得到。

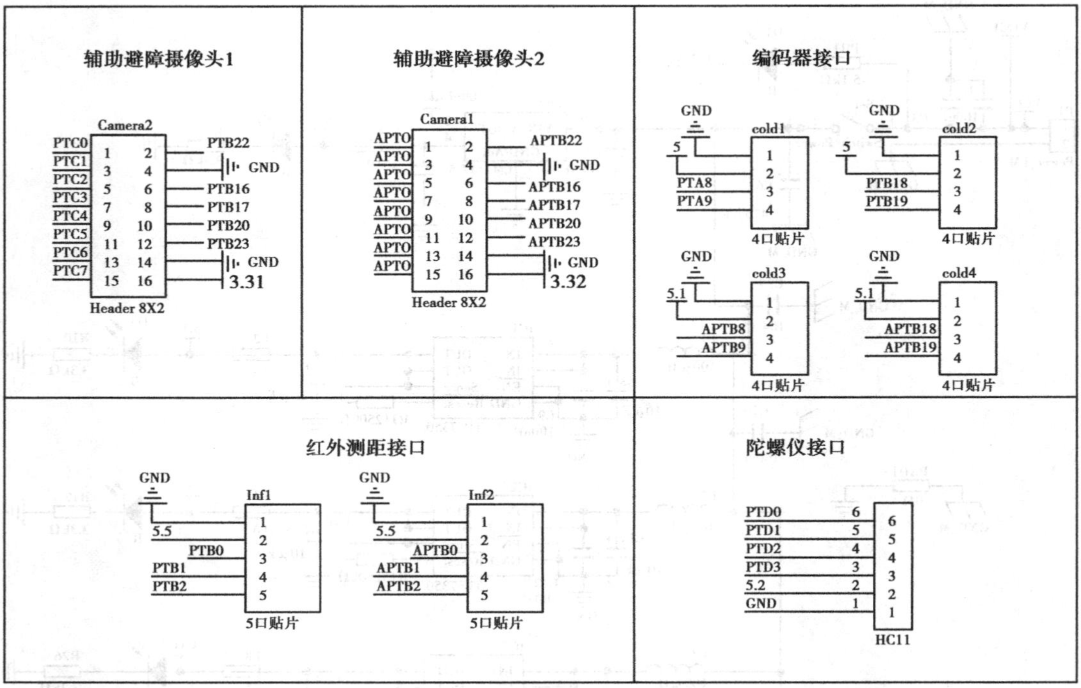


图 9.13　传感器输入接口电路图

## 9.5　图像采集处理

### 9.5.1　图像采集基本方法

首先讲解避障摄像头的图像采集。以应用基于 MT9V032 视频采集芯片的总钻风摄像头和 K60 单片机为例，摄像头数据采集概略图如图 9.14 所示。

图像采集时主要应用到 K60 单片机的 DMA 模块、UART 模块。如图 9.11 所示的连接方式为使用 K60 单片机的 PTB23 端口接收摄像头传来的像素中断信号；使用 PTB20 端口接收摄像头传来的行中断信号；使用 PTB22 端口接收摄像头传来的场中断信号；使用 PTB16、PTB17 端口分别作为 K60 单片机 UART 模块的收发端，负责与摄像头及上位机的串口通信；使用 PTC0 到 PTC7 这 8 个端口接收摄像头传来的像素值。

图像采集有两种方式来采集图像。第一种是一幅图片采集完成进入中断。这种方式的优点是单片机不用频繁进入中断，减轻单片机的负荷；缺点是 DMA 一次采集的数据有限制，不能超过 32 767 次，因此使用这种模式的时候列乘宽不能超过 32 767。第二种方式是一行采集完成进入中断。这种方式的优点是可以采集更大分辨率的图像，由于逐行采集，可以较为方便地实现定行；缺点是会增加单片机的负荷，进入中断的次数会大幅度提升。

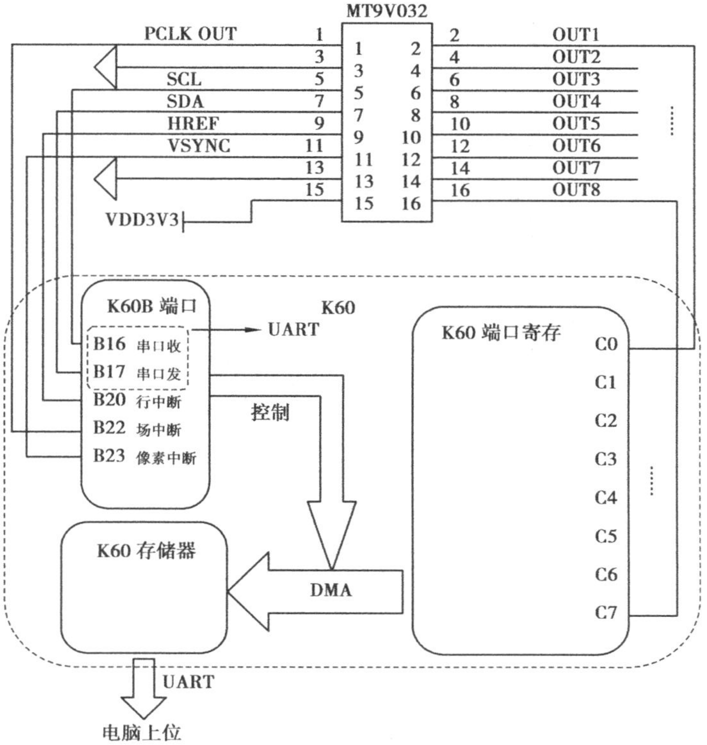


**图 9.14　摄像头采集方案**

通常来讲,采集的图像并不需要很大的尺寸,所以下面的讲解将围绕着一幅图片采集完成进入中断的采集图像方式展开。在总钻风摄像头配置方式下开始一幅图像的采集,首先要做的是对各个输入输出端口、DMA 模块、UART 模块进行初始化。采集流程如图 9.15 所示。

配置完成后,DMA 就开始接收摄像头采集到的图像数据。不过,每次 DMA 主循环结束后 DMA 模块会被自动禁用,所以还要在场中断回调函数里进行一些配置。通常,由于 DMA 模块刚开启时肯定处于某一幅图传输的中间过程,所以这一帧图像传完后发来的场信号会先触发场中断函数,而此时 DMA 主计数器并没有记满。实际上,也是因为 DMA 刚开始接收数据时并不会恰好是一帧图像的开头,第一幅图本身不完整,应该予以舍弃。

为了使车模在运行过程中能够保持 DMA 模块一边存图,CPU 一边进行相关计算,可以开辟三块储存空间(即三个数组)轮换着进行装载数据及分析数据的相关操作,尽可能地满足图像信息的实时处理。各参赛队伍也应该尝试自行分析各幅图像的时序关系,防止出现程序漏洞,导致程序运行不稳定。

在这种三幅图轮换更新及计算的方式下,可以按照如图 9.16 和图 9.17 所示的方式来设计相关的场中断回调函数和定时中断中的图像处理函数。

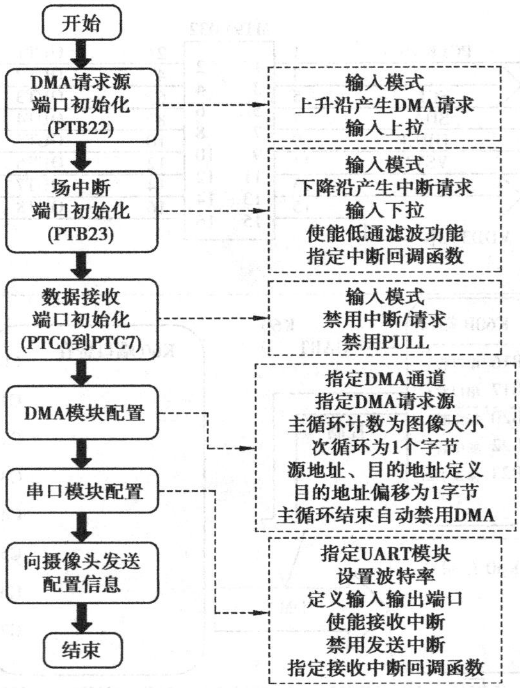


图 9.15　图像采集相关初始化流程

传统摄像头到处理芯片(SOC)的连接接口,需要至少 9 根线的视频口(Clock+ 8bit RGB Data)以及一组 I2C 控制总线。而且受限于时钟速度,传输的视频分辨率也受到限制。而采用了 Camera Serial Interface(CSI)接口的摄像头到 SOC 的连接,可以精简到一组差分时钟和一组差分数据线。如果分辨率提高,还可以灵活地增加差分数据对来支持,由此减少了负载,加快了数据传输。典型的 CSI 接口初始化例程如下。

```
void camera_Init(void)
{
    BOARD_InitCSIPins();        //摄像头 CSI 管脚复用
    BOARD_InitLPI2C1Pins();     //摄像头 I2C1 管脚复用
    BOARD_InitCameraResource(); //CSI and I2C clock config
    CAMERA_RECEIVER_Init(&cameraReceiver, &cameraConfig, NULL, NULL); //初始化 CSI
    CAMERA_DEVICE_Init(&cameraDevice, &cameraConfig); //初始化相机配置
    CAMERA_DEVICE_Start(&cameraDevice); //启动相机
    for (uint32_t i=0; i<APP_CAMERA_FRAME_BUFFER_COUNT; i++) //将空帧缓冲区提交到缓冲区队列
        CAMERA_RECEIVER_SubmitEmptyBuffer(&cameraReceiver, (uint32_t)(CSIFrameBuf[i]));
    CAMERA_RECEIVER_Start(&cameraReceiver); //启动接收相机数据
    delayms(400); //延时 200 毫秒,摄像头不是重新上电,可以不用延时
}
```

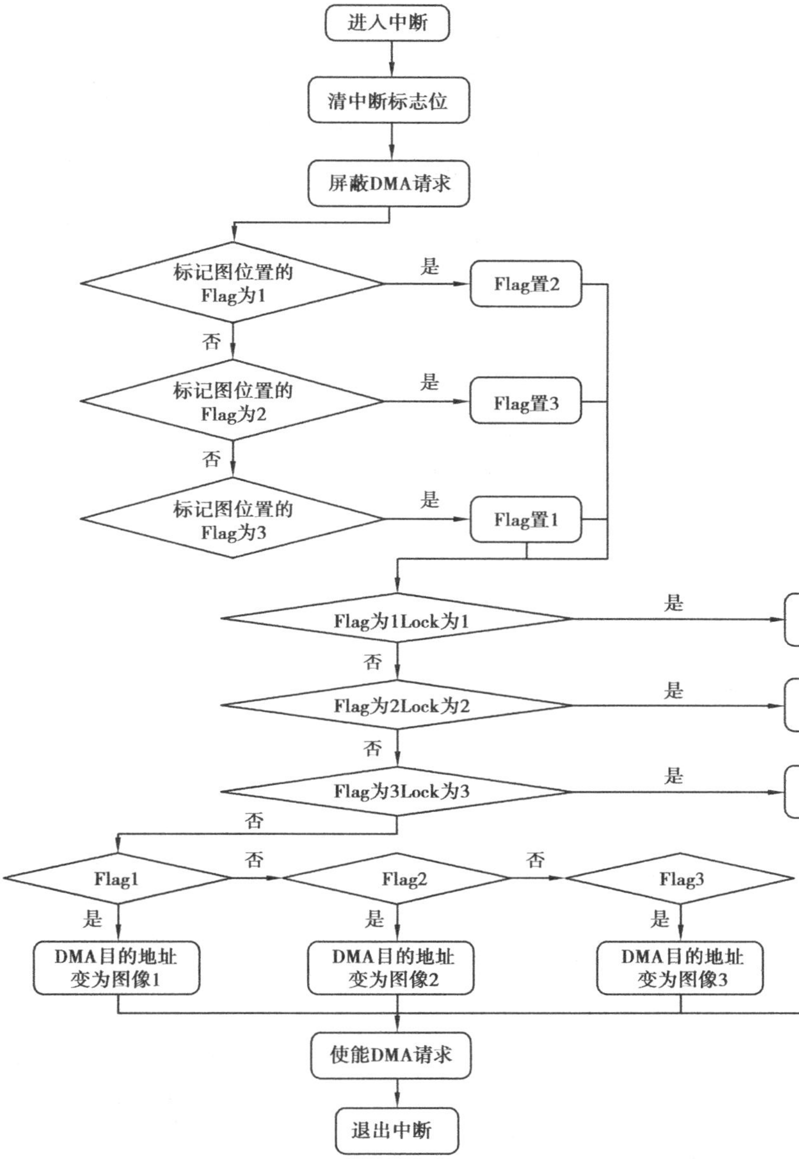

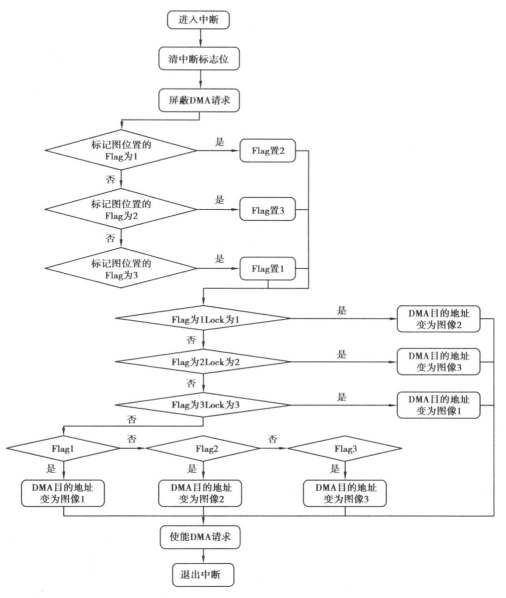

图 9.16　场中断回调函数

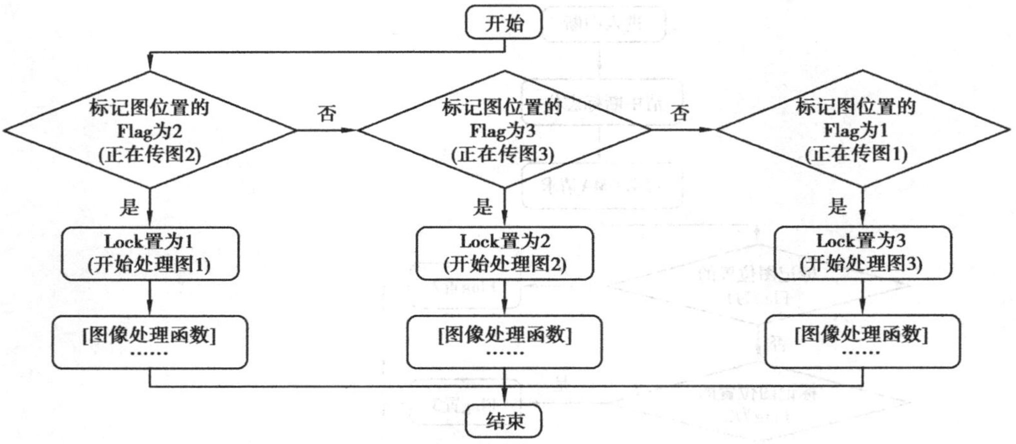


图 9.17 图像处理子程序

### 9.5.2 单机多摄采集方案

了解了基本的图像采集流程之后,就可以试着写出相关的程序完成摄像头采集数据、OLED 上显示图像、向上位机实时发送图像等任务了。当然,上面的简单架构适合处理单个摄像头发回数据,有些组别在后期的参赛调试过程中会用上一些高级的功能,例如,增加一块摄像头分析赛道上的障碍物,及时躲避等。通常来讲,在这种情况下,考虑到图像处理程序对大量数据的计算需要占用很长时间,一些参赛队伍会单独增加一块单片机、把两个单片机搭建成主机-从机模式,通过两个单片机分别连接两个摄像头、分担计算量,再将运算的结果通过一些通信协议互相交换来实现。这种架构下,只需要在两块单片机上分别按照之前介绍的流程来设计图像采集程序就可以了。

图 9.18 "一车三摄"实例

然而,有一些队伍可能对图像的帧率要求没那么高(也就是说留给图像处理程序的时间足够),那么他们可能就会想有没有办法仅用一块单片机来完成对两个摄像头的数据采集任务。又或者,有些队伍尽管已经采用了两块单片机来分别处理两块摄像头的方案,但出于某些需要(比如想让小车有更广阔的视野来完成转向及时并正确的方案)想再给小车增加一块摄像头,即一共三个摄像头,这样一来设计一个单机多摄方案就也显得很有必要。本方案未采用单机多摄,故以如图 9.18 所示的三摄像头小车为例进行讲解。

单机双摄像头的接口如图 9.19 所示。两个像素中断安排在不同的端口组,第一个摄像头的像素中断安排在了 B23 端口,即 B 组端口,第二个摄像头的像素中断安排在了 D0 端口,即 D 组端口。这样分别设置两个 DMA 通道的请求源时,就可以一个设置为 B 组端口,一个设置为 D 组端口,保证两个通道的 DMA 请求源互不干扰。否则,如果都安排在 B 组端口(一般程序执行过程不会频繁对这些端口重新定义),则会发生单片机无法分辨 DMA 请求是来自哪个摄像头的情况。另一个是数据的采集端口,在安排采集端口的时候要按照 8 的整数倍依序来取,例如图中第一个摄像头安排的8个采集端口为C0~C7,第二个应该安排的8个采集端口为C8~C15,换成别的ABCD端口组也一样,编号要为0~7,8~15,16~23或24~31等。这样做是为了给DMA模块提供待传输数据的源地址。

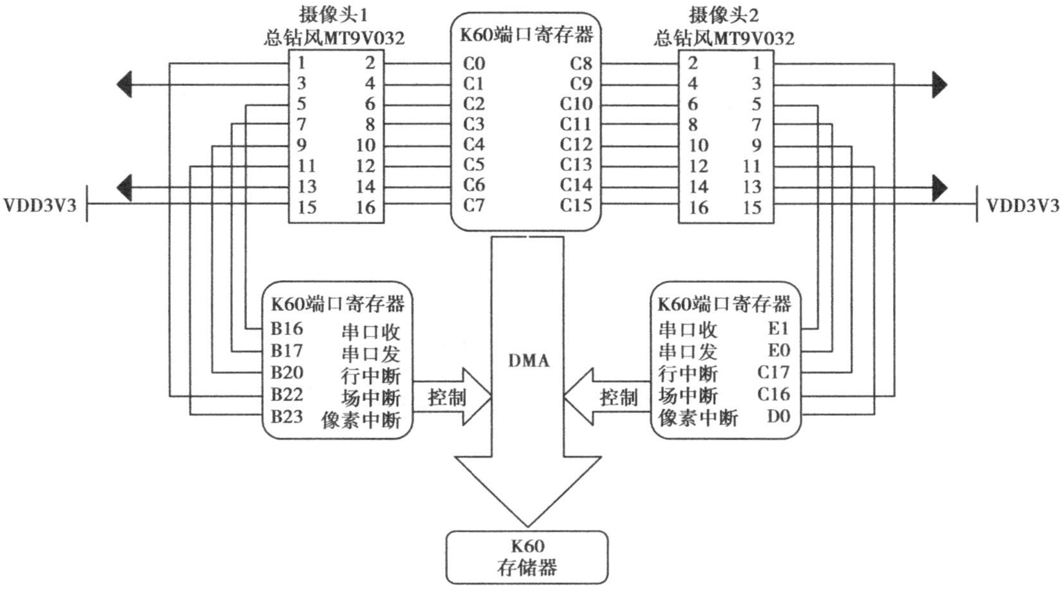


图9.19　双摄像头架构

在设计单机双摄方案时需要特别注意图像采集的时序关系。在分别对两个摄像头进行初始化之后,还需要精心修改场中断回调函数,根据两摄像头获取信号的时序关系合理安排两幅图采集顺序。

在这里,一种解决方案是为两个摄像头分别创建一个用来判断是否应当采集的标志位。进入一个摄像头的场中断回调函数后先将该标志位加1,然后判断如果该标志位为1(表示此时已经等待摄像头发送完上一帧不完整的图像),则打开该通道的DMA采集,准备接收下一帧图像;如果该标志位不为1(表示来自这个摄像头的图像已经完整地采集完一帧),则关闭该通道DMA采集和另一个通道的DMA采集,并完成DMA目的地址的变更(因为给了每个摄像头3幅图的地址空间储存图像,以实现边采集边计算)。然后关闭该通道的场中断响应,开启另一个通道的中断响应,最后将这两个通道用来判断是否应该进行采集的标志位都置0,退出中断函数。另一个摄像头的场中断函数一样操作。

由于两个摄像头传每一帧图片并不是时序上同步的,以上过程就是为了保证在此情况下,每一帧图片完整。如图9.20所示为两个摄像头数据采集时序。

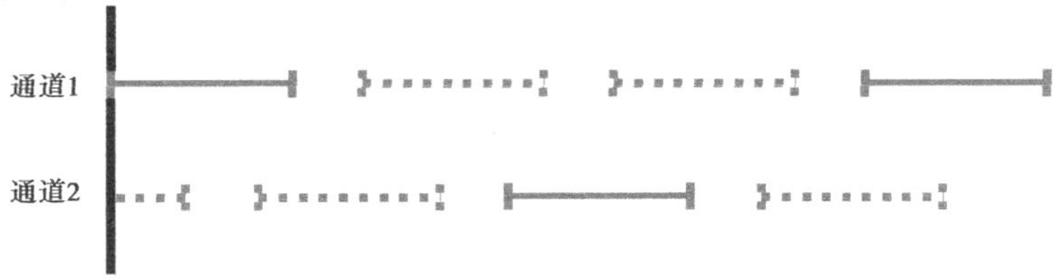


图9.20　两个摄像头数据采集时序

图9.20中,完整的线段表示此时该通道正在传输数据,而虚线线段表示该摄像头在该时段正在发送一帧图像但并没有通过DMA采集进入单电机。线段之间的间隔表示2帧图像传输之间的时间间隔。同时通道1和通道2的数据开始时刻不是对齐的,表示两个摄像头传输并不严格同步,这是符合实际情况的。

经过如上分析,可以看出,为了保证DMA模块能够正确地传输完整的一幅图像,这个采集方法使得摄像头的帧率变为原帧率的1/3,而不是1/2。也就是说,如果原本每个摄像头每秒钟能传150帧图像,采用如上介绍的单机双摄的方案后,单片机每秒钟只能从每个摄像头接收到50帧图像。尽管帧率变为了1/3,每秒50帧的采集速度通常来讲也是足够的。如图9.21所示为具体流程。

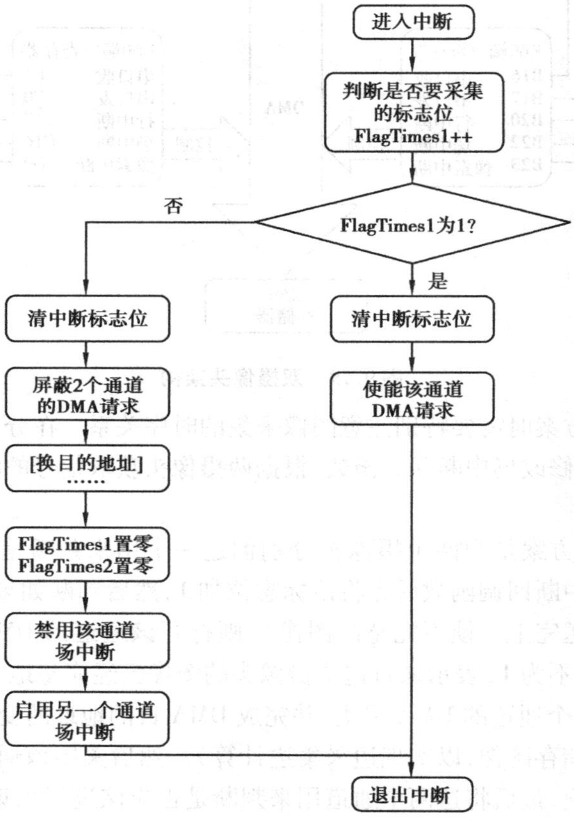


(a)双摄采集方案场中断回调函数流程

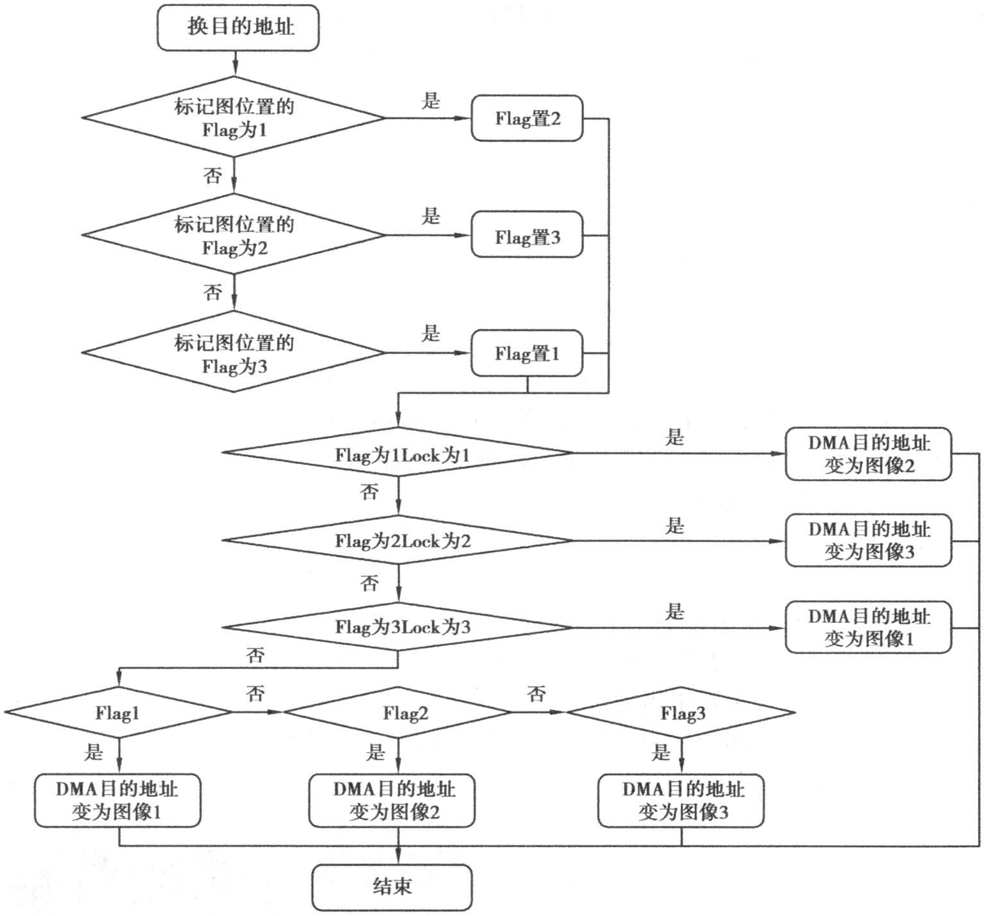


(b)(a)中省略的[换目的地址]

图9.21　双摄像头实现流程

### 9.5.3　图像处理

前两个小节分别介绍了如何利用一个单片机采集来自一个摄像头的图像和采集来自两个摄像机的图像。掌握了这些知识并应用之后就能够获取到想要的原始数据,那么如何从这些原始数据矩阵中分析、提炼出真正关心的数据?下面就简单介绍一下图像处理算法。

首先介绍彩色信标图像的处理方法。

本系统采用的RGB色彩模式是工业界的一种颜色标准,通过对红(R)、绿(G)、蓝(B)三个颜色通道的变化以及它们相互之间的叠加来得到各式各样的颜色,RGB即是代表红、绿、蓝三个通道的颜色,这个标准几乎包括了人类视力所能感知的所有颜色,是目前运用最广的颜色系统之一。

在进行摄像头初始化时,选择RGB565编码格式,即每个像素用16位表示,RGB分量分别使用5位、6位、5位,通过位与及位移操作,即可分别提取R、G、B三个通道的色彩值。在本方案中,使用RT1052处理RGB图像,算力本身非常强大,不需要进行预处理,即先将三个通道的数组值提取出来,只需在使用到某通道色彩值的时候提取即可。

一般来说,使用 MATLAB 进行图像处理更为方便,所以先在 MATLAB 上设计、验证算法,再移植到程序当中。

下面以提取红色信标图像为例,介绍算法在 MATLAB 中的具体实现过程。

通过位与和位移操作提取 RGB 三个通道的值,由于编码格式为 RGB565,对于 R 通道,需要将高 5 位取出,并右移 8 位,以保证 256 阶亮度;同理,对于 G 通道,将 5 至 10 位取出,并右移 3 位,对于 B 通道,将低 5 位取出,并左移 3 位,代码如下。

```
imgR(i, j) = bitshift(bitand(final_data(i, j),63488),-8);   //Red component
imgG(i, j) = bitshift(bitand(final_data(i, j),2016),-3);    //Green component
imgB(i, j) = bitshift(bitand(final_data(i, j),31),-3);      //Blue component
```

将三个通道的值组合后可复原彩色图像,利用 impixelinfo 函数可方便地查看目标像素点的 RGB 通道值,分析特征,并作为目标提取依据,代码如下。

```
im888 = uint8(cat (3, imgR, imgG, imgB));  //组合 RGB 数据
imshow(im888)                              //显示图像
impixelinfo                                //各显示绘制图像的像素信息
```

分析发现当三个通道关系满足 R≥248&&B≥80&&R>B 时,可以提取出红色信标信息,此时,可以通过分析环境内的其他背景信息,对该关系作进一步限制,以减少环境的干扰,使目标提取更为准确。例如,当视野中出现了 R-G≥70&&R>B 的像素点时,才判定该行为图像提取开始行,认为该行之前的图像均为仅包含无效信息的背景。这种做法可以最大程度地契合环境,达到较好的提取效果,但对环境的时不变性要求较高。典型的处理结果如图 9.22 和图 9.23 所示。

图 9.22　原始采集图像

图 9.23　目标提取图像

对于灰度信标图像,只需要根据环境光线给定合适的阈值即可,算法简单、成熟,故不再详细介绍。

下面讨论视野剪裁,以降低算法的时间复杂度。一般来说,摄像头视野之内并不都是我们关注的区域。图 9.24 展示了一个未添加滤光片的小车放置在 5 m×8 m 场地一角所拍摄的灰度图片,可以看到,远处的亮点是场地的另外一个角落,这个角落以上的图像以及场地周围围栏之上的图像都是我们并不关注的区域,那么我们就会考虑把这部分的图像裁掉。实际上这样做有两个好处,一是节省了部分的计算量,毕竟不在感兴趣区域(ROI,Region of Interest)之

内;二是也能避免一些场地外围复杂环境的干扰(如图9.24所示环境中的灯光、从窗户漏进来的阳光,这些主动光源使得摄像头即使加了红外滤光片也无法将它们滤掉)。那么在170°广角摄像头的严重畸变下,有没有办法圈出感兴趣区域呢?

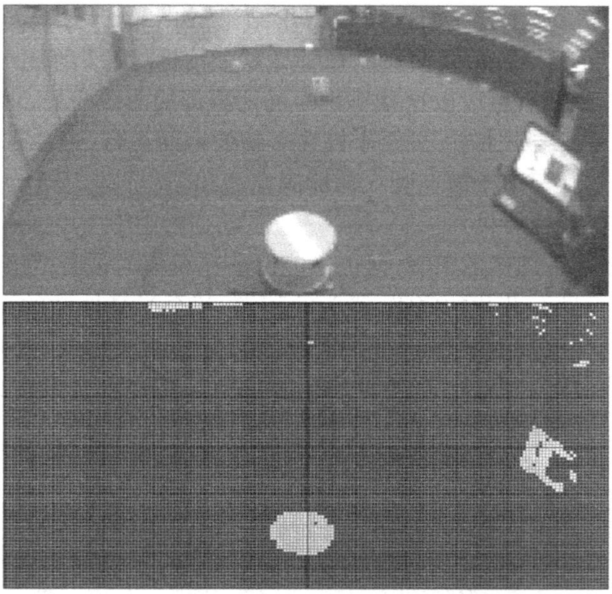

**图9.24　小车主摄像头于场地边缘实拍**

以灰度图像为例,如图9.25所示的是车模距信标灯一定距离后缓慢旋转车模得到的关于信标灯在图像中位置(位置已经化为一个点的坐标,稍后会讲到算法)连接成的曲线。每条曲线代表车模距信标灯的距离,从最下面往上分别为0.4,0.6,0.8,1.0,1.2,1.4,1.6,1.8和9.5 m。

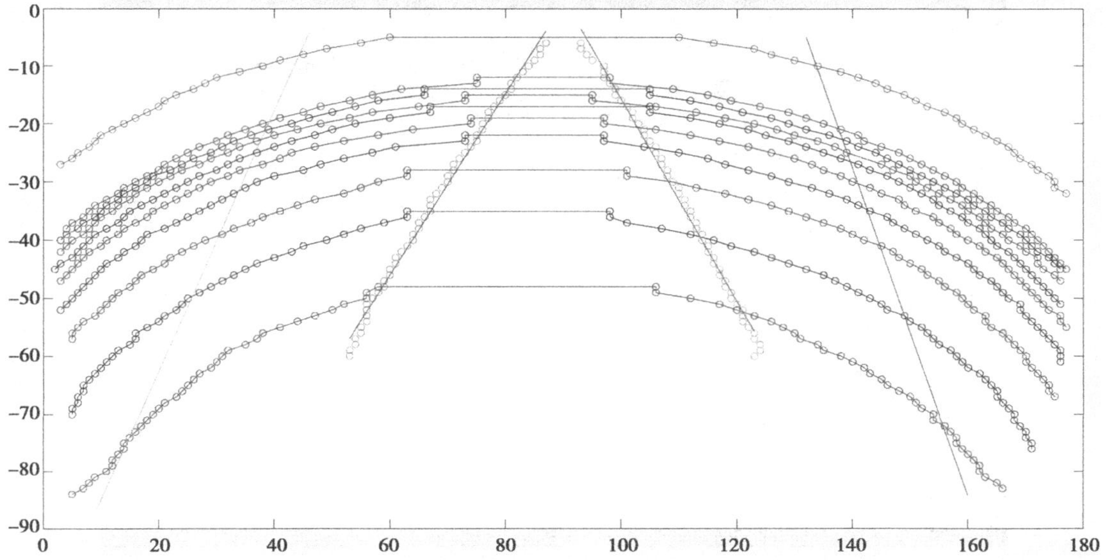


**图9.25　不同距离旋转时信标灯在图像中的位置变化**

通过图 9.25 能很明显地看到当小车距离信标灯位置不变,而面对信标灯的角度不断变化时,信标灯在图像上的坐标变化近似于一个二次曲线。随着车模远离信标灯,这些二次曲线的顶点纵坐标在向上移动,而且移动过程中这些曲线并不会相交。其实,只要分析一下成像关系,这些都很好理解。经过实验的验证,可以得出结论:如果信标灯距离车模的距离小于 9.5 m(这个值已经大于比赛场地对角线的长度),那么这个信标灯在小车的视野中,一定会出现在最上面的那条线之下。所以,可以以这条 9.5 m 远处测得的曲线为界,划定曲线之下的图像为需要的 ROI。从后期测试结果来看,只要车模在平整的地面运行,这种在程序里用参数限制视野的方法非常稳定高效。至于车模在驶入信标固定盘和驶出信标固定盘、地面不平整时,只要略微修改参数也能获得极佳效果。

除此之外,尽管限定了图像的 ROI,但也不能保证在车模的视野范围之内就不会出现一些杂光、干扰点(有可能是感光芯片的底噪、镜头的眩光,甚至光亮地面的反射红外光)。在数字图像处理中,滤噪声是一项基本操作,一些常用的滤波手段也十分成熟,如空域高斯滤波、空域中值滤波、频域低通滤波等。不过,考虑到 K60 芯片的运算速度和经过红外滤光片后二值化图像的较高质量,可以采取一些简化的滤波手段,加快图像处理速度。

图 9.26 展示了一个稳定的信标灯信号,可以看出稳定的信号中每一行亮的像素点连起来

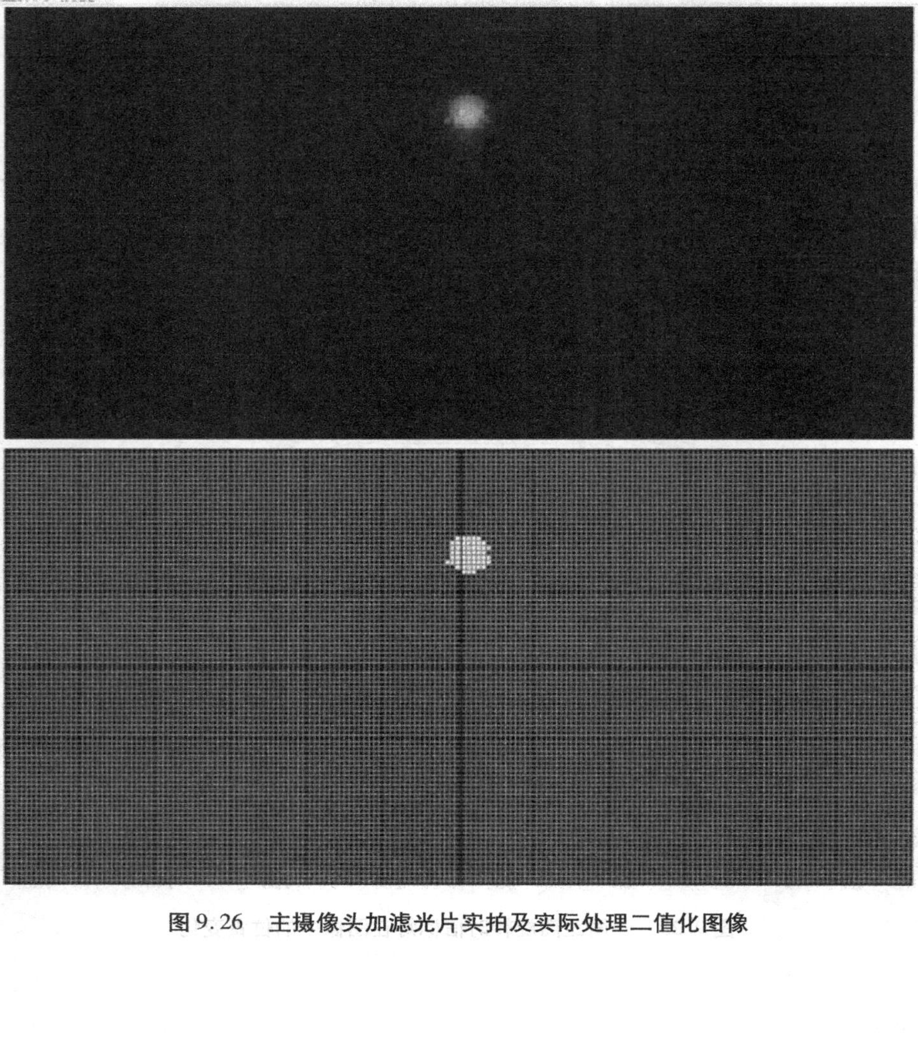

图 9.26　主摄像头加滤光片实拍及实际处理二值化图像

是一条连续的线段。所以,可以这样写滤波算法:在ROI中依序扫描每一行,如果检测到一条长度大于3个像素点的线段,则把它存下来;否则,置之不理。经此处理后,任何在水平方向上长度小于等于3的离散点都会被过滤掉。考虑到噪声信号的随机性,从概率的角度来讲,基本上不会有噪声恰好连成一条线段。即使是地面反射的信标灯红外信号,由于它的强度不均匀,通常二值化后要么消失要么变成不连续的离散点,也可以被这种滤波方法滤除掉。在实际使用中,这种自创的方法一向奏效。

下一步要做的就是从一幅质量合格的图像中确定出信标中心点的坐标。在上述的滤波方法下,就已经顺便把问题转化为检测一条合格线段的头部和检测一条合格线段的尾部。这样,只需将ROI之中所有的像素点读取一遍,在计算时只拿出少量的有用信息,就大大减少了CPU计算量和反复大量读取内存占用的时间。获得这些线段的同时,可以记录下这些线段的最小行和最大行,两者的中间就可以当作信标灯的$Y$坐标;再在$Y$坐标这一行,找这一行线段的像素点的最左列和最右列,两者的中间列就可以当作信标灯的$X$坐标。至此,最基本的数字图像处理功能就已经被实现了。另外,在检测线段时,可以为其分配一个K60寄存器,记录前几个像素点状态,以加快整个程序运行速度。在180 MHz主频下,整个图像处理程序花费3 ms。总结一下数字图像处理部分需要做的事:①圈定ROI;②图像二值化(静态二值化只是一个比较数值的过程,在此省去未讲,动态二值化也可由读者自行思考);③图像滤噪;④计算信标信号坐标。

下面介绍本方案中避障摄像头的图像处理方法,涉及前文讲到的视野剪裁,并提出了自适应阈值算法。本方案的避障摄像头与寻标摄像头位于同一垂直平面上,以尽可能地保证有足够的前瞻,但这样一来,避障摄像头成像中线不再与车身中线重合,处理得到的障碍信息也发生了相应的位移,当然,这个位移与两中线距离并不是线性的关系。因此,考虑直接进行视野剪裁并预畸。首先,采集如图9.27所示的赛道信息,经过边缘提取后(图9.28),可获取左右边界和中线对应的图像$x$值,这样,不仅知道了障碍搜索的范围,又知道了障碍是偏左还是偏右。最后,可以将相关信息事先储存在程序中,单片机可以方便地通过查表的方式进行图像处理。

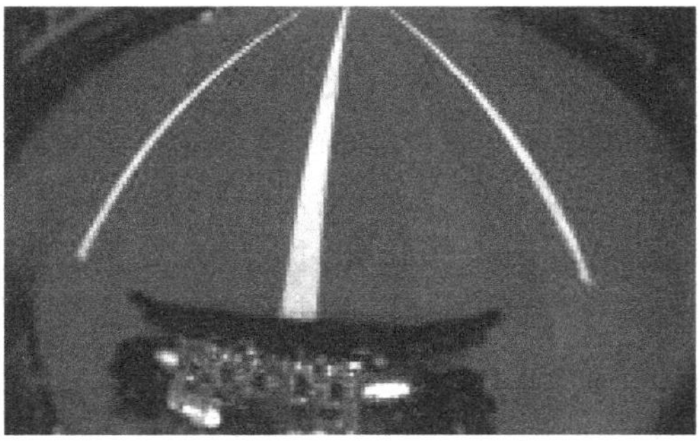

**图9.27 原始赛道信息图**

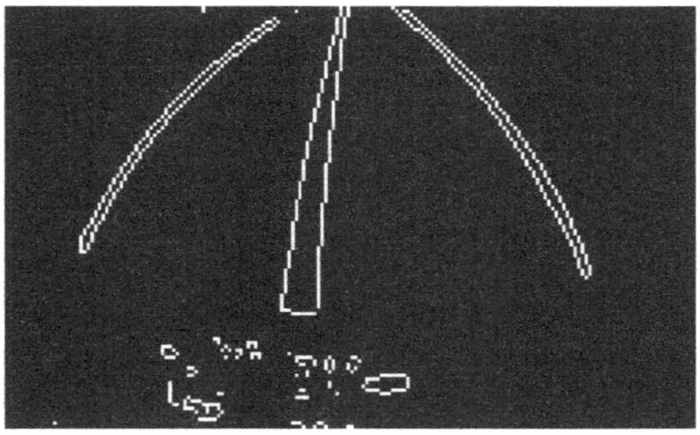

**图9.28 边缘提取信息**

若图像行数为ROW,则可定义一个j_BeginAndEndOfOb_Cam[ROW][2]的二维数组:

```
const int16 j_BeginAndEndOfOb_Cam[ROW][2]=
{
{72,95},{71,96},{69,97},{68,98},{67,99},{66,100},{64,101},{63,102},{62,103},{61,104},
{59,106},{58,107},{57,108},{56,109},{54,110},{53,111},{52,112},{51,113},{50,114},{49,115},
{48,116},{46,116},{45,117},{44,118},{43,119},{43,120},{42,121},{41,122},{40,122},{39,123},
{38,124},{37,125},{36,125},{35,126},{35,127},{34,128},{33,128},{32,129},{32,130},{31,131},
{30,131},{29,132},{29,133},{28,133},{27,134},{27,135},{26,135},{25,136},{25,137},{24,137},
{24,138},{23,138},{22,139},{22,139},{21,140},{21,141},{20,141},{20,142},{19,142},{19,143},
{18,143},{18,144},{17,144},{17,145},{16,145},{16,146},{15,146},{15,146},{15,147},{14,147},
{14,148},{13,148},{13,148},{12,149},{12,149},{11,149},{11,150},{10,150},{10,151},{9,151},
{9,152},{8,152},{8,153},{7,153},{7,154},{6,154},{6,155},{5,155},{5,156},{4,156},
{4,157},{0,-1},{0,-1},{0,-1},{0,-1},{0,-1},{0,-1},{0,-1},{0,-1},{0,-1},
{0,-1},{0,-1},{0,-1},{0,-1},{0,-1},{0,-1},{0,-1},{0,-1},{0,-1},{0,-1},
{0,-1},{0,-1},{0,-1},{0,-1},{0,-1},{0,-1},{0,-1},{0,-1},{0,-1},{0,-1}
};

```

其中 j_BeginAndEndOfOb_Cam[i][0]代表第 $i$ 行的搜索起始边界,j_BeginAndEndOfOb_Cam[i][1]代表第 $i$ 行的搜索结束边界。值得注意的是,当不需要对某些行进行扫描搜索时,可以将其设置为{0,-1},可以提高 for 循环的执行效率。

对于中线,定义一维数组 j_MidOfOb_Cam[ROW]进行存储:

```
const int16 j_MidOfOb_Cam[ROW]=
{
    84,84,83,83,83,83,82,82,82,82,
    82,81,81,81,81,81,81,81,80,80,
    80,80,79,79,79,79,79,78,78,78,
    78,78,78,78,78,77,77,77,77,77,
    76,76,76,76,76,75,75,75,75,75,
    75,75,75,75,75,75,75,75,74,74,
    74,74,74,74,74,73,73,73,73,73,
    73,73,73,73,73,73,73,73,73,73,
    73,73,73,72,72,72,72,72,72,72,
    72,-1,-1,-1,-1,-1,-1,-1,-1,-1,
    -1,-1,-1,-1,-1,-1,-1,-1,-1,-1,
    -1,-1,-1,-1,-1,-1,-1,-1,-1,-1
};
```

j_MidOfOb_Cam[i]表示第 $i$ 行的中线值。同样,当不需要对某些行进行扫描搜索时,其中线值可设置为-1。

此外,由于图像的畸变,采集的左右边界和中线可能行数会不统一,需要人为地删除一些数据。例如,当中线行数较多时,采用隔几行删除一行中线数据的方式,既可以实现行数统一,又方便保留中线信息,而不影响小车对障碍位置的判断。

对于灰度信标图像,要想准确无误地将信标图像提取出来,需要给定一个合适的阈值,将灰度图像进行二值化。当小车处于光线较为均匀的环境中时,可以通过人机交互单元人为地调出一个较合适地阈值。但是,从比赛的发展趋势来看,会更多地考验小车在复杂光线环境下的性能。障碍图像的处理不同于信标图像。因为障碍本身并不发光,而是对外界光线进行反射,所以,在光线不均匀的情况下,使用单一、固定的阈值很难将障碍信息提取出来。本方案提出了一种简单、高效的自适应阈值算法,下面介绍其具体实现原理。第一步,在几种典型的光照情况(如很暗、较暗、适中、较亮、很亮)下,分别测定图像的平均灰度值 $x$ 与对应的阈值 $T$,得到分段函数 $T(x)$;第二步,将数字图像按照一定的规律(如六等分)进行分割,计算每个区域的平均灰度值;第三步,根据 $T(x)$ 求出每个区域的阈值。这样一来,在每一帧图像的不同区域均有不同的阈值,并且由于 $T(x)$ 是时变的,该算法在处理复杂光线环境时,具备良好的空间与时间适应性。

### 9.5.4　非连续信号处理(回归预测算法)

从第十三届的竞赛开始,将原来的连续信标灯信号变为了 10 Hz 闪烁的不连续信标灯信号。这对于不加修改,原本运行在摄像头 200 帧/s 下的小车来说,图像时隐时现。解决方案是用低帧率的摄像头来捕捉信号,不过,这样一来信标灯的图像会拖影,而且使车模的反应变慢,有些得不偿失;还有一些解决方案是调整车模的控制环节,在无灯的时候保持灭灯前的坐标不变,让车模反应速度和信标灯亮暗速度匹配,使得车模能够平稳运行,经实测,此方法也不稳定。

这里介绍的一种解决方案是维持摄像头 200 帧/s 的采集速度,保证精准的输入信号,然后在 50 ms 无信号时间段让车模预测此时信标灯的位置(根据之前看到的信标灯坐标及其变化规律判断)。这就好比人类司机在驾驶过程中打了个喷嚏或者眨了下眼,但是司机并不会因此而忘记之前的路况而猛地转弯或者刹车,而是会快速在脑海中想象出眨眼时的状况。

关于这种算法,一是要记录下之前有变化情况的像素点的个数,然后拟合出函数(实际测试中使用了一次函数就足够);二是要注意有特殊的变化时(例如信标灯切换;灯离车模很远,坐标的跳动主要由车身抖动而非车位置变化引起),关闭这种预测,否则会导致小车运行不稳定。

图 9.29 展示了依照这种思路调好的车模在运行过程中,预测的和实际的坐标变化结合起来的情况。图中下方锯齿波中每一个锯齿代表一个有图阶段或者一个无图阶段,两者交替出现,第一个出现的锯齿代表着有图阶段,后面以此类推。浅色线条表示车模依据此预测算法预测出的 $Y$ 坐标值,与它大段重合的线条为车模实际看到的 $Y$ 坐标值(已设置为无图的时候保持不变)。可以明显看出,在预测算法的帮助下,小车运行过程中依据的 $Y$ 坐标在平缓而连续地变化,而不像小车实际看到的 $Y$ 坐标一样存在很大的突变(这种突变点会引起控制失稳,且如果程序中含有依据坐标的判断条件,会导致小车丢失很多应进入的执行环节)。

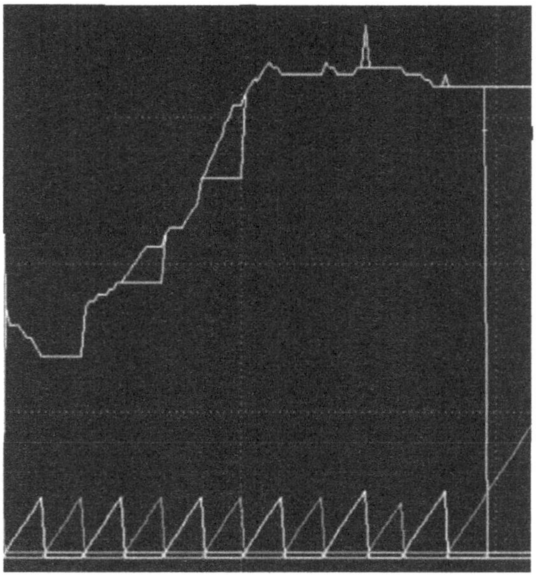

图 9.29　预测算法补上的 $Y$ 坐标变化及原 $Y$ 坐标变化

值得注意的是，对于信标灯闪烁的可见光图像，有很大可能会有部分帧处于信标灯由暗转亮的状态，这种情况很难将信标信息提取出来（经实验发现，对于红外光，此种情况会得到改善），自然也会给图像预测造成一定的困难（因为不再呈周期性变化），故建议闪烁的彩色目标识别不采用此种方法进行处理，使用常规的滤波方式处理即可。当然，这会牺牲一定的实时性，折中的程度需要开发者根据实际情况自行调整。

除了在数据上看起来效果良好外（这也是最直观，最好排除其他因素影响的方法），车模实际运行效果也基本等同于在追寻连续信号灯。可以说，应用这种预测法是作者目前探索到的最好的处理非连续信号的方法。

根据摄像头安装的位置、摄像头焦距以及车模在连续信号的信标灯下检测到的 $X$、$Y$ 坐标变化情况不同，每个参赛队伍写的算法不尽相同，同一个算法在不同车模上的效果也可能不完全相同。因此，各参赛队伍可依据上文描述的思路自行编写实现代码。

## 9.6 车模的控制策略

### 9.6.1 车模运行基本原理

H 型车模是今年新推出的车模，使用的是麦克纳姆轮，其车模和轮胎细节图如图 9.30 所示。

图 9.30 车模细节

麦克纳姆轮车模是一种全向移动的车模。全向移动方式是基于一个中心轮有许多位于机轮周边的轮轴的原理，这些成角度的周边轮轴把一部分的机轮转向力转化到一个机轮法向力上面。依靠各自机轮的方向和速度，这些力最终合成在任何要求的方向上产生一个合力矢量，从而保证了车模在合力矢量的方向上能自由移动，而不改变车模自身的方向。在它的轮缘上斜向分布着许多小滚子，故轮子可以横向滑移。小滚子的母线很特殊，当轮子绕着固定的轮心轴转动时，各个小滚子的包络线为圆柱面，所以该轮能够连续向前滚动。麦克纳姆轮结构紧凑，运动灵活，是一种性能较好的全方位轮。用 4 个这种新型轮子进行组合，可以更灵活方便地实现全方位移动功能。

针对麦克纳姆轮的特点，由于全向控制的复杂性，对车模运动进行简化，可以将车模的控制分为旋转运动、平移运动和直行运动，将这三种运动进行叠加，便可以得到全向运动方式。由于转向是通过车模本身的旋转，不再区分车头车尾，这意味着如果下一个灯在车模背后也不用车模转向寻灯。

**(1) 运动的拆解**

车模的运动可以拆解为三个简单运动：

$V_{tx}$ 表示 $X$ 轴运动的速度，即左右方向，定义向右为正；

$V_{ty}$ 表示 $Y$ 轴运动的速度，即前后方向，定义向前为正；

$\omega$ 表示垂直轴的自转的角速度，定义逆时针为正。

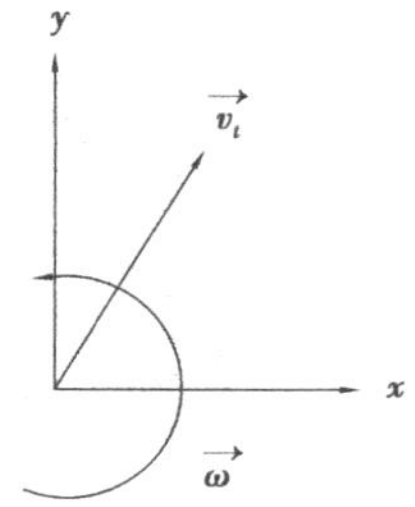


图 9.31　速度分解图

如图 9.31 所示的三个量一般都视为四个轮子的几何中心（矩形的对角线交点）的速度，车模的这三种运动轮胎的转动方向如图 9.32—图 9.34 所示。麦克纳姆轮本质是将 45° 角上的速度分解到水平和垂直方向上，然后再将这些速度进行矢量相加。

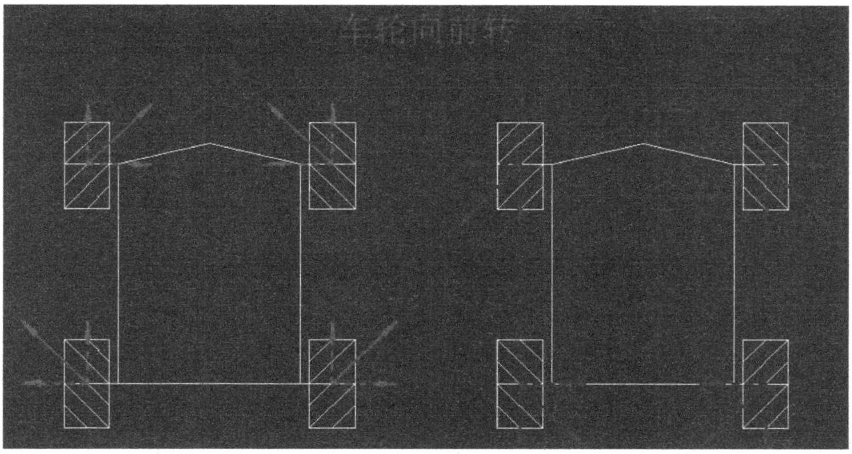


图 9.32　向前运动

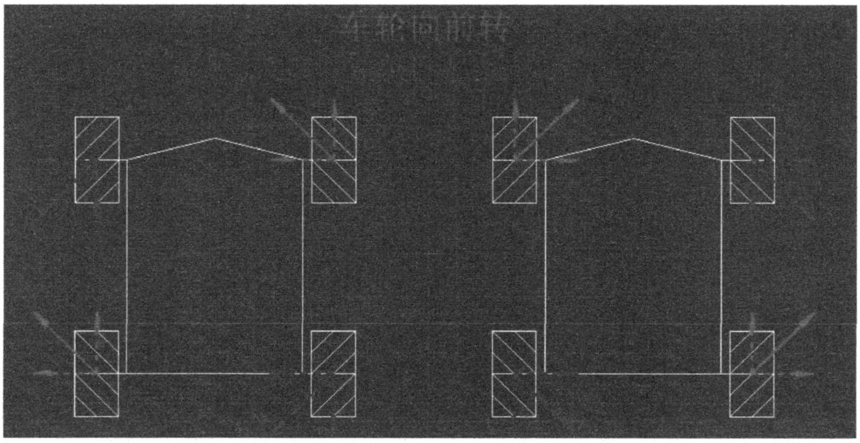


图 9.33　平移运动

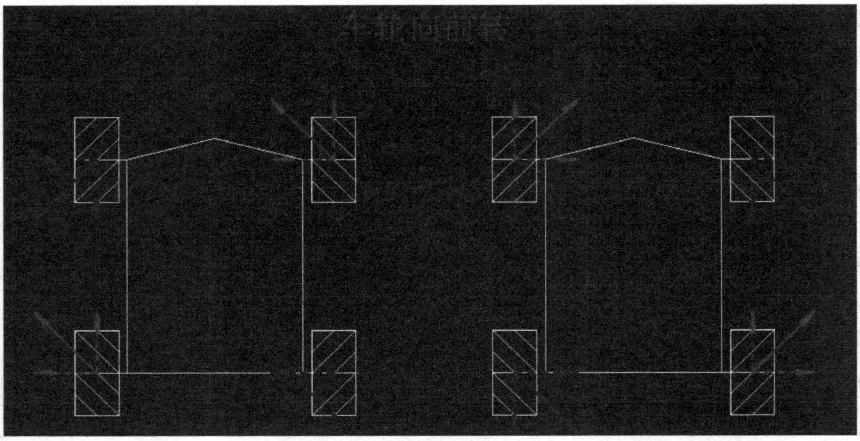

图 9.34 旋转运动

**(2)速度的合成**

车模行驶过程中,根据运动状态计算出所需要的理想速度,由于速度的矢量性,将三个速度进行叠加,就能得到需要的运行效果。当车模的直行与平移相叠加,就能斜向运动,其斜向运动角度取决于水平和垂直速度的比值,在这个运动中加入角速度,就能达到转向的目的。值得注意的是,旋转与平移叠加合成轨迹为一个圆弧,当直行速度很大时,转向能力很弱,很可能会出现绕灯转和撞灯的情况。因此需要有一个良好的 PID 控制系统和控制方案来达到转得又快又准的目的。

### 9.6.2 速度的闭环

车模想要达到一个稳定的期望速度,需要使用 PID 对车模速度进行闭环控制,简单的 PID 控制达不到控制效果,因此引入了电流环与速度环的串级 PID 控制,这种控制相比传统 PID 控制方式更快更稳定,相对于模糊 PID 来讲,结构更加简单且易于调节。电流速度环串级 PID 流程框图如图 9.35 所示,其中 $V$ 代表速度,$A$ 代表电机电流,$E$ 代表误差,$P$ 代表比例系数,$I$ 代表积分系数,$PWM$ 代表最后输出的占空比大小,内环为电流环,外环为速度环。

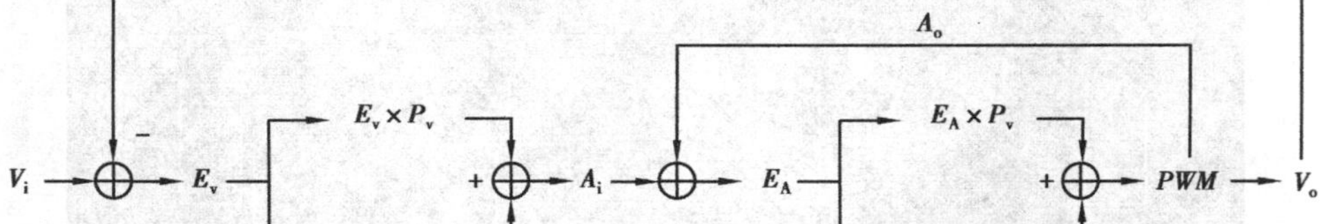

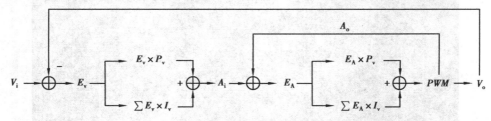

图 9.35 电流速度串级 PID

**(1)电机开环驱动**

利用电机驱动模块可以用一个简单的程序让电机转起来,利用 K60 芯片的 FTM 功能模块生成一个可控占空比的 PWM 信号,通过驱动电流放大后,来控制电机,电机的转速通过 PWM 信号的占空比来控制,一般 PWM 信号的频率设置在 10 kHz ~ 16 kHz 比较合适,单个轮子开环控制具体代码实现如下:

```
 static FTM_InitTypeDef FTM_Init;
  FTM_Init. FTM_Ftmx = FTM0;
  FTM_Init. FTM_Mode = FTM_MODE_PWM;
  FTM_Init. FTM_PwmFreq = 10000;
  FTM_Init. FTM_PwmDeadtimeVal = 8;  //电机频率20K,周期50μs,取5%的死区
  FTM_Init. FTM_PwmDeadtimeCfg = DEADTIME_CH45;
  FTM_Init. FTM_PwmDeadtimeDiv = DEADTIME_DIV16;  //总线50M/16 = 3M,周期0.3μs
  LPLD_FTM_Init(FTM_Init); 使能PWM

  LPLD_FTM_PWM_Enable(FTM0,FTM_Ch4,0,PTD4,ALIGN_LEFT);  // 左电机正转
  LPLD_FTM_PWM_Enable(FTM0,FTM_Ch5,0,PTD5,ALIGN_RIGHT);  // 右电机正转
  LPLD_FTM_PWM_ChangeDuty(FTM0,FTM_Ch4,0);  //未启动,输出0
  LPLD_FTM_PWM_ChangeDuty(FTM0,FTM_Ch5,0);
viod MotorRightForward(uint16 x)  //右电机正转
{
    LPLD_FTM_PWM_ChangeDuty(FTM0,FTM_Ch5,(0));
    LPLD_FTM_PWM_ChangeDuty(FTM0,FTM_Ch4, x );
}
viod MotorRightForward(uint16 x)  //右电机反转
{
    LPLD_FTM_PWM_ChangeDuty(FTM0,FTM_Ch4,(0));
    LPLD_FTM_PWM_ChangeDuty(FTM0,FTM_Ch5, x );
}
```

程序中,将FTM模块初始化后,通LPLD_FTM_PWM_ChangeDuty()函数来控制PWM的相位和占空比。利用电机驱动模块就可以在主函数中调用这个函数,使电机转起来,占空比越大,输出功率越大,电机转速也就越高。

由于一块K60的FTM通道不够用,只能输出两路可控占空比的PWM信号,只能控制两个轮子的转动。单片机,H型车模有四个电机,是四轮驱动,因此还需要一块单片机来控制另外两个电机,控制方法一样。

为方便控制四个电机,使用了两块单片机,一块命名为主机,另一块命名为从机,因速度解算是在一块单片机里面完成,主机和从机之间需要相互通信。在这里使用串口通信,除了交换设定速度,反馈速度外,还会交换一些必要的控制信息,如图像上灯的位置信息等,这个后面会提到。串口通信的例子很多,这里就不再细讲,有需要的读者可以自主学习。串口通信的配置程序如下,其主要由配置函数、中断回调函数和接受函数组成。

```
/ * UART的配置 * /
void UART_Init(void)
{
  / * * * * * * * * * MCU1TOMCU2 * * * * * * * * * /
  static UART_InitTypeDef  UART1_MCU1ToMCU2_InitStructure;
```

```
    UART1_MCU1ToMCU2_InitStructure. UART _Uartx =MCU1TOMCU2_UART;
    UART1 _ MCU1ToMCU2 _ InitStructure. UART _ BaudRate = MCU1TOMCU2 _ UART _
BAUDRATE;
    UART1_MCU1ToMCU2_InitStructure. UART_Rxpin=MCU1TOMCU2_UART_Rxpinx;
    UART1_MCU1ToMCU2_InitStructure. UART_Txpin=MCU1TOMCU2_UART_Txpinx;
    UART1_MCU1ToMCU2_InitStructure. UART_RxIntEnable=TRUE; //使能接收中断
    UART1_MCU1ToMCU2_InitStructure. UART_TxIntEnable=FALSE; //关闭发送中断
    UART1_MCU1ToMCU2_InitStructure. UART_RxIsr=UART1_MCU1ToMCU2_isr;
    LPLD_UART_Init(UART1_MCU1ToMCU2_Initstructure); //重新初始化 UAR
    LPLD_UART_EnableIrq(UART1_MCU1ToMCU2_Initstructure); //中断使能
}
/*中断回调函数*/
void UART1_MCU1ToMCU2_isr (void)
{
    uint8 Data
    //进入接收中断函数
    if((MCU1ToMCU2_URAT->S1 & URAT_S1_RDRF_MASK) && (MCU1ToMCU2_URAT->
C2 & URAT_C2_RIE_MASK ))
    {
      Data =LPLD_UATR_GetChar(MCU1ToMCU2_URAT);
      Receive_and_Save(Data);
    }
}

/*接收函数*/
static uint8 RxBuffer[9];
void Receive_and_Save(uint8 data)
{
    /*接收缓存*/
    static uint8 RxBuffer[9];
    /*数据长度*/  /*数据数组下标*/
    static uint8 _data_cnt=0;
    /*接收状态*/
    static uint8 state=0;
    /*帧头1*/
    If(state==0&data==title1_received)
    {
        State=1;
    }
```

```
/ * 帧头 2 * /
else if( state = =1&data = =title2_received)
{
    state=2;
    _data_cnt=0;
}
/ * 接收数据组 * /
else if( state = =2)
{
    RxBuffer[ ++_data_cnt] =data;
    If( _data_cnt>=9)
    {
        State=0;
        Analyze_After_Rev( RxBuffer, _data_cnt);
    }
}
/ * 若有错误,则重新等待帧 * /
else
    state =0;
}
```

**(2)速度环与电流环**

当两块单片机建立起通信之后,就开始进行闭环控制,这里使用的是电串级 PID 控制。通过电流、速度环进行串联来实现串级 PID 控制。速度的测量使用的是增量式的光电编码器,通过控制单片机的计数器测量固定时间间隔内速度脉冲信号的个数,即可测量电机的转速,使用单片机正交解码的功能来实现对速度的采集,其基本原理如图 9.36 所示。

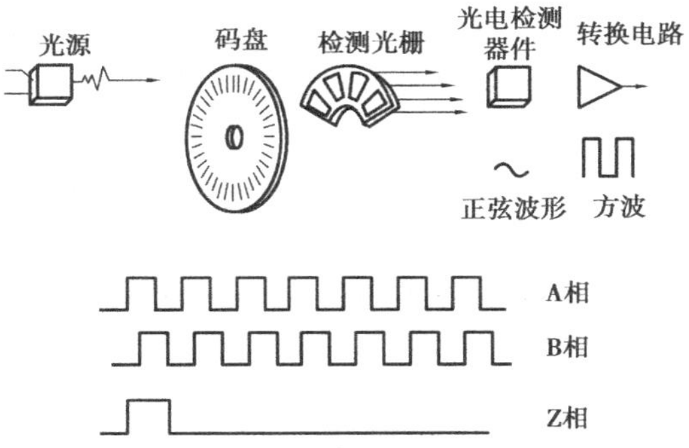


图 9.36 增量式光电编码器

速度环计算的基本流程:

①测出轮子实际的转速,然后与期望速度作差,得到误差项 $E$。

②将误差项与比例放大系数 $P$ 相乘,得到比例调节输出。

③将误差进行积分后与积分项 $I$ 相乘,再进行限幅(防止输出过大损坏电机),得到积分项

和积分输出。

④最后对比例调节输出与积分项进行求和，得到最后的速度环输出，这个输出作为下一级电流环的输入，可以认为此输出为理想电流大小。

电流的采集使用电流转电压芯片，再用单片机采集电压的功能来实现对电流的控制。电流环控制与速度环控制相似，主要区别在于限幅的大小不同以及控制的变量不同。速度环的输入是实际速度与期望速度的误差，输出是期望电机电流的大小；而电流环输入是实际电流大小与期望值的差值，输出是 PWM 信号，其他流程完全一样。值得注意的是，以上控制均为一个轮胎的控制，不同轮胎相对独立，互不影响。注意，不能在一块单片机完成全部的 PID 计算，再将 PWM 信号传至另一块单片机，因为串口通信太慢，满足不了实时性。

串级 PID 其实就是在普通 PID 上面的进行改进的一种 PID，它有响应快、抗干扰的能力，在个人看来，是目前最适合 H 型车模控制的一种方案。虽然模糊 PID 也可以达到这种效果，但是模糊 PID 的代码结构十分复杂，也很难调节，如果调节得不好，模糊 PID 可能还没有普通 PID 好用。串级 PID 单个轮胎的实现程序如下：

```
/*电流环*/
int16 AccelerateMeasure[2];
void AcceleratePID_Cal(void)
{
/*求误差*/
    AcceleratePID.Error[0][0]=SpeedPID.Output[0]-AccelerateMeasure[0];
/*求积分*/
    AcceleratePID.Integer[0]+= AcceleratePID.Error[0][0];
    AcceleratePID.Integer[0]=(AcceleratePID.Integer[0]>11110)? 11110: AcceleratePID.Integer[0];
    AcceleratePID.Integer[0]=(AcceleratePID.Integer[0]<11110)? 11110: AcceleratePID.Integer[0];
/*求输出*/
    AcceleratePID.Output[0]=(int32) (AcceleratePID.P[0] * AcceleratePID.Error[0][0]+
(AcceleratePID.I[0] * (AcceleratePID.Integer[0]+ AcceleratePID.Deriv[0]);
    AcceleratePID.Output[0]=(AcceleratePID.Output[0]>10000)? 10000: AcceleratePID.Output[0];
    AcceleratePID.Output[0]=(AcceleratePID.Output[0]<10000)? 10000: AcceleratePID.Output[0];
/*误差更新*/
    AcceleratePID.Error[0][1]= AcceleratePID.Error[0][0];
```

### 9.6.3 转向的控制

可以将车模的速度分解为 3 个速度，$X$ 方向的速度，$Y$ 方向的速度和旋转速度。转向的速度主要是控制车模的旋转速度，通过轮子的差动转向，来实现车模的旋转，从而进行方向的变换，这就是主要的思路。方向的控制也是使用的串级 PID，将图像环和角速度环进行串联，图像环是使用图像实际像点 $X_o$ 和测得的理想像点 $X_i$ 的偏差作为外环的输入，进行 PD 运算，然后将输出 $W_i$ 和测得的角速度 $W_o$ 的偏差内环角速度环的输入，进行 PD 运算，将输出作为转向速度。其运算结构和电机的串级控制如出一辙，结构图如图 9.37 所示。相较于速度串级控制的结构，方向控制除了控制的量变化之外，还将积分器替换为微分器。因为方向的控制对于稳态误差要求没那么高，但对响应速度要求很高。

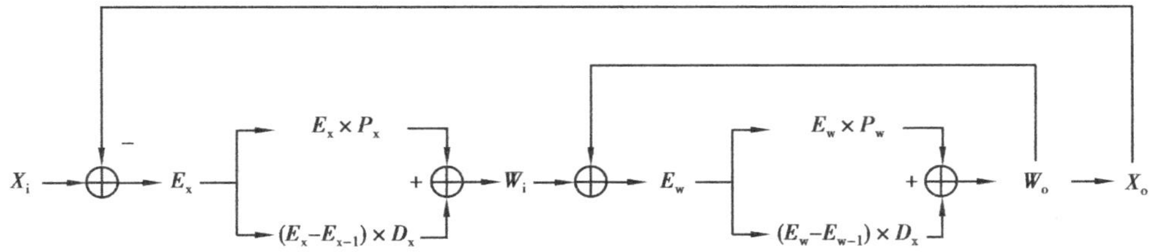


图 9.37　电流速度串级 PID

角速度是使用陀螺仪来测量的，陀螺仪通信方式为 SPI 通信，使用 GPIO 口软件模拟 SPI 通信的，SPI 以主从方式工作，这种模式通常有一个主设备和一个或多个从设备，需要至少 4 根线，单向传输时 3 根也可以，包括 SDI（数据输入）、SDO（数据输出）、SCK（时钟）、CS（片选）。主从连接关系见图 9.38。

①SDO　—主设备数据输出，从设备数据输入　对应 MOSI master output slave input。

②SDI　—主设备数据输入，从设备数据输出　对应 MISO master input slave output。

③SCLK　—时钟信号，由主设备产生。

④CS　—从设备使能信号，由主设备控制。

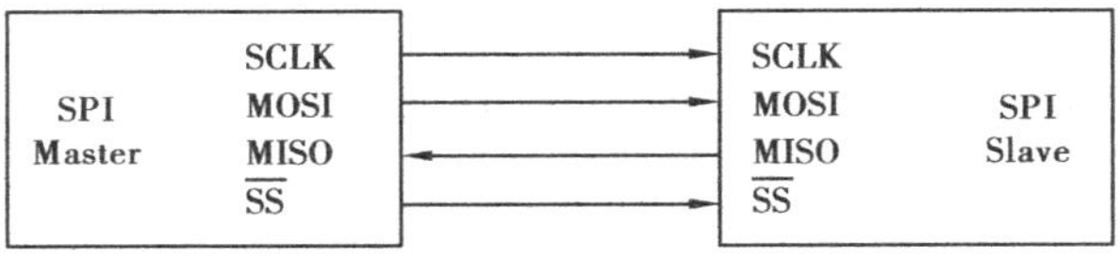


图 9.38　SPI 主从连接方式

SPI 硬件连接之后，其收发时序图如图 9.39 所示。SPI 是一个环形总线结构，由 ss(cs)、SCLK、MOSI、MOSO 构成，其时序其实很简单，主要是在 SCLK 的控制下，两个双向移位寄存器进行数据交换。

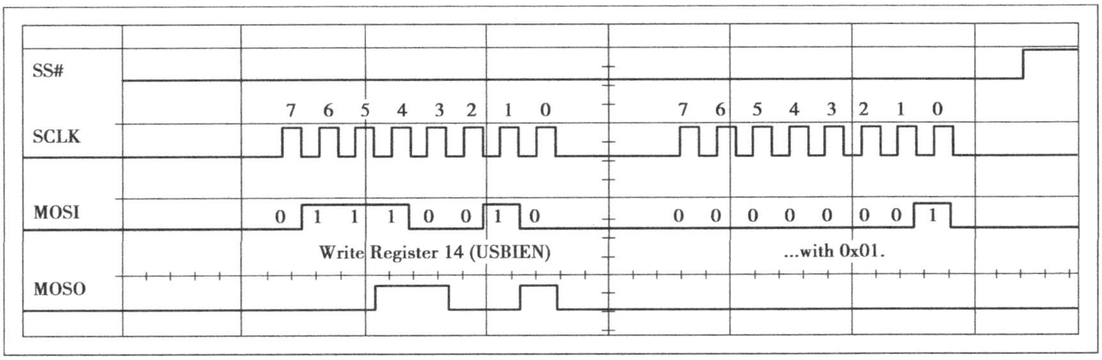


图 9.39　SPI 时序图

假设8位寄存器装的是待发送的数据10101010,上升沿发送、下降沿接收、高位先发送。那么第一个上升沿来的时候 数据将会是MOSO=1;寄存器=0101010x。下降沿到来的时候,MOSI上的电平将锁存到寄存器中,那么这时寄存器=0101010MOSI,8个时钟脉冲以后,两个寄存器的内容互相交换一次,这样就完成一个SPI时序。

陀螺仪可以测量空间三个方向的角速度,而在对角速度环的控制中,主要使用的是垂直方向$Z$轴的角速度。陀螺仪返回给单片机的参数不直接是角速度,而是需要进行转换的二进制数,其转换公式为式(9.1)。

$$W=(T_{get}-T_{zero})\times 0.030\ 517\ 57 \tag{9.1}$$

其中$T_{get}$为获取的值,$T_{zero}$为陀螺仪的零漂,其获取方式为取陀螺仪静止不动时采5000组的角速度的平均值,0.030 517 57为陀螺仪的转化系数,这个系数不同则陀螺仪取值不同,获取方式为查阅芯片手册。

SPI使用的是4个GPIO口模拟的软件SPI,其具体实现程序和陀螺仪初始化程序如下:

```
/* 误差更新 */
void ICM20602_Init()
{
    ICM20602_WrReg(MPU_RA_PWR_MGMT_1,0x80);
    delayms(10);
    ICM20602_WrReg(MPU_RA_PWR_MGMT_1,0x01);
    delayms(10);
    while (ICM20602_WrReg(ICM20602_WHO_AM_I)! =0x12)
    {
      error= ICM20602_WrReg(ICM20602_WHO_AM_I);
      delayms(10);
    }
    //复位 reg
    ICM20602_WrReg(MPU_RA_SIGNAL_PATH_RESET,0x03);
    delayms(10);
    //* 复位 reg */
    ICM20602_WrReg(MPU_RA_USER_CTRL,0x01);
    delayms(10);
    ICM20602_WrReg(0x70,0x40);  //dmp
    delayms(10);
    ICM20602_WrReg(MPU_RA_PWR_MGMT_2,0x00);
    delayms(10);
    ICM20602_WrReg(MPU_RA_SMPLRT_DIV,0x00);
    delayms(10);
    ICM20602_WrReg(MPU_RA_CONFIG,ICM20602_LPF_20HZ);
    delayms(10);
    ICM20602_WrReg(MPU_RA_GYRO_CONFIG,(2  <<  3);
```

```
    delayms(10);
    ICM20602_WrReg(MPU_RA_ACCEL_CONFIG,(0   <<   3);
    delayms(10);
    //*加速度计 LPF 20HZ*
    ICM20602_WrReg(0X1D,0X40);
    delayms(10);
    //*关闭低功耗*
    ICM20602_WrReg(0X1E,0X00);
    delayms(10);
    //*关闭 FIFO*
    ICM20602_WrReg(0X23,0X00);
    delayms(10);
}
```

虽然转向机速度控制都是串级 PID 的控制,但两者之间还是有本质区别。对于 H 车模的转向控制,还有更优的控制方法,就是在串级 PID 中,引入 $P$ 参数内容变化,在车模低速运行的时候效果并不明显,但在高速运行的时候效果十分显著。具体实现算法就是将内环速度输出乘上一个常数 $K$,再引用一个参数 $S$ 来区分高速和低速,$S$ 的取值根据实际情况通过反复实验确定,因为它与轮胎的摩擦力,地面摩擦力有关,根据实验室的情况,$S$ 取值为 1.8 m/s,这个值需要换算后再用,换算方法为:速度=1 个 PIT 的脉冲数(1 m 的脉冲数×PIT 周期),1.8 m/s 换算后为 180,K 和 S 的关系如式 9.2 所示。

$$K = \frac{M}{S} \tag{9.2}$$

其中 $M$ 为当前测得的实际直线速度的值。

将四个车轮的实际速度加起来取平均就可以得到当前实际直线速度的值,因为转向速度是差速,前面两个车轮和后面两个车轮的转向速度大小相等,符号相反,加起来就可以抵消,四个车轮子取平均值后就是一个比较可靠的实际直线速度。$K$ 参数确定的具体程序如下:

```
PalstancePID.Output= PalstancePID.Output * k;
If (fabs(TurnPID.Error[0])>=10)  //大速度保持转弯半径一定
{
  If(speed.stright_fb>=180)
    k= speed.stright_fb/180.0;
  else
    k=1;
  k=(k>2.5)? 2.5:k;
}
else
  k=1;
```

### 9.6.4　控制方案

控制方案主要分为四个部分:车头转换,速度选择、灭灯转向和偏航选择,另外还需要考虑避障方案，减速方案。

**(1)车头转换**

车头转换的意思就是当车模灭完一个灯之后，根据此时的情况，来选择车头和车尾。为什么不用360°全方位方向呢？其原因有两个，第一是车模硬件结构不允许，车模提供商提供的麦克纳姆轮的重合度过低，使得运行时各个方向阻力不一样，向前和向后的阻力是最小的，所以使用前后变换，而不是万向控制；第二是实现难度太大，并且效果并不显著，车模姿态太难控制，信息采集精度不高。因此，使用前后变换。车头转换的流程框图如图9.40所示。

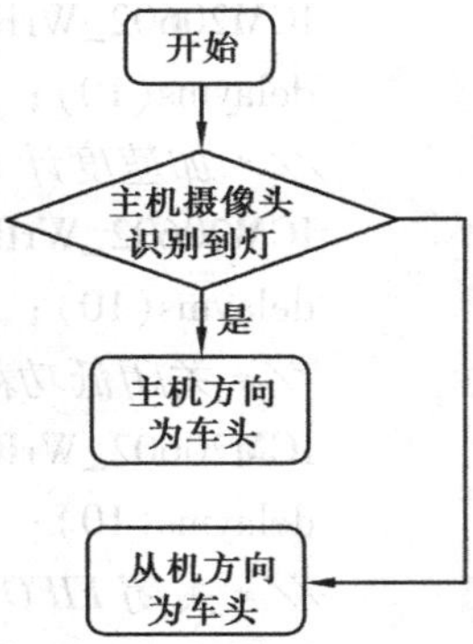


图9.40　车头转换判定

使用前后车头转换需要车模前后对称，意味着传感器数量是单个车头的两倍。前后变换主要是通过前后两个寻灯摄像头来进行的，当主机摄像头看到灯之后就以主机为前，反之，当从机摄像头看见图了就以从机为前。但进行速度配置的时候都是用主机方向来配置的，当从机为前的时候，只需要将速度对角线进行调换，符号反向就可以了，具体代码如下：

```
if(flag. M_NOpicture = = 1&&flag. S_NOpicture = = 0)  //主从调换速度转化
  {
      speed. set_transition[0] = speed. set[0];
      speed. set_transition[1] = speed. set[1];
      speed. set[0] = -speed. set[3];
      speed. set[1] = -speed. set[2];
      speed. set[3] = -speed. set_transition[0];
      speed. set[2] = -speed. set_transition[1];
  }
```

其中flag. M_NOpicture = 1为主机无图，flag. S_NOpicture = 0为从机有图。车头转换使用的场景如图9.41所示。

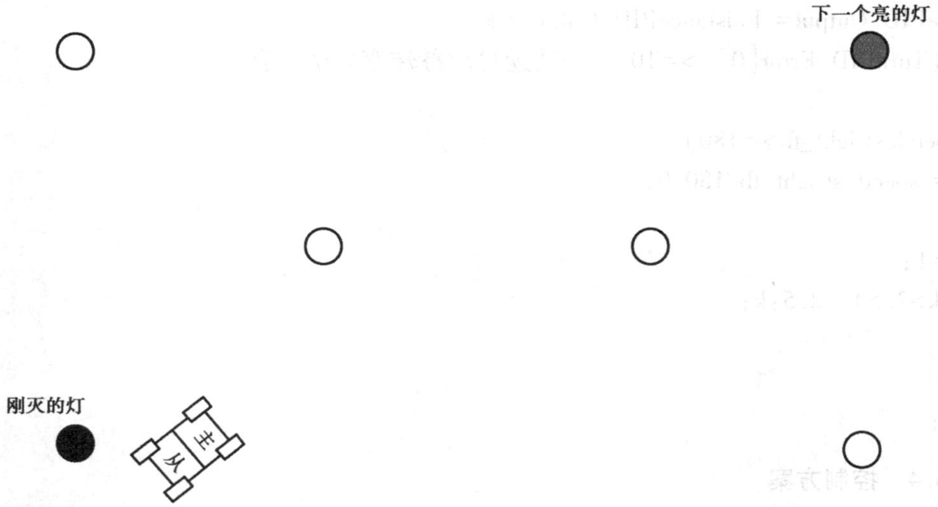


图9.41　车头转换场景

值得注意的是，当高速运动的情况下，主从车头转换时，车模起步可能会左右偏移。因此当速度较低时使用低力矩，对应于将电流大小限幅，可以在电流环代码中看见这一操作。如图 9.42 所示是车头速度交换示意图，实际上就是对角线的车轮速度大小交换，符号相反。

**(2) 速度、灭灯转向和偏航选择**

速度选择就是选择此时的直线速度，当偏差较大的时候，如果直线速度过大，就会导致车模跑弧线。除了根据偏差的大小来选择此时的直线速度，当转向速度过大时，也需要使用较低的速度。这样，可以使转向更圆滑迅捷，效果十分明显，流程如图 9.43 所示。

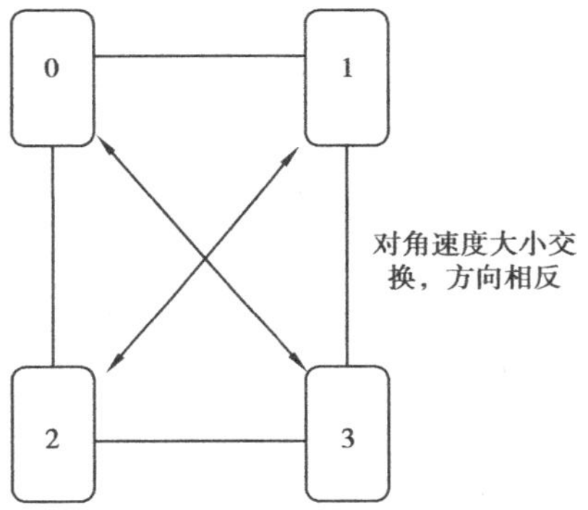


图 9.42　速度交换示意图

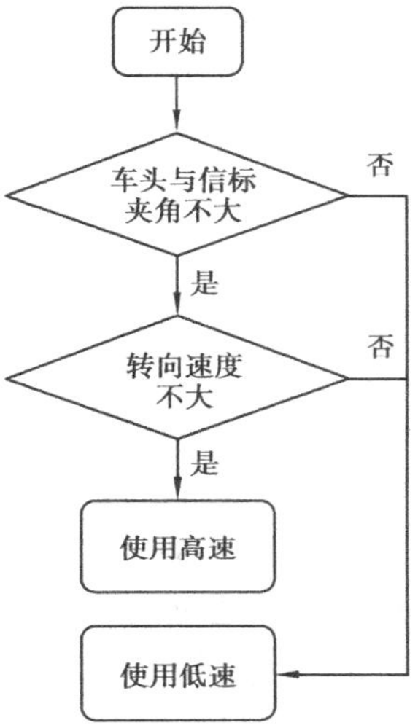


图 9.43　速度选择

如图 9.44 所示是一个典型的转向场景，当灭完一个灯后下一个灯亮起，此使车模车头夹角较大，如果直接高速转向，会导致转向半径太大，使得车一直横向漂移，转向能力不行。因此当夹角较大时用低速，车身摆正后再加速。

图 9.44　速度选择场景实例

以下是程序代码，此代码中将偏差大小分为 4 个等级，在具体应用当中，选择的划分偏差大小等级可以视情况而定。

```
if (TurnPID_Error[0]>=50) || TurnPID. Error[0]<=-50)
    flag. SpeedDown |= 0x20;
else if (TurnPID_Error[0]<=30) && TurnPID. Error[0]>=-30)
    flag. SpeedDown &= ~  0x20;
```

```
if((flag.SpeedDown &0x20)= =0x20)
  speed.srtight=100;
else
{
  if (TurnPID_Error[0]<=10) && TurnPID.Error[0]>=-10)
  else if ((TurnPID_Error[0]>10) && TurnPID.Error[0]<=20)|| TurnPID.Error[0]<10 &&
TurnPID.Error[0]>=-20))
     speed.stright=(int16)(0.9 * speed.stright);
  else if ((TurnPID_Error[0]>20) && TurnPID.Error[0]<=30)|| TurnPID.Error[0]<=20
&& TurnPID.Error[0]>=-30))
     speed.stright=(int16)(0.8 * speed.stright);
  else
     speed.stright=(int16)(0.7 * speed.stright);
}
if(speed.turn[0]>=300) || speed.turn[0]<=-300)     //转向速度很大时速度给低
  speed.stright=180;
```

偏航的选择可以通过此时灯在车的左边还是右边来确定,这样具有实时性,是最优的偏航。而对于灭灯转向,是通过上一次偏航来确定,如果上一次是左偏航,灭完灯后没有看见下一个灯就向左转,反之就右转。偏航与灭灯转向程序框图如图9.45所示。场景实例如图9.46所示。

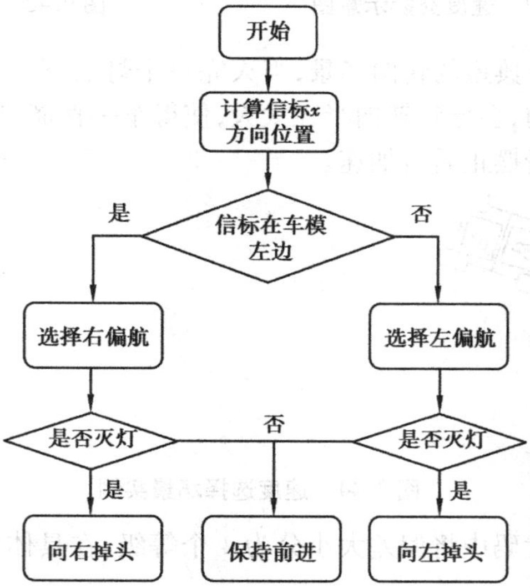


图9.45 偏航与灭灯转向程序框图

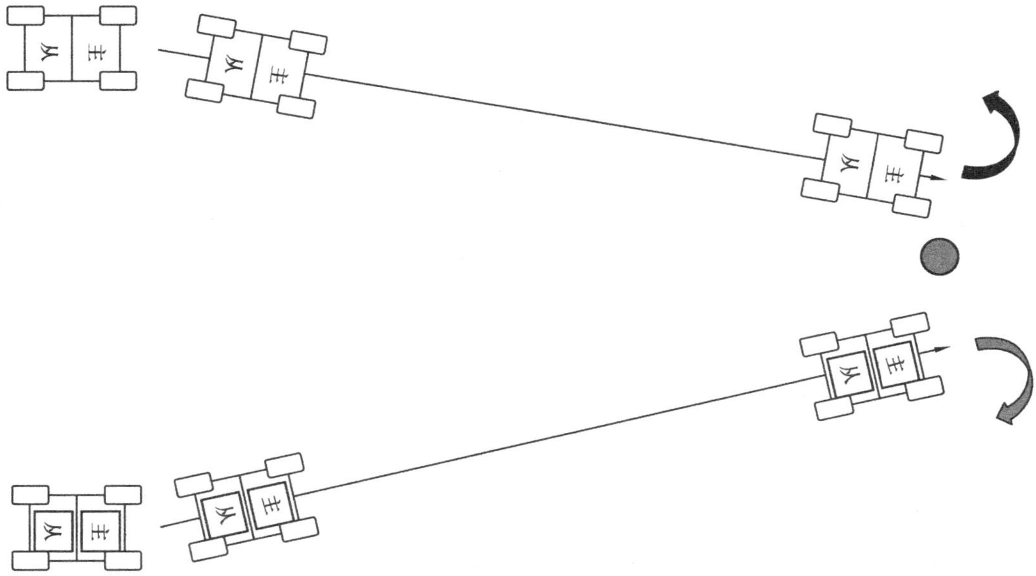


图9.46　偏航选择实例

(3)避障方案

避障可以使用灰度摄像头来进行判断，通过图像处理得到此时应该向左避障还是向右避障。由于单片机运算能力不够，因此再单独使用一块单片机来进行避障的图像处理。具体处理方法将会在图像处理部分讲解。当得到避障结果后，就是避障速度的选取，避障速度是通过当前的直线速度来确定的。避障的速度就是水平方向上的速度，与转向速度的区别就是符号的不同。如图9.47所示是避障实例场景。

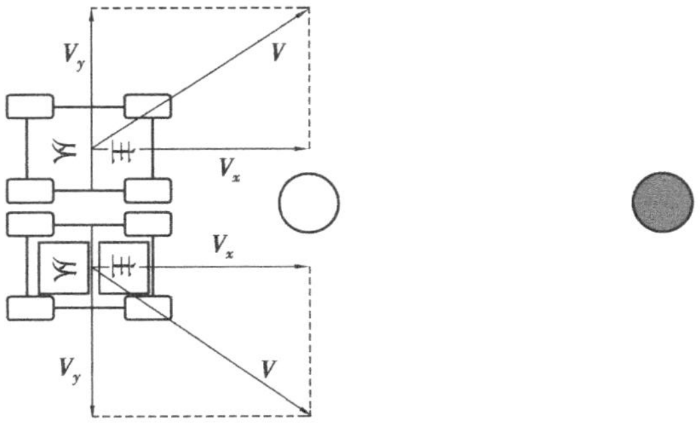


图9.47　避障实例场景

将直线速度模糊化，即通过此时的直线速度通过经验选择直线速度常数 $N$，然后再使用避障距离 $RS$ 和调节系数 $a$ 来确定避障速度，调节速度是根据场地环境来确定，具体计算公式如下：

$$V = \frac{RS}{N} \times a \tag{9.3}$$

式中，$V$ 为避障的速度。

(4)减速方案

减速方案对于信标车模来说是最重要的方案之一，良好的减速意味着速度上限更高，维持

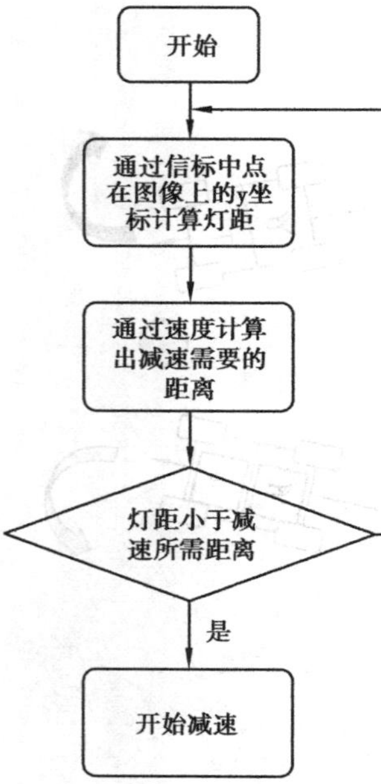


图 9.48　减速判断逻辑框图

高速时间更长，这对于以直线运动为主的信标车模来说，十分重要。

这里提出一个比较好的减速方案，通过 $V^2=2ax$ 这个简单的物理公式演变而来，其中 $V$ 为此时的直线速度，$a$ 为车模能提供的加速度，$x$ 为减速距离。速度 $v$ 和加速度 $a$ 是根据经验测量的，它与车模轮胎的摩擦力、地面的摩擦力有关，这意味着需要不断去改变它以适应不同的场地。因此，每一次比赛前适应场地至关重要。得到 $v,a$ 后，再通过公式

$$x=\frac{V^2}{2a} \tag{9.4}$$

得到理论的减速距离 $x$，此时再与灯的距离进行比较，如果实际距离 $X$ 小于理论减速距离就进行减速，减速时通过电流环电流输出限幅固定力矩，如果限幅力矩取得合适的话，那么就可以避免轮胎打滑，以获得最大的减速加速度，加强减速效果。

实际距离 $X$ 的测量方法是通过透射原理，由摄像头来进行标定。当车距离信标灯比较远的时候，那么图像中的亮点将会靠图像的上方，反之就在图像的下方，这样就可以通过计算亮点在图像中的 $y$ 坐标来表示距离，由于坐标 $y$ 和距离 $X$ 是非线性的，可以通过离散化的方法来标定 $X$。例如，当距离为 120 ~ 130 cm 时，坐标 $y$ 为 111；当距离为 110 ~ 120 cm 时，坐标 $y$ 为 112。减速程序框图如图 9.48 所示。

# 第10章 飞毛腿节能组开发实例

## 10.1 基本情况介绍

### 10.1.1 车模

自行制作车模不允许使用传统车轮支撑车模运行。可以使用履带、整体滚动、爬行机构、气垫等类型的运动方式。

如果车模是脱离地面运行,则需要从车模上下垂一个终端带有磁铁的物体,接触赛道表面,它的作用:①用于指示车模运行是否还在赛道边界内;②用于触发感应线圈计时系统。

对于无线节能系统,除了可以利用从无线线圈接收到的电能以外,也允许使用车体上存储的机械动能、势能(压缩气体、弹簧、橡皮筋)、光能电池进行辅助驱动,车上预储机械势能总量不能超过2 000 J,不允许使用化学能源。

### 10.1.2 传感器

允许电磁感应线圈进行赛道引导线的检测,也允许使用摄像头传感器进行赛道检测。

### 10.1.3 比赛赛道

比赛是在PVC赛道上进行,赛道采用电磁线进行引导,也同时具有黑色边界线。赛道中可能存在的元素包括表1.2中所有的元素。

比赛赛道发车区中安放有无线发射线圈,通过交变电流产生交变磁场。车模通过接收线圈获得电能,对车模上的储能法拉电容进行充电。

### 10.1.4 比赛任务

车模上不允许安装任何电池储能器件,其运行的能源来自无线接收线圈感应电流提供的电能。

车模在进入比赛场地前,车身上的储能电容需要经过放电,电容两端直流电压小于0.1 V。

比赛从无线充电线圈通电后开始计时，车模沿着赛道运行一圈后停止在起跑线后 3 m 区内。

## 10.2 系统总体方案设计

### 10.2.1 车模运行方案选择

车模的运行方案影响车模在行进过程中的稳定性，并且限制了车模的速度。在第十四届竞赛中，较为可靠的车模运行方案为履带式和滚筒式两种。下面对这两种方案进行比较：履带结构简单，制作方便，车模制作方面容易小型化。但运行效率较低，车模整体的速度上限不高；滚筒式虽然运行效率较高，但结构复杂，由于存在必备的电路板以及传感器，使得包覆在车模外的滚筒体积和质量都很大，能耗很高。根据参赛规则要求，车模运行方案采用履带式结构。车型整体设计较小，由 3D 打印以及碳纤维杆制作而成。

### 10.2.2 传感器选择

由于节能车模尺寸很小，而且速度上限不高，所以 30 cm 前瞻的电感传感器所获取的赛道信息可以为车模决策提供必要的数据以及充足的反应时间。在赛道信息获取传感器上采用电感作为主要传感器，由于赛道上存在路障元素，采用红外传感器作为辅助传感器用来检测路障，采用陀螺仪传感器检测小车姿态。

### 10.2.3 整体方案设计

节能智能汽车由 3 部分组成，分别是机械结构、硬件电路、软件系统。机械结构决定了车模的整体框架，合理的机械结构能够提高车模的性能，减少能量损耗。车模自主设计制作，机械结构中，车轮采用履带车轮，车轮以及电机固定支架均采用 3D 打印制作。为了达到节能的目的，体积及质量都应该尽可能小，所以车轮及电机固定支架的尺寸应该尽可能小，还可以在车轮及电机固定支架上适当打孔。无线充电接收线圈粘贴在车身周围，控制电路板固定在车身上。

硬件电路采用 K60 单片机作为核心控制器件，包括无线充电、稳压电源、传感器信号采集处理、电机驱动等电路模块。其中，无线充电电路用于车模接收电能给超级电容组充电，稳压电源用于给硬件电路和传感器供电。

软件设计中，通过电磁信号判断赛道情况，通过差速控制电机实现赛道循迹，辅助其他传感器完成圆环判断，障碍物识别和处理。

## 10.3　车模机械结构设计

### 10.3.1　车模机械结构设计要求

节能组机械部分主要包括电机支架、车轮和履带3个部分，为了节省能量和提高车模稳定性，对车模的体积、质量均有严格要求。

### 10.3.2　车模设计结构对比

节能车模主要的结构有滚筒式和履带式两种。

**(1)滚筒式结构设计**

某大学滚筒式设计结构如图10.1所示。滚筒的质量和转动惯量对车身俯仰控制与转向控制联系密切，所以滚筒要尽可能的轻量化，同时还需要满足车模运行时滚筒变形量小的条件。轻量化与强度之间是相互矛盾的，做到质量很轻的同时强度又满足需求，是滚筒的设计目标。为实现这一目标，可以使用强度比传统树脂更高、密度更小的高性能尼龙作为3D打印材料，加工精度也要有保证。

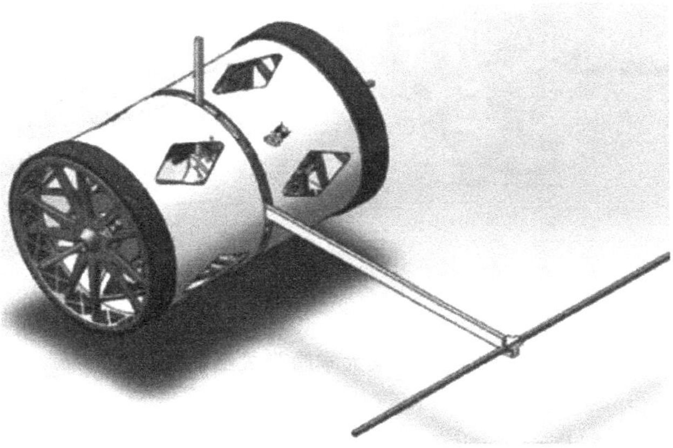

图10.1　某大学滚筒式设计结构

在结构上，设计思路是3D打印件只作为骨架提供支撑，由PVC膜覆盖在3D打印件的骨架上制作流筒，同时在两侧开槽将“轮胎”嵌入，这样就能保证筒的50%部分被遮盖，同时，“轮胎”部分凸起不超过2 mm。通过软件SolidWorks建模，能够提前知道滚筒的预估质量与转动惯量，通过SimulationXpress将模型加上滚筒运行时的载荷，模拟出形变与各点应力，来确保强度符合要求。如图10.2所示为受力仿真分析图。

**(2)履带式结构设计**

履带式结构式设计如图10.3所示。履带式相对滚筒式结构设计更加简单，稳定性也更强。节能车模最主要特征就是节约能量，所以关键就是质量要轻。采用ABS材料通过3D打印制作车模零部件，然后使用碳杆连接起来，节省了很多不必要的连接件，减轻了质量，同时也保证了底盘足够牢固。

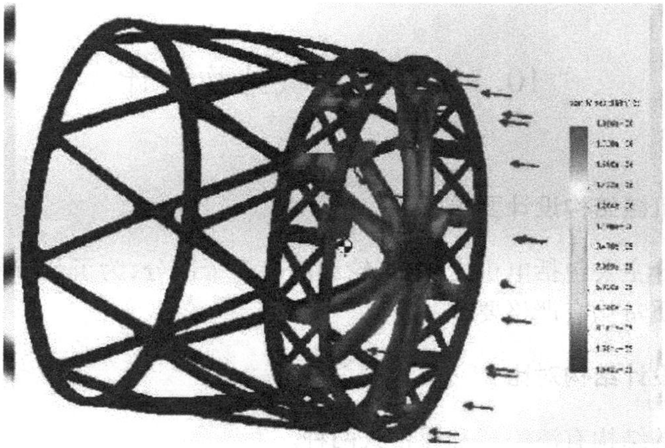

图 10.2　受力仿真分析图

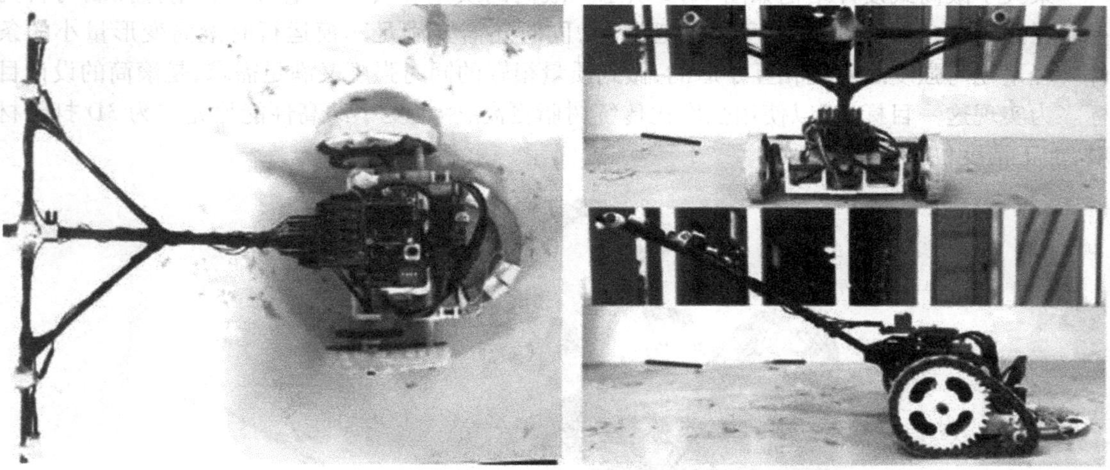

图 10.3　某大学履带式结构设计

### 10.3.3　车模零件设计

**(1)电机支架**

电机支架主要包括电机孔和编码器孔,如图 10.4 所示。电机支架之间使用直径为 5 mm 的碳素杆连接。

**(2)车轮**

车轮零件如图 10.5 所示。车轮主要包括齿轮和履带槽两个部分,齿轮的基圆半径 $r=14.38$ mm,模数 $m=5$,车轮内孔直径为 9 mm,外圆直径为 40 mm。

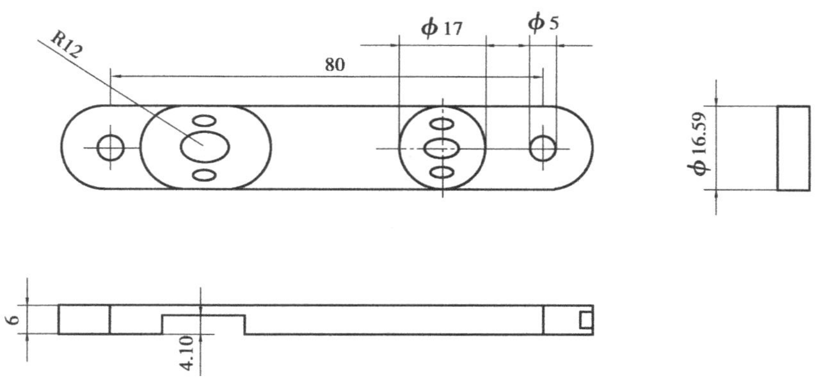


图 10.4　**电机支架**(单位:mm)

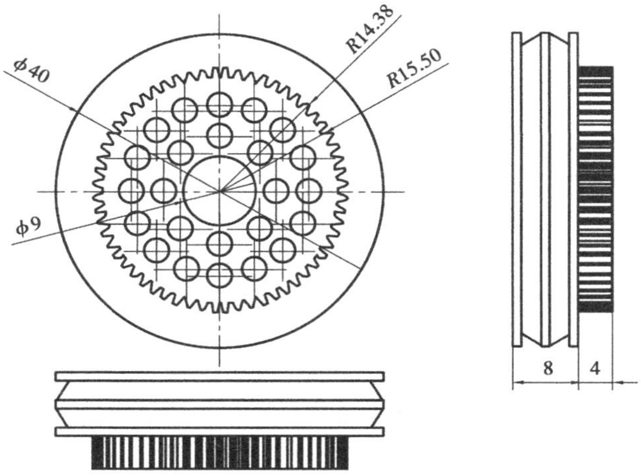


图 10.5　**车轮**(单位:mm)

**(3)履带**

传统履带十分笨重,电机带动吃力,O 形圈相对于传统履带更加轻便,摩擦力也适中,因此选用 O 形圈作为履带。常见的 O 形圈材料有氟胶(图 10.6)、丁腈(图 10.7)和硅胶(图 10.8)三种。氟胶硬度比较大,表面光滑,摩擦力不足,不适合用作履带;硅胶摩擦力大,弹性也大,高速情况下会极大地影响前进的稳定性;丁腈胶硬度适中,摩擦力适中,适合用于赛道上小车的行驶。

图 10.6　**氟胶**

图 10.7　**丁腈胶**

图 10.8　硅胶

(4)车模 3D 视图

车模装配体俯视图和车模装配体 3D 视图如图 10.9 和图 10.10 所示。

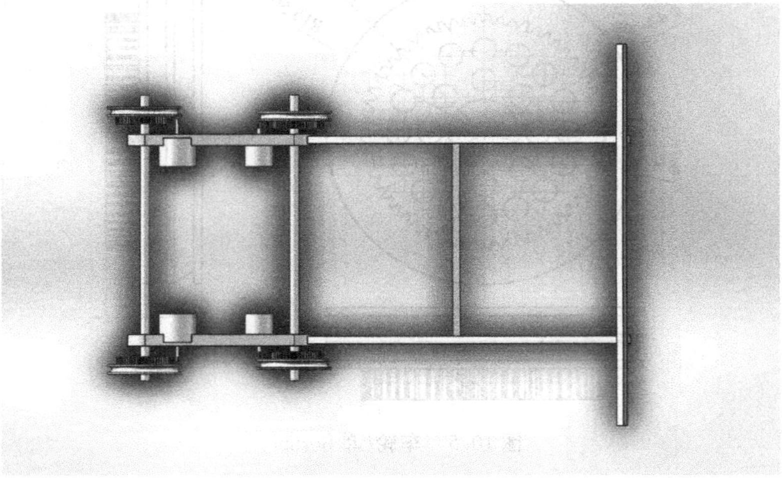

图 10.9　车模装配体俯视图

图 10.10　车模装配体 3D 视图

### 10.3.4 车模安装

节能组车模的安装主要包括超级电容的安装、工字电感的安装、红外传感器的安装以及主板和驱动板的安装。工字电感的安装方式如图10.11所示，选择三横两竖的安装方式，横电感用来识别普通赛道元素，竖电感用来识别环岛、十字等赛道元素。安装时尽量保持对称，同时还应尽量保证工字电感在电磁杆后，防止碰撞对工字电感造成损坏。

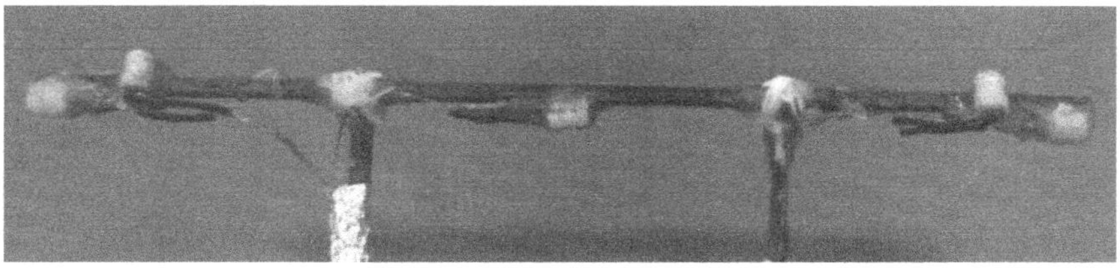

图10.11 工字电感的安装

红外传感器的安装方式如图10.12所示，安装红外传感器一定要注意安装时要和地面保持平行，否则有可能影响信号的传输。

图10.12 红外传感器的安装

主板和驱动板的安装方式如图10.13所示，使用铜柱和热熔胶进行固定，同时采用上下两层的安装方式，可以极大地节省空间，使车身更加紧凑。

图10.13 主板和驱动板的安装

超级电容组的安装如图 10.14 所示。由 3 个 50F 的超级电容组成超级电容组，由于超级电容质量和体积都比较大，因此在超级电容的安装方式上主要采用三个超级电容固定在车架底部，作为底盘，车架上方用来固定主板、陀螺仪等。

**图 10.14　超级电容的安装**

节能组车模实物图如图 10.15 所示。在安装车模的时候，应该尽可能地降低重心，所以在图中可以看见超级电容是放在主板下面的，主板位置也相对较低。

**图 10.15　节能组车模实物**

# 10.4　硬件电路设计

### 10.4.1　超级电容组

节能组与传统竞速组别最大的不同之一在于供电方式上。节能组的供电方式由传统的电池供电转变为超级电容供电，超级电容的电能由无线充电模块提供。

超级电容,又名电化学电容、双电层电容器、黄金电容、法拉电容,是从20世纪70—80年代发展起来的通过极化电解质来储能的一种电化学元件。不同于传统的化学电源,它是一种介于传统电容器与电池之间、具有特殊性能的电源,主要依靠双电层和氧化还原电容电荷储存电能。但其储能的过程并不发生化学反应,这种储能过程是可逆的,也正因此超级电容器可以反复充放电数十万次。

超级电容器结构上的具体细节依赖于对超级电容器的应用和使用。由于制造商或特定的应用需求,这些材料可能略有不同。所有超级电容器的共性是它们都包含一个正极,一个负极,以及这两个电极之间的隔膜,电解液填补由这两个电极和隔膜分离出来的两个孔隙。

超级电容器是由高比表面积的多孔电极材料、集流体、多孔性电池隔膜及电解液组成。电极材料与集流体之间要紧密相连,以减小接触电阻;隔膜应满足具有尽可能高的离子电导和尽可能低的电子电导的条件,一般为纤维结构的电子绝缘材料,如聚丙烯膜。电解液的类型根据电极材料的性质进行选择。

对于棱形或正方形封装产品部件的摆放,内部结构是基于对内部部件的设置,即内部集电极是从每个电极的堆叠中挤出。这些集电极焊盘将被焊接到终端,从而扩展电容器外的电流路径。对于圆形或圆柱形封装的产品,电极切割成卷轴方式配置。最后将电极箔焊接到终端,使外部的电容电流路径扩展。

超级电容器有如下优点:

①很小的体积下达到法拉级的电容量。

②无须特别的充电电路和控制放电电路。

③和电池相比,过充、过放都不对其寿命构成负面影响。

④从环保的角度考虑,它是一种绿色能源。

⑤超级电容器可焊接,因而不存在像电池一样接触不牢固等问题。

超级电容有如下缺点:

①如果使用不当会造成电解质泄漏等现象。

②和铝电解电容相比,它内阻较大,因而不可以用于交流电路。

超级电容之所以称之为“超级”有着如下原因:

①超级电容器可以被视为悬浮在电解质中的两个无反应活性的多孔电极板,在极板上加电,正极板吸引电解质中的负离子,负极板吸引正离子,实际上形成两个容性存储层,被分离开的正离子在负极板附近,负离子在正极板附近。

②超级电容器在分离出的电荷中存储能量,用于存储电荷的面积越大、分离出的电荷越密集,其电容量越大。

③传统电容器的面积是导体的平板面积,为了获得较大的容量,导体材料卷制得很长,有时用特殊的组织结构来增加它的表面积。传统电容器是用绝缘材料分离它的两极板,一般为塑料薄膜、纸等,这些材料通常要求尽可能薄。

④超级电容器的面积是基于多孔碳材料,该材料的多孔结构允许其面积达到2 000 $m^2/g$,通过一些措施可实现更大的表面积。超级电容器电荷分离开的距离是由被吸引到带电电极的电解质离子尺寸决定的,该距离比传统电容器薄膜材料所能实现的距离更小。

⑤庞大的表面积再加上非常小的电荷分离距离使得超级电容器较传统电容器而言有非常大的静电容量,这也是其“超级”所在。

超级电容使用注意事项：

①超级电容器具有固定的极性。使用前应确认极性。

②应在标称电压下使用。当电容器电压超过标称电压时，将会导致电解液分解，同时电容器会发热，容量下降，内阻增加，使寿命缩短，在某些情况下，可导致电容器性能崩溃。

③不可应用于高频率充放电的电路中。高频率的快速充放电会导致电容器内部发热，容量衰减，内阻增加，在某些情况下会导致电容器性能崩溃。

④外部环境温度对使用寿命有着重要影响，电容器应尽量远离热源。

⑤被用作后备电源时的电压降。由于超级电容器具有内阻较大的特点，在放电的瞬间存在电压降 $\Delta V=IR$。

⑥不可处于相对湿度大于85%或含有有毒气体的场所。这些环境下会导致引线及电容器壳体腐蚀，引起断路。

⑦不能置于高温、高湿的环境中。应在温度-30～+50 ℃、相对湿度小于60%的环境下储存，避免温度骤升骤降，否则会导致损坏。

⑧用于双面电路板上时，连接处不可经过电容器可触及的地方，否则会导致短路现象。

⑨当把电容器焊接在线路板上，不可将电容器壳体接触到线路板上。否则焊接物会渗入至电容器穿线孔内，对电容器性能产生影响。

⑩安装超级电容器后，不可强行倾斜或扭动电容器。否则会导致电容器引线松动，性能劣化。

⑪在焊接过程中避免使电容器过热。若在焊接中使电容器出现过热现象，会降低电容器的使用寿命。例如，如果使用厚度为1.6 mm的印刷线路板，焊接过程应为260 ℃，时间不超过5 s。

⑫在电容器经过焊接后，线路板及电容器需要经过清洗，因为某些杂质可能会导致电容器短路。

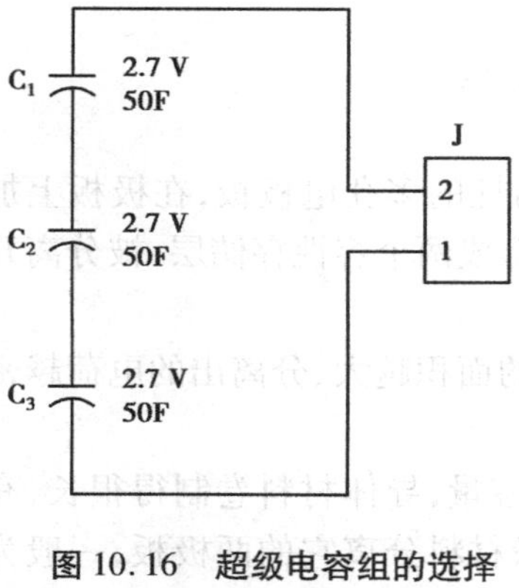

图 10.16　超级电容组的选择

节能组智能小车采用超级电容供电，电容内储存电荷的能量为式(10.1)。

$$Q=\frac{1}{2}CU^2 \tag{10.1}$$

经过测试，车模运行完规定赛道所需能耗最多为350 J。由于芯片输入电压的限制，超级电容最终会有电压值为1.5 V左右的能量无法被使用。为了使这部分能量尽可能小，需要使超级电容组的容值尽可能小。经过实际测试芯片TPS63070(建议节能组使用的一款稳压芯片)的启动电压为5 V。所以最终电容组选择充电电压为8.1 V，电容为50 F，电路如图10.16所示。

### 10.4.2　无线充电电路

在第十四届全国大学生智能汽车竞赛节能组比赛中，要求节能组参赛车模通过无线电磁感应方式从赛道发车区内的无线充电线圈中获取电能，存储在车模中的法拉储能电容内，为车模运行电机和控制电路提供电源。小功率无线充电常采用电磁感应式，如对手机充电的方式。

大功率无线充电常采用谐振式由供电设备(充电器)将能量传送至用电装置,该装置使用接收到的能量对电池充电,并同时供其自身运作。由于充电器与用电装置之间以磁场传送能量,两者之间不用电线连接,因此充电器及用电的装置都可以做到无导电接点外露。

无线充电的基本原理:

①电磁感应式。初级线圈具有一定频率的交流电,通过电磁感应在次级线圈中产生一定的电流,从而将能量从传输端转移到接收端。目前最为常见的充电解决方案就采用了电磁感应,事实上,电磁感应解决方案在技术实现上并无太多神秘感,比亚迪公司早在 2005 年 12 月申请的非接触感应式充电器专利,就使用了电磁感应技术。

②磁场共振式。由能量发送装置和能量接收装置组成,当两个装置调整到相同频率,或者说在一个特定的频率上共振,它们就可以交换彼此的能量,是目前正在研究的一种技术。麻省理工学院物理教授 Marin Soljacic 带领的研究团队利用该技术点亮了 2 m 外的一盏 60 W 灯泡,并将其取名为 WiTricity。该实验中使用的线圈直径达到 50 cm,还无法实现商用化,如果要缩小线圈尺寸,接收功率自然也会下降。

③无线电波式。这是发展较为成熟的技术,类似于早期使用的矿石收音机,主要由微波发射装置和微波接收装置组成,可以捕捉到从墙壁弹回的无线电波能量,在随负载作出调整的同时保持稳定的直流电压。此种方式只需一个安装在墙身插头的发送器,以及可以安装在任何低电压产品的“蚊型”接收器。

竞赛官方提供电能无线发送模块,但是要求参赛队伍自制无线接收模块,不允许使用购买的成品模块。电能无线发送模块发射线圈输出频率为 640 kHz 的无线正弦波信号,输出功率限制为 30 W。本书提供一种经典的无线接收模块方案作为参考。电能无线发送模块如图 10.17 所示,由控制与高频功率信号输出电路、发射线圈以及工作电源组成。

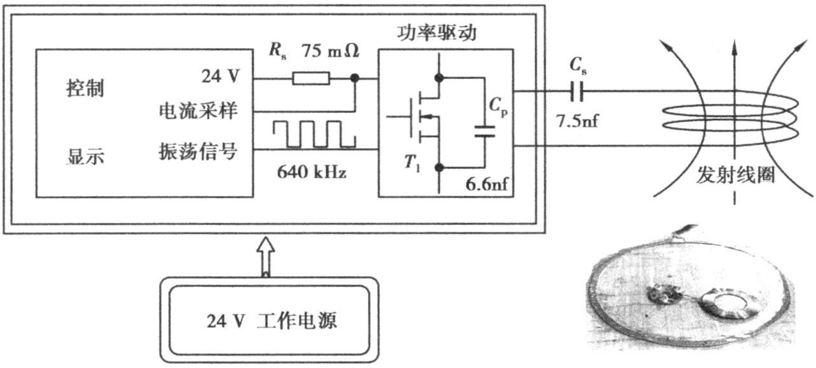


图 10.17　电能发送模块组成框图

1)控制与高频功率信号输出电路

将直流电源转换成高频交流信号对发送线圈进行激励,控制发送功率并显示工作状态。

2)发射线圈

采用多股纱包线绕制成空心线圈,部署在赛道下面。接收高频功率输出的高频电流,形成高频交变磁场。

3)工作电源

为电能无线发送模块提供工作电源,额定工作电压/电流为 24 V/3 A。

规格说明:

①发射线圈。使用直径为 1 mm 的多股纱包线绕制成直径 200 mm 的空心线圈,绕制 5 匝。电感量大约为 12.6 μH。

②高频工作电流。高频电流功率输出部分采用了并联电容型 E 类高频功率放大电路,等效电路如图 10.18 所示。

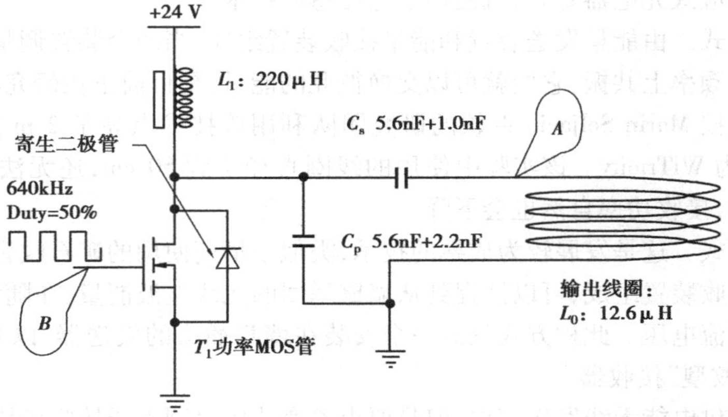


图 10.18　E 类高频功率输出电路

E 类高频功率输出电路中的功率 MOS 管工作在 640 kHz 方波信号驱动下,工作在开关状态。输出线圈在半个周期内与 $C_s$,$C_p$ 串联形成谐振,在另外半周与 $C_s$ 串联形成谐振。输出线圈上的电压并不是一个单一正弦信号,而是两个不同频率正弦信号的拼接。按照上述电路中参数匹配后,在输出线圈上的电压($A$ 点电压)峰值大约为 200 V。

③赛道线圈部署。赛道线圈部署如图 10.19 所示,发送线圈安放在起跑区域赛道中心,发射线圈中心距离起跑线 20 cm。发射线圈固定在赛道 PVC 材料下面。在赛道表面的发射线圈中心位置,贴有边长为 10 cm 的黑色方块贴纸或者胶带显示发射线圈的中心位置。这个黑色正方形也为车模自动定位充电指示位置。

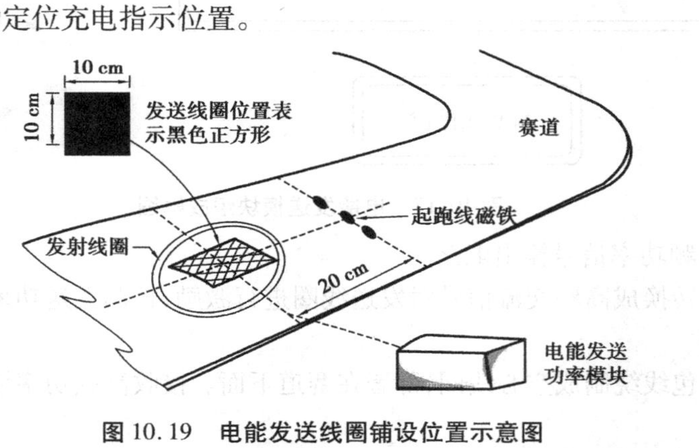


图 10.19　电能发送线圈铺设位置示意图

④输出功率限制。电能发送模块通过控制 E 类功放的驱动信号的有无来限制无线输出功率。当驱动信号送到输出级功率 MOS 管时,谐振电路震荡,线圈输出电磁能量;当驱动信号

关闭时，线圈停止发送电磁能量。

控制电路通过电流采样电阻获得 E 类功放消耗电流，进而计算出消耗功率（$P_{out}$）。竞赛组委会会在赛前统一指定输出级的最大功率（$P_{max}$），最大功率值为 20 ~ 40 W。如图 10.20 所示为电能发送模块输出功率控制等效电路。

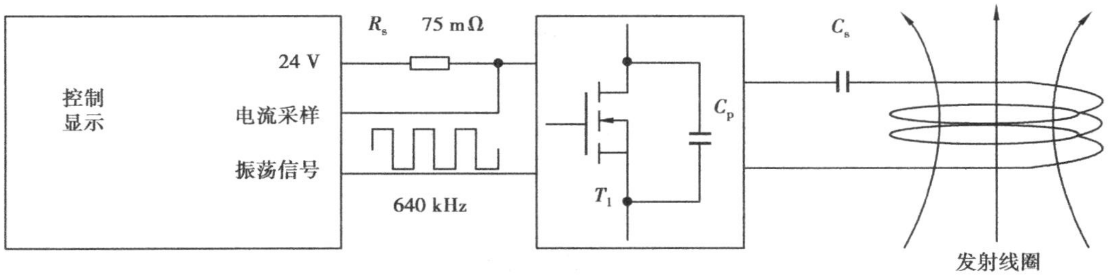


图 10.20　电能发送模块输出功率控制等效电路

电能发射电路根据检测消耗功率 $P_{out}$ 与设定的最大功率 $P_{max}$ 之间的关系，作出如下控制：当 $P_{out}<P_{max}$，电路正常连续工作；在连续 $N$(3 ~ 10) 次间隔 1 ms 检测中，$P_{out}>P_{max}$，则停止发射 $M$ ms，其中 $M=(\text{int})(P_{out}-P_{max})$；如果 $P_{out}-P_{max}>10$ W，则 $M=1\ 000$。如图 10.21 所示功率超出设定值，输出停振时序图。

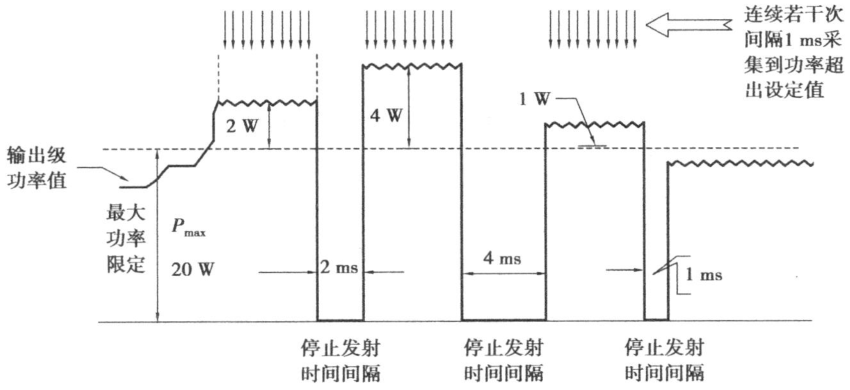


图 10.21　功率超出设定值，输出停振时序图

由于无线电能传输过程中存在着很多损耗，所以无线电能发送模块无法精确控制接收电能的功率。为了简化系统设计，无线发送模块通过控制无线功率输出级的功率来限制充电速率。在高频功率输出级供电电源上增加一个电阻采样获得工作平均电流，再根据工作电压计算出输出级的消耗功率 $P_s$。当然这个功率小于实际磁场耦合输出的功率。

无线充电的原理与变压器完全一致，因此接收电路可以使用经典的整流滤波电路，如图 10.22 所示。为了使充电时间尽可能短，充电效率尽可能高，可以采用如图 10.22 所示的全波整流滤波电路。其中 L1、L2 为接收线圈，C1 为高频谐振电容，D1、D2 为整流二极管，C2 为滤波电容。需要注意的是，由于线圈的感应电压以及谐振频率较高，因此电容建议选择品质较好的 NP0 高频电容，耐压值最好 50 V 以上，二极管建议选择专用的整流二极管或者肖特基二极管。

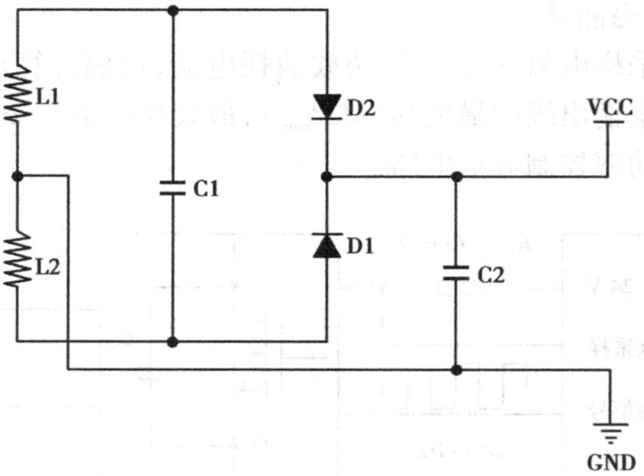


图 10.22　全波整流电路原理图

利用磁场互感现象，通过磁场耦合的两个线圈可以完成电能的传输。采用电感线圈与高频电容按照谐振频率为 640 kHz 进行匹配。首先按照车模的实际大小绕制合适的电感线圈，利用仪器测得线圈的电感为 $L$，利用式(10.2)，计算出所需要匹配的高频电容 $C$，采用多种标称电容组合，以尽量接近计算值 $C$。

$$f = \frac{1}{2\pi\sqrt{LC}} \tag{10.2}$$

谐振所产生的是交变电流，需要使用整流电路将交流电转换成直流电。采用全波整流电路，在半个周期内，电流流过一个整流二极管，而在另一个半周期内，电流流过另一个整流二极管，并且两个整流二极管的连接能使流经它们的电流以同一方向流过负载。全波整流电路整流前后的波形与半波整流所不同的是，在全波整流中利用了交流的两个半波，提高了整流器的效率，并使已整电流更平滑。整流后的直流电电压接入超级电容组作为车模的能源，利用单片机的实时监测超级电容组的电压值，实现自动发车。

由于电能发射装置对输出功率有着一定的限制，一旦超出设定的功率，发射装置就会停止发射，因此控制输出功率是十分必要的。利用 PWM 技术以及反馈来控制输出电压。PWM (Pulse Width Modulation)是指对周期脉冲波形的宽度进行调制。调制的概念以前是用于在无线电波发送时，对载波信号进行调幅、调频、调相等操作，使得发送信号调制在载波信号上。在这里则是通过对周期信号脉冲宽度的改变，使得它的平均等效直流信号发生变化。将脉冲时间宽度比上周期，定义为 PWM 波形的占空比，它的数值为 0% ~ 100%。PWM 平均值就等于信号的峰值乘以占空比。

PWM 波形主要用于进行直流电压的变换。如图 10.23 所示，两个 MOS 功率管串联起来接在电源与地之间。这种接法有一个通俗的称谓，叫作“半桥”功率输出电路。与其对应的就是由两个半桥组成的全桥功率输出电路。

如果通过施加在上下两个 MOS 管栅极上相位相反的开关信号，使得上下两个 MOS 管交替导通，那么它们中间相连就会形成周期脉冲波形。波形的峰值为 $V_{CC}$，占空比与上管的驱动波形的占空比相同。这样通过 LC 滤波之后，就会输出电压为 $V_{CC}$ 乘以占空比的直流信号。这个电路也可以实现升压变换，只要调换 $U_{\text{out}}$ 与 $V_{CC}$ 的位置，便可以实现提升输出电压的目的。对于无线充电问题来讲，由于接收线圈倍压整流后的直流电压为 30 ~ 40 V，而电容充电最大值一般不超过12 V,所以使用上面降压的方式就可以了。

上面的电路实现了对于输出电压的控制。如果负载为固定的电阻,那么实现输出功率,只需要根据要求,预先计算出所需要的电压,调节PWM的占空比,就可以完成恒定功率输出了。但是对于超级电容来讲,它所吸收的功率等于充入的电流乘以电压,而电流又等于电压的变化率乘以电容值。因此在电容充电过程中,电压在不断变化。假设采用恒定功率$P$对电容进行充电,根据电容储能公式可以计算出电容两端的电压$U_c(t)$随着时间变化的表达式。图10.24显示了电容恒功率充电的电压变化波形。

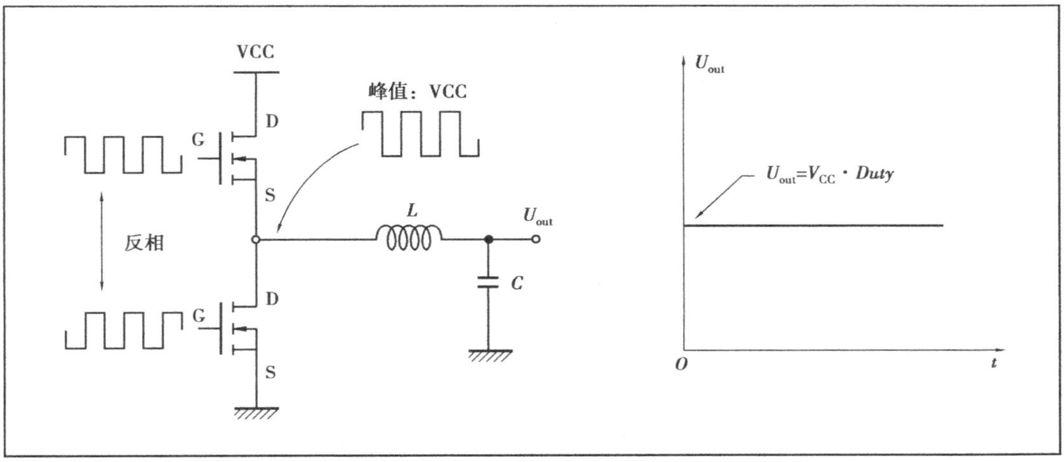


图10.23　半桥功率输出电路

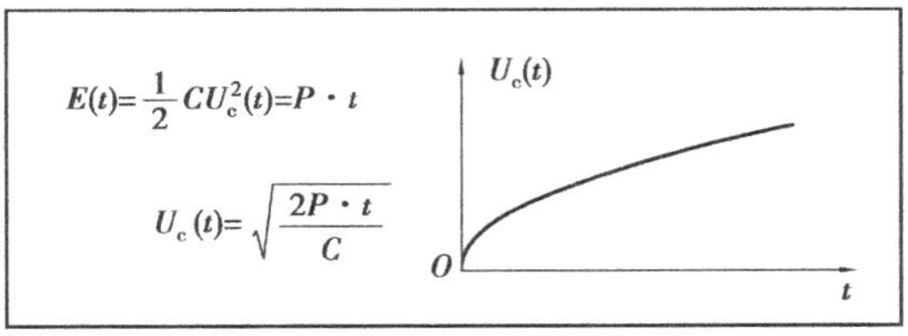


图10.24　电容恒功率充电波形图

如果电容的容值$C$是固定的,那么根据图10.24中的公式得到输出电压的表达式,再由它调节输出PWM的占空比,便可以实现电容恒功率充电了。使用单片机来产生相应的PWM信号,按照已知的参数,产生相应的随着时间变化的PWM信号。如图10.25所示,记录了充电功率$P$设定为10 W,对于前面的电容组(6 F)进行充电的数据曲线,包括电容的电压和电源输出功率。

如图10.25所示,电容的电压大体是按照前面所述的恒功率充电电压变化的。电源输出功率在大部分的时间内相对平稳,只是在开始阶段,出现一段时间的死区时间。这是由于驱动电路IR2014在上下桥臂驱动信号中插入了大约0.5 ms的死区时间,防止上下桥臂同时导通。

由于死区时间的存在,使得在开始充电的时候,输出电压为0。只有输出PWM脉冲时间大于死区时间之后,才有真正的电压输出。后期的电源输出功率略微增加,也是由于死区时间所占的比重逐渐减小,使得充电功率逐渐变大。此外,输出端口的肖特基二极管的非线性也是造成起始阶段出现死区的原因。为了消除死区的影响,在计算PWM占空比的时候,加上一个死区时间对应的常量,则可以减少死区的影响。

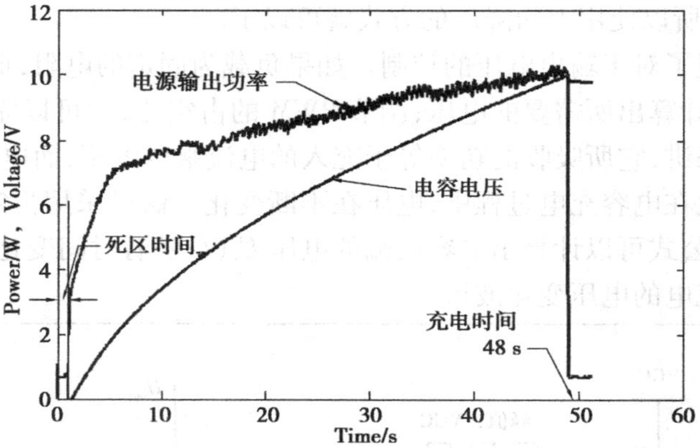


图 10.25　充电数据曲线

上述方案中电源输出功率仍然不太稳定，在实际应用过程中，为了避免超出无线发送极限功率而引起功率保护，需要留下一定的功率余量。另外，上面控制过程中需要使用到电容的参数，如果测量不准，或者使用过程中发生变化，也会引起充电功率波动。

为了在有限发射功率内获得最大充电功率，缩短比赛时间，为车模的运行提供足够的电量，采用恒功率无线充电模块。利用磁场耦合原理，通过全波整流获得电能，检测整流端的电压和电流，及超级电容的电压，控制整流端电流恒流，通过超级电压的实时采集进行一定补偿，控制同步 buck 的输出电压来控制给超级电容充电的功率。电路图如图 10.26 所示。

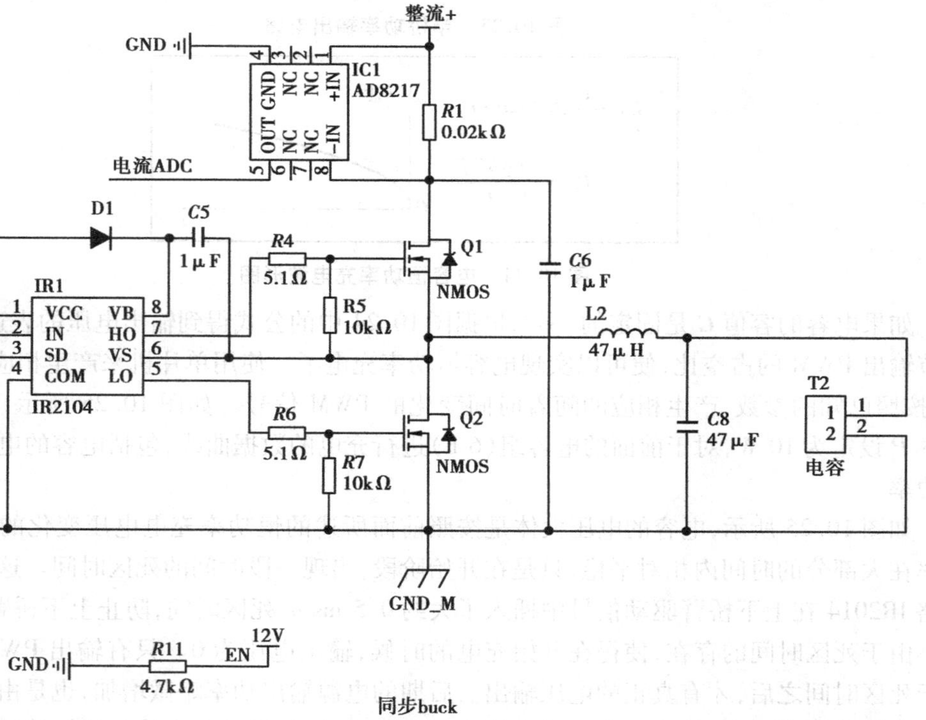


图 10.26　恒功率电路原理图

### 10.4.3　稳压电源电路

如图 10.27 所示为电容电压特性曲线,理想电池放电的电压特性曲线是一条水平直线,实际电池放电的电压特性曲线是非线性的单调递减曲线,但电压不会过低;而电容放电的电压特性曲线近似于指数函数的单调递减曲线。

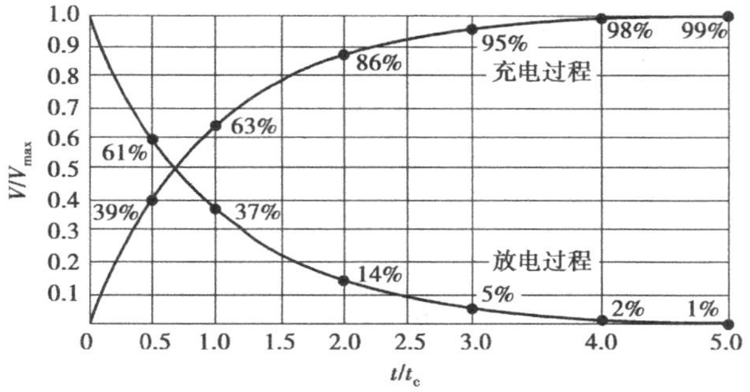


图 10.27　电容电压特性曲线

电池短时间内放电,其放电电压可基本认为恒定不变;但电容短时间内放电,其电压不能基本认为不变。由 RC 常数决定的时间常数 $\tau$ 决定了电容放电电压随放电时间变化的速率。根据放电的电压特性曲线可以看出,经过第一个时间常数 $\tau$ 后,电容的放电电压降低到最大放电电压的 37% 左右,在实际中,系统的供电电压会降低到 3 V 以下,最终导致系统无法正常工作。

电容充电后,随着车模运行电机等损耗,电压不断降低。为了保证电路的正常工作,稳压电路的实际电路设计方案是由德州仪器研发的 TPS63070(具有 3.6 A 开关电流的 2 ~ 16 V 降压-升压转换器输出 5 V 和 3.3 V 电压)为其他各个模块供电。此芯片电路简单,静态电流低,转化效率高,输入电压低,其电路图如图 10.28 所示。

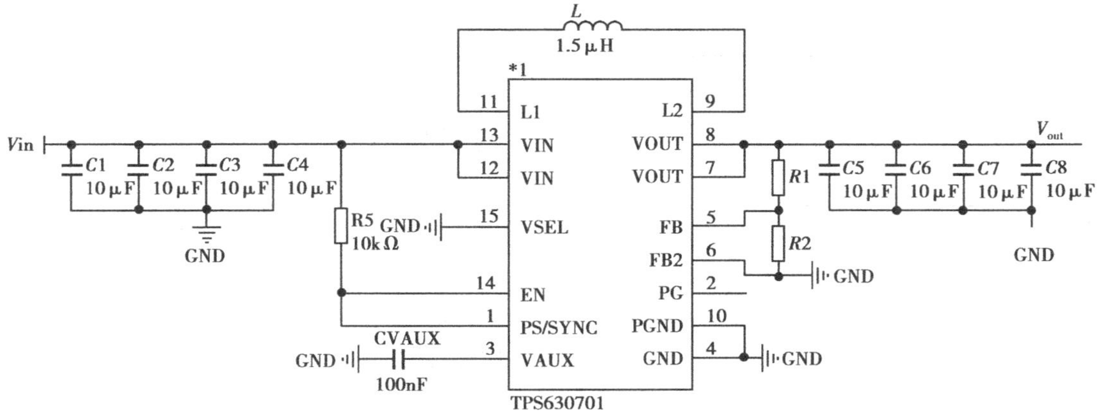


图 10.28　TPS63070 稳压电路

芯片输出电压由 $R_1$ 和 $R_2$ 共同决定,如式(10.3)所示。

$$R_1 = R_2\left(\frac{V_{OUT}}{0.8\ \text{V}} - 1\right) \tag{10.3}$$

在实际制作过程中,电阻 $R_1$ 和 $R_2$ 需采用标称电阻。不同输出电压所对应的标称电阻如表 10.1 所示。

表 10.1　标称电阻值

| 输出电压 | $R_1$ | $R_2$ |
|---|---|---|
| 3.3 V | 470 kΩ | 150 kΩ |
| 5.0 V | 680 kΩ | 130 kΩ |
| 5.3 V | 560 kΩ | 100 kΩ |
| 5.5 V | 300 kΩ | 51 kΩ |
| 6.5 V | 360 kΩ | 51 kΩ |
| 9 V | 402 kΩ | 39 kΩ |

## 10.5　软件系统设计

### 10.5.1　软件系统整体架构

要让车模在赛道上运行起来，完成比赛任务，首先要对主控系统及各个模块进行初始化，然后利用传感器获取赛道信息并进行相应的处理，接着将处理后的数据送入车模运动控制系统使电机等相关运动模块运行，最后利用编码器和陀螺仪等传感器获取车模运动姿态，进一步完成闭环控制。图 10.29 所示为节能车模的软件系统整体架构框图，下面将对主要的软件模块进行详细介绍。

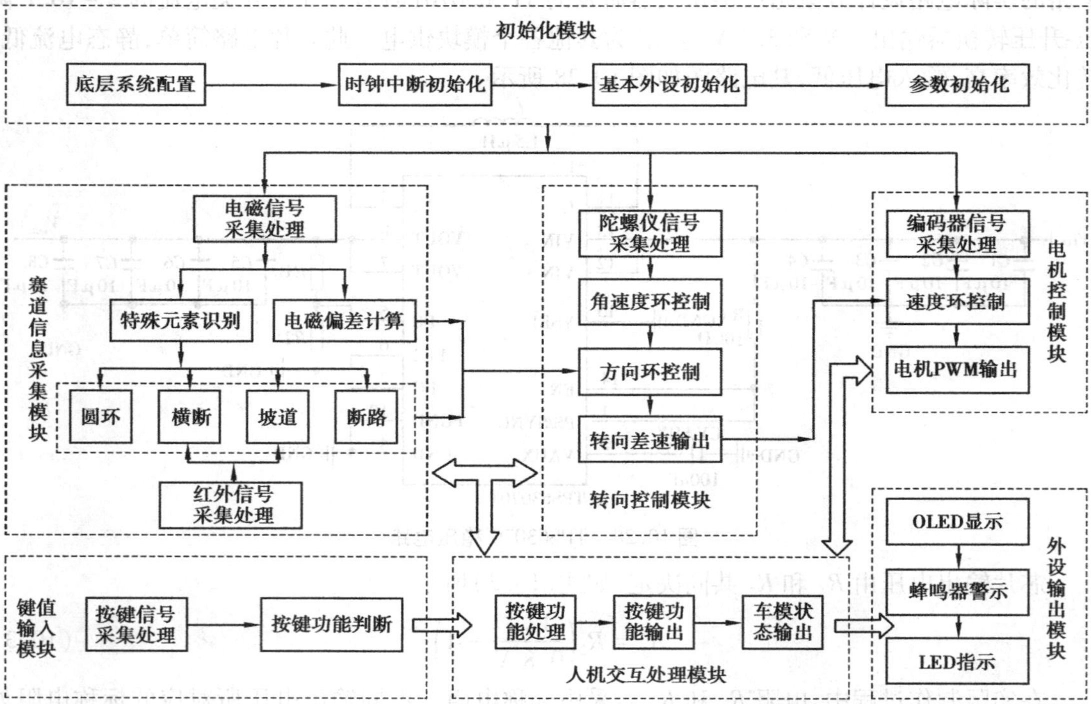


图 10.29　软件系统整体架构框图

**(1)初始化模块**

在车模运行之前需要完成控制系统的配置,各个模块的"激活",以及基本参数的初始化。如图10.30所示为初始化模块的流程图,其主要包括定时器中断、基本外设和参数的初始化,以下为具体的初始化程序[注:程序是在IAR环境下基于LPLD固件库(LPLD OSKinetis V3版)编写的]。

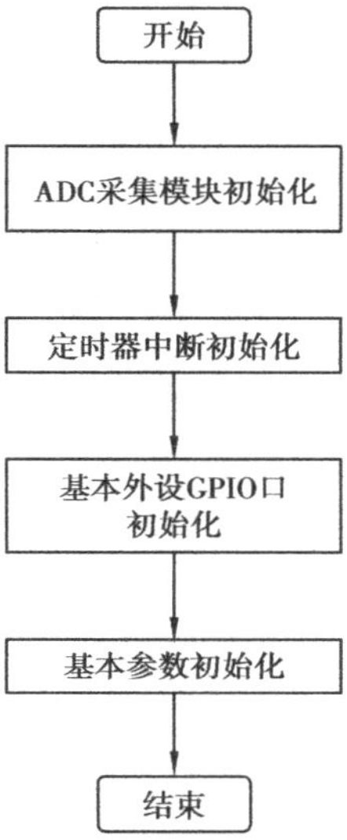


图10.30　初始化模块程序流程图

**(2)赛道信息采集模块**

赛道中线铺有电磁线,车模利用一定排布的电感可以获取赛道电磁场信息,然后利用ADC采集模块将模拟量转化为数字量可以获得电磁场相对大小,进而可以获取赛道中线。图10.31为节能车模电感排布图,其中1,2,3号电感为横电感(即方向与车模运动方向垂直);4,5号电感为安装方向与车模运动方向平行的竖电感,其中横电感主要用于车模基础循线,竖电感用于特殊元素的判定与处理,并提供一部分的基础循线中线修正。竖电感用于特殊元素的处理将在后续小节介绍,这里主要介绍一下如何利用横电感获取车模与赛道中线偏差。图10.32为赛道中线提取程序流程图,首先需要将电感获得的模拟量经AD转换为数字量,为减小噪声干扰,采集三次电感值平均后作为初始测量值。

由于各个电感的电阻匹配或者电路影响,获取的电感值绝对大小不同,需要进行归一化处理,即利用当前测量值减去电感最小值再与电感最大测量值做比值。为了方便计算,最后将获取的归一化系数乘以100用于后续计算,程序如下所示。

```
void ADC_Get(viod)
{
  int i=0,j=0;
  for(i=1;i<=6;i++)
  {
    AD_val.adcadd[i]=0;
}
```

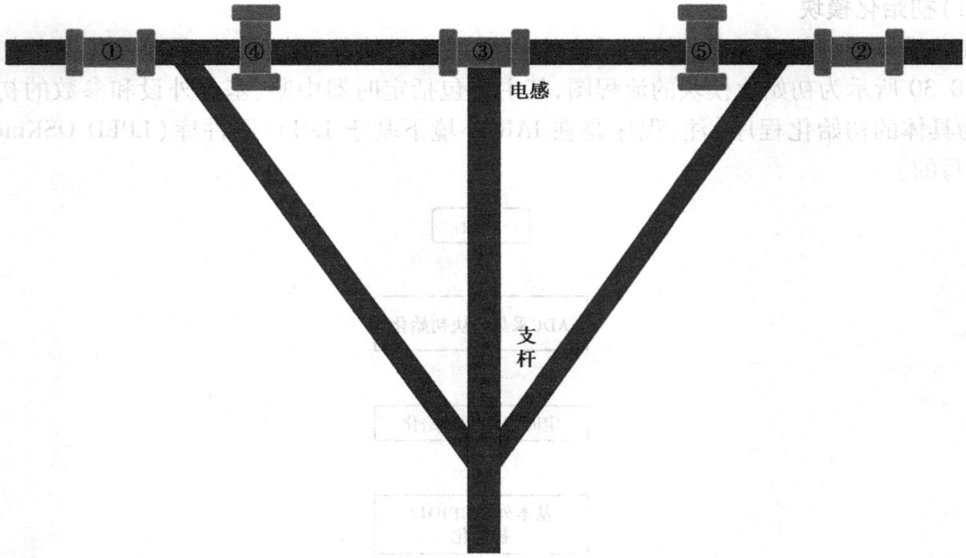


图 10.31　车模电感排布图

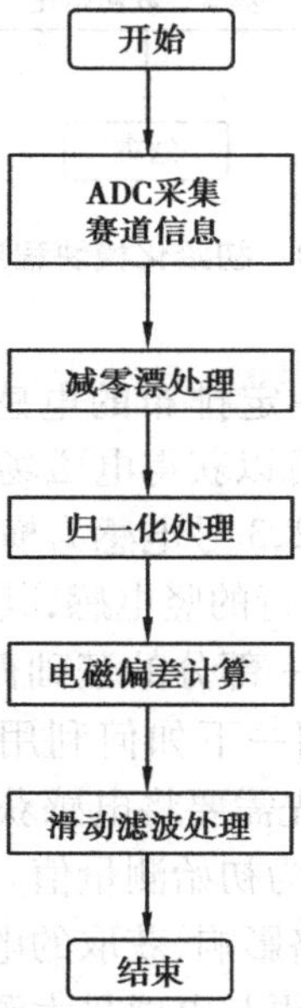


图 10.32　赛道中线提取程序流程图

```
for(i=1;i<3;i++)
  {
    AD_val.getadc[EEE2][i]=LPLD_ADC_Get(ADC1,AD0);   //采集 1 号电感值
    AD_val.getadc[EEE1][i]=LPLD_ADC_Get(ADC0,AD0);   //采集 2 号电感值
    AD_val.getadc[EEE3][i]=LPLD_ADC_Get(ADC0,AD1);   //采集 3 号电感值
    AD_val.getadc[EEE4][i]=LPLD_ADC_Get(ADC0, AD19);//采集 4 号电感值
    AD_val.getadc[EEE5][i]=LPLD_ADC_Get(ADC0,AD20); //采集 5 号电感值
```

```
    AD_val. getadc[EEE6][i] = LPLD_ADC_Get(ADC1, AD19); //采集红外传感器信号值
  }
  for(i = 1; i <= 6; i++)
  {
    for(j = 0; j<3; j++)
    {
      AD_val. adcadd[i] += AD_val. getadc[i] [j];
    }
    AD_val. adcavr[i] += AD_val. adcadd[i] /3;
  }
}
```

然后将获取的归一化电感值用于车模方向与赛道中线的偏差计算，两侧横电感值处理方法为差比和归一化，即将左右电感值的差与和相比得到偏差系数。中间横电感值得处理方法为将其与最大值做差后再与最大值做比值得到中间电感偏差系数。两侧竖电感的处理方式与横电感类似，但由于其对车模基础循线影响不大，贡献度系数设置得较低。最终将各个偏差系数乘以各自贡献度系数，经滑动滤波处理后作为车模偏离中线的偏差值，相关程序如下。

```
Sensor_err_hen = (Sensor. once_uni[EEE2] -sensor. once_uni[EEE1])     //左右横电感
             (Sensor. once_uni[EEE2] +sensor. once_uni[EEE1]);         //偏差系数计算
if(Sensor. once_uni[1] <= Sensor. once_uni[2])           //中间横电感偏差系数计算
{
  Sensor. once_uni[7] = 100- sensor. once_uni[EEE3];
  Sensor_err_mid = Sensor. once_uni[7]/100;
}
else
{
  Sensor. once_uni[7] = sensor. once_uni[EEE3] -100;
  Sensor_err_mid = Sensor. once_uni[7]/100;
}
Sensor_err_shu = (Sensor. once_uni[EEE5] -sensor. once_uni[EEE4])     //左右竖电感
             / (Sensor. once_uni[EEE5] +sensor. once_uni[EEE4]);  //偏差系数计算
Sensor. Err[0] = Err * (Sensor. PARAM_H * Sensor_err_hen              //电磁偏差计算
           +Sensor. PARAM_M * Sensor_err_mid
           +Sensor. PARAM_S * Sensor_err_shu);
for(i = 4; i>0; i--)
{
  Sensor. Err[i] = Sensor. Err[i-1];
}
Sensor. Err[0] = 0.4 * Sensor. Err[1]+0.3 * Sensor. Err[2]            //电磁偏差滑动滤波
             +0.2 * Sensor. Err[3]+0.1 * Sensor. Err[4]
```

(3)时钟中断模块

中断模块将中断程序周期性地执行,其程序流程如图 10.33 所示。

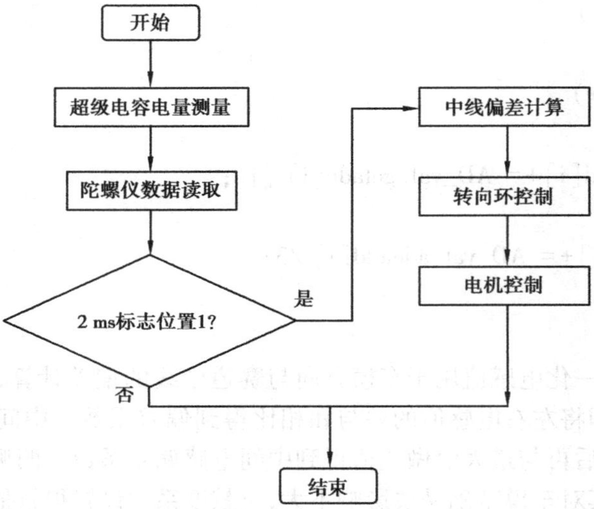


图 10.33　中断程序流程图

该程序每 1 ms 进入一次中断,在未发车情况下,即无线充电阶段开启超级电容电量检测,为自动发车做准备。发车后每 1 ms 读取一次陀螺仪数据,每 2 ms 进行中线偏差计算、转向环控制和电机控制将在 10.5.2 运动控制策略中进行介绍,其程序如下所示。

```
viod   PIT1_ISR(void)                    //定时器中断服务程序
{
  If(motor_flag==0)                      //超级电容电量检测
  {
    Voltage_Get();
  }
  GyroNOW_Get();                         //陀螺仪数据读取
  if (Flag_2ms==2)
  {
    Sensor_Deal();                       //电感值处理,获取中线偏差
    Turn();                              //输入偏差值,计算转向环 PID
    Motor_PIT();                         //电机 PWM 输出
    Flag_2ms=0;                          //标志位置零
  }
  Flag_2ms++
}
```

### 10.5.2　车模整体运动控制策略

由于车模采用履带方式行进,转向需要采用左右轮差速的方法进行控制,其控制是将转向环的输出加在速度环的输入端,最终输出为左右轮电机占空比。如图 10.34 所示为车模运动

控制流程图,下面将简要介绍运动控制中主要用到的 PID 算法,接着介绍车模运动控制的各个步骤。

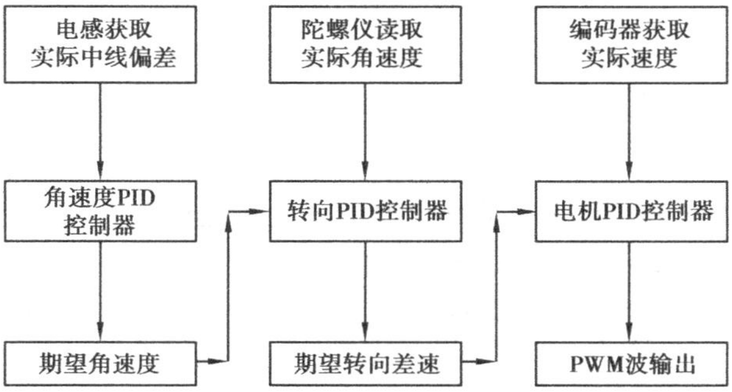


图 10.34　车模运动控制流程图

(1)转向环控制

陀螺仪的工作频率较高,利用其作为 PID 控制器的输入可以使转向调节响应更快,将电感获取的赛道偏差送入角速度 PID 控制器可以输出期望角速度,陀螺仪可以获得车模当前角速度,再将其送入转向 PID 控制器可以输出期望的转向差速。其程序如下所示。

```
viod  Turn(void)                                          //转向环控制
{
  Error_Cal();                                            //电感偏差计算得到期望差速
  Turn_GyroPID();                                         //角速度 PID 计算
  turn_spd[2]=(int16)((TurnPID. Kp * TurnPID. GyroErr[0]          //转向角速度计算
          + TurnPID. Kp * TurnPID. GyroErr_Dif)/6);
  turn_spd[0]= (int16) (beta * turn_spd[1]+(1-beta) * turn_spd[2]);    //互补滤波
}
```

在车模 PID 控制器中,运行中的转向会频繁变化单一的 P,I,D 参数,会使车模对路径变化反应时快时慢,容易产生超调及振荡现象,因此需要改进了 PID 算法以适应更频繁的道路变化。首先将偏差范围进行分段,在不同的偏差角度采用不同的 PID 系数值;进一步根据模糊 PID 的思路设置合理的参数,即在小偏差时缓慢调节,甚至不调节,在产生大偏差时能迅速调节;最后可以利用软件将参数进行拟合,得到一条变化曲线以使调节更加顺畅,以免发生突变。

(2)速度环控制

在得到期望差速后,将其与车模期望速度相比较可以得到左右轮期望速度,分别送入各自的 PID 控制器中可以得到合适的 PWM 波输出,利用编码器可以计算出车模的实际运行速度,最终实现闭环控制。其相关程序如下。

```
Qd_Result_L = (int16) (LPLD_FTM_GetCounter(FTM2));          //获取脉冲数
Qd_Result_R = - (int16) (LPLD_FTM_GetCounter(FTM1));        //获取脉冲数
MotorPID. Speed_test_L[0]=( Qd_Result_L==0)? 0((int)/5000 * (((float)( Qd_Result_L)
                / ((float)( Qd_value_L)))));              //左轮速度(单位 cm/s)
MotorPID. Speed_test_R[0]=( Qd_Result_R==0)? 0((int)/5000 * (((float)( Qd_Result_
```

```
                    R)/ ((float)( Qd_value_R))))); //左轮速度(单位 cm/s)
for(i=4;i>0;i--)                                   //存储左右轮速度
{
  MotorPID. Speed_test_L[i] = MotorPID. Speed_test_L[i-1];
  MotorPID. Speed_test_R[i] = MotorPID. Speed_test_R[i-1];
}
MotorPID. Speed_aveR =(int)(0.5 * MotorPID. Speed_test_R[0]
              +0.2 * MotorPID. Speed_test_R[1]+0.1 * MotorPID. Speed_test_R[2]+
              0.1 * MotorPID. Speed_test_R[3]+ 0.1 * MotorPID. Speed_test_R[4]);
                                                   //对左轮速度进行滤波
MotorPID. Speed_aveL =(int)(0.5 * MotorPID. Speed_test_L[0]
              +0.2 * MotorPID. Speed_test_L[1]+0.1 * MotorPID. Speed_test_L[2]+
              0.1 * MotorPID. Speed_test_L[3]+ 0.1 * MotorPID. Speed_test_L[4]);
                                                   //对右轮速度进行滤波
MotorPID. Car_Speed =(int)(0.5 * MotorPID. Speed_aveR+
             0.5 * MotorPID. Speed_aveL);          //车模实际速度
MotorPID();             //电机 PID 参数计算,PWM 波输出
MotorPID. OutValue_R=(int)( MotorPID. IntSum_allR+ MotorPID. P_ValueR);
MotorPID. OutValue_L=(int)( MotorPID. IntSum_allL+ MotorPID. P_ValueL);
```

### 10.5.3 车模特殊元素处理

对于第十四届竞赛中的节能组,除了基本的弯道、十字、直道等赛道元素外,还包含了路障、断路、环岛、坡道这几个特殊的赛道元素,对这些特殊元素的处理是提高比赛成绩的关键。

**(1)环岛元素**

①环岛元素的识别

由于环岛处电感线路分布的特殊性,主要依靠独特的电磁信号变化规律来对其进行识别。主要特点:环岛处有多条电感线,中间横电感数值倍增;环岛处电感线左右分布不均,左右横电感数值差异明显且具有规律性。具体来说,环岛处识别包括环岛预判断、入环点判断、出环点判断。

a. 环岛预判断

在接近环岛时,如图 10.34 所示的①,环岛处的多条电感线,中间横电感数值会变大,据此可预判断是否接近环。这里要注意与坡道进行区分,因为在上坡时,电感与电感线距离变小,也会导致横电感数值变大。坡道是直道,左右电感差异不大,而环岛处左右电感也会有明显差异,设定一个左右电感值差异的阈值即可消除坡道误判为环岛。

b. 入环点判断

入环点如图 10.34 所示的②附近,行驶到这里时中间横电感数值会达到一个峰值,且左右横电感具有明显的差异。

c. 出环点判断

出环点如图 10.35 所示的④附近,它的识别也至关重要,因为一般在环岛内都会采取不同

的控制策略,需要识别出环点来进行控制策略的转换。且出环点的识别对出环车模状态的稳定性至关重要。出环点的识别跟入环点一样,都需要观察电感值的变化进行判断。不过,当准确识别入环点之后,也可以利用陀螺仪的角度信号来控制出环位置。环岛处理流程如图10.36所示。

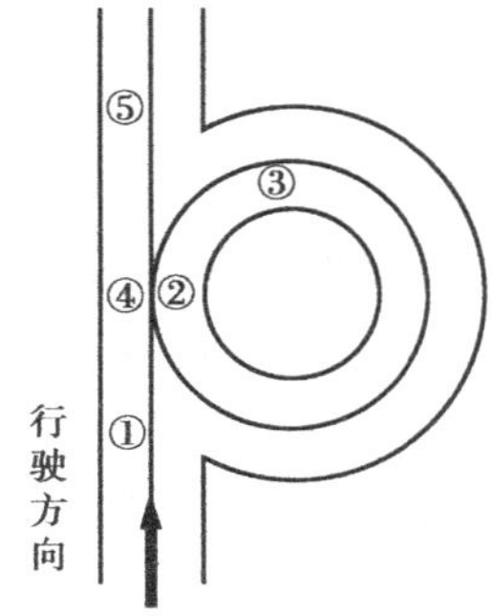


图10.35　环岛各阶段划分图

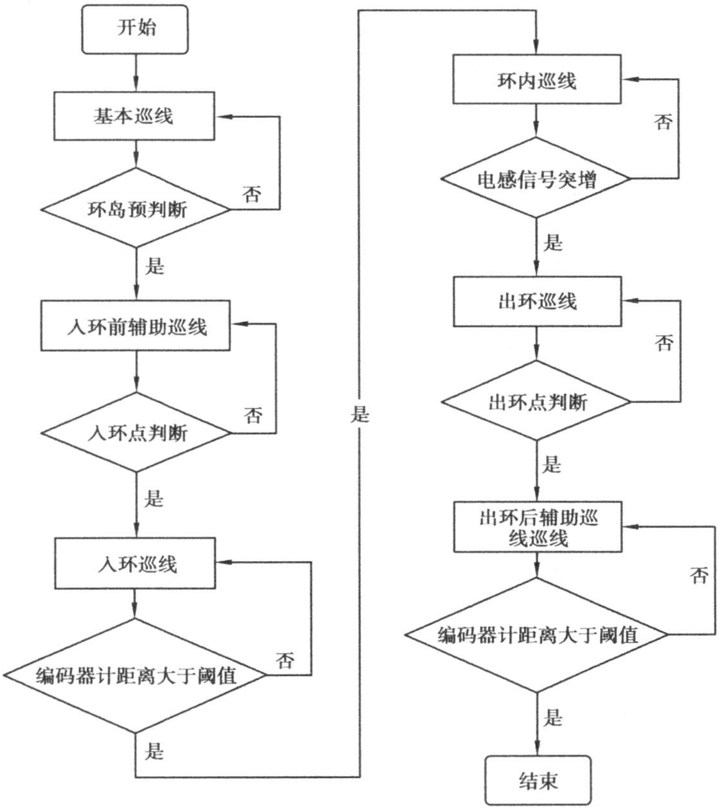


图10.36　环岛处理流程图

②环岛元素的循线

环岛元素的循线细分的话包括五个部分:入环前,入环,环内,出环,出环后,参考图10.34分析。

a. 入环前(①—②)。此处左右电感值波动较大,利用原来直道或弯道的控制算法,会导致车身出现一定的抖动,该抖动也许不会使车模偏离赛道,但它对环岛的准确识别是非常不利的。因此,必须对算法进行一定的修正,来维持车身的稳定。可以通过观察电感值的变换情况,拟合一个差值消除这个波动,但这个波动一般不是线性的,甚至都不一定正相关,故该方法需要斟酌;也可以根据某个电感变化提前预判该段路径,让车模直接直线行驶。

b. 入环(②—③)。准确识别到环岛标志位后,第一,可以通过竖电感和横电感的值拟合一个差值函数,来帮助车模进环,不过该方法存在局限性,因为电感采集的数值不一定那么完美,所拟合的函数可能不理想。第二,可以根据环岛的半径直接给定固定偏差,或者说人为拟合一个偏差函数用于入环控制,至于拟合的输入量可以是编码器计的距离,也可以是其他的。另外,对于入环循线的控制,可以采用编码器计距离,也可以通过电感找特征点识别。

c. 环内(③—④)。环内可以直接采用一般的控制策略,当作弯道处理,但为了控制更精确,往往会增加一些措施,比如增大 P 项等。

d. 出环(④之前)。出环循线的目的主要是为了控制好车身状态,找准出环点,这一步不一定是必须的,有时可以省去。首先,为了进行出环循线也是需要通过电感来判断预出环位置的,之后通过算法修正车身姿态,一般来说也可以是增大 P 项或者人工给定偏差。

e. 出环后(④—⑤)。找准出环点后,切换回一般控制策略后也会遇到与入环一样的问题,因为出环后的电感变化情况也是波动的,需要对控制算法进行修正。

**(2)横断路障元素**

在第十四届比赛中,路障是极其重要也是难度较大的一个元素。由于节能车履带式行进的特点,在通过路障道路时,主要是通过控制差速以及利用编码器计算距离来实现的。

①路障元素的识别

对于路障的识别主要依靠红外传感器所采集的信号,以红外测距模块为例,其输出电压与离反射物体的距离关系如图 10.37 所示。

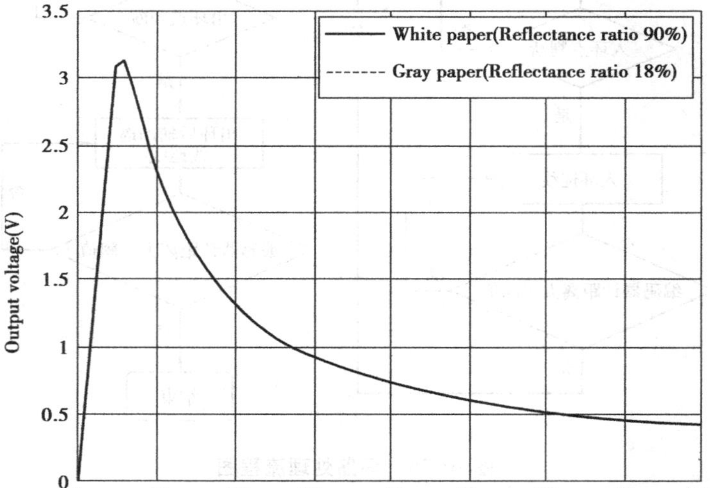


**图 10.37　红外测距模块电压与距离的关系**

首先要做的就是根据采集到的传感器的电压值来估计车模离障碍物的距离,以此来识别障碍元素，并根据车模的速度以及赛道的实际情况设定路障判别标志的电压阈值。路障各阶段划分如图 10.38 所示，处理流程如图 10.39 所示。

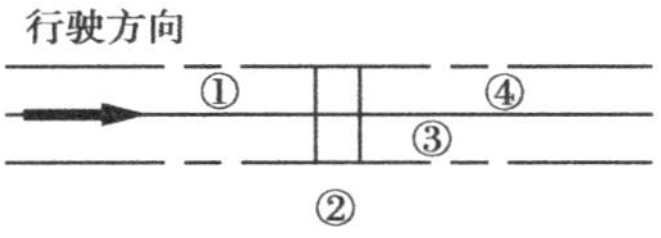


**图 10.38　路障各阶段划分图**

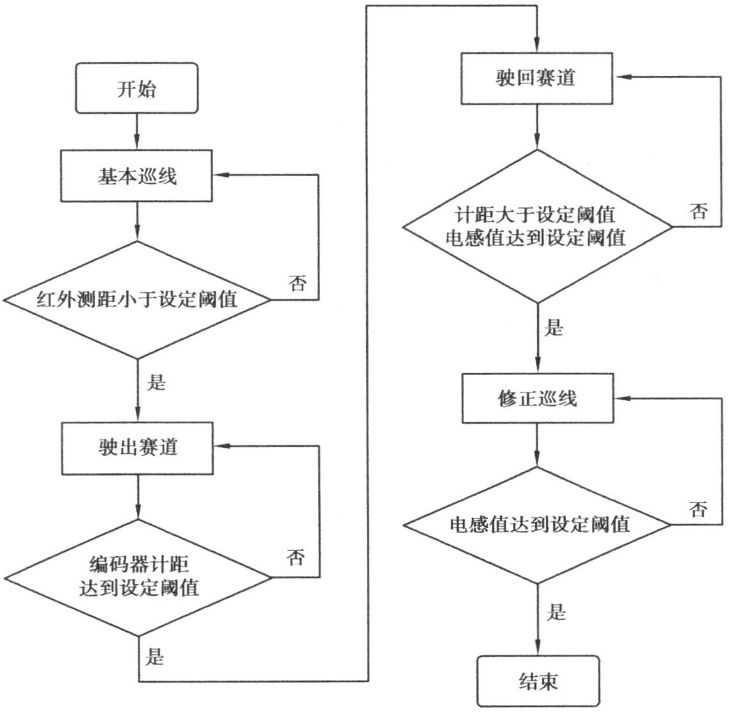


**图 10.39　横断路障处理流程图**

②路障元素的循线

路障标志判定成功后进行避障循线处理。避障必须从赛道外绕行，没有电磁信号的引导。对此，一般的思路是人工给定一段离散变换的偏差信号，让车模脱离电磁信号的引导，人工引导其进行转向，并对每一个转向信号通过编码器计距离进行控制。当车模回到赛道上后马上解除人工信号控制，恢复原先的自动控制。对路障元素的循线处理主要分为三部分：驶出赛道循线、驶回赛道循线、修正循线。

a. 驶出赛道循线（①—②）

接收到路障判定成功的信号后，首先进行减速，并启动编码器计距离，然后人为给定差速偏差信号，转向驶出赛道。在此过程中，可根据编码器得到的距离参数，分段给不同的差速偏差信号，保证小车的转向更平滑。并且要根据赛道实际情况，确定一个驶出赛道的距离阈值，据此判断该段循线结束。

b. 驶回赛道循线（②—③）

驶出赛道循线结束后，驶回赛道阶段的循线与驶出赛道类似，只是人为给定的差速偏差信号相反,且为了返回赛道时更平滑,可增加分段数,增大返回赛道的距离。返回赛道的检测将编码器计距与电感检测相结合,设定相应的阈值,由于车模驶回时是切入赛道,故竖电感较灵敏,设定一定阈值即可判断车模是否已经接触赛道,然后减小给定的偏差信号,使车模更平滑的驶回赛道。

c. 修正循线(③—④)

修正循线主要是为了让驶回赛道的车模摆正姿态增加的辅助循线。当车模驶回赛道时车身一般是斜放于赛道上,人为给定一段的差速偏差信号,该信号与驶回赛道的信号方向相反,辅助小车摆正姿态。

**(3) 坡道及断路元素**

首先,断路元素即是道路某一段缺失了图像,但仍然有电磁线的引导。断路元素对于采用电磁循线的来说不存在任何困难,因此不必作特殊处理。而坡道元素由于节能车模的特殊性,基本不会造成过多干扰。唯一存在的干扰是可能存在环岛的误判,通过设定左右横电感差值的阈值可以解决这个问题。

**(4) 自动停车算法**

自动停车算法主要利用干簧管的磁控开关特性来实现。赛道终点线的磁标会改变干簧管的开关状态,实时采集该状态的值(0 或 1),当该状态数值变化时立刻启动停车函数,即可实现自动停车。

**(5) 自动发车算法**

节能组别是无线充电,并要求实现自动发车。由大电容进行储能,其能量的多少会直接反映在电容的电压上。因此,通过 AD 采集该电压值,然后通过多次实际赛道的测试来确定电压阈值。设定该阈值之后采集电容的电压值即可实现对电量的判断,大于阈值时即自动发车。要注意在确定阈值时,一定要留有一定余量,避免因电量不够导致车模无法完成比赛。

## 10.6 节能组车模的组装与调试

### 10.6.1 车模硬件组装与调试

**(1) 充电电路调试**

节能组的无线充电发射装置是竞赛组委会指定的,充电功率限定 30 W,发射频率 640 kHz。在绕制充电线圈时应使用美纹胶带和铜箔交叉绕制,铜箔绕制的圈数越多,电感量越大,一般绕制 5 ~6 圈即可;匹配的电容要选择耐压值高的独石电容,否则易被击穿;整流桥二极管选择大电流的肖特基二极管;储能的超级电容尽可能选择容量相对小的超级电容,一方面可以减轻车模质量,另一方面可以提高充电电压,防止当电容电压下降到 2 V 以后,超级电容还存有大量能量无法利用。

**(2) 驱动板调试**

驱动电路主要是采用 H 桥的驱动电路,在进行调试时,首先检查电源电路,5 V 电压一般采用 LM1117-5 电源芯片实现,该电路比较简单,若不能正常工作通常是由于芯片被烧坏或者滤波电容被击穿;12 V 电压一般采用 mc34063 电源芯片,该电路也很稳定,若不能正常工作,通常是由于电阻阻值或电容值选取有问题，或者芯片被击穿烧坏。在确保了电源正常的情况下，从信号的流向依次使用示波器查看信号变化情况，主要从以下三个部分进行查看。

①检查 74HC08 芯片输出信号是否正常，在焊接时烙铁温度过高极易导致芯片被烧坏，因此在焊接时最好控制烙铁温度在 300 ℃以下。

②检查 IR2104 芯片输出是否正常，若有问题，有可能是芯片被烧坏或者后级电路影响级电路，检测方法是切断后级电路的连接，然后再使用示波器检测信号是否正常。

③检查 MOS 管输出是否正常，若有问题，有可能是 MOS 管被击穿，检测方法是将万用表置于 R×10 或 R×100 挡，测量源极 S 与漏极 D 之间的电阻，通常在几十欧到几千欧范围（不同型号的管，其电阻值是各不相同的），如果测得阻值大于正常值，可能是由于内部接触不良；如果测得阻值是无穷大，可能是内部断极。然后把万用表置于 R×10k 挡，再测栅极 G1 与 G2 之间、栅极与源极之间、栅极与漏极之间的电阻值。当测得各项电阻值均为无穷大，则说明管是正常的；若测得上述各阻值太小或为通路，则说明 mos 管是坏的。

**(3) 运放电路调试**

运放电路的检测方法和驱动电路类似，也是根据信号的流向进行检测。首先使用示波器检查信号的输入是否正常，也就是工字电感谐振出来的信号是否正常，若信号异常极有可能是工字电感被损坏或者是谐振电容匹配不当造成。其次检测同相比例放大电路，调节电位器是否能够放大信号，如果不能，有可能是电位器的问题。

### 10.6.2　车模软件系统调试

车模的软件系统调试包括程序可行性测试、人机交互模块调试、电磁信号采集调试、特殊赛道元素识别与处理调试、PID 控制器参数调试、电机控制调试以及整体联调。其中 PID 控制器参数调试相对比较重要，是车模能在赛道上稳定运行的前提，下面将主要介绍一下车模 PID 参数整定过程。

PID 控制器的参数整定是控制系统设计的核心内容，其方法可以分为两大类，一类是依据系统的数学模型，经过理论计算确定，这类方法可以用于初步估计系统参数的范围，实际工程中还应根据第二类方法进行整定，即试凑法。试凑法依赖于工程经验，直接在控制系统的实验中进行，且方法简单，易于掌握。车模的参数整定也是用的试凑法，下面介绍分段 PID 参数整定具体的调试过程。

①首先整定一个大概的 PID 参数，将分段 PID 增加系数设置为相同值，在整定比例部分时，将微分、积分系数置零，慢慢增大比例系数并观察系统响应，直至得到反应快、超调小的响应曲线。接着引入积分与微分系数降低系统静差和增强稳定性，观察车模的运动状况，直至其响应速度较快、稳定性较高。

②进一步引入模糊控制的思路，将分段 PID 增加系数设置为合适的大小，调整各个段落的 PID 参数大小，直至车模能在小角度微调车身，在大角度下能迅速响应调整行驶方向。

③为了让调节更加平稳，将各个分段对应的参数进行函数拟合，调节函数系数，使控制效果更佳。

# 第 11 章 室内对弈组开发实例

## 11.1 基本情况介绍

室内对弈创意比赛要求参赛队伍设计一辆车模，能够通过车载摄像头和其他传感器完成赛场内线条，标签的检测与辨认，以及几何物体的识别与搬运。通过机械、电子和控制算法完成预赛和决赛两个阶段的目标排序任务和对抗挑战任务。

竞赛环境是位于室内的 6 m×6 m 平坦的场地，地面上铺设蓝色广告布，其上有 8×8 的棋盘格。棋盘格的长宽都是 50 cm，白色边界线宽度为 50 mm。在棋盘格内有 April Tags 标签，从第 1 格至 64 格，每隔一个格放置一个标签。布置方式如图 11.1 所示。

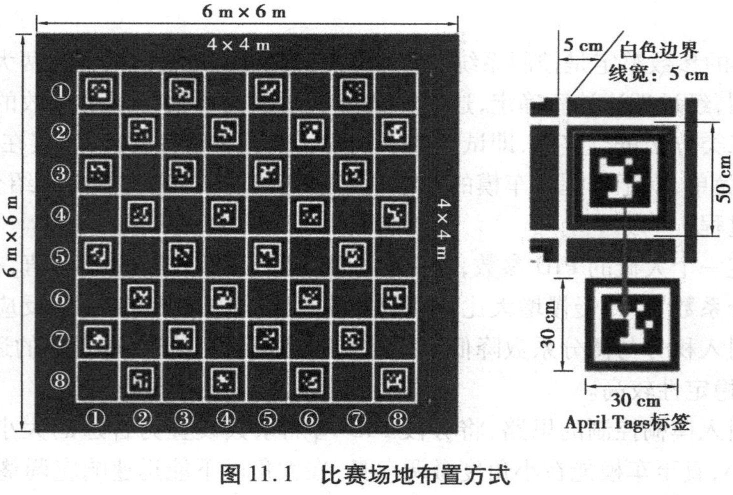


**图 11.1 比赛场地布置方式**

图 11.1 中棋盘格边缘的数字以及尺寸箭头标准在实际上场地中不存在，标签的边长为 30 cm，放置在棋盘格的中心。比赛场地由竞赛组委会统一制作，场地可以使用喷涂工艺一次制作完成，也可以在购置的蓝色背景布上使用白色胶带纸粘贴出棋盘格，使用打印纸制作标签粘贴在背景布上。参赛队伍不允许在比赛场地外再铺设其他辅助定位装置，包括无线定位装置、可见定位的景物等。

比赛包括预赛和决赛两个阶段。预赛阶段的任务是将参赛队伍提供的 8 块棋子或者 8 块障碍板块,由组委会统一随机摆放在棋盘格内。参赛队伍的车模进入场地内,通过自主移动板块,使得板块在棋盘内满足"八皇后问题"的约束,即任何两个板块都不能够处于同一行、同一列或者同一斜线上。图 11.2 所示为八皇后棋盘示意图。

决赛阶段是对抗比赛,决赛场地见图 11.3,按照预赛排位进行分组对抗。进行对抗的两个队伍,分别在场地左右两侧底线对称中心位置摆放各自的圆形皇后棋子,然后轮流交替上场,完成棋子的移动以及为对方设置障碍。

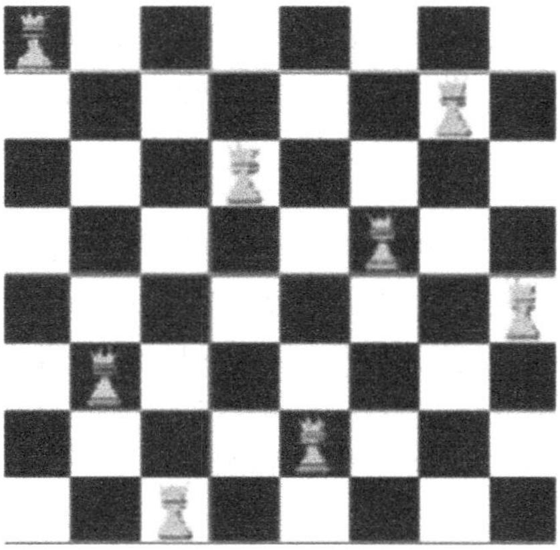

图 11.2　八皇后棋盘示意图

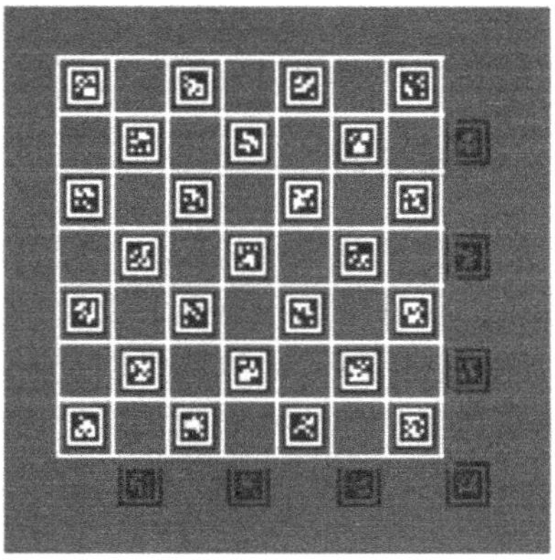

图 11.3　决赛场地图

棋子形状为圆形,障碍的形状为长方形,棋子和障碍是由参赛队伍自行制作。如图 11.4 所示,尺寸必须符合如下要求:

几何尺寸 $D,W$(单位 cm):$30\leqslant D\leqslant 35,5\leqslant W\leqslant 10$。

厚度 $d$(单位 mm):$0.5\leqslant d\leqslant 10$。

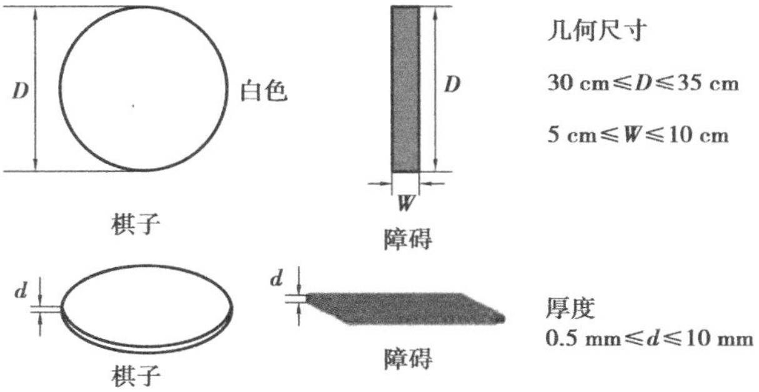


图 11.4　棋子及障碍尺寸要求图

## 11.2　总体方案设计

### 11.2.1　作品设计要求

创意组的具体要求如下:

①参赛作品中微控制器必须为 NXP 公司的微控制器系列产品，控制器的数量不限。对于棋盘格内的 April Tags 标签识别，推荐使用 NXP 公司的 i. MX RT1060 可编程视觉模块。

②传感器的种类和数量没有限制。要求控制电路(包括 MCU、传感器、电机驱动等)必须自行设计、制作、调试。

③车模机械结构可以自行设计制作。

④车模平台的静态尺寸(长、宽)小于 50 cm，平台高度小于 100 cm。车模在进入场地后，用于摆放障碍物的机械臂可以伸出车模平台 50 cm 范围之外。

经过对赛题的分析，可知图像处理、车模定位与决策部分是设计的难点，因此要求在整个作品设计中需要严格考虑设计方案的可行性与稳定性，设计出能够快速稳定完成要求的系统。

### 11.2.2 系统设计

综合分析本次竞赛规则和需求，分别对机械结构、硬件电路、软件系统进行了设计。

机械系统的设计是从车体框架设计，到车轮的选型，电机转速、功率、驱动力的计算，编码器的选型，抓取装置设计，电源选择以及连接与固定，最后进行车模机械机构的优化，每一步设计与选择都经过了从理论推导到实际设计与选型的过程。整个机械子系统由四部分组成，分别为支撑机构、动作机构、移动机构、连接部件。机械子系统总体框架图如图 11.5 所示。

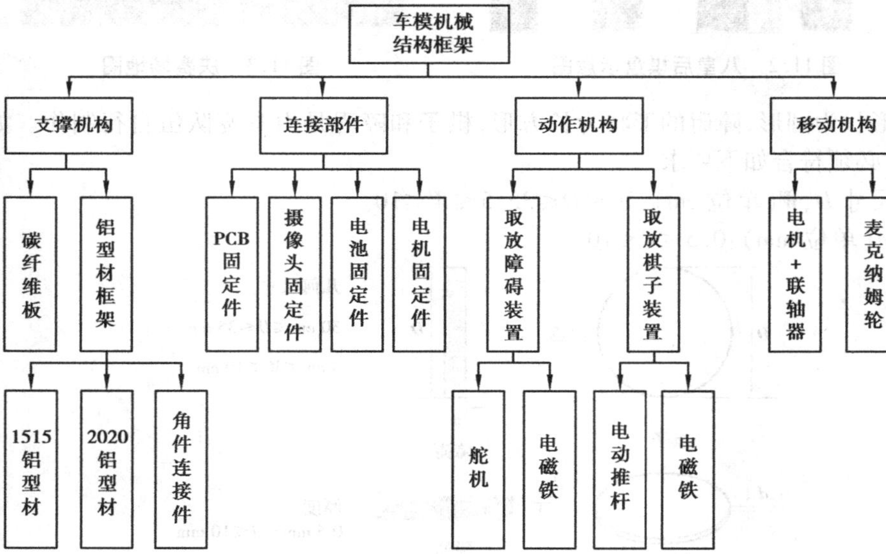


图 11.5 机械子系统框架图

硬件部分，选用 NXP 公司的 OpenMV(RT 1060)视觉摄像头作为图像获取和预处理核心模块，选用 i. MX6Q 开发板作为路径规划算法运行的核心处理器，配合 K60 单片控制机械系统完成棋子、障碍的识别和搬运。系统总计方案如下：首先由视觉摄像头进行 April Tags 标签和车身姿态的识别，完成场上自我定位任务以及对目标位置的解算。然后将棋子和障碍信息发送到 i. MX6Q 开发板进行路径规划，最终由前(决策)摄像头发送控制指令，主、从单片机(MK60DN512ZVLQ10)接收控制信号速度、角度信息，进行闭环控制，完成棋子和障碍的拾取放置任务。硬件总体方案如图 11.6 所示。

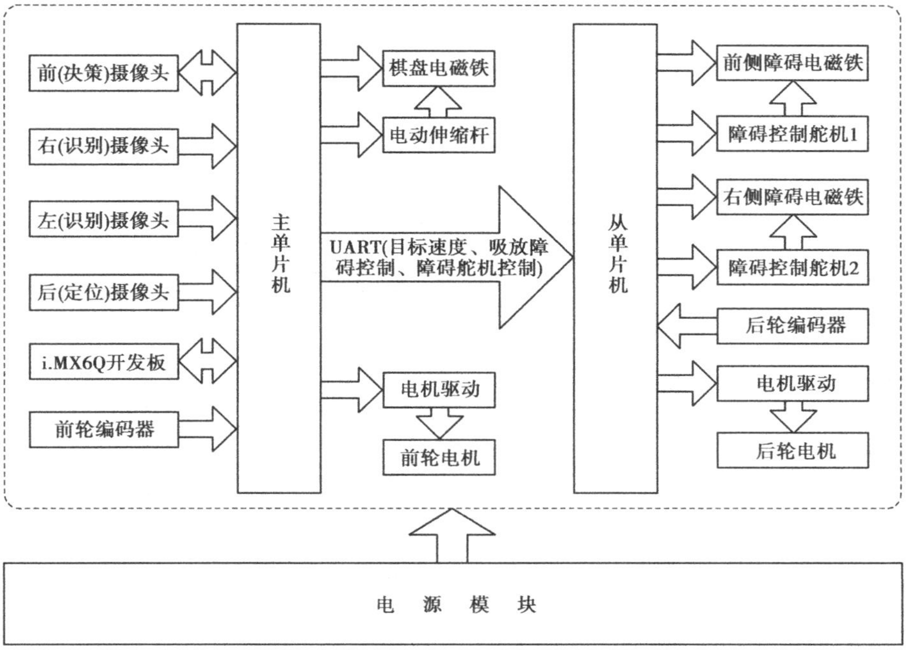


图 11.6　硬件总体方案图

软件系统由五大部分组成，分别是控制模块、图像识别、传感器数据处理、通信模块以及路径规划算法。控制模块主要用于电机控制、棋子拾取和障碍放置，其中电机控制采用 PID 算法对电机转速进行调节，结合麦克纳姆轮速度控制关系，实现对车辆的运动状态进行控制，棋子障碍主要通过控制舵机和电磁铁来完成。本系统有多个设备，其中 4 个摄像头、开发板以及单片机，经综合考虑选择用 UART 结合 DMA 的方式进行多设备间的数据交换。传感器数据处理主要是对各传感器的测量数据进行最优估计以及数据融合，其主要采用的是卡尔曼滤波算法。图像识别以 i. MX RT1060 为核心的 OpenMV 为硬件平台，采用 Micro Python 进行编程，利用其内置的图像处理库进行场地的 April Tag 标签识别和车模定位。八皇后的算法设计主要运用贪心算法来寻找最短路径，并结合搬运次数计算搬运时间，进而规划路径。在对增强学习算法和 Q-learning 算法尝试之后，选择用 BFS 算法寻找最短路径并结合障碍数量来进行决策。软件部分整体结构如图 11.7 所示。

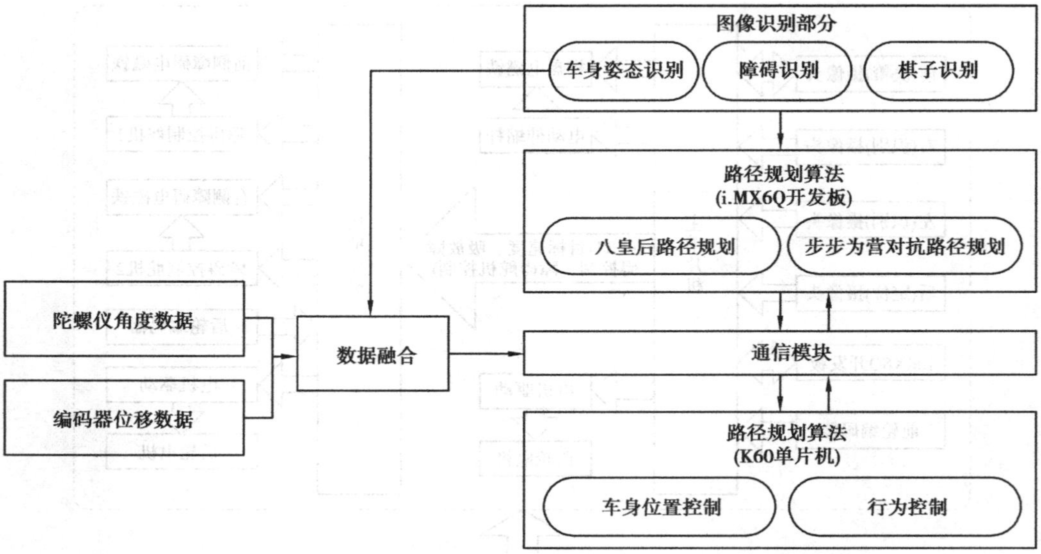


图 11.7　软件部分整体结构图

## 11.3　车模机械结构设计与安装

### 11.3.1　车体平台设计

**(1)车模期望性能**

车模需要在 6 m×6 m 的比赛场地内进行全向移动,并且进行快速的启停过程,棋盘尺寸为 4 m×4 m,致胜的关键就是速度与控制精度,在比赛过程中车模可能会越过障碍和棋子,则要求车模具有一定的通过性和越障能力。因此期望车模的性能主要有以下几点:

a. 最大直线行驶速度 $V_{max}=3$ m/s。

b. 最大直线加速度 $a_{max}=1$ m/s$^2$。

c. 最大载重 20 kg。

d. 一定的通过性。

e. 越障能力 10 mm 高。

**(2)车体框架设计**

①初步方案

对于车模框架的选择,材料和结构需要满足如表 11.1 所示的要求:

表 11.1　车体材料和结构要求

| 材　料 | 结　构 |
|---|---|
| 足够的强度 | 稳定性 |
| 密度小 | 易于改装 |
| 耐磨性 | 足够刚度 |

在查阅了相关资料，进行比较及讨论后，初步选择碳钎维板作为车体底盘主要材料，以具有同样优势的碳素杆作为车子支架。车模底板如图11.8所示，摄像头支架如图11.9所示。

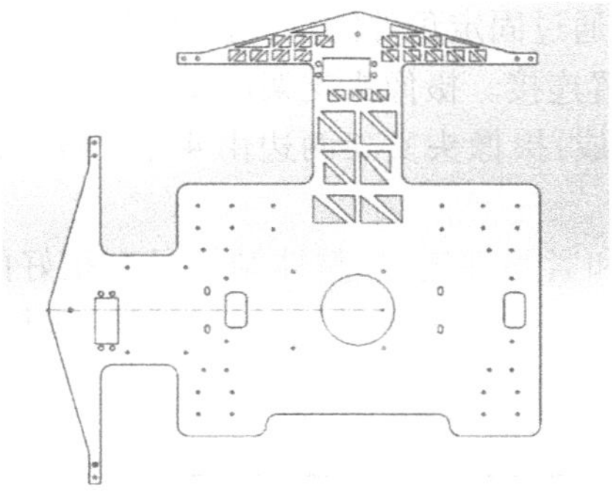

图11.8　碳纤维车架板

图11.9　摄像头碳素杆

由于规则上对整车尺寸有限制规定，首先需要利用Solidworks三维建模软件对整车模型进行建模并优化修改，初代车模型如图11.10所示。车体由三个部分组成：支撑底板，放障碍装置固定板，摄像头固定支架。在确定车模尺寸后进行车模组装，并进行调试，初代车实物图如图11.11所示。在组装过程中发现，初步选定的碳纤维板和碳素杆存在以下问题：

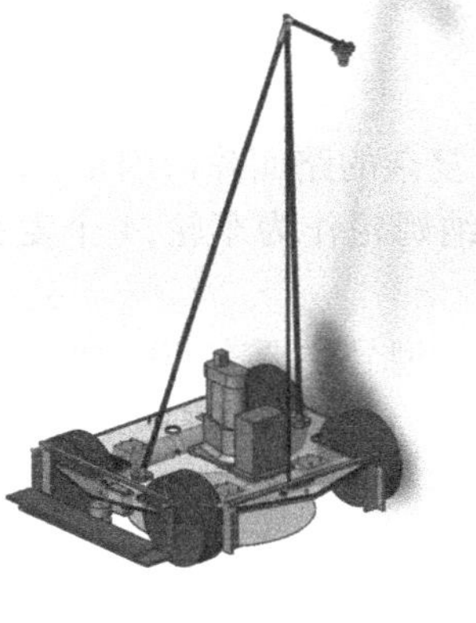

图11.10　初代车模型

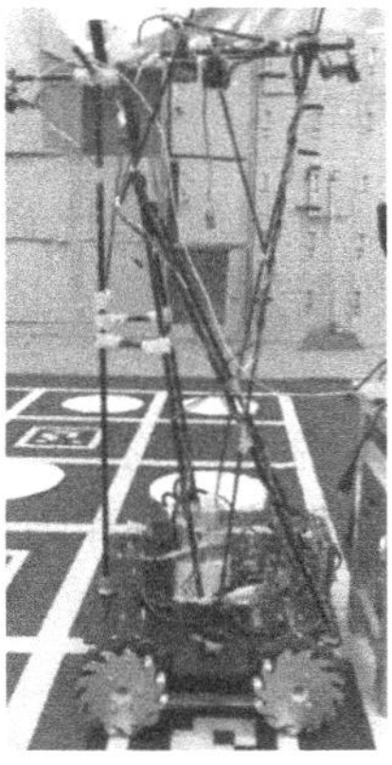

图11.11　初代车实物图

a.碳纤维板与摄像头支架杆的连接不牢固。

b.碳纤维板加工改装难度大，一次加工成型难以进行改装优化。

c.碳素杆扭转刚度不够，容易扭转造成摄像头抖动从而影响图像处理。

②优化方案

为了满足对车体的性能要求，进一步对车体框架结构进行优化改进，将铝型材和碳纤维板相结合构建车体，结合了铝型材的易组装性和碳纤维板的高强度支撑性的优势。两者的结合在保证整车结构紧凑的同时也保证车体有足够的强度。

图11.12　车模框架模型图

经过对比，最后采用材料密度小且轻度足够的铝型材作为车子的底板框架，放障碍装置利用碳纤维板作为支撑板，摄像头支架则用市面上尺寸较小 1515 铝型材搭建而成，不仅保证结构有足够刚度，同时也保证了质量轻的要求。新一代车模的框架模型如图 11.12 所示。底板由 6 根 2020 铝型材，通过固定角件固定连接而成。底板铝型材上固端碳纤维板处加工有螺纹孔，用于与放障碍装置连接。摄像头支架由 2 根长 1515 铝型材、2 根横梁 1515 铝型材、2 根短外伸固定用铝型材构成，摄像头支架两边由 4 个 135°铝型材角件加固连接。

底板和支架都采用国标铝型材，用配套角件和紧固件连接，整体结构具有很好的紧固性，同时铝型材车架也具有轻量特点。如表 11.2 所示为整车车体尺寸，经过对比，车模尺寸均符合规则要求。

**表 11.2　整车尺寸表**

| 结构物理量 | 单位/cm |
|---|---|
| 长度 | 44 |
| 宽度 | 48 |
| 高度 | 80 |
| 重心高度 | 13 |

### 11.3.2　车轮选型

根据对规则的解读和理解，比赛场地不存在复杂的路面障碍因素，车模应该能够灵活地在场地里转向运动。出于这点考虑，选定 45°麦克纳姆轮作为车轮，4 个麦克纳姆轮组合运动具有全向运动的特点。

市面上常见的麦克纳姆轮如图 11.13 所示。型号主要有 60，100，127，152 mm 等直径尺寸，由竞赛细则文件可知，棋子和障碍的上限高度为 10 mm，规定了车模尺寸上限为 50 cm×50 cm×100 cm。

**图 11.13　麦克纳姆轮实物图**

由理论分析可知，车轮尺寸越大，车模的通过性能和越障性能越好，转速一定的情况下车模的行驶速度也越大，但是阻力矩也会越大，同时保证控制精度也就越困难。车轮尺寸越小，控制精度比较可观，但是车模的通过性较差，承载能力也越差。综合考虑后，最终选择直径为 152 mm 的麦克纳姆轮，轮毂偏软，附着效果较好，4 个麦克纳姆轮分别为两个左旋轮、两个右旋轮，配套使用。

通过对比麦轮的表面材料和麦轮质量,选定机甲大师专用麦克纳姆轮作为比赛用轮。因为该轮材质较好,产品质量较高,符合小车运动需求,其主要参数如表 11.3 所示。

**表 11.3　麦轮属性表**

| 属　性 | 技术参数 |
|---|---|
| 组成 | 16 轮 |
| 质量 | 595 g |
| 轮宽 | 45 mm |
| 直径 | 152.5 mm |
| 特性 | 45°全向轮;单轮承重 35 kg |
| 材质 | 轮毂为钣金;滚轮橡胶 |

### 11.3.3　电机及编码器选型

**(1)电机额定转速计算**

已知车轮的直径为 $D=0.152$ m,车模期望的最大直线行驶速度为 $v_{max}=3$ m/s,车轮的最大转速为

$$n_{max}=\frac{60v_{max}}{\pi D}=337\ \text{r/min} \tag{11.1}$$

则选取的电机输出轴额定转速应不小于 377 r/min。

**(2)电机驱动力计算**

车模在行驶过程中,由电机提供驱动力,并克服作用在车模上且与车模行驶方向相反的各种行驶阻力而运动。车模的行驶平衡方程式为

$$F_t=\sum F \tag{11.2}$$

式中,$F_t$ 为驱动力;$\sum F$ 为行驶阻力之和,包括滚动阻力 $F_f$、空气阻力 $F_w$、坡度阻力 $F_i$ 以及加速阻力 $F_j$。

①驱动力

电机产生的转矩经传动系统传至驱动轮上,此时作用于驱动轮上的转矩 $T_t$ 产生一个对地面的圆周力 $F_0$,地面对驱动轮的反向作用力 $F_t$(方向与 $F_0$ 相反)为驱动小车的外力(图 11.14),即驱动力,其数值为

$$F_t=\frac{T_t}{r} \tag{11.3}$$

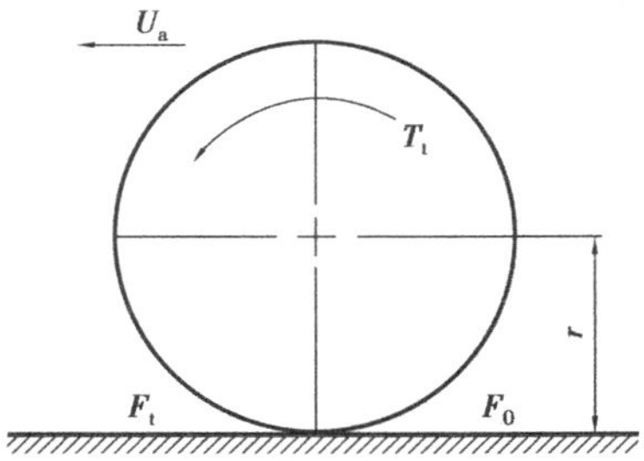

**图 11.14　轮子受力简图**

其中,$r$ 为车轮的滚动半径。由于麦克纳姆轮的刚性较大,为了方便计算,不计车轮静力半径、自由半径和滚动半径的差异,选取统一的固定半径。

②滚动阻力

车轮滚动时,车轮与路面接触区域产生法向、切向的相互作用力,车轮和支撑路面的变形

产生了小车行驶的滚动阻力 $F_f$，其数值为

$$F_f = Wf \tag{11.4}$$

式中，$W$ 为车轮负载；$f$ 为滚动阻力系数。整车最大重量为 20 kg，则每个车轮承受的负载为

$$W = \frac{20\times10}{4} = 50\ \text{N} \tag{11.5}$$

由于比赛场地为室内场地，路面状况较好，故取滚动阻力系数 $f=0.02$，重力加速度 $g=10$ N/kg，则每个车轮承受的滚动阻力大小为

$$F_f = Wf = 50\times0.02 = 1\ \text{N} \tag{11.6}$$

③空气阻力

空气阻力 $F_w$ 是小车在行驶过程中受到的空气作用力在行驶方向上的分力，分为压力阻力和摩擦阻力。压力阻力是作用在小车外形表面上法向压力的合力在行驶方向上的分力；摩擦阻力是由于空气的黏性在车身表面产生的切向力的合力在行驶方向上的分力。在无风条件下，空气阻力的大小与空气阻力系数、车模迎风面积、车模行驶速度有关，由于本设计中车模的行驶速度、迎风面积均较小，为了便于计算与估计，可认为空气阻力 $F_w=0$。

④坡度阻力

由于比赛环境的场地不是完全理想的平面，可能会存在一定的坡度，故需要考虑坡度阻力。

车模在上坡行驶时，车模的重力沿坡道的分力表现为车模的坡度阻力 $F_i$，其数值为

$$F_i = G\sin\alpha \tag{11.7}$$

式中，$G$ 为作用于车模上的重力；$\alpha$ 为坡度。考虑到定位精读需求及实际条件，取最大坡度为 $\alpha=3°$，则有

$$F_i = G\sin\alpha = 50\times\sin3° \tag{11.8}$$

⑤加速阻力

车模在加速行驶时，需要克服其质量加速运动时的惯性力，此为加速阻力 $F_j$。车模的质量分为平移质量和旋转质量两部分，加速行驶时前者产生惯性力，后者产生惯性力偶矩。为了便于计算，把旋转质量产生的惯性力矩转化为平移质量的惯性力。取旋转质量换算系数 $b=1.03$，则小车的加速阻力为

$$F_j = bm\frac{\mathrm{d}u}{\mathrm{d}t} = 1.03\times5\times1 = 5.15\ \text{N} \tag{11.9}$$

故可以计算出单个电机驱动力期望值为

$$F_t = F_f + F_w + F_i + F_j = 1+0+2.62+5.15 = 8.77\ \text{N} \tag{11.10}$$

**(3)电机额定功率计算**

由于车模传动链较短，故机械效率较高，取机械传动总效率 $\eta_T=0.95$，则电机的额定功率为

$$P_e = \frac{F_t v_{max}}{\eta_T} = \frac{8.77\times3}{0.95} = 27.69\ \text{W} \tag{11.11}$$

**(4)电机额定转矩计算**

电机的期望额定转矩为

$$T_e=\frac{F_t r}{\eta_T}=\frac{8.77\times 7.6}{0.95}=27.69\ \text{W} \tag{11.12}$$

(5)电机型号选择

期望电机的额定转速应不小于 377 r/min，额定转矩应大于 70.16 N·cm，额定功率需大于 27.69 W。经过大量对比与讨论，最终选择了额定功率为 35 W 的永磁直流行星减速编码电机，电机型号为 36GP-555，输出轴尺寸为 $\Phi$=8 mm，其基本参数如表 11.4 所示。

表 11.4　36GP-555 电机基本参数

| 参数名称 | 数　值 |
|---|---|
| 额定电压 | 24V/DC |
| 减速比 | 1∶14 |
| 空载转速 | 855 r/min |
| 空载电流 | ≤500 mA |
| 额定转矩 | 10.0 kg·cm |
| 额定转速 | 675 r/min |
| 额定电流 | ≤2.6 A |
| 堵转电流 | ≤21 A |

(6)编码器选型

所选电机自带 AB 双相增量式磁性霍尔编码器。与传统的光电编码器相比，磁性霍尔编码器具有抗振动、抗腐蚀、抗污染、抗干扰能力强和宽工作温度的优势，且能满足本设计的使用需求，故使用该编码器。

### 11.3.4　取放装置设计

根据规则要求，小车在除了满足基本的运动功能外，还需要满足以下几点要求：

①取放装置结构简单、易于控制。

②能够稳定吸取、携带、放置棋子。

③能够稳定吸取、携带、放置障碍。

取放棋子是比赛的要求，也是整车控制的关键，而取放装置作为执行机构，一定要具有结构简单、易于控制且稳定的特点。

(1)取放棋子装置

初步选择机械臂与电磁铁组合方案，但是在设计过程中发现，机械臂方案存在以下问题：

①机械臂结构复杂，占用大量安装空间。

②机械臂控制相对复杂。

③自行设计制作的机械臂存在加工误差、装配误差问题。

出于以上几点考虑，放弃了机械臂与电磁铁组合方案。综合考虑抓取装置抓取棋子或障碍的准确性和速度，最终采用电动推杆带动电磁铁的方案。电磁铁吸取铁质棋子和障碍，除了抓取与放下的动作外，还需要一个上抬与下降的动作来完成棋子和障碍的拾取与移动。最终选取了电动推杆来完成这一操作。电动推杆控制简单、升降动作快，适合应用于本设计。电动推与棋子之间以螺栓连接固定。取放装置如图 11.15 所示。

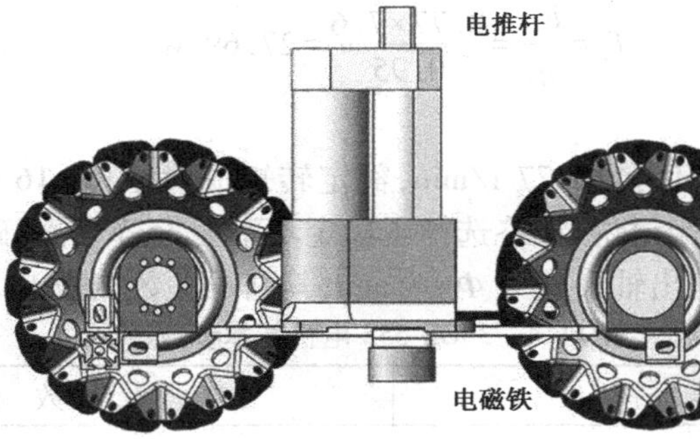


图 11.15　抓取装置模型图

**(2)取放障碍装置**

障碍的抓取同样采用电磁铁吸取的方式。在决赛“步步为营”的对弈中,需要放置横向或者竖向的障碍,故本设计在车体右侧面及前面有两组电磁铁分别重叠放置,其中下面的电磁铁固定在舵机转盘上,上面的电磁铁固定在车体上,当下面的电磁铁放置完障碍后,由舵机将该电磁铁转至车体内部,再放上面的电磁铁吸住的障碍,可达到连续放置障碍的功能,从而减少了放置障碍的时间。同时,在本装置两边设有障碍导向架,防止障碍在下落过程中发生位置偏移,提高障碍放置的精确度。装置如图 11.16 所示。

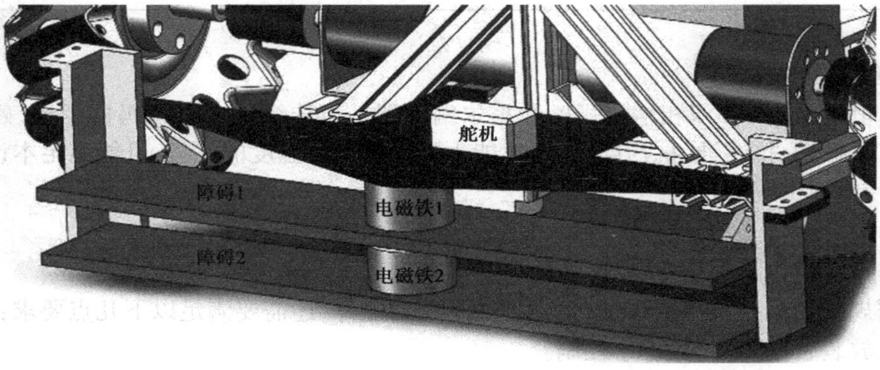


图 11.16　放障碍装置模型图

其顺序动作:电磁铁 2 断电,障碍 2 放下;舵机带动电磁铁 2 旋转 90°;电磁铁 1 断电,障碍 1 放下,舵机带动电磁铁 2 回原来位置。

**(3)电磁铁及电动推杆选型**

从低能耗、稳定性等角度考虑,电磁铁吸取棋子或者障碍要同时克服它们的重力和惯性力,要求电磁铁具有足够的吸力。同时为保证电磁铁在偏离棋子中心一定距离的情况下也应能够将棋子吸住,要求电磁铁有足够大的吸合面。最终选择了型号为 P34/18 的电磁铁,吸取棋子和障碍的电磁铁使用同一型号,所选电磁铁基本参数如表 11.5 所示。

表 11.5　电磁铁参数表

| 属　性 | 参　数 |
|---|---|
| 型号 | P34/18 |
| 直径 | $\phi$34 mm |
| 吸力(0 距离)直径 | 18 kg |

续表

| 属　性 | 参　数 |
|---|---|
| 吸合面 | $\phi$18 mm |
| 安装孔 | M4 |
| 12 V 电流 | 0.25 mA |
| 重量 | 90 g |

电动推杆主要的受力是在收缩的过程中需要克服电磁铁和棋子的总重力以及惯性力，而且对收缩与伸长的速度要求较高。选取了额定电压为 12 V 的电动推杆，其升降行程为 50 mm，最大推力 100 N，经测试，其升降速度达到了 9 cm/s，能够满足本设计的使用需求。

### 11.3.5　棋子与障碍的设计

根据对比赛规则的解读，棋子和障碍的尺寸越小，放置后不满足约束要求的概率越低，质量越轻，实现棋子和障碍的放置精度可靠性越高，考虑到加工误差与检测时的测量误差，留有一定的余量，所设计的尺寸符合竞赛规则及其他方面要求。设计参数如表 11.6 和表 11.7 所示。

**表 11.6　棋子设计参数表**

| 属　性 | 参　数 |
|---|---|
| 材料 | 纯铁 |
| 尺寸 | 310 mm×1 mm |
| 表面颜色 | 白色 |
| 加工要求 | 表面平整去毛刺 |

**表 11.7　障碍设计参数表**

| 属　性 | 参　数 |
|---|---|
| 材料 | 纯铁 |
| 尺寸 | 305 mm×50 mm×1 mm |
| 表面颜色 | 红色 |
| 加工要求 | 表面平整去毛刺 |

加工出来的原始棋子和障碍的表面为金属质感的银白色，表面光滑，为符合竞赛规则，分别在棋子和障碍的表面涂上白色和红色喷漆。棋子和障碍照片如图 11.17 和图 11.18 所示。

**图 11.17　棋子照片**

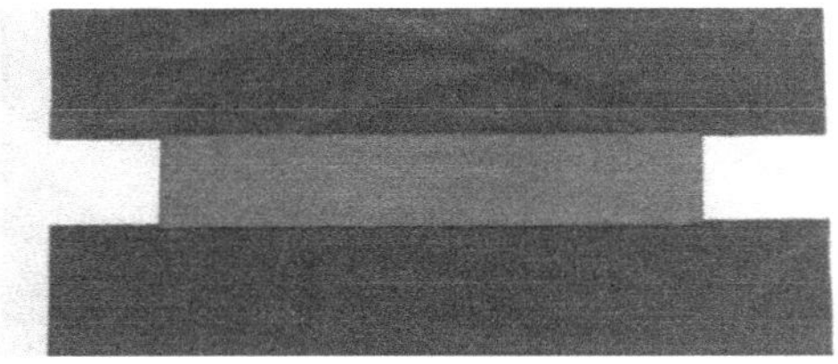

**图 11.18　障碍照片**

### 11.3.6 电源选型

**(1)主电源选型**

从电机额定电压出发，选用 DC24V 6 800 mAh 的锂聚合物电池，如图 11.19 所示。最大输出电流可达 12 A，具有使用寿命长、安全高效、重量轻、容量大、输出电流大等诸多优点。

图 11.19 电池

**(2)副电源选型**

副电源是一个独立电源，单独给 i. MX6Q 开发板供电，开发板的额定输入电压为 5 V，经查阅发现，市面上很少有直接输出 5 V 电压的电源，大多数都是通内部降压输出 5 V，且输出电流较小，很难满足开发版的使用。最终选择了 5 V&12 V 二合一输出的 DC 8 000 mA h 锂聚合物电池，持续输出电流可达 2 A，仅使用其 5 V 输出单独给 i. MX6Q 开发板供电。

### 11.3.7 连接及固定

连接和固定部件的设计不仅仅需要考虑到连接的紧密性，还需要考虑到安装空间，安装位置等各方面问题，因此需要针对不同的要求设计不同的连接件。

**(1)PCB 板固定**

为了使得整车结构更加紧凑，同时方便 PCB 固定、连线及检查，需设计立式 PCB 固定底座，PCB 固定在底座上，底座再与车身通过螺栓紧密连接。考虑到车身为铝型材金属，选用亚克力板绝缘材料作为 PCB 固定底座材料，在达到绝缘安全目的的同时更轻量化。立式 PCB 固定底盘模型如图 11.20 所示。

**(2)摄像头固定**

摄像头固定的紧固性直接影响了图像处理的精度，并且摄像头的固定件还需要满足旋转调节和水平调节的特点，因此使用两个可以调节旋转的摄像头固定架，如图 11.21 所示。

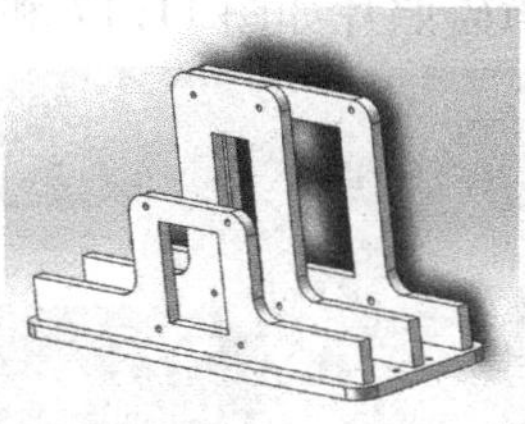

图 11.20 立式 PCB 固定底座模型

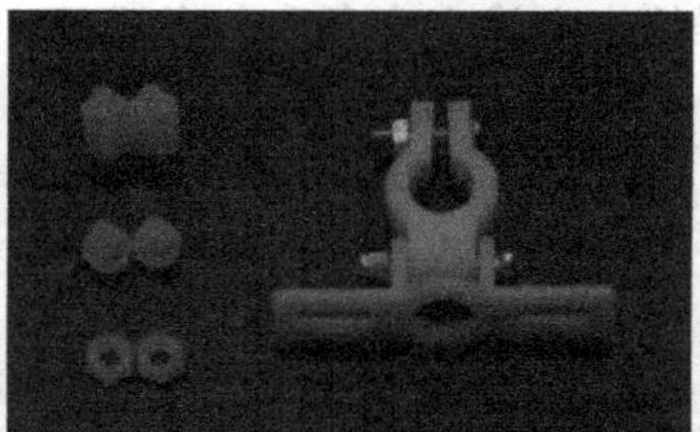

图 11.21 可旋转摄像头支架

配合设计的摄像头铝型材 3D 打印连接件，零件图如图 11.22 所示，实物图如图 11.23 所示。在确定摄像头安装位置后，采用热熔胶粘接摄像头，满足摄像头固定要求。

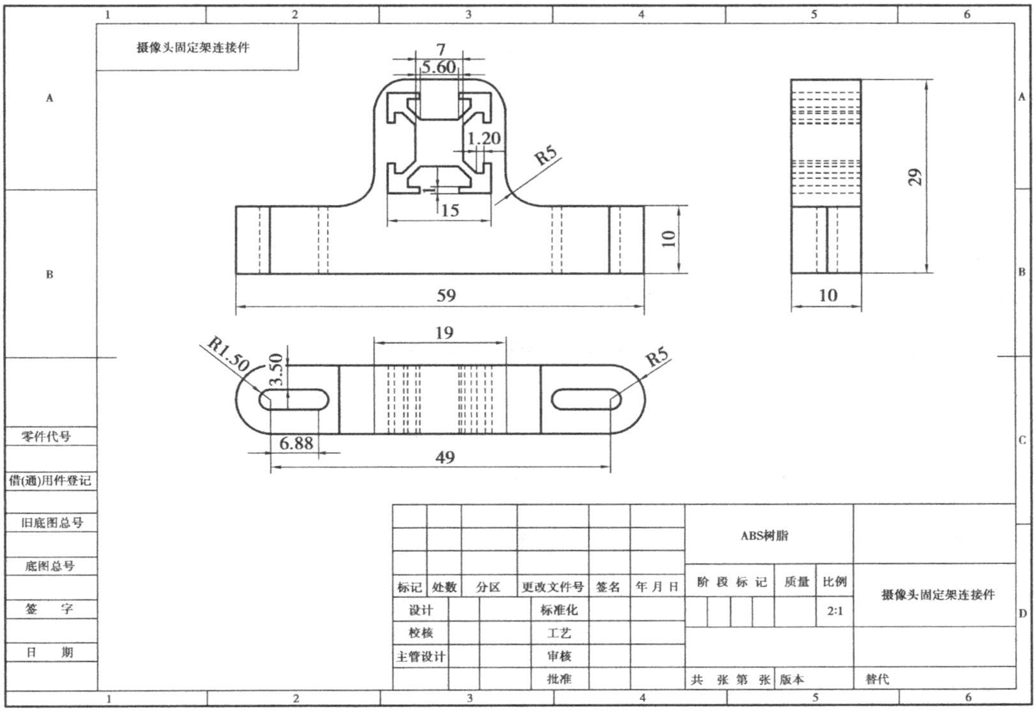


图 11.22　摄像头铝型材 3D 打印连接件零件图

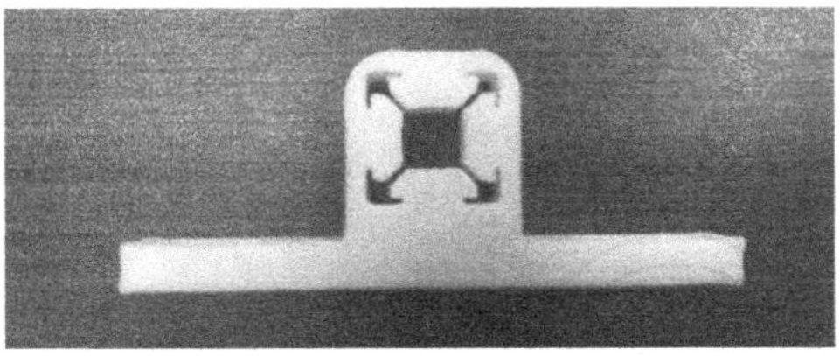

图 11.23　摄像头铝型材 3D 打印连接件

### (3)电池固定

电池的固定需要考虑固定的紧密性以及易拆装性，设计的亚克力板电池限位架如图 11.24 所示。利用亚克力材料的可微变形性，产生预紧力，电池和支架之间采用过盈配合，在限制电池移动的同时，便于电池拆装。

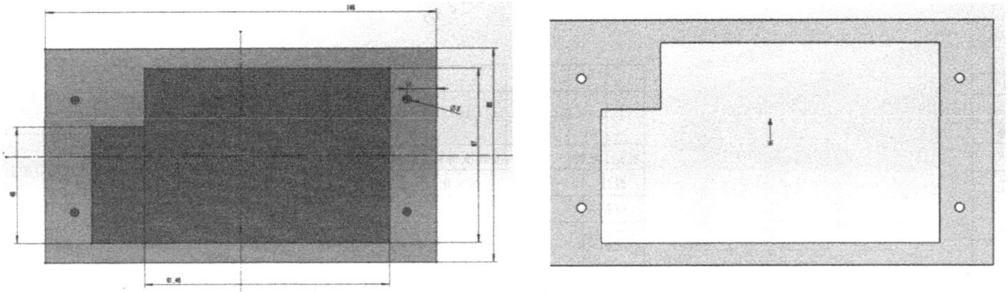

图 11.24　亚克力板电池限位架零件及实物图

**(4)电机的固定**

电机固定在车架上,连接车架和轮子。电机固定需要保证牢固性,采用电机配套固定支架,通过螺钉和T形固定槽,直接安装在铝型材底板上。电机配套固定支架如图11.25所示。

固定架只固定了电机的一端,由于车身质量大,使得电机受有弯矩,一端固定会使电机上下晃动,不能满足电机固定的装配要求。因此需求设计紧固件,对固定方案进一步优化。新的电机固定方案需要满足以下要求:

①结构简单,重量轻,方便拆。

②能与电机过盈配合,使得配合更加牢固。

③不能与车模其他部件干涉。

优化后方案如图11.26所示,保留了原有的配套固定架,电机的另一端装有3D打印电机固定件,其上盖零件图如图11.27所示,下盖零件图如图11.28所示。

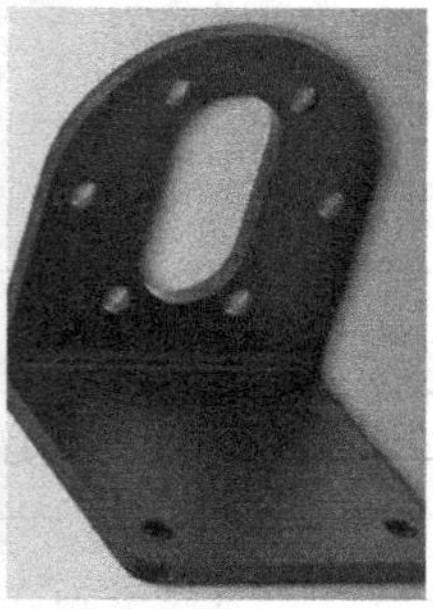

图11.25　电机配套固定架

图11.26　电机固定优化后方案图

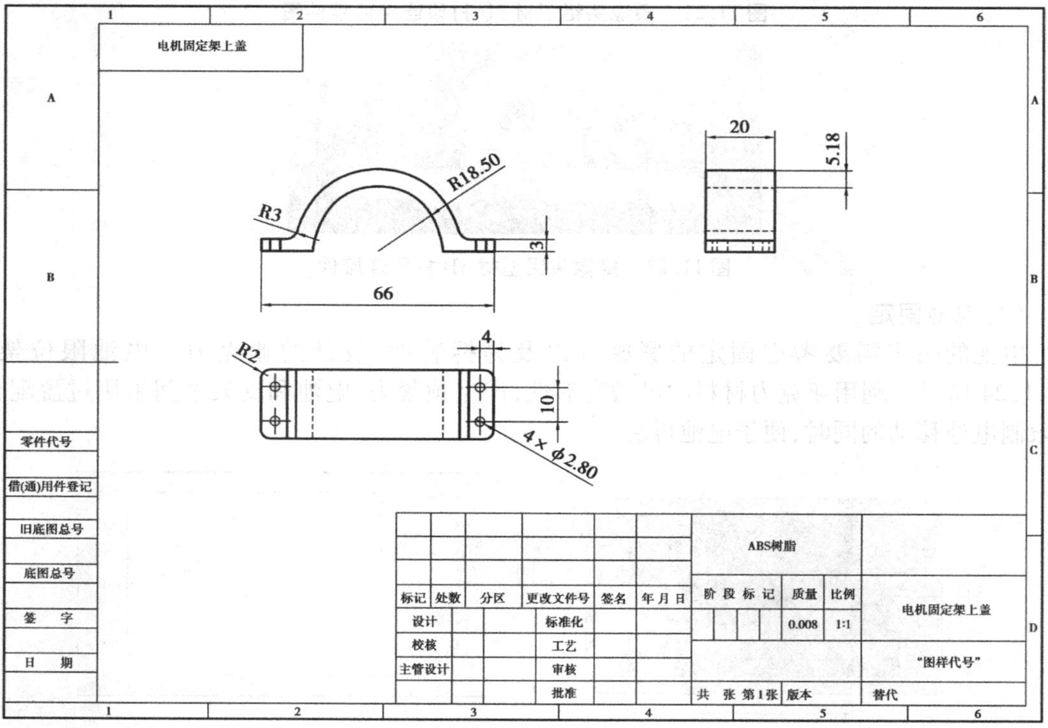


图11.27　电机上盖零件图

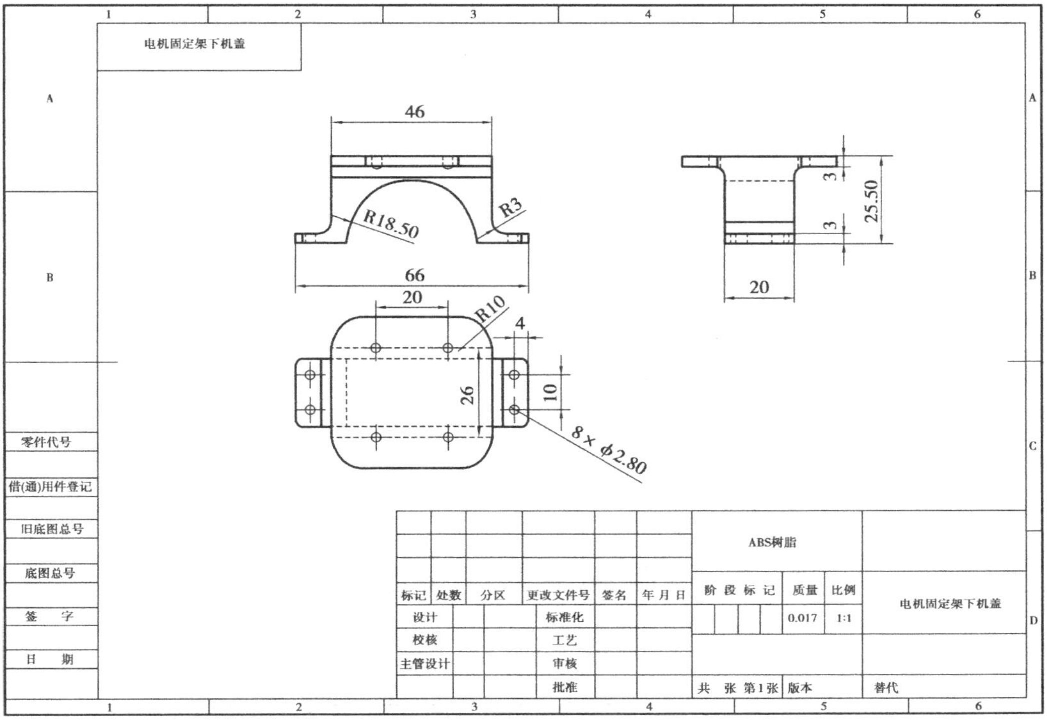


**图 11.28　电机下盖零件图**

上下盖通过螺钉、螺母连接。采用上下盖组合方式方便安装,同时材质选用 ABS 树脂材料更加轻量,相比普通 PLC 材料有更高的强度。电机轴向和周向完全定位,更加牢固。

**(5)车轮连接**

原装的麦克纳姆伦配套有法兰盘联轴器,但是调试中发现存在以下问题:

①法兰盘联轴器为销钉紧固,轮子配套法兰盘联轴器在连接时存在连接不紧,容易松动的问题。

②由于加工误差,配套的法兰盘联轴器在钉进后存在 1 ~ 2 mm 的偏心,使得车轮中心轴和电机轴偏差,在电机转动过程中产生交变力,有损电机轴。

针对以上问题,选用圆柱联轴器配合加工的光轴,对车轮进行连接。光轴加工零件图如图 11.29 所示。采用的圆柱联轴器改善了车轮轴和电机轴偏心的问题,同时也使得车轮处的连接更加牢固,车轮连接如图 11.30 所示。

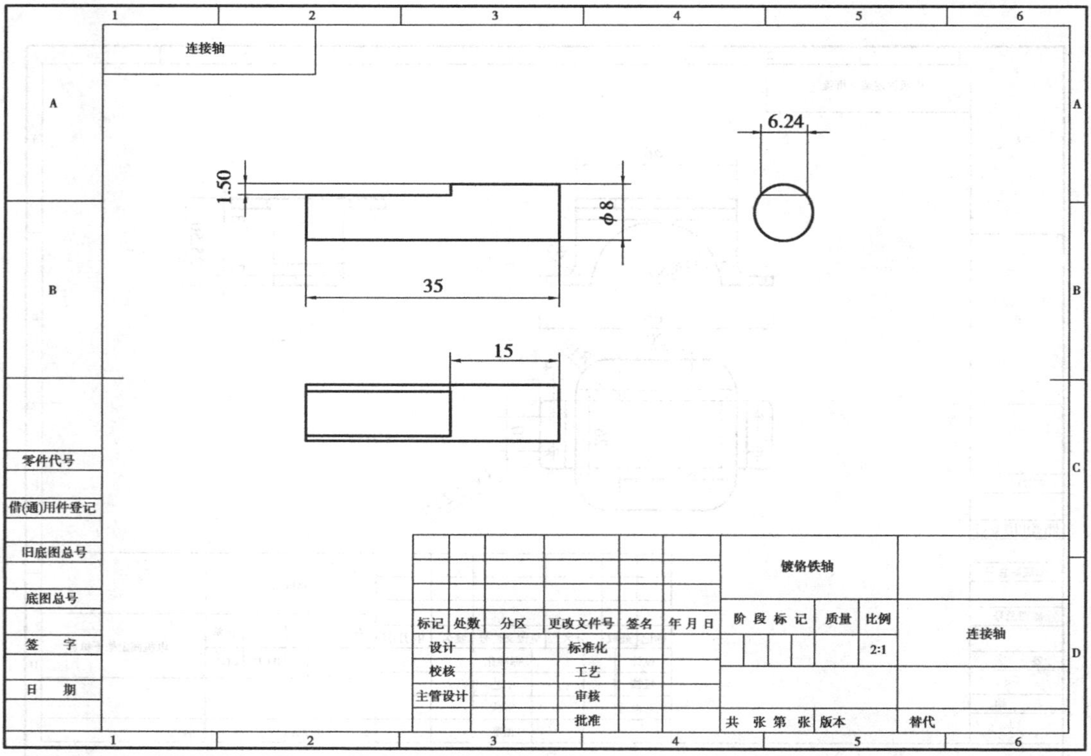


图 11.29　光轴零件图

图 11.30　车轮连接效果图

### 11.3.8　机械结构优化

由于麦轮在运行过程中会产生震动，并且通过车模底板传递到支架。因摄像头安装高度的需求，支架高度尺寸较大，如此一来便将车轮处产生的震动放大，使得车模在运行时摄像头处产生较大的振动，需要从理论上推导，优化现有的机械结构。

首先，简化车模震动模型，如图 11.31，该模型为典型的支座激震模型，车轮的震动经底板传递到支架。设定在车轮与支架之间安装有减震装置弹簧和阻尼。设车轮震动的位移为

$$y = y(t) \tag{11.13}$$

设支架震动位移为

$$x = x(t) \tag{11.14}$$

由牛顿第二定律可得

$$m\ddot{x} = -k(x-y) - c(\dot{x} - \dot{y}) \tag{11.15}$$

假设车轮震动为振幅为 $m\omega^2 Y$，频率为 $\omega$ 的正弦函数激振，令相对位移为式(11.16)，得到

$$z = x - y \tag{11.16}$$

$$m\ddot{z} + c\dot{z} + kz = -m\ddot{y} \tag{11.17}$$

假设 $x$、$y$、$z$ 满足：

$$y = Y\mathrm{e}^{-i\omega t} \tag{11.18}$$

$$z = Z\mathrm{e}^{-i(\omega t - \varphi)} \tag{11.19}$$

$$x = X\mathrm{e}^{-i(\omega t - \varphi)} \tag{11.20}$$

将式(11.18)、式(11.19)和式(11.20)代入式(11.17)，可得

$$x = (Ze^{-i\varphi} + Y)e^{-i\omega t} \tag{11.21}$$

所以支架的振动位移和车轮的振动位移比值为

$$\frac{X}{Y} = \sqrt{\frac{k^2 + (\omega c)^2}{(k - m\omega^2) + (\omega c)^2}} = \sqrt{\frac{1 + \left(\dfrac{2\varepsilon\omega}{\omega_n}\right)^2}{\left[1 - \left(\dfrac{2\varepsilon\omega}{\omega_n}\right)^2\right]^2 + \left(\dfrac{2\varepsilon\omega}{\omega_n}\right)^2}} \tag{11.22}$$

式中，$\omega_n$ 为弹簧固有频率；$k$ 为弹簧弹性系数；$\varepsilon$ 为减震系统阻尼比，可知，实际的车轮位移振动函数可以看作很多个不同振幅不同频率的 sin $t$ 型激振的线性叠加，所以当弹簧固有频率和阻尼比很小时，支架的振幅 $X$ 会越来越小，便可以达到隔振目的。

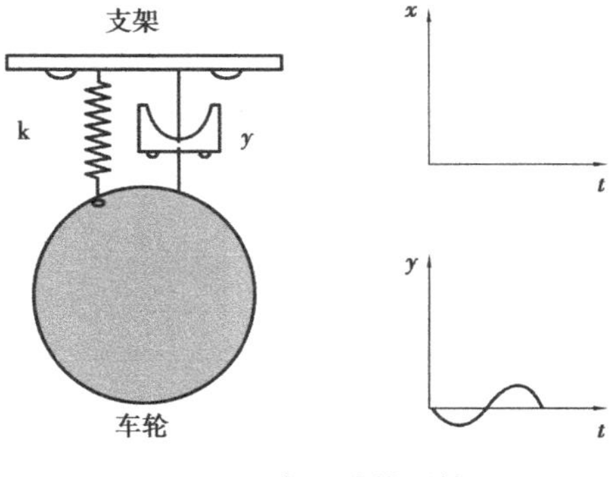


**图 11.31　车振动模型简图**

根据以上推导结果，选取高密度海绵垫作为隔振物，连接在支架和底板之间，如图 11.32 所示。达到很好的隔振效果，大大减小支架的振动。

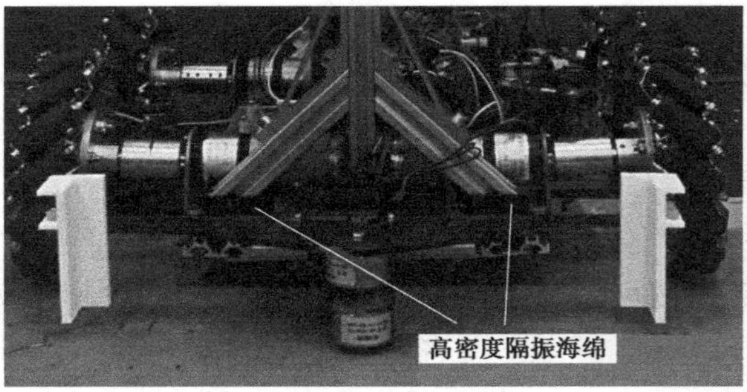


图 11.32　隔振示意图

### 11.3.9　整车效果图

图 11.33 是车模实物图，图 11.34、图 11.35 和图 11.36 分别为车模主视图、侧视图和俯视图。整个车模采用 1515 铝型材和 2020 铝型材搭建车模底板和支撑架；以 45° 全向麦克纳姆轮为轮分布在机体的左前后，右前后四个位置，四个轮胎方向处于同一高度，以对称 O 形安装；四个电机对称安装在平台的四端，通过联轴器与麦克纳姆轮连接；棋子搬运装置安装于底板上，位于在车子底板中心；车子前、右端分别装有障碍放置装置；主板和各个模块板以及电池紧密放置在底板上；摄像头按照需求放置在铝型材支架的两端。

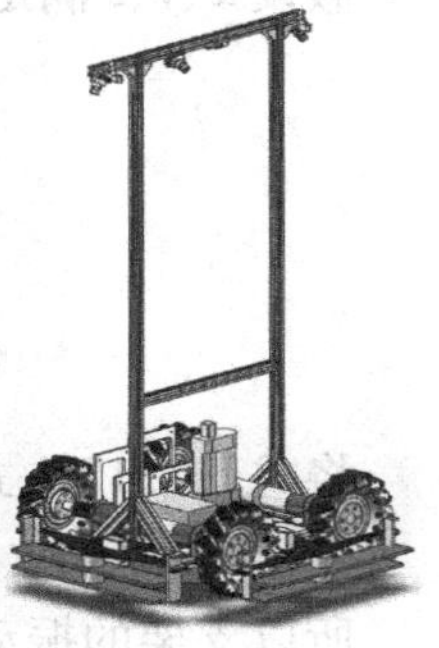

图 11.33　车模实物图

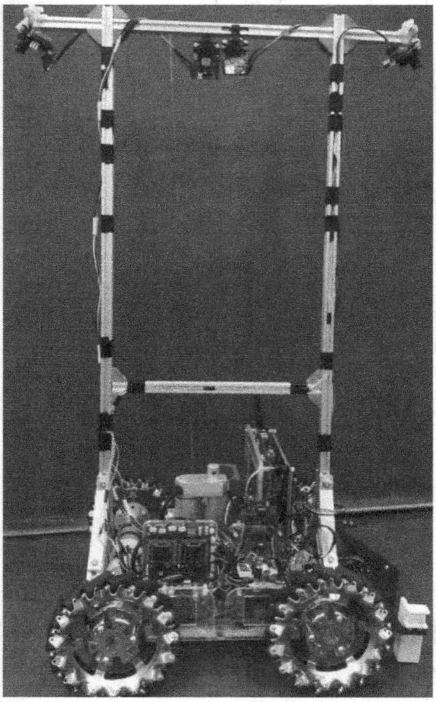

图 11.34　主视图

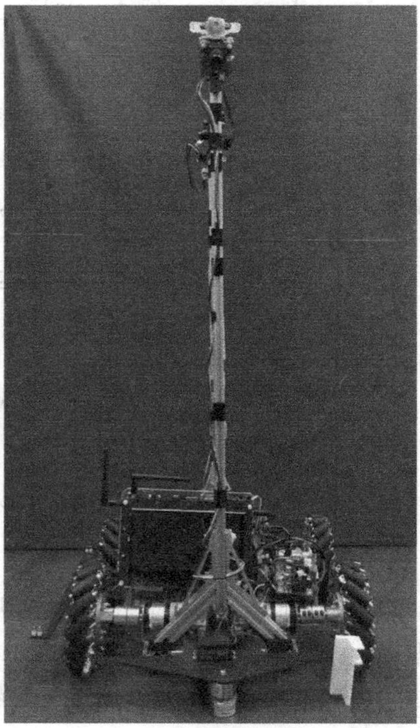

图 11.35　侧视图

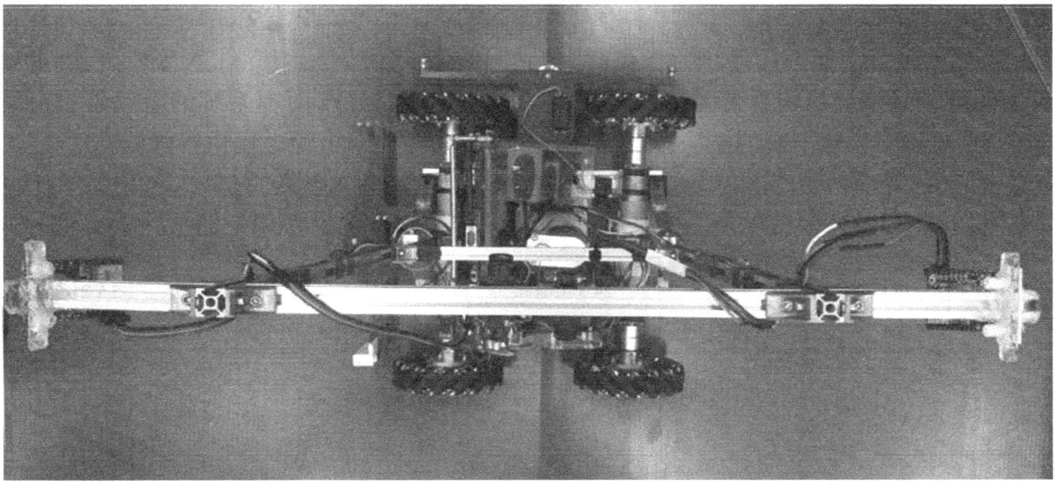

图 11.36　俯视图

## 11.4　硬件电路系统设计

根据对竞赛规则的解读，设计出符合要求及满足期望功能的硬件电路系统，如图 11.37 所示。将硬件电路系统分为七个模块，分别为电源管理模块、系统主板、K60 核心板、电机驱动模块、电动推杆驱动模块、电磁铁驱动模块、i.MX6Q 开发板。为了方便焊接、布线、拆卸和维修，同时保证电路系统的合理与稳定，提高系统抗干扰能力，将各个模块分开制板。

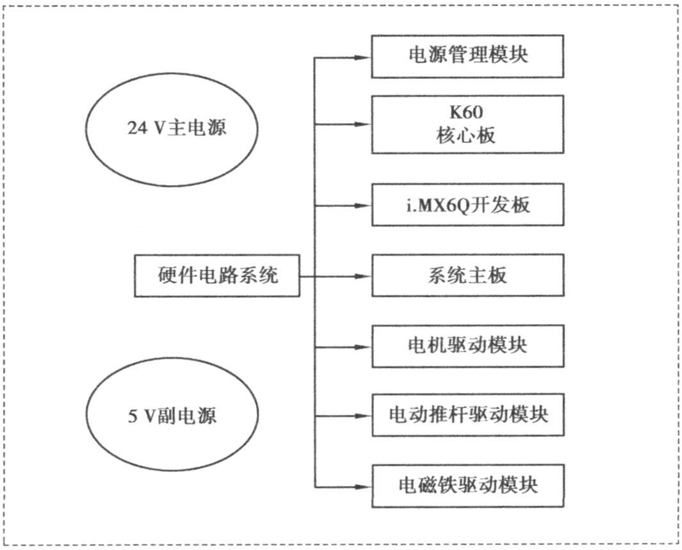


图 11.37　电路系统结构框图

### 11.4.1　电源管理模块

电源部分是系统的能量来源，系统主电源供电电压为 24 V，而本系统的电路外设分别需要 12 V、6 V 和 5 V 等不同的电压，由于电源电压过高，需要对电源电压进行降压。

从低功耗、高效率出发，考虑电路的合理与稳定性，本设计选用了 LM1117-5.0、TPS76850 与 LM2596S、LM2941CS 相配合，一级与两级降压相结合的方案，如图 11.38 所示。

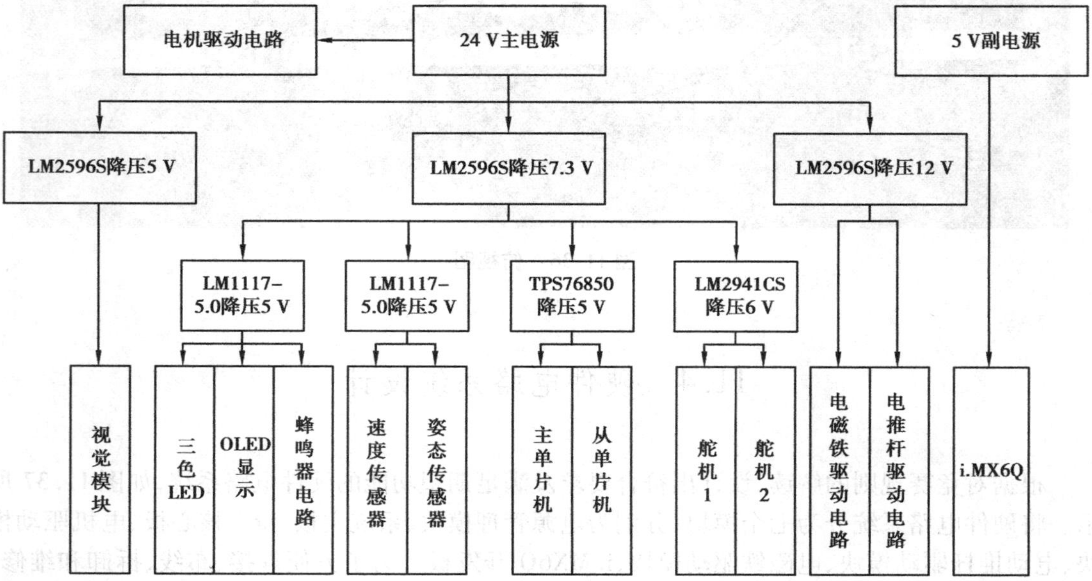


图 11.38　电源管理模块

LM2596S 是德州仪器公司生产的一种降压稳压器，工作温度：-40～125 ℃，输入电压范围 4.5～40 V，输出电压范围 1.23～37 V，输出电压精度在±4% 以内，最大输出电流为 3 A，其降压电路原理如图 11.39 所示。

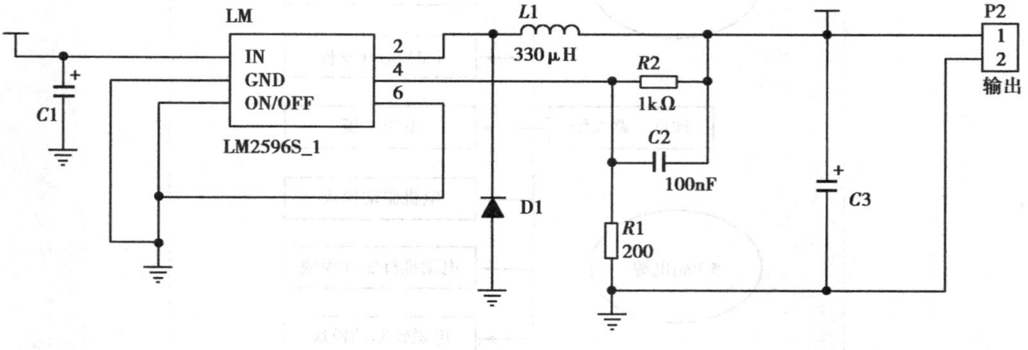


图 11.39　LM2596S 降压原理图

输出电压的计算可由式(11.23)给出：

$$V_{\mathrm{OUT}}=V_{\mathrm{REF}}\left(1+\frac{R_2}{R_1}\right) \tag{11.23}$$

式中 $V_{\mathrm{REF}}=1.23$ V。

LM1117 是德州仪器公司生产的一种低压差稳压器，在 800 mA 负载电流下具有最大 1.2 V 的压差。它有 5 个固定电压，分别为 1.8，2.5，3.3 和 5.0 V，在此选用输出为 5.0 V 的芯片。LM1117 提供限流功能和热关断，其输出电压精度为±1%。LM1117-5.0 的稳压电路原理如图 11.40 所示。

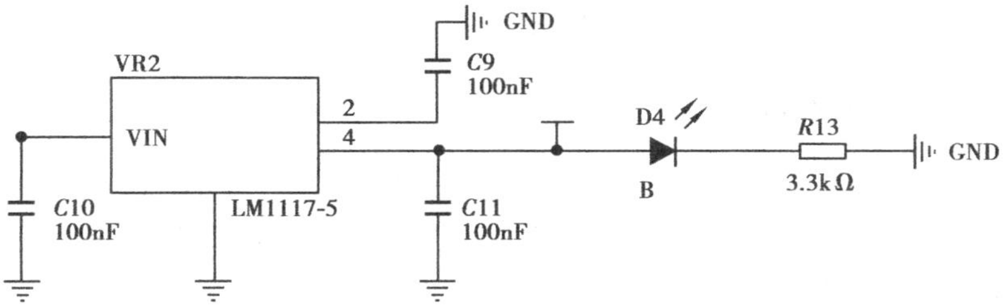


图 11.40　LM1117-5.0 降压电路原理图

TPS76850 是德州仪器公司生产的一种快速瞬态响应 1 A 低压降稳压器。输入电压为 2.7～10 V，在 1 A 负载电流下具有 230 mV 的压降。它有 8 个固定电压，在此选用输出为 5.0 V 的芯片。TPS76850 的稳压电路原理如图 11.41 所示。

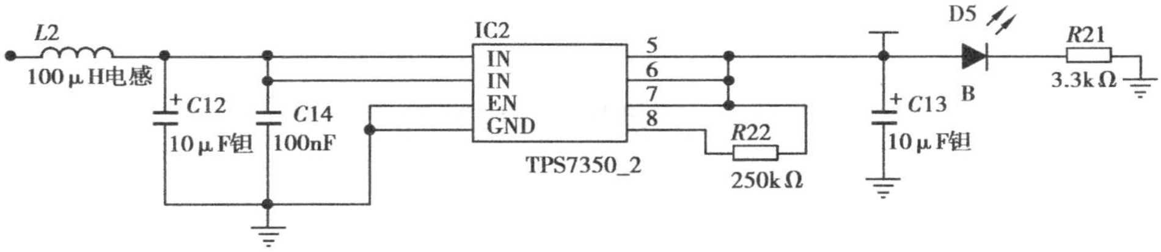


图 11.41　TPS76850 稳压电路原理图

选用 LM2941CS 作为舵机的电源芯片。LM2941CS 是德州仪器公司生产的一种低压差电源调整稳压器，最大输入电压为 26 V，最大输出电流为 1.25 A，能够满足本设计的需求。电路原理如图 11.42 所示。

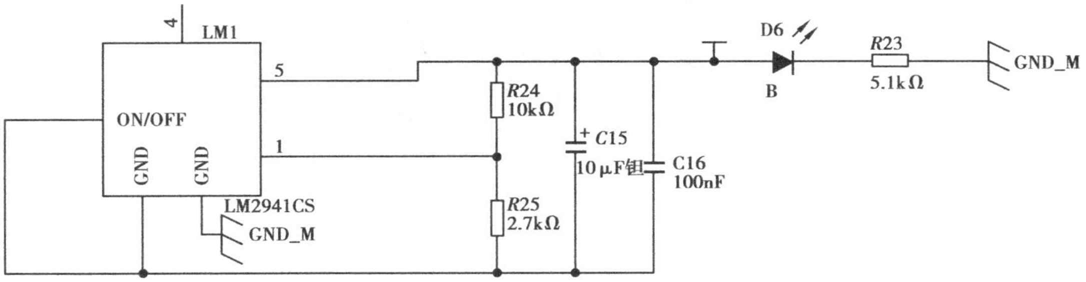


图 11.42　LM2941CS 稳压电路原理图

其输出电压的计算可由式(11.24)给出，式中 $V_{REF}=1.275$ V。

$$V_{OUT}=V_{REF}\left(\frac{R_{24}+R_{25}}{R_{25}}\right) \tag{11.24}$$

### 11.4.2　K60 单片机核心板

Kinetis 系列单片机简称 K 系列，是 NXP 一款基于 ARM Cortex-M4 内核的混合信号微控制器,采用90nm薄膜存储器(TFS)闪存技术,具有独特的Flex存储器。32位单片机K60单片机则是K系列的单片机,可拓展性强、功耗低,具有高性能、高精度的混合信号能力,宽广互连性,人机接口和安全外设,16个通道的DMA控制器,4个PIT计时器,3个独立FTM计数器,工作频率为150 MHz,是用于控制微处理器的绝佳选择,本设计使用两块K60单片机作为系统控制核心处理器,两块核心板之间通过UART串口进行通信,实现数据传输和联合控制。

### 11.4.3 i. MX6Q 开发板

由于第十四届室内创意组竞赛中对控制器的平台不再做严格限制。可以根据已有的技术资源和经费支持,选择适合自己参赛队伍的控制器平台。只要核心主控芯片是NXP公司的产品,即可满足竞赛规则中的限制。

在众多NXP公司产品生产的核心主芯片中对比,选择以Cortex ® -A9为核心的i. MX 6Quad高性能处理器。从NXP公司给出的i. MX6系列应用处理说明书可以看出,i. MX 6Quad处理器是性能仅次于i. MX 6Quad Plus处理器,最高可到1.2 GHz的主频。

经过查询与对比,选择了保定飞凌嵌入式技术有限公司生产的一款稳定易开发高性能的OKMX6Q-C开发板。此款开发板性能稳定,外设齐全可以满足需求。开发版的外设图如图11.43所示。

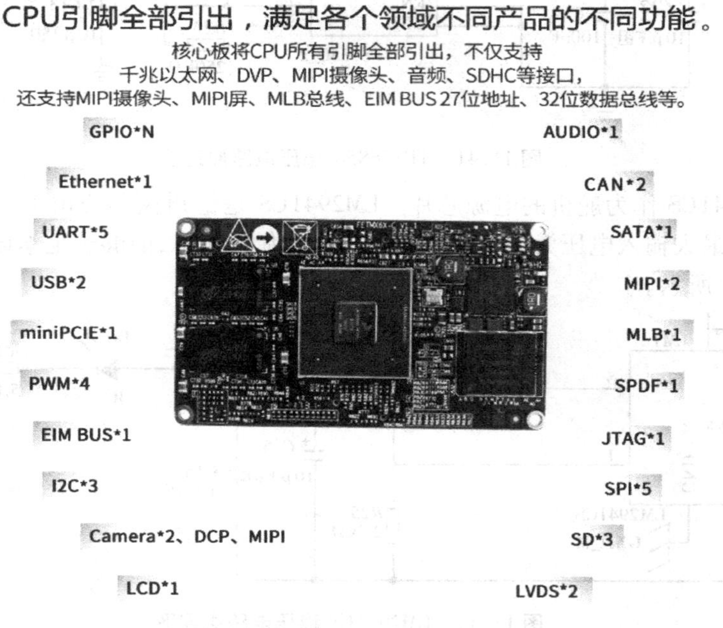


图 11.43 开发板的外设图

### 11.4.4 系统主板

主板电路集成了电机驱动电路接口、电动推杆驱动电路接口、电磁铁驱动电路接口、速度传感器接口、姿态传感器接口、OLED显示电路、三色LED电路、蜂鸣器电路、舵机驱动模块、视觉摄像头模块接口、MK60DN512ZVLQ10核心板接口等部分,如图11.44所示。

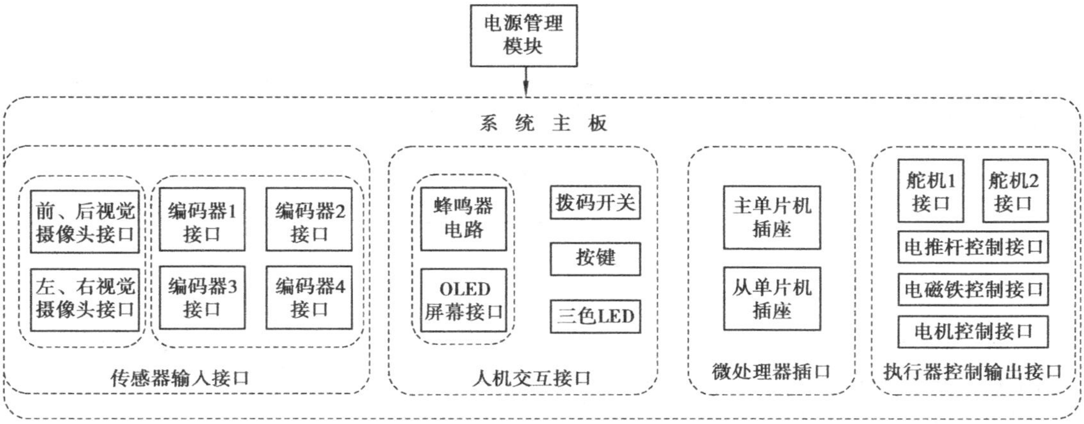


图 11.44　系统主板结构示意图

其中,速度传感器是电机自带的 AB 双相增量式磁性霍尔编码器,用于获取车模行驶的速度信息,实现电机的闭环控制。姿态传感器为 ICM20602 六轴姿态传感器,用于获取车模姿态信息,以实现校正车模姿态、稳定航向的功能。ICM20602 属于新一代姿态传感器,相比于 MPU6050 和 MPU3050,具有测量精度高、零漂小、噪声小等优势,使用硬件 SPI 可达到 10M 波特率。为了方便调试,设计三色 LED 电路、蜂鸣器电路、OLED 显示电路、按键电路和拨码开关电路,实现人机交互。舵机是用于放置障碍的设备,控制简单、响应速度快,具有很好的可操作性。由于舵机要带动电磁铁和铁质障碍进行转动,要求舵机具有足够大的力矩,选用型号为 RDS3225 的金属齿轮舵机,工作频率 50 ~ 330 Hz,工作电压 6 V 时力矩可达 22 kg · cm,能够满足本设计的使用需求。视觉模块通过 UART 串口与 K60 单片机进行双向通信。

### 11.4.5　电机驱动电路

在电机驱动方面,选择 IR2104 芯片驱动 MOS 场效应管以搭建的全桥驱动电路,可提供巨大的驱动电流,能够满足本设计的使用需求。为了提高系统安全性、稳定性和方便性,将驱动板单独制作,主要由 PWM 输入接口、隔离电路、逻辑换向电路、死区控制电路、电源电路、上桥臂功率 MOSFET 管栅极驱动、电压泵升电路、功率 OPTI-MOS 栅极驱动电路、桥式功率驱动电路、缓冲保护电路等部分组成。其中,电流隔离方案采用 74HC08 与门逻辑芯片对信号进行隔离,防止电机在运行过程中产生的巨大电流损坏单片机。电机驱动板原理如图 11.45 所示。

### 11.4.6　电动推杆驱动电路

同样采用 IR2104 芯片驱动 MOS 场效应管的全桥驱动电路,可控制电动推杆的收缩和伸长。电路原理如图 11.46 所示。

### 11.4.7　电磁铁驱动电路

利用晶体三极管放大电路的驱动能力,来驱动控制电磁铁的吸放动作,其驱动方式具有控制简单、响应速度快等优点。选用 SRD-05VDC-SL-A 型号的电磁继电器,四脚常开,负载极限电流 10 A,其电路原理如图 11.47 所示。

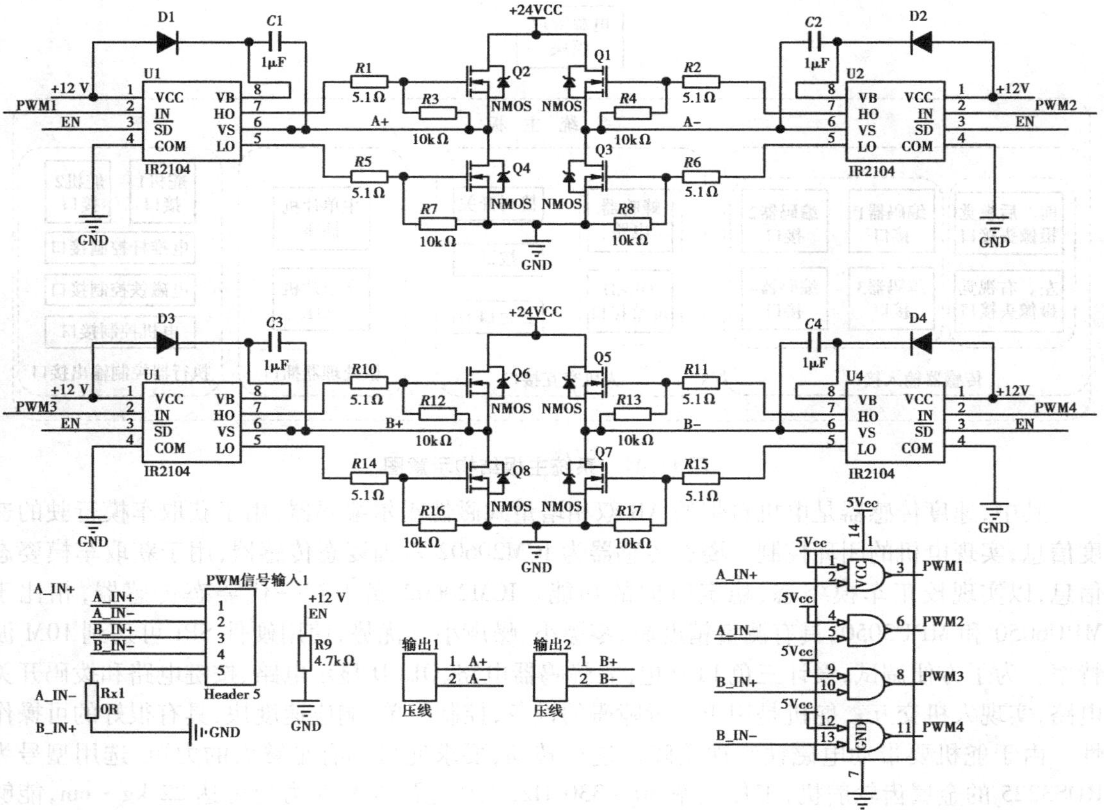


图 11.45　电机驱动电路原理图

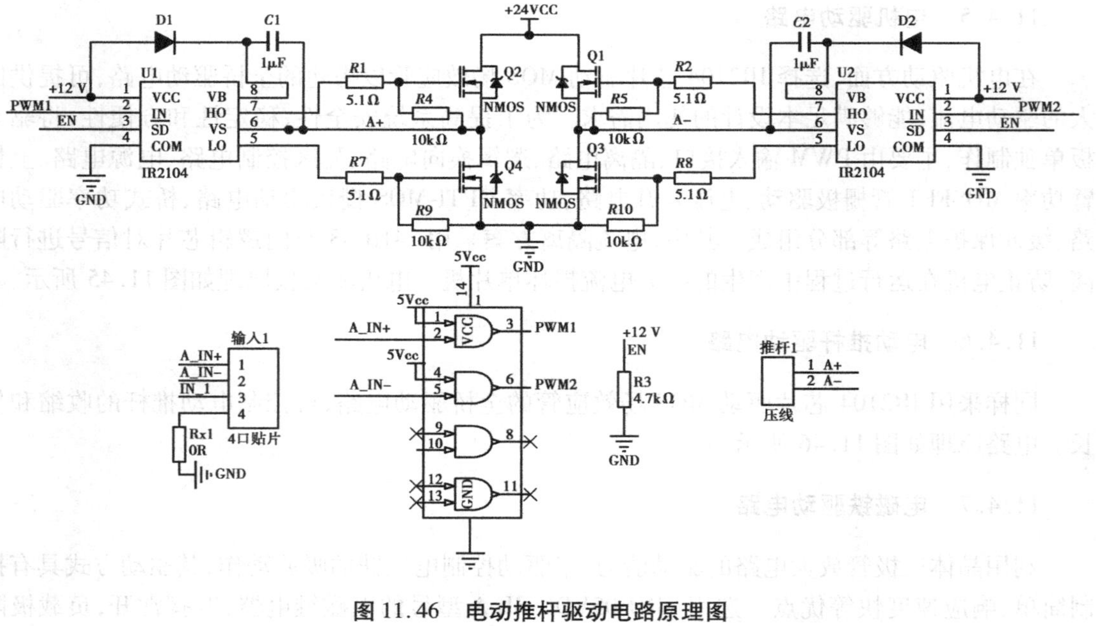


图 11.46　电动推杆驱动电路原理图

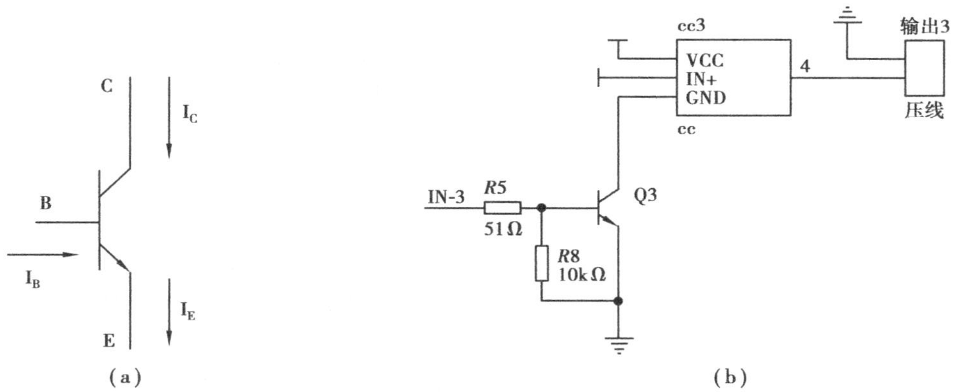


图 11.47　**电磁铁驱动电路原理图**

如图 11.47(b)所示,Q3 为 NPN 晶体三极管;C 端为集电极;B 端为基极;E 端为发射极;cc3 为电磁继电器,其 VCC 端为电磁继电器的电压输入,为 5 V,IN+和 4 端口为用电器接口;IN-3 为单片机信号接口。当 IN-3 为低电平时,VC>VB=VE=0,三极管不导通,继电器不工作,IN+和 4 端口为开路状态,用电器不工作;当 IN-3 为高电平时,VC>VB>VE,三极管导通,继电器工作,IN+和 4 端口为通路状态,用电器工作。

## 11.5　图像采集处理

图像采集处理采用的 OpenMV 模块,搭载 MicroPython 解释器,可以在嵌入式系统上使用 Python 编程。本节分为图像采集和图像处理,先通过图像采集,在摄像头中识别棋子、障碍等,再通过图像处理获得棋子、障碍等在棋盘中的坐标。

### 11.5.1　图像采集

图像采集包括在场地中准确地找出 April Tags 标签、棋子和障碍,准确清楚地知道 April Tags 标签、棋子和障碍处在摄像头的具体位置。由于光学透镜固有的透视失真现象,首先需要对镜头进行畸变矫正。该 OpenMV 模块支持的帧大小较小,通过将其分辨率设置为当前分辨率的子分辨率,才可以正常使用帧大小为 VGA:640×480 的情况。将 OpenMV 模块的对比度、亮度、曝光率、自动增益等全部固定,从而固定色块的阈值,使得阈值的重复性满足要求。为增加图像采集的抗干扰性,配置时采用彩图。以下是图像采集步骤,包括 April Tags 标签查找、棋子查找、障碍查找。

(1)April Tags **标签查找**

在同一个感兴趣区域(ROI)区域查找色块的速度相对于查找 April Tags 标签会快很多,且查找 April Tags 标签的最大 ROI 区域远低于可查找色块的最大 ROI 区域,查找 April Tags 标签的 ROI 区域越大,越耗时,摄像头帧率越低。基于以上原因先使用色块识别,找出场地中 April Tags 标签的近似中心点,再以该中心点为正方形中心,建立查找 April Tags 标签的 ROI 区域,最后在该 ROI 区域查找 April Tags 标签,以达到在保证准确率的同时,提高摄像头帧率的效果。

由于 April Tags 标签由白色和黑色组成,因此如果以白色色块中心点为 ROI 区域中心,建立一个约 1/4 大小的 April Tags 标签像素区域面积,能同时找到白色和黑色色块,则说明该区域可能存在 April Tags 标签。建立 1/4 像素区域面积是因为 April Tags 标签周围存在白色线条,为了防止白色线条和 April Tags 标签中的白色混淆。

April Tags 标签查找具体过程如下:

①在整幅图中查找白色色块,存下找到的所有白色色块中心点。

②以找到的白色色块中心点为 ROI 中心,选取一个合适的正方形边长,建立一个正方形的 ROI 区域,在该 ROI 区域查找黑色色块。若找到黑色色块则说明此区域有可能存在 April Tags 标签,因此将此白色色块中心点存下。

③此次需要使用白色色块中心点与曾经使用过的白色色块中心点像素距离在 3/4 个 April Tags 标签像素边长内,则放弃扫描。

④白色色块中心点为 ROI 区域中心,建立一个面积约为 1.5 倍实际 April Tags 标签像素面积的 ROI 区域,在该 ROI 区域查找 April Tags 标签。

**(2)棋子查找**

在阈值编辑器中调整阈值,使得白色棋子清晰可见,获取白色阈值,用同样的方法再获取黑色阈值。

①识别棋子的准备工作

a. 初始化摄像头,前摄像头和左右摄像头,使用不同的子分辨率。

b. 所有摄像头,即前摄像头和左右摄像头各拍摄一张图片,对前摄像头拍摄的图片进行畸变矫正处理,对左右摄像头拍摄的图片进行畸变矫正和透视变化处理。

c. 棋子查找。

②棋子查找过程

查找图像中的白色色块,找出白色色块的中心值,以该中心值的中心点划一个正方形的 ROI 区域,棋子的区域应该包含 ROI 正方形的区域范围。在该 ROI 区域查找黑色色块,找到黑色色块则认为为 April Tags,否则为棋子。用该方法可以很好地排除白色线条的影响,如果将白色线条当作棋子,那么在此 ROI 区域肯定会找到黑色色块。

前摄像头识别棋子结果如图 11.48 所示;右摄像头识别棋子结果如图 11.49 所示,图中实芯点代表棋子的中心。

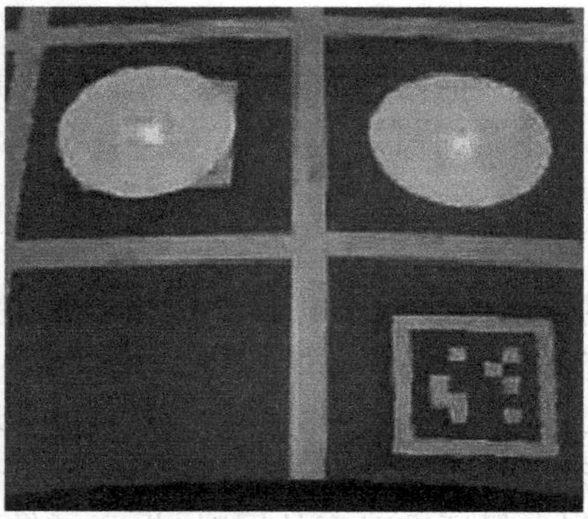

图 11.48　前摄像头识别棋子效果图

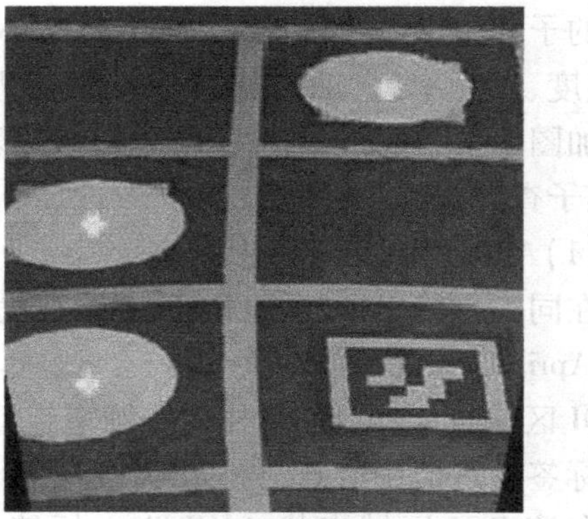

图 11.49　右摄像头识别棋子效果图

**(3)障碍查找**

由于棋盘中仅有障碍为红色,因此直接采用色块识别障碍即可。在阈值编辑器中调整阈值,使得红色障碍清晰可见,获取红色阈值。障碍识别结果如图 11.50 和图 11.51 所示,白色十字代表障碍中心。

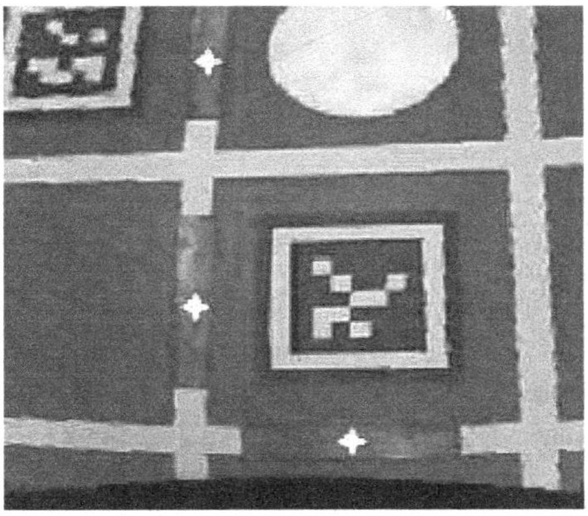

图 11.50　障碍识别结果

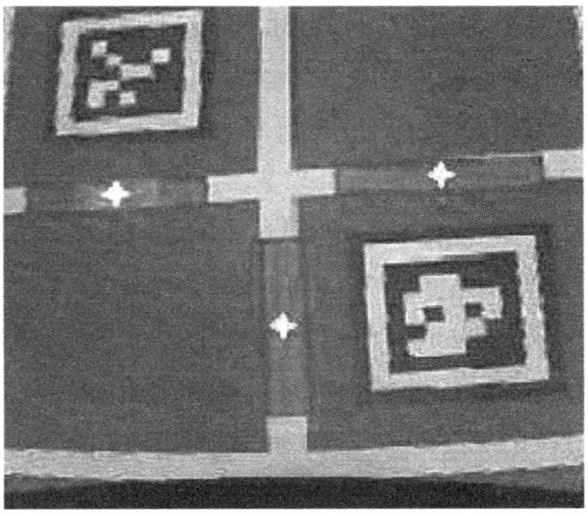

图 11.51　障碍识别结果

### 11.5.2　图像处理

图像处理部分分为车身定位、棋子定位、障碍定位,获得车模、棋子、障碍在棋盘中的实际坐标,并将坐标发送给中央处理器。

**(1)车身定位**

在计算机视觉中,如何由单幅二维投影图像确定目标方位及距离是很重要的研究内容,在相机标定、三维重建等很多方面具有广泛的应用价值。根据摄像机光学镜头的成像原理,推导出图像坐标系与物理坐标系对应关系。即只要知道目标点在图像中的像素坐标,就可以推导出目标点与摄像头底部的实际水平和垂直距离。

车身定位采用 April Tags 的 3D 定位功能。根据 April Tags 空间的两个位置量 $T_x$、$T_y$ 及图像坐标系与物理坐标系对应关系推导出车身所在的坐标。

设定实际距离与 April Tags 返回的位置量 $X$、$Y$ 方向的比例系数分别为 $K_x$、$K_y$,April Tags 返回的 $X$、$Y$ 方向位置量分别为 $April_x$、$April_y$,April Tags 在棋盘中的坐标为($Aprilcoor_x$,$Aprilcoor_y$),车身中心与相机水平投影点的 $X$、$Y$ 方向距离分别为 $Dis_x$、$Dis_y$,$X$ 方向和 $Y$ 方向微调距离为 $Adjust_x$、$Adjust_y$。则车模在棋盘中的 $X$、$Y$ 坐标分别为

$$Carcoor_x = Aprilcoor_x + K_x \cdot April_x + Dis_x + Adjust_x \tag{11.25}$$

$$Carcoor_y = Aprilcoor_y + K_y \cdot April_y + Dis_y + Adjust_y \tag{11.26}$$

将车模放在棋盘中任意一个格子里,尽量使格子中心和车模中心重合,通过格子中心在棋盘中的坐标可以知道车模中心此时在棋盘中的坐标。打开 OpenMV-IDE 通过式(11.25)和式(11.26)获取车模在棋盘中的坐标,调整微调距离 $Adjust_x$、$Adjust_y$,使车模在棋盘中的坐标与实际小车中心在棋盘中的坐标一致,完成车身定位。

小车运动的控制过程如下:

①测量 April Tags 标签返回的位置量与实际距离的比例系数,测量车身中心与相机水平投影点的 $X$、$Y$ 方向距离(标定)。

②推导出车身中心所在坐标(车身定位)。

③根据车身中心坐标和目标点坐标计算车身移动角度和距离。

④在目标点附近进行车身微调(精调)。

**(2)棋子定位**

通过摄像头获得的 April Tags 标签的像素中心点坐标与棋子的像素中心点坐标的相对关系来判断棋子和 April Tags 标签的相对关系。设定一格棋盘的像素点距离范围、两格棋盘的像素点距离范围等来准确获得 April Tags 标签和棋子的相对关系,从而根据 April Tags 标签在场地的棋盘坐标推算棋子在棋盘中的坐标。

**(3)障碍定位**

障碍的定位与棋子定位类似,通过 April Tags 标签的像素中心点坐标和障碍的像素中心点坐标的相对关系来判断障碍和 April Tags 标签的相对关系,从而根据 April Tags 标签在场地的棋盘坐标推算障碍在棋盘中的坐标。

识别障碍的步骤如下:

①获取红色阈值。

②使用色块识别,获取障碍像素中心点。

③获取 April Tags 标签的 ID 和像素中心点。

④推算障碍所在的位置。

识别障碍的流程图如图 11.52 所示。

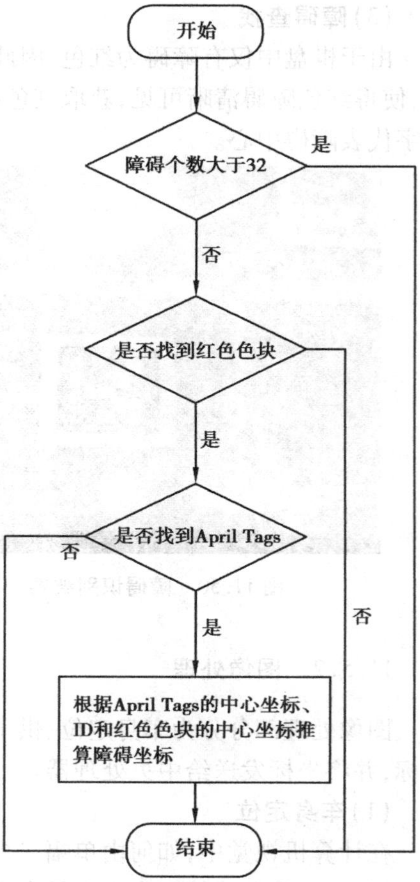


图 11.52　障碍识别程序流程图

## 11.6　决策算法

### 11.6.1　八皇后任务简述

组委会会在比赛场地内随机摆放 8 个棋子,棋盘如图 11.53 所示。车模在场地内,通过自主移动棋子,使得棋子满足八皇后问题的约束。八皇后问题是国际西洋棋棋手马克斯·贝瑟尔于 1848 年提出的,在 8×8 的国际象棋棋盘上放置八个皇后,使得任何一个皇后都无法直接吃掉其他的皇后,即每一行、每一列、每一对角线都只能有一个皇后棋子。

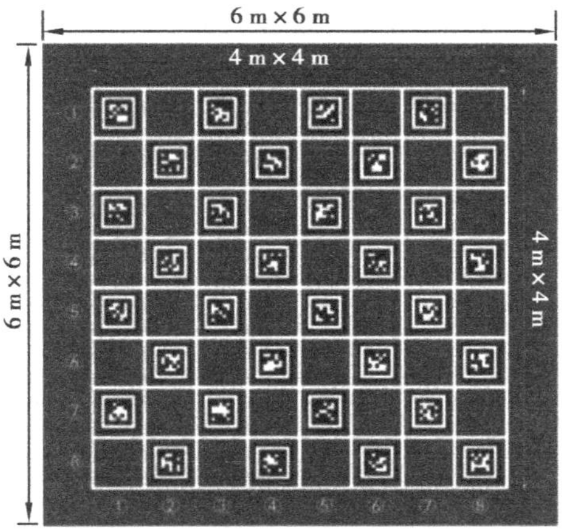


图 11.53　八皇后摆放棋盘

### 11.6.2　八皇后算法实现

**(1)枚举法**

枚举法是最简单的算法,如果单纯地把所有 8 个棋子摆放的位置全部列举出来,然后对每一种情况作判断,看是否满足八皇后条件,这种处理方法思路当然简单,但是运算量非常大。

加一点约束条件以简化问题。因为要满足八皇后问题的解,每一行、每一列、每一个对角线都只能有一个棋子。所以在摆放第 $i$ 行棋子时,判断是否可行的方法是考察第 $i$ 个棋子的控制区域是否和第 1 到第 $i-1$ 个棋子的控制区域是否有交叉。即判断第 $i$ 个棋子和第 1 到第 $i-1$ 个棋子是否处于同一列;其次,判断第 $i$ 个棋子和第 1 到第 $i-1$ 个棋子的行数差的绝对值是否等于列数差的绝对值(避免同一对角线)。

**(2)回溯法**

回溯法有"通用的解题法"之称,它可以提前排除那些不满足条件的状态,比较节省时间。只要当前枚举到的状态有效,就继续枚举下去。当找到一种方案无法继续枚举时,退回到上一个状态,直到达到目标或者所有的可行方案都已经尝试完为止。这就像人走迷宫一样,先选择一个前进方向尝试,一步步试探,在遇到死胡同不能往前的时候退回到上一个拐点,另选一个方向尝试。如图 11.54 所示的是四皇后回溯的图解。

利用回溯法得到所有八皇后问题的解,一共有 92 种情况,为了方便后面计算最短路径,将每种情况棋子的位置用棋盘中的序号表示。

八皇后解序列(部分)如下:

{1,50,35,60,13,30,47,24},
{1,50,27,44,61,14,39,24},
{1,42,59,20,53,30,15,40},
{1,34,59,44,21,54,15,32},
{41,2,35,12,61,22,55,32},
⋮
{25,50,19,60,13,38,7,48},
{25,10,51,20,45,62,39,8},

{33,10,27,52,21,62,47,8},
{17,34,11,60,45,30,55,8},
{17,42,27,12,61,38,55,8}

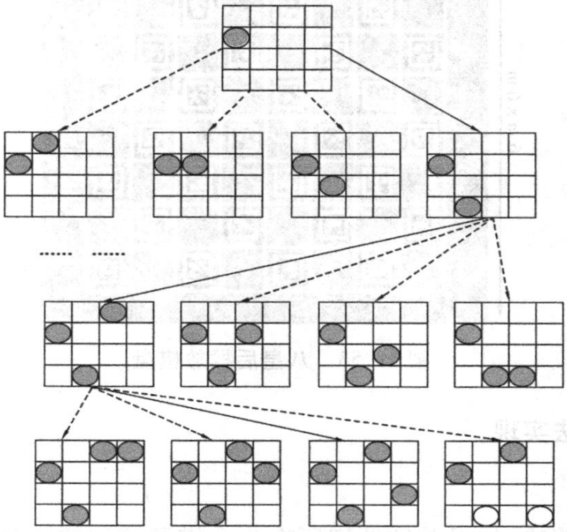

图 11.54　四皇后回溯示意图

找到所有八皇后的解之后,就需要设计一种行走路径使车模的行程最短,这里设计了两个步骤序列匹配和行程规划来完成这部分工作。

①序列匹配

按照初赛的规则,棋盘中会随机摆放 8 个棋子,因此这一步要实现的是:找到随机棋子位置与八皇后位置的一一对应关系,使棋子移动到八皇后位置的距离最短。八皇后位置匹配图如图 11.55 所示,黑色矩形代表随机棋子,红色矩形代表皇后。

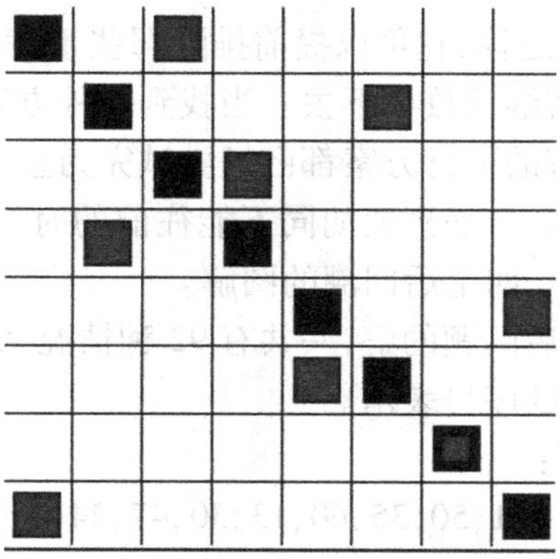

图 11.55　八皇后位置匹配图

由此设计一个二维距离矩阵如下:

$$\begin{array}{cc} & \begin{array}{ccc} q_1 & \cdots & q_8 \end{array} \\ \begin{array}{c} s_1 \\ \vdots \\ s_8 \end{array} & \begin{bmatrix} d_{11} & \cdots & d_{18} \\ \vdots & & \vdots \\ d_{81} & \cdots & d_{88} \end{bmatrix} \end{array}$$

定义 $s_i$ 为第 $i$ 个随机棋子的位置，$s_i=(Row,Colmn)$，$Q_j$ 为第 $j$ 个皇后的位置 $Q_j=(Row,Colmn)$。$D_{ij}$ 为第 $i$ 个随机棋子到第 $j$ 个八皇后位置的距离，距离为两个位置的横坐标和纵坐标差值之和。

应用贪心算法，从这个矩阵中找到最小的值，即一个随机棋子到一个皇后的最短距离，然后删除矩阵中对应棋子的行，删除矩阵中对应皇后的列。这样，会变成 7×7 的矩阵，然后重复上面的操作，直到矩阵变成空矩阵，这就得到了随机棋子与皇后对应关系的序列。

贪心算法是指在对问题求解时，总是做出在当前看来最好的选择。也就是说，不从整体最优上加以考虑，所做出的是在某种意义上的局部最优解。它是从问题的某一个初始解出发一步一步地进行，根据某个优化规则，每一步都要确保能获得局部最优解。若下一个数据和部分最优解连在一起不再是可行解时，就不把该数据添加到部分解中，直到把所有数据枚举完。

如果要找到全局最优解，那么需要枚举 8 种情况，时间很长、占用资源多。对于这个棋盘格，最长的距离也不过 14 个方格，每个匹配之间的距离差距不大，因此局部最优解和全局最优解的差距也不会太大。而且贪心算法只需要 8 次排序动作，所以这种方法得到最短匹配距离是可行的。

②行程规划

上面的算法已经实现了随机棋子与皇后点的匹配，但从哪个棋子开始摆放，以及每次将棋子搬运到皇后位置之后，选择剩下的哪个棋子作为下一个搬运对象还没有确定。

这里依然采用贪心算法的思路。随机选择一个棋子作为第一个搬运的棋子，将这枚棋子搬运到指定的皇后位置后，计算从当前皇后位置到剩下 7 个棋子的距离，选取当中距离最短的棋子作为下一个待搬运的棋子，如此反复，直到全部棋子都移动到皇后位置。循环 8 次，就可以得到每种选择情况下从皇后位置移动到下一棋子的距离。再加上之前已经得到的棋子搬运到皇后的距离，可以得到总移动距离。选出最短的总距离，就能得到匹配序列和行程规划。

### 11.6.3　八皇后算法

先获取场上随机摆放棋子的数字编号，用每一种皇后解法和棋子作匹配，可以找出最短路径的皇后解法。具体的，先找出当前棋子和皇后位置的最短序列，然后随机选择一个棋子作为第一个需要搬运的目标，再找出对应的皇后位置到距离最短的棋子作为下一个需要搬运的目标。循环 8 次，就能找到一个相对最短的路径。程序流程如图 11.56 所示。

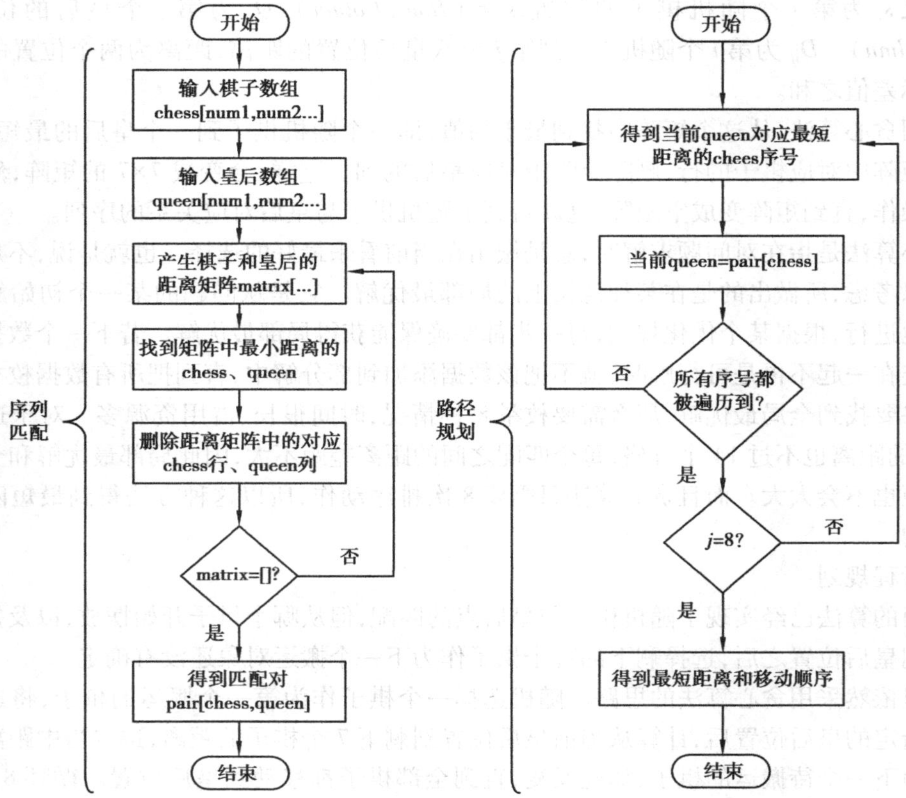


图 11.56　八皇后算法程序框图

## 11.7　步步为营对抗算法设计

**(1)任务简述**

参考 Quoridor 的游戏规则,在 7×7 的棋盘中,己方和对方车模交替上场摆放棋子或者障碍,到达对岸耗时最少的队伍获得胜利。比赛细则见《全国大学生智能汽车竞赛创意组决赛棋局规则》。步步为营棋盘展示图如图 11.57 所示。

**(2)增强学习算法**

增强学习作为当前人工智能领域最热门的一种算法,能解决这个问题:一个能感知环境的自主对象,通过学习,选择能达到其目标的最优动作。这个算法非常适合学习棋类对弈,前几年轰动围棋界的阿尔法狗就是基于深度增强学习算法实现的,因此本项目利用这个算法来解决步步为营的对抗问题。

图 11.57　步步为营棋盘

增强学习的原理:如图 11.58 所示增强算法简介图,当对象在其环境中做出每个动作时,施教者会提供奖励或惩罚信息,以表示结果状态的正确与否。例如,对于下棋这个增强学习问题,目的就是要从决定中获得最大化的奖励。在训练对象进行棋类对弈时,施教者可在游戏胜利时给出正回报,在游戏失败时给出负回报。对象的任务就是从这个非直接的、有延迟的回报中学习,以便后续的动作产生最大的累积效应。

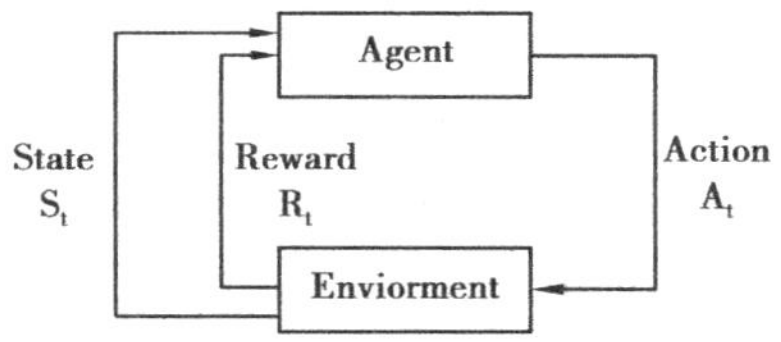


图 11.58　增强学习算法简图

价值函数:为了找到获得最多累积奖励的动作,首先得定义在当前环境中最有价值的动作。一旦决定了哪些状态是有价值的,就可以将奖励附加于它们。例如当对方达到的路经比我方少,奖励就是负的。反之,就可以得到一个正的奖励。当达到对岸时,奖励值达到最大,同时比赛结束。

通过这种方式,可以构建出一个离散的函数来表示出状态和奖励之间的关系。对于有些作为间接的状态,它们虽然没有直接的奖励,但是对于到达一个奖励来说是非常有必要的铺垫。比如在很远处放一个挡板,有可能在未来改变棋局。训练后的价值函数将部分奖励赋给了间接的状态中,这能帮助对象做出好的决定。

价值函数也能够抓住一个问题的微妙之处。比如,在棋盘中给对方放置更多的挡板会带来更多的正面奖励,因为可以增加对手的路径,但是可用挡板的数量会越来越少,在后期的竞争中会处于劣势,因此路径和挡板数量之间是相互制约的。价值函数的确定,会改变最终每种状态的选择。如果当前在对方路径上放置挡板带来较高的奖励,价值函数就会将更高的值赋给那些更早使用挡板的状态。

在这个算法中,设计的价值函数考虑了两种情况,如果棋子到达对岸,给予最大的奖励100,如果对手到达对岸,给予最大的惩罚-100;如果放置一块挡板给对手带来大量路径的增加,给予中等奖励 30,如果放置一块挡板给对手带来少量路径增加,给予小奖励 10。

折扣因子:每当一个状态改变,在局部奖励上乘上一个折扣因子。折扣因子为 0.5 的话,原有的奖励在三个状态改变后就会变成 1/8,这会使 agent 更加关注于接近的奖励而不是很远的奖励。因此,折扣因子是一个权重决定着价值函数偏向于谨慎或者贪婪的行为,对对象会产生长期影响。在这个算法中将折扣因子设置为 0.5。

(3) Q-learning **算法**

用强化学习中最广泛的方法 Q-learning 完成对抗,这种方法结合了蒙特卡罗方法和动态规划的优点,拥有优秀的性能,本算法的目的是构建一个指导决策的 Q-table 表。Q-table 表以状态为行、动作为列。

状态:根据需求分析,需要考虑的状态有己方的位置、对方的位置、场上挡板的位置,棋盘格有 49 个格,因此己方的位置和对方的位置都有 49 种状态。在 7×7 棋盘中,每个横挡板有 36 种摆法,竖挡板有 36 种摆法,如果把棋盘中挡板的位置都考虑完整,那么有 $2^{72}$ 种情况,这个数据量太庞大了,完全不可能实现。因此作了简化,只考虑棋子当前位置的正前方、左边、右边是否有挡板。故状态空间可以用 Aposition、Bposition、Aforward、Aleft、Aright、Bforward、Bleft、Bright 表示,Aposition 和 Bposition 有 49 种状态,Aforward、Aleft、Aright、Bforward、Bleft、Bright 包含有和无两种状态。排除棋子同在一个棋格的可能，则共有 49×48×2×2×2×2×2×2×2 = 150 528，所以状态空间的大小是 150 528。

在训练的过程中，发现上述状态空间还是过于庞大，因此算法再次优化，用抵达对岸的距离来代替棋子在棋盘中距离的精确位置。Aposition 和 Bposition 有距离 0（胜利）到距离 6（初始状态）共 7 种情况，简化后的状态空间大小为 7×7×2×2×2×2×2×2 = 3 136。动作：每个棋子有移动和放置挡板两类动作，移动有上下左右四种动作，如果把放置挡板的位置考虑完全，数据量会很大，算法作简化如下：只在对手位置附近放置挡板。有正前方、左侧、右侧紧靠着棋子，距离棋子一个棋格共 12 种动作，因此每个棋子都有 16 种动作可以选择。

**（4）算法流程**

设置初始的状态-动作对为零，之后让 agent 经历各种状态直到找到一个奖励。然后观察每一个决策带来的回馈，再利用贝尔曼公式更新 Q-table。训练次数达到一定次数，Agent 便具备了一定的智能。决策的时候，只需要查找并执行 Q-table 中增益最大的动作即可。算法流程图如图 11.59 所示。

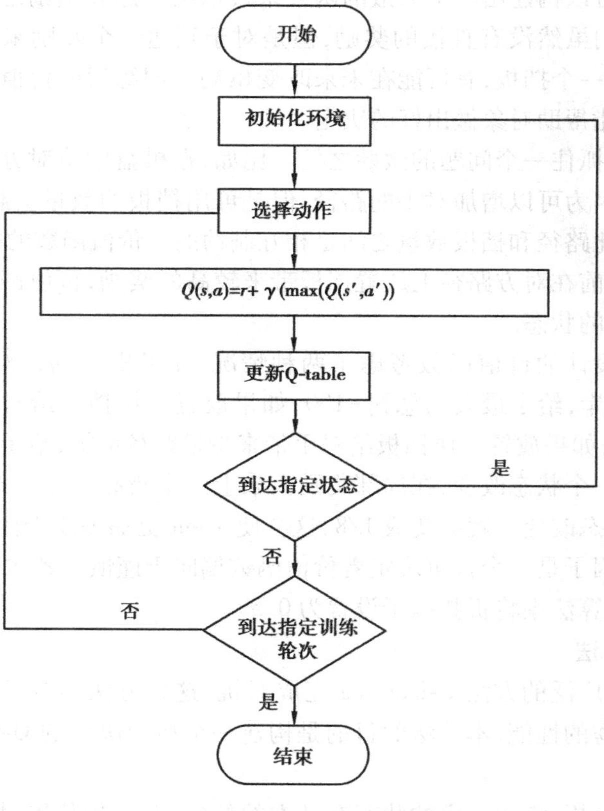


图 11.59　增强学习程序框图

# 11.8　控制策略

## 11.8.1　姿态控制策略

姿态控制策略采取固定车身偏航角、全向移动改变车身状态的方式。该策略可以使车模在行进过程中,无须转向,以减少车模转身及姿态调整过程中所消耗时间,同时方便制定简单、高可靠性的路径规划策略。选用具有全向移动功能的麦克纳姆轮,可使所有运动均以直线方式行进。当偏航角精度控制在一定精度后,采用较精简的控制策略即可很好地满足定位精度要求。

运动控制程序主要在 K60 单片机上运行,其目标状态由上位机通过 UART 发送,该目标状态包含目的地坐标及行进速度。单片机只负责执行该状态控制指令,每 5 ms 执行一次数据接收和控制动作输出,其主要在 5 ms 定时中断程序中执行,主要程序框图如图 11.60 所示。

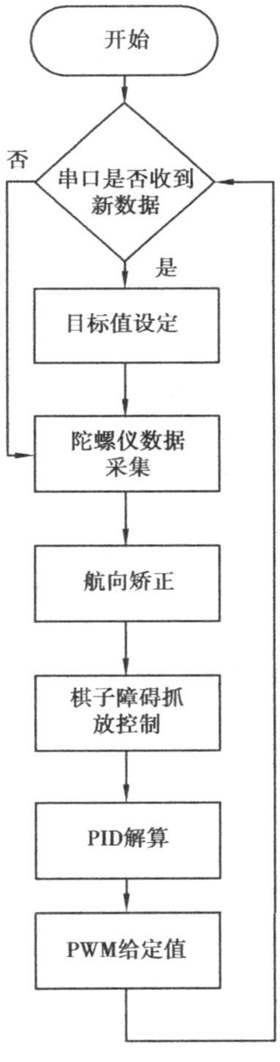


图 11.60　姿态控制逻辑

经上述分析可知,影响车身整体定位精度的有两方面因素:一是偏航角的航向精度,二是二维坐标系下的 $X$、$Y$ 方向定位精度。因此首先要解决的是航向精度,测量航向角度的传感器有陀螺仪、磁力计。

首先采用了 MPU9250 姿态传感器,MPU9250 是一种 9 轴运动传感器(Motion Tracking)。这里的 9 轴相当于 3 个 3 轴传感器(加速度计,陀螺仪,磁力计)的合体,这样合起来为 9 轴。利用这些运动时产生的加速度、角速度、磁场强度的信息,就可以反向推算物体实际运动的情况。另外 MPU9250 芯片内置 DMP 姿态融合器,可以在不涉及算法的情况下,直接读取出描述物体状态的四元数,从而得出物体的三维角度——航向角、翻滚角、俯仰角。

经反复测试,该姿态传感器由于采用了地磁场信息,而室内环境下地磁场不稳定,且三轴角速度漂移过大,并不能准确地提供偏航角信息,甚至有时候会出现较大偏差。

故重新选用了精度较高的六轴姿态传感器 ICM20602,包含三轴加速度与三轴角速度信息。其虽为六轴传感器,但对于偏航角而言,加速度信息不可用,即只能通过角速度积分获取偏航角原始信息。根据本次竞赛要求,车模实际运行时间并不会太长,该陀螺仪经过零漂自动校正后,在运行时间内能有较高的角度精度,很好地满足了偏航角测量要求。

为使陀螺仪零漂最小,在初始上电时会选取 500 个点计算零漂,获得偏航角以后,将初始位置视为设定值,加入转向环 PID 调节车身姿态,使得车身始终指向同一方向,以提高定位精度。偏航角的测量通过 3 轴陀螺仪 ICM20602 和场地的 April Tags 标签的 3 轴旋转角度进行数据融合获得。陀螺仪长时间运行会存在累计误差,而 April Tags 标签码所传递的信息噪声较大,因此采取相信陀螺仪数据的同时用 April Tags 标签码的角度信息隔一段时间去矫正陀螺仪漂移的方式,以综合两数据的优势。该方案很好地解决了漂移与精度问题,满足竞赛要求。

### 11.8.2 运动分解

本次设计选用了具有全向移动功能的麦克纳姆轮,所有运动均采用直线行进模式,故必须根据目标位置与车身正前方的方位偏角,分解成 4 个麦克纳姆轮的转速。其分解公式为

$$\begin{aligned} V_1 &= V_y - V_x + W(a + b) \\ V_2 &= V_y + V_x - W(a + b) \\ V_3 &= V_y - V_x - W(a + b) \\ V_4 &= V_y + V_x + W(a + b) \end{aligned} \tag{11.27}$$

式中,$V_1$、$V_2$、$V_3$、$V_4$ 分别是 4 个轮的转速;$a$、$b$ 为车身的长和宽;$W$ 为旋转角速度。同时为保证定位精度,采用陀螺仪对航向进行纠正,使得车身运行过程中始终有固定的偏航角,因此速度分解只需分解成 $X$ 和 $Y$ 方向即可。

### 11.8.3 棋子障碍抓放控制

**(1)棋子的拾取**

棋子制成金属圆片,采用电磁铁进行吸取,同时控制伸缩杆的伸缩,以此实现拾取棋子的任务。其中伸缩杆采用 PWM 信号进行控制,PWM 信号还可灵活调节伸缩杆的运动速度。电磁铁通断通过单片机进行控制。同时电磁铁底部还装有一轻触开关,棋子被吸起时会有低电平的反馈信号,减少等待耗时。

控制逻辑:收到一次吸取棋子指令时,电磁铁上电,伸缩杆立即下放,直到轻触开关有反馈

信号,延时约 30 ms 再回缩,以免电磁铁和棋子未完全贴合。回缩时间约 200 ms 后保持,等待下放信号。

**(2)障碍的放置**

障碍也制成金属薄片,用电磁铁进行吸取携带。为减少障碍的搬运次数,将障碍装置设计为一次可携带 4 块障碍板,分为上下层。电磁铁通断通过单片机控制,舵机转角通过软件模拟 PWM 信号进行控制。

控制逻辑:收到一次放障碍信号,先放下下层障碍板,其后下层舵机转开,为上层障碍板的下落腾出位置,等待第二次障碍放置信号。放在 5 ms 控制中断里执行,程序流程图如图 11.61 所示。

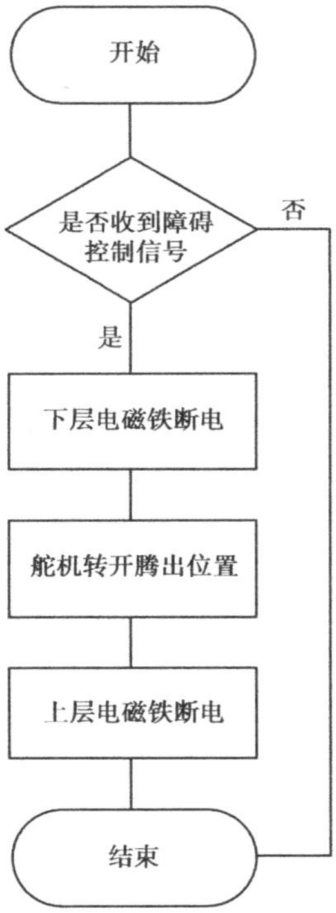


**图 11.61　障碍放置程序流程图**

## 11.9　车模运行流程

综合上述分析。为分别完成八皇后搬运以及步步为营对抗任务,系统整体运行逻辑如图 11.62 所示。

在八皇后搬运任务中,系统上电后,先经过各个子模块约 3 s 的初始化,OpenMV 模块发送控制指令给单片机,控制车模向前运动以进行棋子扫描录入,停车条件为录入棋子数目达到 8 个或者达到超时条件(车模直线驶过场地所用时间),当 4 个摄像头录入棋子数目达到 8 个后,转发棋子数据到开发板进行路径规划,通过是否有障碍信息来判断当前处于八皇后还是对抗状态中,规划结果再发送到单片机进行位置和姿态控制。遍历完成所有路径信息后车模自行退场。

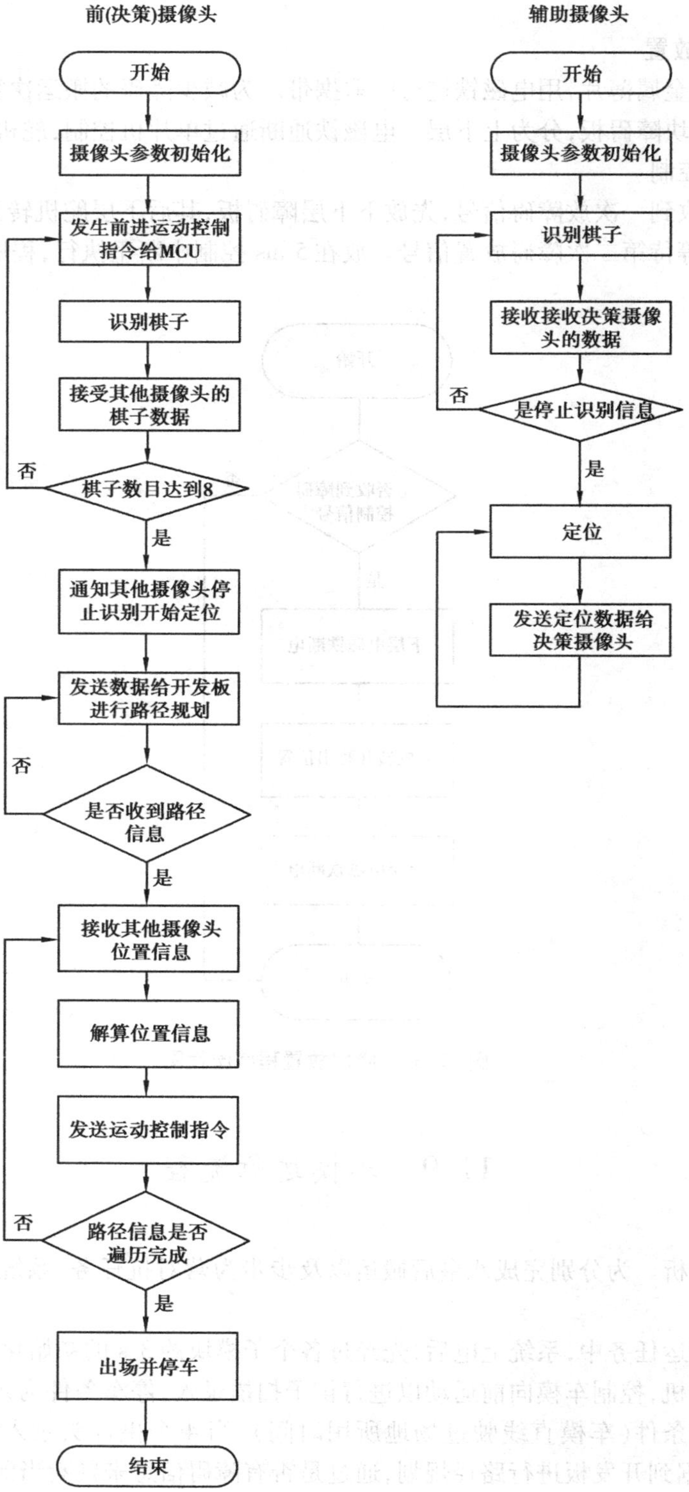
前(决策)摄像头
开始
摄像头参数初始化
发生前进运动控制指令给MCU
识别棋子
接受其他摄像头的棋子数据
棋子数目达到8
否
是
通知其他摄像头停止识别开始定位
发送数据给开发板进行路径规划
是否收到路径信息
否
是
接收其他摄像头位置信息
解算位置信息
发送运动控制指令
路径信息是否遍历完成
否
是
出场并停车
结束
辅助摄像头
开始
摄像头参数初始化
识别棋子
接收接收决策摄像头的数据
是停止识别信息
否
是
定位
发送定位数据给决策摄像头

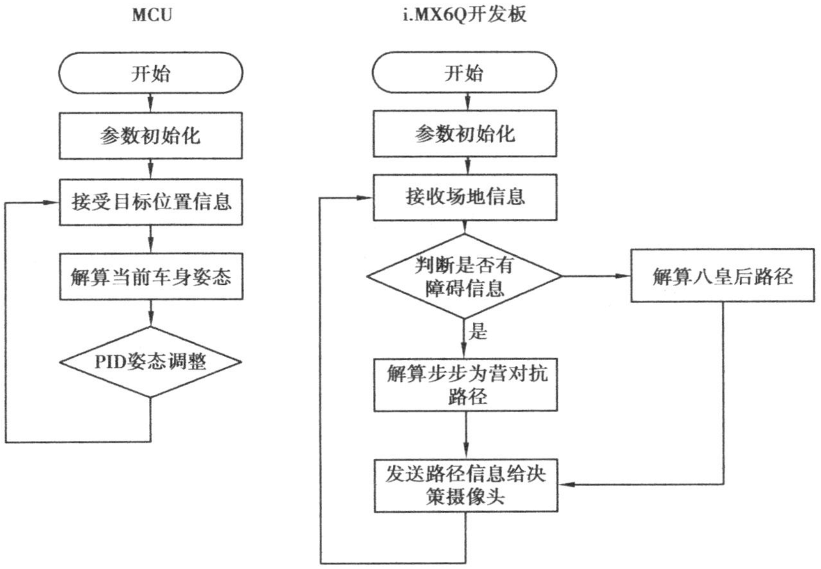


图 11.62　整体逻辑框图

## 11.10　常见问题分析

**(1)阈值重复性不好**

使用 OpenMV 进行色块识别测试的时候,色块的阈值重复性不好,在 OpenMV-IDE 阈值编辑器中获得的色块的阈值与重启 OpenMV 后获得的同一色块阈值存在较大偏差,即此次获取的色块阈值不能用于下次。

针对上述问题,经过多次研究测试,找到两种解决办法:一种是摄像头上电后,首先自动提取色块阈值;另一种是固定摄像头的各项参数,从而使得阈值的重复性较好。经过比较对比,采用第二种解决办法。

具体步骤为将相机的对比度、亮度、曝光率、自动增益等全部固定,从而固定色块的阈值,使得阈值的重复性很好。

**(2)棋子识别准确率不高**

由于棋盘使用的间隔线条为白色,April Tags 标签部分由白色组成,这对使用色块识别棋子带来一定困难。OpenMV 内置的圆形识别算法采用霍夫变换,在图像中查找圆,很容易将棋盘中的 April Tags 标签错识成圆。

经过观察发现,棋子的白色面积较大,同时棋盘的背景色和黑色阈值接近。

**(3)坐标推算准确率不高**

准确识别出棋子和障碍,还面临着一个问题,如何准确知道棋子和障碍在棋盘中的实际坐标。针对上述问题,采用物体和 April Tags 标签像素中心点的相对关系,结合 April Tags 标签在棋盘中的位置的方法,很好地解决了这个问题,坐标推算准确率得到了很大的提高。

(4)控制精度欠缺

控制精度欠缺的主要原因有两个方面:一是摄像头采集的 April Tags 标签精度不够,二是车模控制部分程序有待改善。

在调试过程中发现,April Tags 标签位于摄像头图像中间时,OpenMV 在同一位置识别同一 April Tags 标签时的重复性最好。因此在定位过程中,仅使用位于 OpenMV 图像正中的 April Tags 标签。这样也会带来一个新的问题,April Tags 标签图像丢失时间过长导致的位置信息更新不及时,针对这个问题,采用多摄像头结合的办法,任何一个摄像头找到符合要求的 April Tags 标签,便将相应信息传至中央处理器。

针对控制程序部分的问题,通过在目标位置进行微调,进行一定程度的解决。

# 参考文献


[1] 童诗白,华成英. 模拟电子技术基础[M]. 北京:高等教育出版社,2006.

[2] 谭浩强. C 程序设计[M]. 4 版. 北京:清华大学出版社,2010.

[3] 卓晴,黄开胜,邵贝贝. 学做智能车——挑战“飞思卡尔”杯[M]. 北京:北京航天航空大学出版社,2007.

[4] 闫琪,王江,熊小龙,等. 智能车设计“飞思卡尔杯”从入门到精通[M]. 北京:北京航天航空大学出版社,2014.

[5] 綦声波,张玲. “飞思卡尔杯”智能车设计与实践[M]. 北京:北京航天航空大学出版社,2015.

[6] 王盼宝,樊越骁,曹楠,等. 智能车制作[M]. 北京:清华大学出版社,2018.

[7] 郭天太,李东升,薛生虎. 传感器技术[M]. 北京:机械工业出版社,2019.

[8] 张为春,王永洲. 汽车构造[M]. 北京:机械工业出版社,2001.

[9] 孟华. 自动控制原理[M]. 2 版. 北京:机械工业出版社,2016.

[10] 李国勇,杨丽娟. 神经 · 模糊 · 预测控制及其 MATLAB 实现[M]. 4 版. 北京:电子工业出版社,2018.

[11] 李力,王飞跃. 智能汽车:先进传感与控制[M]. 北京:机械工业出版社,2016.

[12] 王科,李霖. 智能汽车关键技术与设计方法[M]. 北京:机械工业出版社,2018.